T0244708

BESTSELLER

Marianne Costa nació en Francia y está licenciada en literatura comparada. Es cantante, actriz (formada por Jacques Lecoq), escritora y traductora. En los 90 aprendió serbocroata y trabajó en Sarajevo, durante la posguerra, como asistente benévola de literatura francesa en la Facultad de Letras. Publicó poemarios, la novela *El infierno prometido*, los libros *La vía del tarot* y *Metagenealogía* —en colaboración con Alejandro Jodorowsky—, y en 2021 *El tarot paso a paso*. Desde 2011, recorre el mundo como profesora y artista itinerante, impartiendo talleres e iniciando dinámicas interdisciplinarias que mezclan artes visuales, música y poesía con herramientas iniciativas y terapéuticas. Es una tanguera apasionada.

MARIANNE COSTA

EL TAROT PASO A PASO

Historia, iconografía, interpretación, lectura

DEBOLS!LLO

El Tarot paso a paso
Historia, iconografía, interpretación, lectura

Título original: *Le Tarot pas à pas*

Primera edición en Argentina; enero, 2021
Primera edición en México: enero, 2023

D. R. © 2021, Marianne Costa

D. R. © 2021, Penguin Random House Grupo Editorial, S. A.
Humberto I, 555, Buenos Aires, Argentina

D. R. © 2023, Penguin Random House Grupo Editorial, S. A. de C. V.
Blvd. Miguel de Cervantes Saavedra núm. 301, 1er piso,
colonia Granada, alcaldía Miguel Hidalgo, C. P. 11520,
Ciudad de México

penguinlibros.com

Traducción de Salomé Landivar y Pablo Arellano
Foto de la autora: © Mona Boitiere
Diseño de portada: Penguin Random House Grupo Editorial

ISBN: 978-607-382-429-3

Impreso en México – *Printed in Mexico*

Introducción

Este libro es el fruto de quince años de experiencia tras la publicación de *La vía del Tarot*,[1] cuyo éxito contribuyó a restituir al Tarot su identidad auténtica: la de un juego profano e iniciático a la vez, "catedral de bolsillo", según la fórmula de Alejandro Jodorowsky, pero también herramienta de orientación psicológica y compañero de nuestras preguntas existenciales. A menudo, durante seminarios o *master class*, me suelo encontrar con personas que han aprendido a leer el Tarot recurriendo exclusivamente a nuestro libro.

Paralelamente, el interés del público y de los especialistas por los tarots[2] históricos, del Renacimiento italiano a los juegos franceses de los siglos XVIII y XIX, no ha dejado de crecer. Se ha abierto un rico campo de investigaciones, que se ha inspirado especialmente en los trabajos del filósofo e historiador Michael Dummett, cuyas obras son una referencia en el tema actualmente. Muchos juegos antiguos han sido redescubiertos, reeditados en ediciones limitadas y expuestos en

---

1. Jodorowsky, Alejandro y Costa, Marianne, *La voie du Tarot*, París, Albin Michel, 2004 [trad. esp.: *La vía del Tarot*, trad. de Anne Hélène Suárez, México, Grijalbo, 2004].

2. Primero, el *tarot* fue un juego de mesa, antes de convertirse en el *Tarot* considerado como instrumento de conocimiento. Para distinguir ambos usos de un mismo juego, uso minúsculas para el primer caso y mayúsculas para el segundo.

museos (como el Tarot Sola Busca, homenajeado recientemente en la pinacoteca de Brera), pero también han sido interpretados, rediseñados o coloreados nuevamente por los "maestros fabricantes de cartas 2.0", que han sustituido los antiguos moldes de madera de peral por modernos programas informáticos de grafismo.

Esta dinámica, impulsada por la revolución digital, que vuelve accesible una cantidad de imágenes y de información sin precedentes, ha despertado la curiosidad de los *practicantes* del Tarot, aquellos que lo utilizan con una perspectiva de introspección psicológica, espiritual y concreta. Yo no escapé a esa ola de energía e información: mi propia colección de tarots se amplió y, tanto para responder al pedido de los alumnos como para aclarar mi enfoque, sentí la necesidad de confrontar los elementos históricos con mi práctica docente y de taróloga.

La pregunta que me atormentaba, y me atormenta todavía, podría resumirse así:

"¿Cómo es posible que un juego de cartas, producto de la artesanía, denigrado durante cerca de dos siglos a causa del uso adivinatorio, y a veces tóxico, que se ha hecho de él, sea portador de un influjo espiritual tan luminoso y se preste con tanta gracia y delicadeza al misterioso 'juego del ser' que constituye el cuestionamiento sincero del presente?".

Este libro es el intento de explorar esas preguntas, si no de responderlas. Quiero rendir homenaje aquí a la pasión y a la curiosidad de mis alumnos del mundo entero que, gracias a sus preguntas y la confianza que me han manifestado, me han impulsado a afinar mi enfoque, superar mis límites, mi pereza y mis ideas preconcebidas. Sus hallazgos, las lagunas que me han señalado, su anhelo por avanzar, y también algunas interpretaciones erróneas o malentendidos recurrentes que he podido observar, han influido en mi enfoque pedagógico.

Por ejemplo, el Tarot es conocido sobre todo por sus Arcanos Mayores, la serie de veintidós Triunfos alegóricos que lo caracteriza. Pero los cincuenta y seis Arcanos llamados "Menores", Figuras y cartas numéricas, son igual de importantes para la comprensión e interpretación del Tarot. La experiencia demuestra que es posible, e incluso sencillo para un lector principiante, abordar la integralidad del juego desde los primeros tiempos del aprendizaje. Sin embargo, en general, los Arcanos Menores siguen siendo desconocidos y no se los utiliza.

Por otra parte, cuanto más se expande la práctica del Tarot y cuanto más se diferencia de la cartomancia propiamente dicha, más se hace sentir la necesidad de un marco deontológico. Es complicado enseñar por escrito lo que tiene que ver con el arte de la relación, pero quise proponer algunos elementos para responder al siguiente pedido:

"¿Cómo progresamos, como lectores de Tarot? ¿Existen herramientas para descubrir y disolver nuestras rigideces inconscientes, nuestras faltas y nuestros excesos, nuestros defectos recurrentes? ¿Cómo distinguimos las proyecciones personales de la intuición auténtica?".

La verdadera respuesta de una tirada, la única que vale, es la que habla al corazón del consultante. Por lo tanto, el tarólogo debe entrenarse para convertirse en un portavoz, traductor o mensajero de una dimensión más profunda y más sabia, que ya existe en el consultante. Esa capacidad de precisión y transparencia se adquiere por medio de la práctica, a fuerza de prueba y error, y supone un cuestionamiento constante de sí mismo.

Las propuestas que se presentan en este libro son el fruto de un recorrido hacia lo que llamo "Tarot integral", es decir, la capacidad de leer con la totalidad del juego, pero también sin excluir ningún aspecto de sí mismo y dando cabida a todos los elementos de la situación en la que tiene lugar la lectura. Esta exigencia de integridad obedece a la propia estructura del Tarot, que se dirige a todo el campo de la experiencia humana, sin dejar nada afuera. De lo más denso a lo más sutil, de lo más íntimo a lo más manifiesto, de lo más trivial a lo más sagrado, sus alegorías componen un paisaje completo, que se sostiene en la colaboración amorosa entre lo femenino y lo masculino: Reinas y Reyes, Emperatriz y Emperador, Papisa y Papa, las parejas del Tarot son los pilares de un imperio simbólico que respira equilibrio y paz.

Nos acercamos a esas alegorías para confiarles nuestras incertidumbres y nuestros conflictos internos. Y ellas nos iluminan, respondiendo con paciencia a nuestras preguntas más inocentes, más egoístas, más materialistas, sin hacer una selección, pero preparadas también para acompañarnos si tenemos la ambición de encaminarnos hacia lo esencial.

Mientras más profundizamos la práctica, más podemos constatar que, sin lugar a dudas, este Tarot es un instrumento conectado con la Vía, sea cual fuere la orientación espiritual particular de cada uno.

La ambición de este libro es ofrecer una visión de conjunto del juego, sintética y detallada a la vez, que permita, a quienquiera que se sienta atraído por el Tarot, practicar la lectura de las cartas desde un enfoque de profundización personal y de comunicación bienintencionada con el otro. Procura ser accesible tanto para los principiantes como para las personas que ya están familiarizadas con el Tarot. No tiene el objetivo de ser un manual propiamente dicho, en el sentido de que no es un catálogo de significados. La idea es más bien presentar un panorama simbólico, histórico y práctico de este juego que, después de siglos de existencia, sigue fascinando y atrayendo hacia él a *amateurs*, en el sentido noble del término, enamorados que provienen de todas partes del mundo.[3]

Empezaremos con un capítulo detallado sobre la historia del Tarot de Marsella, destinado a orientar la práctica más que a alimentar una curiosidad puramente académica. En efecto, es indispensable situar el nacimiento y la evolución del juego (o lo que hoy sabemos de ambos) en el contexto cultural, estético y espiritual que les corresponde, para entrar en una relación tan exacta como sea posible con sus alegorías.

El rigor histórico es el complemento necesario del estudio contemplativo, que puede desviarse hacia la pura fantasía. El estudio objetivo de los hechos tiene el mérito de disipar algunas leyendas tan tenaces como inexactas, en primer lugar, aquella que hace de

---

3. En francés, la palabra *amateur* significa tanto "aficionado" como "amante de". [*N. de la T.*]

Egipto la antigua cuna del Tarot, o del alfabeto hebreo la estructura subyacente de los Arcanos Mayores.

Por un lado, el enfoque académico también tiene sus límites: dado que la historia de los juegos de cartas está incompleta y presenta lagunas, se construye, en parte, a partir de hipótesis. Por otro lado, el enfoque historiográfico casi nunca toma en cuenta las corrientes minoritarias y las enseñanzas espirituales secretas (que, por definición, no tienen el objetivo de ocupar la escena pública ni dejar huellas en los archivos), cuya influencia, sin embargo, puede percibirse o resurgir intacta muchos siglos después, como lo demuestran las tradiciones místicas vivas.

En segundo lugar, estudiaremos la estructura e incluso la "anatomía" del juego de Tarot, basándonos en su contexto cultural original, pero también como una obra de arte que obedece a leyes propias. Al igual que las catedrales romanas o las estatuas de Miguel Ángel, el Tarot puede compararse con un organismo vivo. Para considerar su dinámica en toda su majestuosidad y poder, conviene abordarlo, no de modo analítico, como en la mayoría de los libros que se limitan a establecer una lista de las cartas con su significado, sino de modo funcional: ¿cuáles son las partes de este gran cuerpo? ¿Qué funciones cumplen? ¿Cómo se relacionan entre sí? Vamos a visitar y conocer el juego en todos sus detalles, como si paseáramos por un monumento de arte sagrado.

Por otra parte, encontrarán, al final del libro, un resumen de los significados de las cartas por nivel numerológico, que podrán utilizar como memorándum.

Toda la tercera parte trata sobre la lectura del Tarot. Ya sea que lo abordemos de forma solitaria (la lectura para sí mismo) o relacional (la lectura para otra persona), el Tarot se muestra notablemente pertinente cuando jugamos a hacerle preguntas. Pero la manera en la que responde a nuestras preguntas sigue siendo, a fin de cuentas, del orden del misterio. Cuanto más sincera sea nuestra pregunta y más aguda nuestra presencia, más luminosa y transformadora será la respuesta de las cartas.

¿Por qué el Tarot nos permite recibir respuestas para nuestras preguntas más profundas? ¿De dónde viene la coherencia de su lenguaje visual, numerológico y simbólico? Creo que estas preguntas, que tantos de nosotros compartimos, están destinadas a seguir abiertas, pero podemos enriquecerlas por medio de un estudio que involucre tanto la inteligencia como el corazón, la introspección como la relación íntegra con el otro.

El Tarot de Marsella puede considerarse como una obra artesanal, colectiva, proveniente de una tradición en la que la mística del trabajo no era una expresión vacía, pero en la que las exigencias del comercio desempeñaban también un papel central. Ese modelo sigue siendo depositario de un sentido del orden, de la belleza, del ritmo, en el que es lícito percibir influjos espirituales que aún continúan vivos.

París-Buenos Aires,
abril de 2016-marzo de 2018.

Reglas del juego: convenciones para facilitarnos la lectura

Este libro está dedicado al Tarot de Marsella, que no es un juego en particular, sino un estándar de representación, cuyos ejemplares más antiguos se remontan al siglo XVII (incluso al siglo XVI) y los más recientes al siglo XXI. Hay decenas de Tarots de Marsella disponibles actualmente en el mercado y, a pesar de algunas variantes entre los juegos existentes, antiguos o recientes, las propuestas de interpretación que van a leer aquí pueden funcionar con cualquier Tarot de Marsella.

El juego que elegimos para ilustrarlo está inspirado en el Tarot de Pierre Madenié, impreso en Dijon en 1709, que actualmente se conserva en el Museo Nacional Suizo.[4] Encontrarán algunas de las cartas de dicho tarot reproducidas en facsímil en las páginas a color de este libro. La versión en blanco y negro que acompaña el

---

4. Hasta el momento, es el primer ejemplar que se conoce de un *Tarot de Marsella tipo 2* (según la clasificación que estableció el historiador Thierry Depaulis; para ver más detalles, ver pp. 66 a 70), es decir, del tipo que perduró hasta nuestros días. Es un tarot con trazos precisos, de aspecto noble, que el público en general aún no conoce mucho. Probablemente no sea el primero de todos ni el "más auténtico" de su linaje (si es que eso significa algo), pero es muy hermoso y, por suerte, se ha conservado en su totalidad, lo que nos ha permitido editar copias exactas de él.

resto del texto fue realizada y comercializada a principios de 2020 bajo el nombre de Proyecto Del Tarot. Todos los detalles relativos a este proyecto de restauración digital están expuestos en la sección "Agradecimientos".[5]

Palos:

El Tarot utiliza los palos latinos, que todavía se usan en Italia y en España: Espadas, Copas, Bastos y Oros. Se corresponden con los palos franceses de Picas, Corazones, Tréboles y Diamantes, respectivamente.

Los palos franceses terminaron imponiéndose, pero durante mucho tiempo coexistieron con los palos latinos, que se utilizaban sobre todo en Europa del Sur.

También existen otros palos (alemanes, suizos...) que no se relacionan directamente con nuestro estudio.

El vocabulario del mundo del naipe recubre, en parte, aquel que utilizamos para interpretar el Tarot.

En él, distinguimos tres tipos de cartas:

- Los *Valores* o cartas numéricas: son los números del 1 al 10 en las cuatro series o palos. En francés, también se utiliza la expresión *"cartes à points"* [cartas de puntos], un anglicismo por *pip cards*;
- las *Figuras* u *Honores*: el Tarot consta de cuatro —Paje, Caballero, Reina y Rey— en cada palo. También encontramos la expresión "cartas de la corte", un anglicismo por *court cards*;
- los *Triunfos* [*Atouts*] son las cartas que llamamos Arcanos Mayores en la tradición más reciente del Tarot iniciático. Son 22 y constituyen una quinta serie, específica del Tarot.

Las corrientes ocultistas francesas del siglo XIX forjaron un vocabulario basado en una visión errónea, en parte, pero que se mantuvo en vigor en el ámbito de la cartomancia, e incluso, en algunos casos, en los estudios históricos sobre el Tarot. Utilizaré algunos elementos de ese vocabulario que hoy se emplean comúnmente.

---

5. Ver p. 465.

- Se habla de "Tarot de Marsella" para referirse al estándar de representación, originario del siglo XVI o XVII y concebido en Francia, que es el objeto principal de este libro. Marsella fue el centro de producción más importante de este estándar durante el siglo XIX.
- Los cartománticos y ocultistas del siglo XIX reemplazaron la palabra "carta" (por considerarla demasiado banal) por diversos sinónimos: "lámina" o "llave" (que no utilizo) y "arcanos", término que designa un secreto oculto, destinado a ser descubierto.
- El término "Arcanos Menores" designa el conjunto de las Figuras y los Valores, que durante mucho tiempo fueron considerados menos iniciáticos que los Triunfos. Veremos que, en realidad, la interpretación de estas cartas es muy importante y que resulta de gran utilidad para nuestro recorrido.
- El término "Arcanos Mayores" designa los Triunfos del juego de tarot considerados desde la perspectiva de la cartomancia. Conservaré este término cuando me refiera al Tarot desde el punto de vista de su interpretación, pero, a veces, emplearé también las palabras "Triunfo" o *Atout*.

I

Hacia una historia del Tarot de Marsella… y de sus primos, cercanos o lejanos

> "Han aprendido su ciencia como un muerto aprende de un muerto, nosotros aprendimos la nuestra de lo Vivo que nunca muere."
>
> ABÛ YAZÎD AL-BISTÂMÎ

¿Qué es el tarot?

Cuando pronunciamos la palabra "tarot", es altamente probable que se nos entienda de diversas maneras, según el interlocutor y el país en el que nos encontremos.

Originalmente, el tarot es un juego de 78 cartas que cuenta con una serie de 22 Triunfos. Apareció en Europa a mediados del siglo XV, donde estuvo muy de moda hasta el siglo XIX, y se mantiene hoy en día como juego de mesa en algunos países. En Francia, la federación nacional fundada en 1973, cuenta hasta la fecha con cuatrocientos clubs que reúnen a más de diez mil jugadores, que se enfrentan cada año en torneos y campeonatos. Fue gracias al tarot que la noción de Triunfos apareció en los juegos de cartas: una serie que puede triunfar sobre todas las demás.

A partir de finales del siglo XIX, el término "tarot" designa también a todo tipo de juegos oraculares, muy diferentes unos de otros, y algunos de los cuales no tienen lazo alguno con la estructura original del juego de tarot. Demonizado por algunos, enaltecido por otros, "el tarot" designa en realidad a un amplio revoltijo en el que se entremezclan prácticas y creencias heteróclitas.

Yo formé parte de una generación que se entregaba al juego de tarot y para la cual las expresiones "*faire son chien*"[6] y "*mener le Petit au bout*"[7] no tenían secreto. Las partidas se jugaban entre 3, 4 o 5 personas según el número de candidatos disponibles y nos apasionaban a tal grado que incluso llegábamos a jugarlas en clase. Distribuíamos las cartas a escondidas de los profesores, ocultándolas debajo de las mesas, corriendo el riesgo de que nos atraparan. Los Triunfos del "Nuevo Tarot", muy diferentes a los de sus ancestros italiano o marselleses, representaban divertidas escenas campestres o teatrales que nos recordaban a Balzac y a las pinturas de Manet. Se organizaban según una jerarquía numérica, de 1 a 21, y se acompañaban por la Excusa, el único Triunfo que no estaba numerado: un ministril abigotado que el jugador presentaba en casos desfavorables, cuando no quería sacrificar una carta demasiado alta o revelar una mano demasiado baja. Entre las Figuras, el Caballero se integraba entre el Paje y la Reina, como si fuera un hijo primogénito que le sacara una cabeza a su hermano menor. Este juego no tenía nada de esotérico o de filosófico, pero nos atraía por su complejidad estratégica y por el inmenso número de combinaciones posibles y de situaciones por resolver.

Algunos años más tarde busqué sondear las profundidades de mi corazón y, por qué no, averiguar de qué estaba hecho mi futuro, tal y como lo hacen numerosos adolescentes en búsqueda de respuestas a sus inquietudes existenciales y amorosas. Fue así que me

---

6. Expresiones francesas que designan jugadas específicas en el juego de tarot. Es la situación en la que el jugador decide integrar o dejar las seis (o tres) cartas del centro "*chien*" a su mano al inicio de la partida.

7. Nombre de una jugada en la que el Triunfo de menor número (1) se juega en la última baza, para ganar puntos adicionales.

adentré de lleno en el pantano de los oráculos y de los "tarots anti-guos" de todo tipo, impresionada por su reputación y su misterio. No sabía que la mayoría de estos juegos eran bastante recientes, ni que su trazo obedecía más a la fantasía individual de su autor que a la supuesta "tradición" que reivindicaban. Era joven y fácilmente impresionable. Perpleja, comencé a examinar minuciosamente los fascículos incluidos en esos juegos de cartas. En ellos, se hablaba de noticias que llegaban a la medianoche, de alguaciles, de una mujer de pelo castaño con carácter inmoral y de un mensajero inesperado que llevaba noticias al campo... Tras varios tanteos y muchas pesadillas, incluida una memorable aparición del demonio en mi ventana, decidí tirar todos estos juegos supuestamente "iniciáticos" a la basura, asqueada por el perfume de melodrama que llevaban y atravesada por una de esas intuiciones perentorias que solo la juventud sabe tener: "Mientras no me demuestren que el Tarot es un libro sagrado, no lo quiero volver a tocar".

Tan solo un pequeño fascículo me marcó de manera duradera. En él, se enseñaba a leer las cartas comunes y corrientes, aunque también se pretendía la posibilidad quimérica de leer el futuro. Me gustaba la idea de poder interpretar las cartas gracias a una relación fija y coherente entre los símbolos (picas, rombos, trébo-les, corazones) y los números. Si el cuatro era "solido", y el corazón "sentimientos", solo tenía que traducir: 4 de corazones, afección sincera, amistad verdadera, amor duradero. Las lecturas que im-provisaba con la ayuda de este sistema tenían una coherencia re-confortante.

El recorrido de mi juventud refleja y resume un giro de la histo-ria del Tarot: el momento en el que el juego de cartas, originario de Italia y desarrollado por maestros carteros franceses, emprendió esa mutación decisiva que lo transformó a la vez en instrumento de cartomancia y en "libro de sabiduría".

En las siguientes páginas, intentaré dibujar un panorama de las condiciones en las cuales el juego de tarot aparece y se diversifica, a través de modificaciones sucesivas, para formar el estándar "de Marsella", el más estable y uno de los más ricos de su historia.

Luego, veremos cómo las especulaciones ocultistas sobre el Tarot de Marsella dieron lugar a una tradición, tanto reciente como prolífera, de Tarot iniciático. El objetivo principal es identificar la especificidad del Tarot de Marsella, desde sus orígenes, establecidos o inciertos, hasta sus prolongaciones más o menos fieles. Numerosos historiadores han trabajado de manera significativa sobre los juegos de cartas en general y sobre el Tarot en particular. En este ámbito, me apoyé específicamente en el trabajo antiguo pero constitutivo de Henry-René d'Allemagne y en la obra más reciente e increíblemente documentada de Michael Dummett y Thierry Depaulis. Sin embargo, la historia de los juegos de cartas es un ámbito en perpetua evolución: depende del descubrimiento de documentos de archivo y de pruebas físicas de la existencia de los juegos.

Los vacíos en la historia son entonces tan interesantes como los hechos verificados, ya que dejan lugar a la elaboración de hipótesis que enriquecen nuestra reflexión. He constatado que aun los investigadores más rigurosos acaban por inclinarse hacia una teoría más que por otra; la intuición y la certeza de lo verificado van de la mano, y es así como evoluciona la investigación.

Por lo tanto, quise presentar un abanico de informaciones tan amplio como fuera posible, para dejar que el lector pueda orientar su propio cuestionamiento.

1. De los *naïbbi* a los *tarocchi*: ¿un origen oriental?

La presencia de cartas de Triunfo, capaces de vencer a todas las demás, es el signo distintivo del juego de bazas que todavía no se designaba "Tarot" cuando aparece en el siglo XV en Italia del Norte. Gracias a su moda inmediata, el juego se extenderá rápidamente en Francia y en toda Europa. Se mantendrá así, de manera más o menos duradera según las regiones, hasta mediados del siglo XIX, antes de renacer en el siglo XX. En paralelo al declive del Tarot como juego de cartas apareció la tradición de la cartomancia la cual también se ramificará en diversas corrientes.

Hoy en día, la mayoría de los historiadores consideran que **el tarot es posterior a los juegos de cartas ordinarios, de los cuales sería una ampliación.** Los Triunfos se habrían agregado a los cuatro palos de los juegos comunes, cuya introducción en Europa se remonta a finales del siglo XIII o principios del siglo XIV. Dado que los Tarots más antiguos vienen de Italia, se tiende a considerar que los Triunfos fueron inventados en Italia, y que emanan de las grandes corrientes culturales y espirituales del Quattrocento: el vocabulario simbólico y floral de finales de la Edad Media cristiana, con tintes de petrarquismo y de neoplatonismo.

El juego de tarot engendró numerosas estrategias lúdicas, en las cuales, de acuerdo con el principio de los Triunfos, un palo de cartas ordinarias se considera superior a los otros tres, ya sea de manera permanente o al anunciarse al inicio de la partida. El juego de whist, que apareció en 1674, dará lugar al bridge que de alguna manera es un tataranieto del tarot.

• *Tarot: ¿de dónde viene la palabra ?*

Esta sencilla pregunta etimológica plantea lo que será la controversia central alrededor del Tarot de Marsella: ¿Origen francés u origen italiano?

De acuerdo con Dummett y McLeod,[8] el término *tarocchi* aparece por primera vez en un inventario de la corte de Ferrara en diciembre de 1505.

Por otro lado, Thierry Depaulis demostró que el término *taraux* aparece en Francia el mismo año, algunos meses antes, en un documento de archivo que trata de un maestro cartero instalado en Aviñón.[9] Pareciera que el origen francés es anterior por

---

8. Dummett, Michael y McLeod, John, *A History of Games Played with the Tarot Pack: The Game of Triumphs*, Nueva York, Edwin Mellen Press, 2004.

9. *Cartarum vulgo appelatarum taraux*, documento que inicialmente fue citado con una fecha inexacta (1507) por el archivero Hyacinthe Chobaut en un artículo titulado "Les maîtres cartiers d'Avignon, du XVᵉ siècle

un pequeño margen... El término reaparecerá en 1535 con una ligera modificación ortográfica con Rabelais: en el capítulo 22 de *Gargantúa*, el *taraud* figura en la lista de juegos con los cuales se entretiene el gigante. Distinto de la expresión "cartas de basto" que se utiliza en esa época para referirse a los juegos de insignias italianas (Espadas, Copas, Bastos y Oros), el término *taraux* remite al juego de cartas que contiene una quinta serie de Triunfos. En 1690, mientras que la moda del tarot ya abandonó París, nos encontramos con la siguiente definición en el diccionario de César-Pierre Richelet:

"Taraux, s, m: (*Folia ilusoria à tergo depicta.*)[10] Es una especie de carta, marcada con otras figuras que las cartas ordinarias. Los españoles, los alemanes y demás extranjeros juegan a los *taraux*. Cartas tarotadas. Entre los juegos de Gargantúa, se encuentras los *taraux*, que se juegan mucho entre los alemanes y los suizos".

La etimología en sí es incierta. Según Richelet, el sustantivo "*taraux*" vendría del verbo francés "*tarauter*" (ornamentar el revés de las cartas con puntos o figuras geométricas para que no se pueda adivinar el frente por transparencia), término derivado de un antiguo aparato llamado "*tarière*", el cual sirve para perforar agujeros en las paredes. En el siglo XIX, los movimientos esotéricos propondrán etimologías surgidas del hebreo, de una inversión latina de *rota* (la rueda), o incluso de jeroglíficos egipcios.

Las hipótesis más verosímiles se remiten a la *tare* o *tara* en italiano, que haría referencia a la constitución del *"chien"*, la separación específica del juego de tarot. También parece importante recordar dos etimologías provenientes del árabe: كرت *taraka* (omitir, abandonar, dejar: encontramos la idea de separación) o aun قرط *turuq* (vía), que se referiría ya sea a la estructura del juego (los cuatro palos simbolizarían cuatro caminos, concretos

---

à la Révolution", *Provence historique*, t. VI, fasc. 22, octubre-diciembre de 1955. Para más información sobre la rectificación de fecha, referirse al texto de Depaulis, Thierry, "Des cartas communément papelees taraux", *The Playing Cards*, vol. XXXII, nº 5, 2004.

10. "Carta para jugar con el revés pintado".

o simbólicos), o a la vía como camino espiritual, lo cual podría tener una relación directa con el invento de aquellas cartas, como lo veremos más adelante en este capítulo.

Sea como sea, sabemos que el juego como tal es anterior a estas apelaciones: se conoce en Italia del Norte desde 1440, bajo el nombre de *Trionfi* (los Triunfos). Bolonia y Milán se pelean el origen de los juegos de la corte italiana, pintados a mano y exquisitamente ilustrados, los cuales son los más antiguos que se hayan encontrado hasta la fecha.

• *Los juegos de cartas, ¿ancestros del Tarot?*

Desde sus orígenes, la historia del Tarot se encuentra ligada a la de los juegos de cartas. Debido a la fragilidad del material de las cartas (fibras vegetales o papel), esta historia cuenta con numerosos vacíos y depende en gran parte de descripciones o de documentos de archivo. Las hipótesis de los historiadores se cruzan y se contradicen, sujetas a cuestionamientos radicales cada vez que surge un nuevo descubrimiento.

La mayoría de los juegos de cartas antiguos que se han podido conservar provienen de juegos fabricados para la nobleza, pintados a mano sobre cartón, y por lo general iluminados: se trata de auténticas obras de arte. Algunas cartas de fabricación más humilde han resistido el paso del tiempo, y se han encontrado ejemplares que fueron reutilizados como refuerzo en el empaste de algún libro, como etiqueta para algún registro notarial (el revés de las cartas era blanco), o como tarjetas de visita. Durante mucho tiempo, el papel fue un material de lujo y los juegos de cartas se reciclaban una vez desgastados al grado de no poder usarse para jugar.[11]

_____

11. La represión también pudo ser un factor, ya que los juegos de azar quedaron rápidamente prohibidos y demonizados. Una leyenda cuenta que el cuadro de la *Lamentación sobre Cristo muerto* que podemos admirar en la basílica de Santo Stefano, en Bolonia, estaría forrado de incontables cartas confiscadas en una oleada de prohibición.

Los historiadores están de acuerdo en el hecho de que los juegos de cartas existían en China desde el siglo XII, ya sea como derivados de los dominós, o como "cartas monetarias" que comportaban cuatro categorías o "series" que hubieran podido inspirar los cuatro palos de los juegos occidentales (aunque debemos notar que estas cartas no contaban con Figuras). No obstante, es difícil afirmar de dónde vienen los juegos de cartas que aparecieron en Europa alrededor de 1370.

Henry-René d'Allemagne consideraba, en su manuscrito fundamental que se estableció como voz de autoridad en el tema,[12] que los juegos de cartas se originaban en Alemania. Hoy en día aún existen defensores de esta teoría: según ellos, los mongoles habrían podido traer juegos de cartas chinos a Hungría desde mediados del siglo XIII. En paralelo, numerosos historiadores creen que los juegos de cartas chinos habrían podido viajar por la ruta de seda directamente hasta Italia, en las caravanas de Marco Polo (hoy en día esta hipótesis parece altamente improbable). Las teorías recientes convergen más bien en la idea de que las cartas chinas habrían engendrado, desde Persia hasta Asia Menor, a las *ganjifa*, unos juegos medio-orientales que aún se utilizan en India y que existieron en Persia hasta el siglo XIX, así como a los "juegos moros" o "juegos mamelucos" de Egipto que se les asemejan, y de lo cuales se habrían encontrado fragmentos que se remontan al siglo XIII. Aún así, estas dataciones son bastante imprecisas.

Un pasaje de los *Anales de Egipto y de Siria* de Ibn Taghri-Birdi, que trata de los eventos del año 1417-1418, menciona que el futuro Sultán al-Malik al-Mu'ayyad ganó una sustanciosa suma de dinero jugando a las cartas, designadas en el texto bajo el sustantivo *kanjifah*. Sea como sea, en aquella época los juegos de cartas ya circulaban en Europa occidental.

Los *ganjifa* que conocemos tienen una forma redonda o cuadrada, y el número de series puede variar según los juegos (hasta 12),

---

12. d'Allemagne, Henry-René, *Les cartes à jouer du XIVe au XXe siècle*, Bolonia, Arnaldo Forni Editore, 1906.

pero encontramos sistemáticamente diez cartas numéricas y dos Figuras en cada serie: el Rey y el Vizir.

Un juego que se conoce bajo el nombre de **juego mameluco**, sin duda derivado de los *ganjifa*, es el que más se asemeja a los primeros juegos que aparecen en el sur de Europa. Se llama así dado que es originario del período en el que el sultanado mameluco reinaba sobre Egipto y Siria (1250-1517) y comporta cuatro series:

*   *Darâhim*: Oros o monedas;
*   *Jawkân*: Bastos de polo;
*   *Tûmân*: las "multitudes", representadas por las Copas;
*   *Suyûf*: cimitarras.

En cada una de estas series, encontramos tres Figuras, todas ellas masculinas, organizadas bajo una jerarquía que puede ser tanto espiritual como militar: el Rey, el Virrey o diputado y el Segundo Virrey. En cuanto a los símbolos presentes en estas cuatro series, es interesante notar que la *furûsiyya*, un conjunto de teorías y prácticas marciales específica al sultanado mameluco, incluía el juego de polo, el uso de mazas de armas, la equitación, la esgrima, y el ajedrez.

Se conserva un juego casi completo en el museo del palacio de Topkapi de Estambul: consta de 47 cartas suntuosamente decoradas y de un formato imponente (252 mm de alto por 95 mm de ancho). Este juego fue descrito por primera vez por Leo Ary Mayer, quien se interesó en diversos aspectos del sultanado mameluco en un articulo de 1931. Thierry Depaulis[13] lo considera anterior a los juegos de cartas italianos, aunque su fecha oficial sea de finales del siglo XV.

*   *Primeros juegos de cartas en Europa*

El más antiguo espécimen de juego de cartas en Europa es un conjunto de cuarenta cartas conservadas en el museo Fournier de Álava en España, catalogadas bajo el nombre "Italia 2". Proven-

---

13. Depaulis, Thierry, "Brève histoire des cartes à jouer", *Cartes à jouer et tarots de Marseille*, Marsella, Alors Hors du Temps, 2004.

drían de inicios del siglo XV: entre 1400 y 1420. Otro juego, alemán, se disputa esta antigüedad por muy poco: se trata del juego "de Stuttgart", fechado aproximadamente en 1430, que contiene cuatro series animales: patos, perros, halcones y ciervos, y cuenta con la particularidad de presentar dos tríos de Figuras masculinas (en las series de los halcones y patos, el rey monta a caballo flanqueado por dos servidores, uno superior y otro inferior) y femeninas (las series de perros y de ciervos tienen como figura suprema a una reina sentada en un trono, flanqueada por dos sirvientas jerarquizadas por su postura y su cercanía con el animal). Desde el origen, constatamos que los juegos de Europa del Norte se distinguen por sus series originales, cuya tradición perdurará en Alemania, y por la paridad de las figuras de poder.

Al contrario, todas las cartas que aparecen en Europa del Sur en esa época se asemejan al "juego mameluco". En Italia y en España, los cuatro palos se convierten en:

- los Oros (*denari* en italiano), monedas colocadas con o sin entramados vegetales entre ellas;
- los Bastos (*bastoni* en italiano), representados con forma de garrote en el juego español y por cruzamientos de bastos más refinados en algunos juegos italianos;
- las Copas (*coppe* en italiano), también agenciadas geométricamente con o sin entramados vegetales;
- las Espadas (*spade* en italiano), giradas hacia el cielo o hacia la tierra y que en algunos juegos italianos se inscriben dentro de un óvalo que recuerda el cruzamiento de dos cimitarras.

Al igual que el juego mameluco, estos juegos de Europa del Sur cuentan con tres Figuras masculinas: Rey, Caballero y Paje, los cuales una vez más podrían representar una jerarquía militar o evocar la Trinidad cristiana del Padre, el Hijo y el Espíritu Santo.

El nombre de estos juegos de cartas, tal y como nos lo transmiten las crónicas de la época, es *naipes* en español (término aún en vigor) y *naibbi* en italiano (término obsoleto). Los dos términos parecen claramente derivados del árabe *nāʾib* (بیئان) que designa a la segunda figura de juegos de la Edad Media ya mencionados. En la época mameluca, en Egipto, este título lo llevaba el vice-sultán: *nā'ib al-ṣulṭān* (ناطلسلا بئان). Es el equivalente del prefijo español vice (como en la expresión vicepresidente). De hecho, los antiguos juegos del Medio Oriente se conocían bajo el nombre de *mulūk wa-nuwwāb* (reyes y virreyes).

Los historiadores no están de acuerdo si este juego llegó primero a España, ocupada entonces por los moros, o si apareció en Italia, traído por comerciantes venecianos o lombardos.

De hecho, el conocimiento de la aparición de los juegos de cartas se debe en su mayoría a los decretos de prohibición, los cuales se multiplican por toda Europa en la década de 1370-1380. En todo lugar en el que aparecen las cartas, su uso se ve prohibido ya sea por el poder espiritual o por el Estado. Es evidente que esta represión se debe a su éxito, y podemos deducir que los juegos de cartas son desde sus inicios muy populares.

En Francia, una ordenanza de Carlos V de 1369 prohibe jugar a las canicas, a los bolos y a la petanca, pero todavía no se menciona a los juegos de cartas. Prontamente, se desencadenan las prohibiciones: en 1377, el prebostazgo de París prohíbe jugar durante los días laborales a "las palmas, pelotas, cartas, dados y bolos" y en 1382 una ordenanza de Lille prohibe "el juego de cartas".[14] En Marsella, un extracto de archivos notariales (minutas del notario Laurent Aycardim con fecha del 30 de abril de 1381) relata la historia de un presunto Jacques Jean, quien partía para Alexandria, obligado por dos amigos a jurar ante notario que no se entretendría con ningún juego durante toda la travesía, notablemente el de *nahipi*, so pena de tener que pagar una multa de quince florines.[15]

En Italia, el 23 de marzo de 1375, un decreto de priores de Florencia prohibe el juego llamado *naib-be*, hecho que confirma

---

14. Ver en particular: Alleau, René, artículo "Cartes à jouer", *Encyclopædia Universalis*.

15. Citado en el catálogo de la exposición "Jeux de cartes et tarot de Marseille".

la *Crónica de Viterbio* en la cual Cola di Covelluzzo cuenta: "En el año 1379 se introdujo en Viterbio el juego de cartas que en su lengua sarracena se llama *Nayib*".[16] Asimismo, en sus *Ricordi* de 1379 ("Recuerdos", una crónica inicialmente destinada a uso privado), el mercader florentino Giovanni Morelli recomienda "evitar los juegos de azar como los dados e imitar más bien a los niños que juegan a las matatenas, a la peonza, y a los *naïbes (naïbi)*". Un inventario de posesiones del duque de Orleans de 1408 diferencia entre un "juego de cartas sarracenas" y un "juego de cartas de Lombardía": ¿Acaso se trataba ya de un Tarot y de un juego de insignias italianas?[17]

Nos encontramos ante una paradoja en cuanto a la apelación de "cartas moras" o "cartas sarracenas". En efecto, los juegos de cartas están notablemente ausentes de la literatura musulmana de la época, tanto poética como narrativa o filosófica. Si este invento realmente es "sarraceno" (un término impreciso, que designaba en la Edad Media a todo lo que provenía del mundo musulmán), ¿cómo es posible que la cultura árabico-musulmana de la época no lo mencione? La pregunta queda abierta.

René Alleau[18] podría haber resuelto esta paradoja, ya que defiende **la teoría de un origen armenio del juego** y considera que "visiblemente los niños armenios fueron los primeros en enseñarle a los niños italianos a jugar a los *naibi*". Para apoyar esta teoría, nota que "la mitología armenia popular siempre asocia los veintidós dioses guerreros a sus paredras, de tal forma que los reyes y reinas, a los cuales se suman los héroes y los amantes, forman un panteón de dieciséis personajes principales. Por otra parte, la división cuadripartita de la sociedad armenia medieval es una de las características más curiosas del último vestigio de la dinastía rupeniana: la ciudad de Zeïtoun, que en el siglo XIX seguía siendo

---

16. "Anno 1379. Fu recato in Viterbo el gioco delle carti, che venne de Seracinia, e chiamasi tra loro Naib", citado por Bussi, Feliciano, *Istoria della Città di Viterbo*, Roma, Bernabò & Lazzarini, 1742, p. 213.

17. Citado en la p.17 del catálogo "Notable acquisitions 1883-1984", publicado por el Metropolitan Museum of Art, Nueva York.

18. Alleau, René, artículo "Cartes à jouer", *op. cit.*

gobernada por cuatro príncipes, los cuales reinaban sobre cuatro barrios, y que hasta 1965 se rehusó a reconocer la autoridad turca. Este conservadurismo obstinado de la raza armenia puede explicar el valor pedagógico de los *naibi*. Les enseñaban a contar a los niños y a distinguir los valores de prelación y de intervención en un combate simulado, y sobre todo a acordarse de su patria y de los dioses heroicos de la nación durante el tiempo de errancia y exilio".[19]

Como vemos, la cuestión de los orígenes dista mucho de estar resuelta.

• *El Caballero y la Reina: Norte y Sur, caballería y fin'amor*

La propuesta de René Alleau permitiría explicar la presencia de la Reina o Dama en los juegos de Europa del Norte. Aparece desde el siglo XV en los juegos de cartas "de dibujo francés", producidos principalmente en Lyon desde 1440, y también se encuentra entre las Figuras de los Tarots italianos principescos de la misma época.

No olvidemos que la producción alemana es muy precoz, como lo demuestra el juego de Stuttgart antes mencionado (datado entre 1427 y 1431), y que fue increíblemente fecunda. En Alemania, las primeras cartas grabadas aparecen desde mediados del siglo XV, junto con los grabados sobre cobre de maestros carteros realizados en Maguncia y que contienen insignias completamente diferentes a las de los juegos italianos o españoles: flores, pájaros, ciervos, animales de rapiña, y hombres salvajes. La producción alemana de lo siglos XV y XVI cuenta con varios ejemplares destacables, pero no parece haber influido en el desarrollo del juego de Tarot, aunque sus motivos animalisticos resurgirán en los tarots franceses del siglo XVIII destinados a Alemania o Rusia. A pesar de esto, notamos que los juegos alemanes cuentan con Damas o Reinas en lugar de Caballeros desde su origen, las cuales a veces también remplazan a los Reyes.

---

19. *Ibid.*

¿Cómo se organizó la repartición de Figuras en la historia de los juegos de cartas? Existen varias pistas en relación a esta pregunta, todas ellas de gran interés. Es posible que la Reina sea, en Europa del Norte, una transposición del Caballero de los juegos meridionales. La trinidad masculina de inspiración militar habría sido remplazada por un trío de tipo familiar, más conforme a la organización social europea, donde la Reina representa a la vez la vertiente femenina del Rey y el principio materno.

Vale la pena mencionar una teoría que señala al juego de ajedrez: en un curioso tomo de 1826 muy bien documentado, Gabriel Peignot[20] traduce un libro de Johann Gottlob Immanuel Breitkopf titulado *Versuch, den Ursprung der Spielkarten, die Einführung des Leinenpapiers und den Anfang der Holzschneidekunst in Europa zu erforschen*, ("Ensayo sobre el origen de los juegos de cartas, la aparición de papel de algodón y los inicios de la xilografía en Europa"). En él, el autor desarrolla la idea de que los juegos de cartas orientales y los juegos de ajedrez habrían llegado a Francia más o menos en la misma época y que el personaje del "segundo" se habría feminizado automáticamente.

Según Breitkopf, los términos persas se tradujeron (como es el caso para el *Schah*, el Rey, o *Beydal*, el Paje que se convierte en el Peón) o se transformaron por homofonía (como *Ruh*, el dromedario, que en francés se convierte en la Torre). Es así que *Pherz*, el General, se habría convertido en "Vierge" (Virgen), y luego en "Dama" o "Reina". Peignot agrega: "Pero los italianos no quisieron cambiar nada: agregaron una Figura a su juego nacional de Tarot, de tal manera que cuenta con cuatro personajes: el Rey, la Reina, el Caballero, y el Alfil (sic)". Naturalmente, hace falta leer "Paje" en vez de "Alfil" y notar que el "Alfil" y la "Torre" de los juegos de ajedrez nos recuerdan extrañamente al Loco y la Torre del Tarot.

El hecho permanece: de manera constante, encontramos en Europa juegos de cartas con tres Figuras, donde el Caballero se alterna con la Dama según pasamos del Sur al Norte, mientras

---

20. Gabriel Peignot, *Recherches historiques et littéraires sur la danse des morts et sur l'origine des cartes à jouer*, Dijon, Victor Lagier, 1826.

que el Tarot es el único juego en contar con las cuatro Figuras e incorporar tanto a la Dama como al Caballero. A falta de material que constituya una prueba decisiva, solo nos queda interrogarnos si existen juegos anteriores provenientes de Europa del Sur que cuenten también con una figura femenina.

A pesar de esto, podemos notar que **esta coexistencia, en el Tarot, de la Reina (o de la Dama) con el Caballero nos remite a toda una tradición caballerosa y cortesana**, donde como cuenta la leyenda de Tristán e Isolda, la pareja exterior y oficial que representa la ley social (Rey y Reina), se desdobla en una pareja secreta e íntima que representa la ley del amor (Reina y Caballero). La cuestión de jerarquía entre estas Figuras se aclara cuando la enfocamos desde un punto de vista social, que corresponde al juego de tarot, o desde un punto de vista esotérico, que corresponde a la lectura de Tarot contemplativo. Efectivamente, en la caballería, el enamorado tiene un rango generalmente inferior a la Dama, lo que justifica la serie creciente Paje-Caballero-Reina-Rey. Al contrario, en la tradición caballeresca, el amor cortés prevalece sobre el matrimonio, y una mujer puede dejarse llevar por el corazón si es cortejada según un protocolo preciso ligado a los códigos caballerescos. Este código cortés revela una jerarquía distinta, de naturaleza esotérica e interior, donde el Caballero supera secretamente al Rey en el corazón de la Dama. Aunque continúe actuando en el mundo en nombre del soberano, se encuentra galvanizado interiormente, ennoblecido y movido por el amor recibido de la Dama, resplandor del amor supremo. La Europa Medieval se encuentra impregnada de esta tradición, ya sea en Occitania o en el Norte de Francia. Es lo que sugiere René Alleau cuando nota: "No se excluye que el hermetismo europeo haya implantado en el nuevo juego una simbología caballeresca poco ortodoxa desde el estricto punto de vista confesional. Se trata ahí de un instrumento de difusión que no era insignificante en la lucha que desde finales del siglo XV oponía a algunas hermandades a la Iglesia romana".[21]

---

21. Alleau, René, artículo "Cartes à jouer", *op. cit.*

• *En conclusión*

Como podemos ver, la gran pregunta en cuanto al origen de los juegos de cartas permanece abierta. ¿Acaso nacieron en India, en Persia, en Armenia o en el mundo árabe? ¿Tenían como vocación representar un combate militar o poseían ya un doble sentido guerrero e iniciático, reflejado por la jerarquía de las Figuras y la repartición en cuatro series representando cuatro "reinos" tanto territoriales como internos? En diversas corrientes del conocimiento, la temática del combate contra el adversario se desdobla en una tématica del combate interior: este es el sentido iniciático del término *djihad*, generalmente traducido como "guerra santa" pero que etimológicamente significa "esfuerzo" en la mística del Islam. Las artes marciales remiten a la misma dinámica: el aprendizaje del combate conduce a la paz, que es en realidad la victoria del ser esencial sobre el ego individual. No podemos desestimar que los juegos de cartas "ordinarios", en su aparición en Europa a finales del siglo XIV, estén ya cargados de un influjo espiritual y filosófico. Para los lectores del Tarot, esto explicaría que las cartas numerales sean desde entonces portadoras de una simbología y de una numerología extremadamente fecunda desde el punto de vista de la interpretación de las cartas.

2. Los "Triunfos" del Tarot: ¿un invento italiano?

Hemos visto que la mayoría de los especialistas de hoy consideran al Tarot como una extensión del juego de cartas ordinario, aunque existen quienes cuestionan esta hipótesis. Generalmente, se localiza su origen en Italia, donde se mencionan por primera vez a los "Triunfos" y donde aparecen los primeros juegos con este tipo de cartas.

Durante años, el "Tarot de Carlos VI" fue datado erróneamente de finales del siglo XIV y atribuido al pintor Jacquemin Grignonneur, pero como confirma la cédula de la Biblioteca Nacional de Francia donde se conservan las diecisiete cartas de este juego, en realidad proviene de Italia del Norte y fue pintado entre 1475 y 1500. A pesar de esto, continua circulando una tenaz leyenda que busca ligar estas cartas italianas a un documento de la Corte de Condes de 1392, según el cual el Rey de Francia habría pagado 56 soles por un juego de cartas.[22] Los juegos de cartas ya existían en Francia en esta época, y probablemente se trata de un juego sin Triunfos, del cual no tenemos ningún rastro físico.

En 1989, un artículo de Franco Pratesi[23] afirma que el tarot más antiguo, según él, es de 1424-1425: un conjunto de cartas llamado "Tarot Michelino" que habría sido encargado por Filippo Maria Visconti, duque de Milán, y pintado por Michelino de Besozzo (1388-1450). Este juego, que ya fue mencionado por Stuart Kaplan,[24] no se ha encontrado, pero se sabe de él gracias a una descripción en un texto de Mariziano da Tortona, secretario particular del duque y astrólogo, que seguramente coordinó el trabajo y probablemente contribuyó a la concepción de esta baraja. Esta constaría de sesenta cartas: cuarenta Valores en cuatro series: Fénix, Aguilas, Tortugas y Palomas, con un rey en cada serie y una quinta serie de dieciséis cartas representando divinidades del panteón romano. Dado que su estructura difiere de la de los tarots que se conocen hoy en día y que nunca se ha encontrado este juego, lo menciono únicamente debido a su antigüedad. No podemos demostrar que haya dado origen a los juegos de tarot, y tal vez él mismo sea una variación de un *proto-tarot* del cual no tengamos rastro. Sea como fuere, demuestra el interés del duque de Milán por este tipo de cartas, como veremos a continuación.

---

22. Registrado por Charles Poupart en el registro de la Cámara de Condes: "Para Jacquemin Grignonneur, pintor, por tres juegos de cartas doradas y de diversos colores, ornamentadas con varias divisas para que sean llevadas al Señor Rey para su entretenimiento: LVI *sols parisis*".

23. Pratesi, Franco, "The Earliest Tarot Pack Known", *The Playing Cards*, vol. XVIII, n° 2, noviembre de 1989, pp. 33-38.

24. Kaplan, Stuart, *La grande encyclopédie du tarot*, París, Tchou, 1978.

En efecto, los juegos de Tarot más antiguos que se conservan también provienen de la corte de Milán.

• *Los juegos principescos "Visconti-Sforza"*

Los tarots más antiguos que conocemos hoy en día datan de alrededor de 1450. Se trata de un conjunto de tres juegos, todos incompletos y actualmente conservados en diversos museos, bibliotecas y colecciones privadas, pero que forman un conjunto de una coherencia gráfica y temática innegable. Se les designa bajo la apelación general de "Tarots Visconti-Sforza" y existen diversas reproducciones comerciales en facsímiles, las cuales se han retocado y completado con mayor o menor libertad (las cartas faltantes fueron inventadas por dibujantes contemporáneos).

Estos tarots, que son los más antiguos que se conservan, no eran necesariamente los primeros juegos que existieron, pero estamos sujetos a considerarlos como tales dada la falta de precedentes históricos. Se trata de verdaderas obras de arte destinadas a ricos comanditarios: están pintadas a mano, adornadas con toques de oro o de plata (como las iluminaciones y miniaturas medievales) y su formato es muy imponente en relación al tamaño de una mano humana. Algunas cartas están perforadas con un agujero en la parte superior, como si se tratara de elementos decorativos diseñados para ser suspendidos.

Estos juegos probablemente fueron realizados por petición de Felipe María Visconti, duque de Milán, y de su sucesor, Francesco Sforza, antiguo *condottiere*, elevado a la función ducal gracias a su matrimonio en 1441 con Blanca-Maria, hija ilegítima del duque. Los historiadores consideran que al menos uno de estos juegos se pudo haber realizado para sus nupcias. Helen Farley[25] incluso imaginó e intentó demostrar que los Triunfos se habían diseñado como una especie de novela a la imagen de la familia Visconti.

---

25. Farley, Helen, *A Cultural History of Tarot: From Entertainment to Esotericism*, Londres, I.B. Tauris, 2009.

Estos juegos están fechados entre 1450 y 1466. Una hipótesis sugiere que uno de ellos es en realidad de 1442, y es posible que algunas cartas se hayan realizado o remplazado en fechas ligeramente posteriores. Es difícil determinar exactamente cuál es el más antiguo.

El más completo de ellos (solo le faltan tres cartas: dos Triunfos y un Valor) se le atribuye al pintor y miniaturista Bonifacio Bembo, quien también realizó los retratos de la pareja nupcial, y a Antonio Cicognara. De hecho, suponemos que varias cartas fueron pintadas con la imagen de miembros o parientes de la familia. Este juego llamado "Francesco Sforza" se habría pintado en 1451 y se encuentra dividido entre la Biblioteca Pierpont-Morgan de Nueva York y la Academia Carrara de Bergamo.

Otras dos barajas, menos completas, se encuentran en la pinacoteca de Brera en Milán (dos Triunfos, siete Figuras y treinta y nueve Valores, atribuidos a Bonifacio Bembo y con fecha de 1463) y otra en la biblioteca de la Universidad de Yale (datada de 1442-1447, con once Triunfos, diecisiete Figuras y treinta y nueve Valores). Esta última es conocida bajo el nombre de "Visconti di Modrone" y tiene una característica única: probablemente tenía veinticuatro Figuras, es decir, seis en cada palo, ya que el Paje se encuentra acompañado de una Sirvienta y el Caballero de una Caballera. En algunos juegos posteriores como el Tarot de Noblet (1650), los caballeros y pajes conservarán este aspecto ambiguo, entre femenino y masculino.

- *Algunas pistas sobre la estructura y función de los primeros Tarots italianos*

Todas estas cartas tienen en común el hecho de estar suntuosamente ilustradas y tener un espesor sensiblemente superior al de los demás juegos conocidos, así como un formato imponente: 18 a 19 cm de largo por 8 a 9 cm de ancho, es decir que son 1,5 veces más grandes que las cartas comunes de la época.

Dos referencias pictóricas pueden ayudarnos. La primera es la del ciclo de juegos del palacio Borromeo en Milán (datado entre

1445 y 1450). Una atmósfera poética y algo irreal emana de él. Observamos a cinco personajes reunidos alrededor de una mesa, en un paisaje campestre, sosteniendo unas cartas con revés blanco. Es imposible saber de qué juego se trata, pero las cartas caben cómodamente en sus manos, lo que las identifica como menores a las de los Tarots "Visconti-Sforza". Este fresco ha sido restaurado de manera considerable. Es difícil saber si realmente representa una partida de cartas y de qué estilo.

El otro fresco es más reciente (aproximadamente de 1550) y está mejor conservado. Fue pintado por Niccolo dell'Abbate y se encuentra en el palacio Poggi de Bolonia. Los jugadores tienen en sus manos unas cartas de dimensiones similares a las cartas de Tarots actuales, es decir que también son más pequeñas que las de los juegos Visconti-Sforza.

¿Los "Tarots Visconti-Sforza" estaban hechos para jugarse? ¿Estas imágenes fueron hechas para representarse ante un público? ¿Bajo qué forma? ¿Como procesiones teatrales, narraciones ilustradas, o tal vez con alguna intención pedagógica? ¿Eran materiales morales o incluso juegos de interpretación de roles?

También podemos notar, y esto es muy importante, que en los juegos de esta época, los Triunfos no llevan *ni nombre ni número*. A pesar de esto, es evidente que los Triunfos se encontraban ordenados en una jerarquía según los usos en cada región, o en cada círculo de juego, sin lo cual hubiera sido imposible jugar. Algunos documentos del siglo XVI nos revelan que la numeración y la designación de los Triunfos se fueron fijando en tres órdenes principales, clasificados por Michael Dummett,[26] sobre los cuales nos enfocaremos más adelante. En el anexo al final del libro entraremos en detalle en el estado actual de esa investigación.

Por otro lado, cuando observamos los juegos "Visconti-Sforza", no es fácil identificar qué imágenes formaban parte de la serie original de Triunfos.

---

26. Remitirse a Depaulis, Thierry, *Tarot, jeu et magie*, París, Biblioteca Nacional de Francia, 1984.

- Las cartas conocidas de los juegos posteriores, como El Diablo (Arcano XV del Tarot de Marsella) y La Torre (Arcano XVI del Tarot de Marsella) están ausentes de los tres juegos milaneses. Es posible que estas cartas no hayan existido en el juego original.
- El juego llamado "Cary Yale" cuenta con una representación de las tres virtudes teologales: la Fe, la Esperanza y la Caridad, que parecen haber desaparecido de los Tarots, y una sola virtud cardinal: la Fuerza.
- Tres virtudes cardinales (Justicia, Fuerza y Templanza) están representadas en el juego más completo, llamado "Francesco Sforza". La cuarta virtud, la Prudencia, está ausente.
- Algunas cartas del juego Francesco Sforza parecen haber sido pintadas en fechas posteriores,[27] entre ellas La Fuerza y La Templanza (las otras cuatro son El Mundo, La Estrella, La Luna y El Sol).

En este juego, las dos alegorías femeninas de la Estrella y la Luna representan a dos mujeres muy parecidas a la Templanza. Podríamos imaginar que estas dos cartas faltantes y estas dos alegorías cósmicas representaban inicialmente a la Prudencia (cuarta virtud cardinal) y a las tres virtudes teologales, cuyo origen se remonta a la cultura greco-latina y sus atributos aún no eran fijos en los inicios del Renacimiento. Esto es meramente una suposición, pero me parece importante dejar abierta la pregunta de cómo es que se fueron definiendo los Arcanos Mayores a lo largo del tiempo, hasta formar la serie específica que estudiaremos en el Tarot de Marsella.

Tal vez la serie de Triunfos era la representación de un camino moral, conforme al espíritu del misterio y de las procesiones car-

---

27. Templanza, La Fuerza, La Estrella, La Luna, El Sol, y El Mundo podrían haberse realizado veinte años más tarde que el resto de las cartas, y haber sido sentados por un artista de Ferrara. Cf. Depaulis, Thierry, *Tarot, jeu et magie, op. cit.*

navalescas de la época. **Es imposible afirmar que los Triunfos de los juegos Visconti-Sforza sean el origen del Tarot:** tal vez son únicamente la expresión artística de un juego preexistente del cual no tenemos rastro. De lo que sí estamos seguros, es que **estos tarots se inscriben perfectamente en el estilo pictórico de su época (las iluminaciones y pinturas del siglo XV) y representan alegorías muy frecuentes en ese entonces**: ya sea la parca y su guadaña que recuerdan a las grandes epidemias de peste, las virtudes, o incluso la representación del poder espiritual y temporal.

Algunas cartas parecen ser más confidenciales, como La Fuerza del Tarot Francesco Sforza que se aleja de las representaciones tradicionales. La alegoría de la Fuerza en general se representa con rasgos de mujer, ya sea con un escudo, o domando un león, o sosteniendo una columna rota. Aquí, vemos un retrato del comanditario, tal vez representado como Hércules, golpeando a un león con un garrote.

Si los Tarots Visconti-Sforza representan sin duda alguna un episodio fundamental en la historia del Tarot, no creo que sea necesario especular sobre su estatus de modelo original y absoluto. Me parece más interesante convocar al contexto cultural y económico para intentar comprender los objetivos e intereses presentes durante el nacimiento del juego de tarot hacia finales del siglo XV.

• *Los Triunfos: Petrarca y el Renacimiento*

La apelación inicial *Trionfi* que designa tanto a los Triunfos como al juego, remite aunque sea por extensión al compendio epónimo de Petrarca, *I Trionfi*, que será el mayor éxito literario de los siglos XIV, XV y XVI. El tema del Triunfo no es propio de Petrarca, ya que proviene de la Antigüedad, y se refiere en primer lugar a una victoria militar, antes de simbolizar las etapas de la vida humana: aquellas dimensiones sucesivas de la experiencia vivida, que se siguen en una procesión triunfal, y que también representan etapas de la evolución interior.

La obra de Petrarca logra cristalizar lo que sin duda es la temática existencial central del Renacimiento: la transmutación del amor humano en amor divino, la pasión poco a poco liberada de sus ataduras engañosas le permite al poeta, a medida que toma conciencia de la fugacidad de las cosas, acceder al néctar de la eternidad. La realidad de la impermanencia era mucho más tangible en esa época, marcada por epidemias, hambruna o guerras, y estas preocupaciones fundamentales se expresaban tanto en el arte como en las corrientes místicas de las grandes religiones.

Los Triunfos de Petrarca se dividen en seis capítulos, escritos en períodos sucesivos a lo largo de la vida del poeta, y concluirán en 1374. Tendrán un éxito rotundo en Italia, en Francia, y en toda Europa. Contamos, hoy en día, con más de cien manuscritos suntuosamente iluminados, y *Los Triunfos* también inspiraron las artes decorativas: orfebrería, vitrales, tapicería... El invento de la imprenta reforzará el éxito de la obra: a partir del siglo XVI, esta se extiende por toda Europa en versión impresa, peleándose con la Biblia el título de primer *best-seller*. La influencia de Petrarca sobre los poetas franceses de la Pléyade será decisiva, tanto como modelo de una poesía en "lengua vulgar" (la lengua hablada, en oposición al latín litúrgico y erudito), que como adalid del amor mediador entre el mundo profano y la dimensión sagrada.

Recordemos brevemente los eventos que fundan la inspiración del poeta: su encuentro con Laura, el 6 de abril de 1327 "en la iglesia de Sainte-Claire de Aviñón, por la mañana", desencadenará su vocación poética. **Todo empieza entonces por el "Triunfo del Amor".**

Siguiendo la gran tradición del amor cortés, Petrarca dará pocos datos sobre Laura y la transformará inicialmente en una figura divinizada que tiene "la forma de un ángel" y "cuyas palabras tienen un sonido distinto al de la voz humana". No se trata de reciprocidad, sino del acercamiento íntimo de los cuerpos que la poesía petrarquista designará bajo el título de "fruición": Laura permanece inaccesible, siendo la encarnación misma de todas las virtudes. Viene entonces el **"Triunfo de la Castidad"**, el cual hay que entender tanto en el sentido moderno de abstención de actividad sexual, tanto como etapa de intensificación energética, que permite que el amor humano se eleve hacia esferas más puras.

El 6 e abril de 1348, exactamente veintiún años después de su encuentro, Laura muere a causa de la peste que provoca estragos en aquel período. Es el **"Triunfo de la Muerte"** en el que el poeta evoca e idealiza a su amada (el descubrimiento real o supuesto de la tumba de Laura en 1533, en algún momento atribuido al poeta francés Maurice Scève, será un evento mayor, al grado que el rey Francico I de Francia visitará el sitio en peregrinaje). **Los tres "Triunfos" siguientes son los del Renombre**, en el que Petrarca rinde homenaje a los poetas y filósofos de la Antigüedad, empezando por Platón, seguido por el **del Tiempo**, en el que el poeta medita sobre la fugacidad de las cosas, y finalmente el de **la Eternidad**, donde el amor que se había manifestado bajo una forma humana que llega, después de esas etapas sucesivas, a la dimensión de lo divino. En la obra de Petrarca, el amor es el hilo conductor del camino espiritual.

Michael Dummett[28] subrayó que el contexto cultural de Italia, a principios del Renacimiento, es uno de cultura hermética y astrológica, donde las procesiones alegóricas eran más que comunes (aún se mantienen rastros de algunas de ellas en ciertas fiestas populares). Sabemos que el orden de los Triunfos, que no estaban numerados, varió según las épocas y las regiones de Italia, y hemos visto que las Virtudes cristianas aparecen entre estos Triunfos. Dummett concluye de manera algo lapidaria que estas imágenes no tienen en su origen ningún significado "oculto" (o más exactamente, filosófico y espiritual, ya que el término oculto es un anacronismo en este contexto) y que se trata simple y sencillamente de un préstamo del vocabulario iconográfico imaginario de la época, un simple medio nemotécnico para significar la jerarquía de las cartas de Triunfos. Esto me parece

28. Dummett, Michael y McLeod, John, *A History of Games Played with the Tarot Pack: The Game of Triumphs, op. cit.*

discutible: si el vocabulario iconográfico de la época está imbuido de espiritualidad, las cartas son, de alguna manera, el reflejo de esta preocupación metafísica, y como tal, participan de facto en una visión del mundo de la cual el poema de Petrarca es un reflejo deslumbrante.

Notemos que varios de los Triunfos de los juegos Visconti-Sforza, así como los Triunfos de los juegos franceses de los siglos XVI y XVII, hacen eco de manera asombrosa a la obra de Petrarca. Notamos antes que nada el número 21 (el número exacto de años transcurridos entre su encuentro con Laura y la muerte de esta), que es el valor más alto de todos los Triunfos del juego de Tarot. El Arcano VI (El Enamorado) nos remite directamente al Triunfo de Eros; El Carro (Arcano VII), a la noción de Triunfo en general; las tres Virtudes presentes en el juego podrían representar el Triunfo de la Castidad; el Arcano XIII, esqueleto dotado de una guadaña, el Triunfo de la Muerte. Se puede asemejar El Ermitaño (Arcano VIII) al Triunfo el Tiempo, El Juicio (Arcano XX) al Triunfo del Renombre, y El Mundo (XXI) al Triunfo de la Eternidad. Sin embargo, observamos que el orden numérico de los Triunfos del Tarot dista mucho del de los seis Triunfos de Petrarca. **Es evidente que los Triunfos del Tarot no son la representación literal de la obra de Petrarca, pero no podemos negar que existe un gran parentesco temático, que es representativo de las grandes corrientes espirituales y de las preocupaciones de la época.** Esto nos permite considerar que los Triunfos del Tarot hayan tenido, de igual manera, una vocación de representar, desde sus orígenes, un camino interior.

• *Juegos humanistas: juegos de cartas y didáctica*

En paralelo al desarrollo del Tarot, el ocaso del siglo XV es una época de gran creatividad para el desarrollo de juegos de cartas. En Alemania, algunos mazos iluminados o grabados son extraordinariamente fantásticos, tanto en la representación como en la invención y hasta la forma de las cartas. Los juegos de memoria y de aprendizaje aparecen desde el siglo XVI y conocerán una expansión notable durante el siglo XVII,[29] en particular bajo el impulso de los Jesuitas que asocian la imagen al texto par facilitar el aprendizaje del latín, de la historia, de la geografía o hasta de la heráldica.[30] Así, los juegos de cartas que eran considerados como una actividad diabólica que aleja a los hombres de sus deberes morales o religiosos se vuelven a orientar para servir fines pedagógicos y filosóficos.

En esta categoría vale la pena situar al **"Tarot de Mantegna"** de alrededor de 1470. Este juego, que no es un tarot como tal, consiste en dos series de grabados realizados por autores distintos y desconocidos, en el estilo del pintor Andrea Mantegna, aunque sabemos que él no es el autor. La apelación "Tarot" parece tardía y en parte inadaptada, ya que esta serie de imágenes fue seguramente de uso educativo. La Biblioteca Nacional de Francia cuenta con un ejemplar (bajo forma de compendio improvisado), en el que los grabados están montados sobre folios de papel, en un tomo enlazado con pergamino. Representan cinco series de diez cartas alegóricas que remiten respectivamente a:

- La jerarquía social humana: Mendigo, Servidor, Artesano, Mercader, Gentilhombre, Dux, Caballero, Rey, Emperador, Papa;
- El grupo de musas de la mitología griega: Calíope, Urania, Terpsícore, Erato, Polimnia, Talía, Melpómene, Euterpe y Clío, completadas por Apolo;
- Las artes liberales: Gramática, Lógica, Retórica, Geometría, Aritmética, Música, Poesía, Filosofía, Astrología, Teología;
- Las siete virtudes católicas, cardinales y teologales: Templanza, Prudencia, Fuerza, Justicia, Fe, Esperanza y Caridad, acompañadas por tres Genios: Ilíaco, el disco del Sol, Cróni-

29. Vale la pena citar a: *Les Jeux de cartes des royo de France, des reines rennommées, de la géographie, et des fables*, dedicado a Luis XIV, de Jean Desmarets de Saint-Sorlin (1644) o también el *Jeu d'armoires d'Europe* de Claude-Oronce Finé de Brianville (Lyon, Benoist Coral, 1659).

30. Para más sobre este tema, consultar el catálogo en línea de la exposición de la BnF: "Juegos de príncipes, juegos de villanos", http://expositions. bnf.fr/jeux/visite/index.htm.

co, el tiempo bajo la forma del dragón Ouroboros mordiéndose la cola, y Cósmico, el Genio del Mundo simbolizado por un globo celeste;

* La serie de esferas: Sol, Luna, Mercurio, Venus, Marte, Júpiter, Saturno, la octava esfera se simboliza por un disco estrellado, y finalmente el *primum mobile* o "primer movimiento" y el *primum movens* "primer motor" aristotélico, simbolizados respectivamente por una esfera vacía y por el cosmos mismo.

No hay nada sorprendente en el hecho de que esta enciclopedia pedagógica en imágenes, reflejo del humanismo del Renacimiento, se haya asimilado al Tarot con el cual comparte once Figuras o alegorías: Caballero y Rey entre las Figuras, y Emperador, Papa, Templanza, Prudencia, Fuerza, Justicia, Estrella, Luna y Sol entre los Triunfos.

Otro juego podría servir de testimonio de la utilización de las cartas como apoyo educativo y meditativo: el **Tarot de "Sola Busca"**, que lleva el nombre de la familia que lo poseía. Fue adquirido en 2009 por la pinacoteca de Brera en Milán, que le dedicó en 2012-2013 una exposición[31] titulada *Il Segreto dei segreti*.[32] Este juego se basa en el modelo del Tarot ya que cuenta con una serie completa de 78 cartas a color, de 144 x 78 mm, cuyos 22 Triunfos son figuras de la Antigüedad romana y cuyas cartas numerales están ilustradas con personajes y escenas diversas, algo inédito en aquella época. El proyecto de este juego se atribuye a Lodovico Lazzarelli, un humanista nacido en 1447 en San Severino Marche, y los grabados originales sobre metal podrían haber sido realizados por Nicola di Maestro Antonio (1448-1511). Varios ejemplares fueron impresos pero no se iluminaron. La co-

---

31. Algunos elementos relativos a esa exposición se pueden consultar en línea: http://pinacotecabrera.org/mostra/il-segreto-dei-segreti-i-tarocchi-sola-busca/.

32. Del nombre de una obra hermética y alquímica atribuida a Aristóteles, quien para el imaginario del Renacimiento, habría sido el preceptor de Alejandro.

loración sería obra de un pintor veneciano desconocido. La inscripción M.S., agregada en los ases, permitiría atribuirlo a Marin Sanudo el Joven (1466-1536).

Es el juego de Tarot más antiguo que se conserva entero. Algunas imágenes tienen parecidos extraordinarios con la iconografía hermética y alquímica introducida en Italia por la traducción de la obra hermética y pseudo-aristotélica *Secreta sectretorum*. La serie de Triunfos representa a los "hombres ilustres", héroes o dioses de la Antigüedad. Las cartas de Oros parecen remitir ya sea a la fabricación de la moneda, o a las maniobras operativas de la alquimia con los metales. La serie de Bastos (los cuales tienen una forma antropomórfica estilizada) también está llena de un simbolismo que remite a la similitud entre trabajos agrícolas y operaciones alquímicas en el linaje de Raymond Lulle. Las figuras angélicas aparecen en varias cartas, pero también encontramos escenas realistas que evocan diversos aspectos de la condición humana y otros, fantásticos, cuyo simbolismo sigue siendo un misterio.

Este juego no tiene ninguna relación directa con el linaje de los tarots franceses artesanales que le sucederán y que se elaborarán con el procedimiento más económico del grabado sobre madera y coloración por estarcido.

A pesar de esto, el Tarot Sola Busca nos interesa por diversas razones: por un lado, **será la inspiración, cuatro siglos más tarde, de algunas cartas del famoso Tarot esotérico "Rider Waite", cuya moda será gigantesca en el mundo anglosajón del siglo XX.** El British Museum posee fotografías en blanco y negro del Sola Busca junto con 23 grabados originales, los cuales fueron expuestos en 1907. Parece evidente que Arthur Edward Waite y Pamela Colman-Smith, la artista encargada de dibujar las imágenes de este Tarot, se inspiraron libremente en el Sola Busca para la serie de Arcanos Menores. Nos encontramos con una ramificación a la vez marginal e importante en el árbol genealógico de los tarots: marginal porque el Sola Busca es una obra aislada e individual, pero importante debido a la inmensa popularidad de la que gozó el Tarot Rider Waite, del cual hablaremos al final de este capítulo.

Por otra parte, la presencia de elementos directamente ligados a la iconografía alquímica y hermética sugiere una vez más que el Tarot Sola Busca representa un *itinerario*, uno que lleva del estado bruto de la humanidad hacia un estado sublime, imbuido por el oro de la conciencia. Es entonces un testimonio muy antiguo de este tipo de uso del Tarot.

Los juegos Mantegna y Sola Busca hacen evidente el interés de varios pensadores humanistas por el Tarot, el cual les ofrecía la posibilidad de difundir una enseñanza filosófica, esotérica (alquímica) o espiritual. Vemos que, aún cuando la función principal del Tarot en Europa, durante el Renacimiento y la época clásica, es como juego de mesa, este se encuentra, desde sus orígenes, estrechamente ligado a las corrientes estéticas y filosóficas de la época. Esta tendencia aparecerá de nuevo hacia finales del siglo XX, por ejemplo, con el Tarot zen del maestro espiritual Osho Rajneesh: vemos cómo un maestro espiritual, o un filósofo (o un grupo de pensadores) retoman una estructura numerológica lúdica y coherente y le imprimen su propia estética y su propio vocabulario simbólico. Una de las vocaciones del Tarot, o de sus funciones derivadas, parece ser desde sus orígenes la de servir de **"libro suelto"**[33] que permite mezclar las páginas y los capítulos de una enseñanza o de una *Weltanschauung* coherente para después poder sacar algún extracto al azar.

Es momento de orientarnos hacia una hipótesis que no proviene de la investigación histórica pero que merece nuestra atención: la de un *proto-tarot*, que aún no se hubiera encontrado, cuya función principal hubiera sido la iniciación espiritual.

* *La hipótesis de Idries Shah y las tsakali tibetanas:*
  las cartas iniciáticas

Si la inmensa mayoría de investigadores afirman hoy en día que los Triunfos del Tarot se inventaron en Italia, aún existen

---

33. La primera mención del tarot como "libro" se le debe a Court de Gébelin, como veremos más adelante, Alejandro Jodorowksy también utiliza la expresión "libro suelto".

voces que afirman que el juego "sarraceno" (originario de Egipto) contaba con cartas de naturaleza iniciática, representando un camino de crecimiento o una enseñanza espiritual.[34]

En su obra *Los sufís*,[35] Idries Shah toma una postura categórica. Defiende, sin entrar en justificaciones descabelladas, **que los Tarots son el origen y no el derivado de los juegos de cartas europeos y que sus Triunfos tienen una función de enseñanza espiritual y simbólica.** Citando la *Crónica de Viterbo*, sitúa la introducción de los juegos de cartas en Occidente en 1379, y agrega:

"*Naib* es una palabra árabe que significa 'representante, suplente'. El material a partir del cual se copiaron las cartas de tarot aún existe. Se trata de un material 'representante' o 'reemplazante' que forma una alegoría de las enseñanzas de un maestro sufí en relación a algunas influencias cósmicas que se ejercen sobre la humanidad. Este material cuenta con cuatro secciones, llamadas *turq* (las cuatro vías). 'Tarot' parece derivarse de la palabra *turq*. En cuanto a la palabra española *naipe*, proviene sin duda del árabe *naib*. El tarot, tal como lo conocemos hoy en día en Occidente, cuenta con influencias de la tradición judía, notablemente de la Cábala.[36] Estas influencias buscaban hacerlo encajar dentro de algunas doctrinas ausentes en el sistema original. Los intentos superficiales de establecer un lazo entre estas cartas y las que se utilizaban en Irán o en China han fracasado, porque el elemento esencial codificado en los significados de colores y los Triunfos sigue siendo propiedad sufí. El juego de tarot, tal como existe hoy en día, solo es parcialmente correcto, ya que ha habido

---

34. En relación a este tema, referirse a los dos artículos de Gerald Elmore en *Journal of the Muhyiddin Ibn'Arabi Society*, vol. XXXII, 2002.

35. Shah, Idries, *Les soufís*, París, Le Courrier du livre, 2014 (la edición inglesa original es de 1964).

36. Aquí, Idries Shah hace referencia a los movimientos ocultistas del siglo XIX, los cuales reorientaron el juego de Tarot hacia una dimensión iniciática, pero agregándole influencias posteriores, en particular bajo el impulso de Eliphas Lévi. Nos enfocaremos detalladamente en esta "Revolución del Tarot" al final de este capítulo.

transposiciones del sentido de algunos *Triunfos*, las figuras emblemáticas del juego. El error proviene de una mala traducción de algunas palabras árabes, a causa de una transposición literal en un sistema cultural diferente. Algunas imágenes también pudieron sustituirse por otras. No puedo ser mucho más explícito sobre este tema. La templanza se representa y se interpreta incorrectamente; lo mismo sucede con el Triunfo número 15, y el sentido del 16 es un clásico ejemplo de mala comprensión de una palabra. En cuanto al Triunfo 20, el acento no se encuentra sobre el elemento correcto. A pesar de esto, numerosas atribuciones siguen en uso en el mundo sufí, aunque en Occidente se hayan perdido las asociaciones esenciales con los textos sufís".

En 1964, fecha de publicación de ese libro, es probable que el juego de Tarot contemporáneo al cual se haya referido Idries Shah no sea el Tarot de Marsella, sino el juego de Rider Waite. En los años sesenta, el Rider Waite se consideraba en todo el mundo anglosajón como la referencia principal. Ahora bien, más allá de la influencia ya mencionada del Sola Busca, este juego emana en realidad de una tradición ocultista reciente y sus imágenes reflejan principalmente la concepción espiritual de Arthur Edward Waite y de la orden de la Golden Dawn. Sin duda es una de las razones por las que Idries Shah considera que algunos Triunfos están "interpretados incorrectamente".

Sea como sea, el debate que abrimos en estas pocas líneas es fundamental, ya que voltea la pregunta de los orígenes del Tarot: **¿Y si contrariamente a lo que afirman la mayoría de los historiadores, fuera un juego completo de 78 cartas, con todo y Triunfos, el cual hubiera engendrado por disminución el juego de cartas comunes?**

Algunos investigadores contemporáneos trabajan sobre la hipótesis que existiría un juego de *naib* formado no por cuatro sino por cinco series, de las cuales una sería la de los Triunfos.[37] Ninguna evidencia material permite confirmar esta teoría.

---

37. El sitio web trionfi.com (en inglés) inicialmente se creó en 2003 para difundir y explorar esta teoría de "14 x 5" (catorce cartas/cinco series). Hoy

En el sentido de esta hipótesis, hay otra que me parece digna de mencionarse, y de la cual aún no he encontrado rastro en investigaciones académicas o independientes sobre el Tarot.

Se ha demostrado la utilización de cartas iniciáticas con fines contemplativos (tántricos) o sustantivos (simbólicos) en la tradición espiritual tibetana desde el siglo XV, una época contemporánea de los juegos pedagógicos y humanistas del Renacimiento italiano.

Estas cartas se llaman *tsakli* o *tsakali*. Se encuentran en series de 6 a 100, y representan deidades, o imágenes auspiciosas, o escenas de la vida cotidiana, destinadas a apoyar una práctica tántrica, es decir, de contemplación e integración de los símbolos en búsqueda de una alquimización interna en la que el practicante se acerca cada vez más a la naturaleza pura del espíritu. Estas cartas pueden representar elementos tradicionales que se dejan en ofrenda o pueden sustituir un sacrificio.

Las *tsakali* son miniaturas pintadas a mano, en la tradición de la pintura sagrada tibetana (*thangkas* y mandalas). El maestro las transmite al alumno, o en algunos casos, es el alumno quien debe pintar sus *tsakali*, sobre un tema que le indique su maestro, para apoyar su práctica individual.

El Metropolitan Museum de Nueva York posee una serie de *tsakali* datadas del siglo XV, es decir, contemporáneas de los tarots de los cuales acabamos de hablar.

Se desconoce la razón por la cual estas miniaturas adoptaron el formato de juegos de cartas, y es posible que se hayan destinado a formar parte de altares nómadas que los practicantes podían transportar durante las peregrinaciones, permitiéndoles así participar a sus ritos.

Dada la interpenetración de las prácticas religiosas entre budismo tibetano, shivaísmo del Norte de India y las corrientes sufís que llegaron a India del Norte desde el siglo XII, es factible que haya podido preexistir una tradición que contara con repre-

---

en día es un espacio vivo de intercambios e investigaciones entre aficionados e historiadores independientes del Tarot.

sentaciones de este estilo en el Islam místico, o que se hubiera adaptado por un maestro espiritual o una escuela en particular, y que haya dado nacimiento al juego de cartas evocado por Idries Shah, con una serie de naipes de índole contemplativa e iniciática.

Vale la pena considerar con seriedad esta propuesta.

La investigación universitaria occidental lleva evidentemente la marca de nuestra propia cultura. Como lo notaba Antoine Faivre desde 1986 en relación con la emergencia del esoterismo como campo de investigación transdiscipliario: "Existen vastos campos de nuestra historia cultural, ocultos por nuestras suposiciones epistemológicas, que se encuentran abandonados ante una curiosidad nebulosa y una glotonería caprichosa, cuyo único resultado fue aumentar la desconfianza de los pensadores por los ámbitos marginales".[38]

En el campo emergente de la historia del Tarot, tenemos que reconsiderar algunos parámetros. Cuando buscamos la razón de ser o el origen de una construcción o de un artefacto, la tendencia nos orienta hacia explicaciones que ponen al frente las figuras de poder tales y como las conocemos: nos es más familiar imaginarnos que el Tarot hubiera sido creado por o para un dirigente político o una autoridad intelectual, de la misma manera que todo el pensamiento del siglo XIX estaba convencido de que los dólmenes eran tumbas de los jefes de las tribus, teoría dudosa a pesar de ser oficial, ya que ninguna prueba material permite verificarla, pero que corresponde con nuestra visión de la sociedad organizada alrededor de cierta concepción de un jefe. Algunas culturas colocan el poder espiritual por encima del poder temporal y el guía espiritual escondido por encima del guía espiritual oficialmente designado. Así que mantengamos un espíritu abierto.

A mi parecer, no es absurdo considerar que haya existido un *proto-Tarot*, producto de una tradición espiritual de tipo místico

---

38. Faivre, Antoine, *Accès de l'ésotérisme occidental*, París, Gallimard, 1985.

y contemplativo, y que se hubiera adaptado al contexto cristiano, sobre el modo del juego principesco o humanista, para desarrollarse más tarde en el mundo secular.

• *En conclusión*

Parece innegable que el Tarot le debe su existencia a una doble influencia islámica y cristiana. Pero una parte del misterio de sus orígenes permanece: ¿sus raíces se encuentran en la sabiduría de un maestro sufí o en la fantasía de un príncipe milanés? ¿Es una emanación pura y sencilla de una cultura humanista y neoplatónica de Italia del Norte o es producto de una fusión cultural más compleja? ¿Entró a Europa por Andalucía, por las rutas de comercio veneciano o, como afirman algunos, por algún puerto francés del Mediterráneo, fabricado por los últimos sobrevivientes de la cruzada albigense?

En vez de resolver tajantemente estas preguntas delicadas, orientémonos hacia el desarrollo del Tarot, considerado bajo un doble aspecto: el de un simple juego, producido con medios artesanales, destinado al entretenimiento y sometido a las leyes del comercio, y el de una obra colectiva, fundada en leyes armoniosas y coherentes, en el cual encontramos rastros de diversas corrientes estéticas y espirituales con el paso del tiempo.

Todavía nos falta ver cómo es que el juego de Tarot se va a orientar en Francia, con el invento de la xilografía y los oficios ligados a la fabricación artesanal de las cartas, hacia un estándar de representación duradero que el siglo XIX bautizará "Tarot de Marsella", aunque es posible que su origen se encuentre más bien en Lyon o en París.

3. Tarots franceses y el estándar "de Marsella"

A finales del siglo XV, una pasión por el juego se apodera de Francia, en donde se empiezan a producir juegos de cartas y tarots. La hipótesis más aceptada hoy en día es que lo tarots franceses serían sucesores de los tarots italianos, aunque hay algunos elementos que podrían poner esta teoría en tela de juicio.

Entre 1450 (fecha promedio de los Tarots Visconti-Sforza) y el primer tarot considerado como parte del estándar "de Marsella" alrededor de 1650,[39] hay dos siglos casi desérticos, los cuales nos obligan a tratar la cuestión de la evolución del tarot con precisión y con prudencia.

No es que nadie haya producido juegos durante esos doscientos años, al contrario: los archivos muestran que durante este período el tarot estuvo de moda y que la producción francesa floreció, particularmente en Lyon. ¿Cuántos juegos pudieron haberse producido y circulado? No hay un estimado concreto para esta época, simplemente sabemos que la producción fue abundante... y que no quedó prácticamente nada de ella. Los investigadores se ven limitados a especular a partir de un puñado de documentos de archivo, y de fragmentos de cartas o de hojas impresas, más o menos bien conservadas y difíciles de fechar.

Poco a poco va a emerger un estándar de representación estable a partir de los tarots de fabricación francesa. El siglo XIX lo bautizará "Tarot de Marsella", pero esta apelación solo remite al hecho que Marsella, en esa época, era el centro de producción más importante. En realidad, no sabemos exactamente en dónde nació este Tarot, ni quién fue su primer autor. Lo que sí sabemos es que fue copiado y reproducido por decenas de maestros carteros entre el siglo XVII y el siglo XX.

- *El artesanado de los juegos de cartas: precisiones históricas y técnicas*

La distinción entre "artes mecánicas" y "artes liberales", o entre lo que llamaríamos hoy en día artesanado y arte, aparece en Francia en el siglo XV. Esta distinción es esencial al estudio que proponemos a continuación. En efecto, los tarots principescos

---

39. Se trata del Tarot de Jean Noblet, maestro cartero en el Faubourg Saint-Germain de París.

o didácticos en Italia en el siglo XV eran obras costosas, únicas y destinadas a un pequeño número de personas. Dependían del proyecto individual de la persona que los encargaba. Eran iluminaciones o grabados sobre cobre, pintadas a mano, y son lo que llamaríamos hoy en día una obra de arte.

La industria de los juegos de cartas se desarrolló en paralelo, basándose en un material relativamente precioso y el cual era caro hasta finales del siglo XVIII: el papel. Una vez más, la historia del Tarot se mezcla en cierta medida con la de los juegos de cartas en general. Incluso antes de que se inventara la imprenta, aparece en Europa el grabado sobre madera a finales del siglo XIV, el cual existía en China desde el siglo VII. El *Bois Prolat*, fragmento grabado sobre dos caras y conservado en la Biblioteca Nacional de Francia, es considerado como el grabado sobre madera más antiguo que se haya realizado en Occidente, fechado en el siglo XV. El oficio de "tallador de moldes de cartas"[40] se volverá rápidamente una rama de la xilografía y se propagará por Europa durante el siglo XV. El oficio de "cartero" (es decir, de impresor de juegos de cartas) aparece en la misma época y se federará desde sus orígenes en corporaciones.

En Francia, Hyacinthe Chobaut[41] atestigua la fabricación de los juegos de cartas en Aviñón desde 1431, utilizando un papel producido localmente y específico para los juegos de cartas. Los tres principales centros de producción son Lyon, Venecia, y Núremberg. Los "talladores de imágenes" produjeron tanto moldes de juegos de cartas como imágenes devocionales y, con el desarrollo de los libros ilustrados del siglo XVI, emblemas y viñetas de todo tipo.

La circulación de los moldes de madera grabados empieza muy pronto: el primer libro ilustrado que se conoce en Francia, el *Espejo de la redención del linaje humano*, editado en Lyon en

---

40. O bien "tallador de imágenes" y "tallador de historias", el término "grabador" se reservaba para las personas que trabajaban con metal.

41. Chobaut, Hyacinthe, "Les maîtres cartiers d'Avignon, du XVe siècle à la Révolution", *op. cit.*

1478, se ilustrará principalmente con viñetas producidas en Basilea diez años antes.[42] Veremos que sucederá lo mismo con los tarots: en ocasiones los moldes serán reutilizados y rectificados para añadir el nombre del cartero que los compraba.

La fabricación de los juegos va a implicar **dos tipos de oficios principales**, los cuales se superpondrán a veces: **el grabado sobre madera**, y el oficio, también nuevo, de **cartero o impresor de cartas**. En los siglos XV y XVI, la profesión de cartero se confunde inicialmente con la de pintor (para la coloración de las cartas) y de mercero (ellos venderán los juegos de cartas). Algunos juegos se pintan a mano, aunque la técnica más rápida es la del estarcido. Al estudiar un juego antiguo, aún no sabemos si el cartero también era grabador, ni cuáles fueron los moldes que utilizó: en algunos casos, los archivos confirman que el cartero también era tallador de moldes, como Jean-Pierre Payen, fundador de un linaje de carteros que se instalaron en Aviñón a principios del siglo XVIII.

Como regla general, el maestro cartero firma sobre el 2 de Oros. En cuanto al grabador, a veces encontramos sus iniciales en otra carta: en el Tarot de Pierre Madenié, por ejemplo, el As de Copas se ve acompañado por la mención "Claude Pater, grabador en Dijon". Hoy en día, cuando nos referimos a un juego de tarot por su "autor", se trata del maestro cartero. A veces es imposible saber si el dibujo de las cartas es obra del cartero, quien habría grabado los moldes a partir de un modelo, o si el artista original, responsable del trazo, es también el grabador. Por otra parte, algunos carteros no dudarán en copiar el trabajo de sus colegas, como aún sucede hoy en día, y en algunos casos es posible que nos encontremos con un juego que haya sido copiado de un modelo anterior y desconocido.

Finalmente, diversos juegos de cartas antiguos llevan iniciales que no corresponden a las del cartero que imprimió el juego. A menudo es difícil determinar si se trata de un grabador descono-

---

42. Leutrat, Estelle, *Les débuts de la gravure sur cuivre en France, Lyon, 1520-1565*, Ginebra, Droz, 2007.

cido, o de un cartero anterior cuyos moldes hayan sido recicla-dos. El ya famoso Tarot de Nicolas Conver es un muy buen ejem-plo: se ha demostrado la actividad de Conver como cartero en Marsella entre 1809 y 1833, pero su tarot lleva la fecha de 1760. Es posible que Conver haya utilizado moldes antiguos, cuyo au-tor podría ser un tal V.T. ya que estas iniciales están inscritas en el Arcano VII, El Carro. Los moldes se fabricaban de peral, una madera suave, y se desgastaban con el tiempo. La calidad de los dibujos disminuía, creando interrupciones e imprecisiones que aumentan el "misterio" de las imágenes.

En cuanto a la técnica de fabricación de los juegos de cartas (y por lo tanto de los Tarots), se mantiene casi sin alteracio-nes durante todo el período que nos interesa: entre 1450 y 1850, es decir, de mediados del siglo XV a mediados del XIX. Esta fabricación implica tres calidades de papel, las cuales una vez combinadas van a producir una hoja acartonada suficiente-mente rígida para utilizarse como juego y suficientemente fina para ser manipulable. El alma de la carta se llama *étresse*,[43] y la calidad de las cartas se va determinar por la mezcla de su solidez y de su finura (las "cartas finas" siendo las mejores). Sobre esta se pegan la cara y el revés impresos, los cuales se pintan posterior-mente a mano o por estarcido. Las etapas que siguen consisten en enjabonar la cara de las cartas antes de alisarlas, y enderezar la hoja que se plegó durante el alisado, para cortarlas en bandas y finalmente en cartas individuales.

Más allá del interés documental que tienen, es importante co-nocer estos detalles de fabricación ya que, aunque contamos con algunos tarots antiguos en forma de juego, existen otros que tan solo conocemos por sus placas (u "hojas") antes de que estas se transformaran en juegos de cartas, cuyos colores definitivos si-guen siendo un misterio y los cuales son difíciles de fechar. Re-presentan un testimonio precioso del desarrollo del Tarot como objeto artesanal entre el siglo XV y el final del siglo XVI.

Los primeros juegos de cartas tenían un revés blanco, sin de-

---

43. Hoja central de cartón que sirve de estructura para la carta.

coraciones. En Francia, el juego de Tarot tendrá la particularidad de presentar un dorso decorado con un dibujo repetitivo (estrías, cuadros, rombos, etc.), tal vez para mejorar la opacidad de las cartas.

En los juegos italianos del siglo XVI, este dorso habitualmente estaba ornamentado con pequeños rombos o cuadros negros y blancos, y se doblaba hacia el frente cubriendo una parte de la cara de las cartas, creando así un cuadro con un mismo motivo alrededor del dibujo central.

Evidentemente, una industria tan floreciente no podía escapar a los impuestos, los cuales también van a influenciar la producción. En Francia, Enrique III va a crear una tributación sobre los juegos de cartas, invocando los desórdenes y escándalos públicos que estos provocan "en lugar de servir al placer y a la recreación, de acuerdo a la intención de aquellos que los habían inventado". El edicto del 22 de mayo de 1583 establece "un derecho de un *sol parisis* por cada par de cartas, y crea un molde oficial prescrito para empaquetar los juegos, que cada cartero debe pagar junto con la fabricación de las cubiertas para los juegos". Este impuesto irá variando, pero se mantendrá durante años, hasta la Revolución francesa que lo erradicará en 1791. Este impuesto también despertará regularmente el furor de los artesanos, los cuales buscarán evadir la legislación ya sea produciendo en países fronterizos (en Suiza en particular, durante el siglo XVIII), o como lo hizo el cartero Jean-Pierre Payen, estableciéndose desde 1710 en la ciudad de Aviñón, posesión pontificia en la cual el impuesto sobre las cartas no existía.

- *Tarots italianos y tarots franceses:*
  una genealogía que aún es borrosa

Actualmente es imposible darle una fecha precisa a la aparición del tarot en Francia. Tan solo sabemos que el juego se pone intensamente de moda desde sus inicios: Thierry Depaulis identificó veintiséis fuentes francesas que mencionan el juego durante la segunda mitad del siglo XVI, y descubrió que

Enrique IV, el entonces rey de Navarra, jugaba regularmente al tarot: "El hecho fue reportado desde 1863, pero este detalle nunca despertó el interés de los principales biógrafos del soberano más popular de Francia. Una cascada de referencias, saltando de un tema a otro, me llevaron al libro *Henri IV, vie privée, détails inédits* de Gustave Bascle de Lagrèze (París, 1885). En el capítulo XXIII, titulado "Enrique jugador", podemos leer en la página 248: "En 1586, [Enrique de Navarra] pierde una fuerte cantidad de dinero jugando al tarot con MM. de Montausier y de Boisdoré. (B. 2848)". El autor sacó su documentación de los cuentos de la corte de Navarra, los cuales se encuentran hoy en día en los Archivos departamentales de los Pirineos Atlánticos, en Pau.[44]

La teoría dominante desde hace un par de décadas, la cual le debemos a Michael Dummett, es que el Tarot de Marsella habría surgido de un modelo italiano anterior, producido en la región de Milán.

Para establecer esta hipótesis, Dummett se basa en dos tipos de fuentes: por una parte, en documentos de archivo que describen el juego de Tarot, su utilización y el orden de sus Triunfos, y por otra parte, en documentos materiales (cartas y hojas impresas). Él es, también, quien propuso una clasificación en tres ramas del Tarot italiano, la cual usan habitualmente los especialistas de hoy en día. En efecto, los *Trionfi* italianos del siglo XV no estaban numerados: en sus inicios, la apelación de las cartas y la jerarquía de los Triunfos fue variando según las regiones y las épocas. De la misma manera, las reglas de juego pudieron haber variado de un lugar a otro: no sabemos nada de los puntos que se obtenían con tal o cual tipo de baza, ni del número de jugadores.

En resumen, estas son según Dummett las tres ramas principales de los tarots italianos:

– el tipo A, originario de Bolonia, que tendrá una fecunda posteridad y engendrará a los *tarocchini* boloñeses, al *ottocento* y a los *minichiate* florentinos.

44. Depaulis, Thierry, "Étienne Tabourout et le tarot", *Le Vieux Papier*, fasc. 379, enero de 2006, pp. 386-392.

– el tarot de Ferrara, el cual ha desaparecido hoy en día, pero que está identificado tanto por documentos de archivo como por juegos conservados (tipo B).

– el tarot milanés, supuesto ancestro del tarot francés (tipo C).

Asimismo, Dummett reconoce que cada una de estas grandes familias puede haber sido sujeta a fluctuaciones en el orden y en el valor de las cartas.[45] **Pero actualmente no existe ni se conserva ningún juego milanés o italiano que sea *anterior* o *similar* al Tarot de Marsella.**

Thierry Depaulis[46] evoca la posible existencia de un eslabón perdido, que se habría "cristalizado primero en Milán antes de adornarse con algunas variaciones una vez aclimatado a Francia, probablemente a partir del siglo XVI".[47] Todo depende de lo que se entienda por "algunas variaciones"...

Entre las cartas de los tarots principescos que acabamos de mencionar y el estándar francés que se estabilizará dos siglos más tarde, hay una verdadera ruptura iconográfica. Los tarots principescos italianos y sus sucesores directos, los tarots artesanales del linaje de los *tarocchi* boloñeses, por ejemplo, son exquisitas obras de arte que encajan perfectamente con los códigos estéticos de su momento. En cambio, los Tarots desarrollados entre el siglo XVI y XIX por los maestros carteros franceses se caracterizan por una indiferencia ante los códigos estéticos de su época, ya sea en el ámbito del grabado (su simbolismo no es el de los libros de emblemas o de alquimia) o de la pintura.

Esto no quita que estos juegos estén unidos por lazos temáticos: tienen la misma construcción (un juego de 78 cartas, con 5 series y 22 Triunfos) y un conjunto de Triunfos con cierta semejanza. Es probable que las cartas numeradas de los tarots france-

---

45. Dummett, Michael y Mann, Sylvia, *The Game of the Tarot from Ferrara to Salt Lake City*, Londres, Ducksworth, 1890.

46. Ver *Tarot, jeu et magie, op. cit.*

47. Depaulis, Thierry, artículo "Tarot", *Encyclopædia Universalis*.

ses, que por cierto se llaman "de insignias italianas", sean una fiel reproducción de juegos de cartas. De esta manera, parece verosímil una filiación entre un juego italiano y el Tarot francés. ¿Pero qué pasa entonces con las Figuras, los Triunfos, el simbolismo y la numeración?

El Tarot de Marsella se caracteriza por varias particularidades:

* su iconografía de estilo medieval;
* el hecho de que sus Triunfos llevan un título (en francés) y un número;
* el juego de correspondencias simbólicas sumamente precisas que unen las cartas de un mismo valor numerológico.[48]

Estos detalles, los cuales son muy importantes para nosotros y parecen provenir de una construcción deliberada, forman parte de la tarología:[49] no pueden tomarse en cuenta en el ámbito de la investigación histórica. Sin embargo, nos permiten afirmar que hay algo más allá de "algunas variantes" que separan al Tarot de Marsella de los tarots italianos que lo preceden.

Dummett se basa, para respaldar su teoría, en tres elementos principales:

– el orden de los Triunfos en vigor en las diferentes regiones de Italia. Según él, la serie de Triunfos del Tarot de Marsella corresponde al orden que prevalecía en la región de Milán. Pero, mientras que se conocen las series de Triunfos de los tarots boloñeses o ferrarenses, no existe ningún juego que confirme la existencia de una serie de Triunfos específicamente milanesa.

– una hoja impresa, conservada en la biblioteca de Yale, y conocida por el nombre de "hoja Cary", en la que aparecen por primera vez algunos detalles que después se encontrarán

---

48. Estas correspondencias se encuentran explicadas detalladamente en la parte práctica de este libro.

49. Propongo definir el término "tarología", propuesto por A. Jodorowsky en los años ochenta para diferenciar esta práctica de la de la cartomancia, como "estudio e interpretación del Tarot de un modo simbólico, alegórico y numerológico".

únicamente en el Tarot de Marsella. Pero ni la fecha ni el origen de esta hoja se han demostrado.

— unas cartas encontradas a principios del siglo XX durante la renovación del Castillo Sforzesco en Milán, entre las cuales está un Triunfo (El Mundo) que parece corresponder a un juego milanés del siglo XVI. Sin embargo, un análisis más atento de estas cartas revela que no pueden provenir de la misma baraja.

En el Anexo se encuentran los detalles de esta investigación.[50]

• *Triunfos a la francesa*

Las más antiguas cartas de tarot de origen francés que conocemos están conservadas en la Biblioteca Nacional de Francia: se trata de una Reina de Copas y de un Triunfo, El Ermitaño, con un tamaño de 99 x 58 mm.

Estas cartas provienen de grabados sobre madera y están pintadas por estarcido, y datan de entre 1475 y 1500 según Thierry Depaulis. El revés de estas cartas es blanco y la corona de la reina sobresale del cuadro, lo que parece excluir la posibilidad de que haya existido un revés doblado "a la italiana" que se hubiera despegado.

En un artículo muy reciente, el experto[51] cuenta cómo estas dos cartas fueron exhumadas en 1985 por la conservadora de la Biblioteca Nacional de Francia mientras que la exposición "Tarot, juego y magia" estaba en su apogeo, lo que explica que estas dos cartas no aparezcan en el catálogo: "Atribuidas por defecto a Milán al momento de ser descubiertas, reflexionándolo bien estas dos cartas podrían ser... francesas. Tal vez sean de Lyon como sugiere la

---

50. Referirse al Anexo, en la p. 449, para más detalles sobre la controversia del origen milanés del Tarot de Marsella.

51. Depaulis, Thierry, "Trionfi alla franciosa finiti e non finiti - Le tarot en France avant 1500", *The Playing Card*, vol. XLIV, n° 3, enero-marzo de 2016, pp. 201-209.

Reina de Copas que presenta algunas afinidades, en la forma del brazo y de la mano, en el tratamiento de la cara, en el velo bajo la corona, con las reinas de cartas lionesas. Además, estas cartas tienen los bordes limpios, sin rastro del dorso plegado hacia el frente tan típico en las cartas italianas".[52]

Tenemos que agregar que El Ermitaño, que se representa de manera bastante constante en los tarots italianos portando un reloj de arena o apoyado en muletas, tiene al contrario características muy similares al Ermitaño de los juegos franceses del siglo XVIII y XIX: sostiene con una mano un bastón de caminante o de peregrino, que no es recto sino un poco doblado en el medio, y en la otra, desde aquel entonces, una linterna. Vale la pena mencionar estos detalles ya que son conformes a la representación que encontraremos en todos los tarots del linaje de Marsella.

La hipótesis más reciente de Thierry Depaulis es que ya existía una producción del juego de tarot en Francia en aquella época. Se refiere a algunos documentos que recientemente llamaron su atención y que se deben a las investigaciones de Franco Pratesi[53] que acreditan que los *trionfi alla franciosa* ("triunfos a la francesa") habían penetrado en Italia desde 1506 y publica fuentes hasta ahora inéditas que confirman que el juego llamado "*de triumphe*" se conocía en Francia desde la segunda mitad del siglo XV.[54]

Todos estos elementos nos permiten considerar que una rama autónoma del juego de Tarot se habría podido desarrollar desde el siglo XV en Francia, la cual podría constituir una parte (o la totalidad) del estándar de representación original que conduce al Tarot llamado "de Marsella".

Evidentemente, **la investigación nos orienta hoy en día hacia un desarrollo autónomo y bastante precoz de un tarot "a la francesa".** Parece evidente que las cartas numerales italianas ha-

---

52. *Ibid.*

53. Pratesi, Franco, "1499-1506: Firenze - Nuove informazioni sulle carte fiorentine", *The Playing Card*, vol. XLIV, n° 1, julio-septiembre de 2015, pp. 61-71.

54. Depaulis, Thierry, "Trionfi alla franciosa finiti e non finiti", *op. cit.*

yan servido de inspiración a los carteros franceses para sus Tarots "de insignias italianas".

Ya he evocado el fresco comúnmente llamado *Los jugadores de tarot* que se encuentra en el palacio Poggi de Bolonia (1550). En él, aparecen cuatro parejas vestidas de manera elegante alrededor de una mesa. Sostienen las cartas mostrando las caras de estas, dejando suponer que se encuentran al momento del conteo de los puntos más que en medio de una partida. Se entrevé el revés de una carta, ornamentado con algo que parece ser un grabado enmarcado por un motivo de entrelazados blancos y negros, parecidos a los que se observan en las cartas italianas de la época. Tres cartas están representadas de frente, y no hay ni Figuras ni Triunfos, solo se distinguen claramente un 4 de Bastos, un 8 de Espadas y un 6 de Oros. El dibujo de estas cartas es exactamente idéntico a los que encontramos en los Tarots "de Marsella" del siglo XVII. No parece haber Figuras ni Triunfos, y el conjunto de cartas que cada una de las tres mujeres sostiene en su mano parece ser bastante delgado, más bien procedente de un juego de 40 o 52 cartas que de un tarot.

Es altamente probable que este fresco represente una sencilla partida de cartas sin Triunfos. El título *Los jugadores de tarot* no es, en efecto, más que una apelación tardía. Por lo tanto, no es un testimonio específico de la moda del juego de Tarot en Italia, pero señala que la forma de las cartas numerales tal y como las conocemos en el Tarot de Marsella ya estaba efectivamente presente en Bolonia a mediados del siglo XVI. No obstante, conviene distinguir la influencia de cierto tipo de dibujos de insignias (milanesas, boloñesas o de otra procedencia) sobre el Tarot "de Marsella" y el invento de una serie de Triunfos y de Figuras específicos al estándar de Marsella: es fácil imaginar que carteros lioneses o aviñoneses hayan podido desarrollar Triunfos con una iconografía singular, cuyo simbolismo y numerología se hayan pensado para resonar con las insignias importadas de Italia. De ahí a afirmar, como lo hace Michael Dummett,[55] que el Tarot se haya traído a

---

55. Dummett, Michael, *Il Mondo e l'Angelo: i Tarocchi e la loro storia*, Nápoles, Bibliopolis, 1993.

Francia durante el cambio de siglo (es decir, entre 1494 y 1500) por los soldados contratados en las guerras de Italia, existe un paso que evitaremos franquear. En esta época, la circulación de bienes culturales y de mercancías de un lado y de otro de los Alpes es constante, y nadie sabe con certeza qué centro de producción influenció al otro.

- *Los primeros tarots franceses y la emergencia del estándar de Marsella, del siglo XVI a principios del siglo XVIII*

Hemos visto que a excepción de algunas cartas aisladas, no tenemos casi ningún rastro de los tarots franceses del siglo XV.

A partir del siglo XVI, el único tarot que permanece, en todos los países, es el francés. Sin embargo, este no tiene gran cosa en común con el estándar de Marsella. Se trata de un juego atípico, creado en 1557 (la fecha aparece en los dos ases que aún existen) por el cartero **Catelin Geoffroy**, quien trabajó en Lyon de 1582 a 1603. La baraja está incompleta, pero aún quedan 38 cartas de esta, entre las cuales hay 12 Triunfos. Las series parecen haber sido copiadas de un juego de cartas alemán del grabador Virgil Solis, realizado unos trece años antes, en 1544. Tan solo se conservaron tres palos: Pericos, Pavos reales y Leones; en el de Virgil Solis, el cuarto palo eran los Monos. Los 12 Triunfos están más o menos en línea con las alegorías de los tarots italianos: están numerados pero no tienen nombre y parecen corresponder al orden que será el del Tarot de Marsella. El Triunfo 16 es el más misterioso: no representa ni el relámpago ni una torre que se derrumba, sino un diablo, una mujer joven y un músico, con una casa en el fondo de la cual parecen salir unas llamas: tal vez "la Casa del Diablo" o "Casa del Diavolo", que fue una de las apelaciones de este Triunfo en los juegos italianos.

Este juego se conserva en el Museo de Artes Aplicadas de Frankfurt, y podría haber sido creado para el mercado alemán y concebido como una especie de fusión creativa destinada a introducir el Tarot en Europa del Norte.

A principios del siglo XVII empezamos a encontrar rastros del Tarot, el cual en ese entonces ya cuenta con una vida acti-

va en Francia. La producción italiana parece interrumpirse, y el juego se introducirá de nuevo en Italia del Norte bajo la forma del estándar de Marsella.

• Los tres primeros juegos que se conservaron en su totalidad (o casi) son originarios de París, que en ese entonces era un centro de producción importante:
• **alrededor de 1600: el Tarot llamado "Parisino Anónimo"**, del cual se conservan 78 cartas. Los Triunfos están numerados en el recuadro superior y nombrados en el recuadro inferior. Los Triunfos llevan números romanos y las cartas numerales llevan números arábigos (por ejemplo: S8 para el ocho de sables o de *spade* un italianismo de "espadas");
• **alrededor de 1650: el Tarot de Jacques Viéville**, el cual ya mencionamos y que parece estar ligado aunque sea parcialmente al linaje de Bolonia. Se conservan 78 cartas. Los Triunfos están numerados en un recuadro superior pero no llevan nombre;
• **alrededor de 1650 (a más tardar 1659): el Tarot de Jean Noblet**, cartero en el Faubourg Saint-Germain. Los Triunfos están numerados en un recuadro superior y nombrados en el recuadro inferior. Se conserva casi completo, en la Biblioteca Nacional de Francia (desaparecieron cinco cartas numerales de la serie de Bastos). También es un juego un poco atípico, en particular porque su formato es inferior al de los tarots que se crearán posteriormente: cada carta está inscrita en un rectángulo dorado de aproximadamente 5,7 por 9,2 cm. Aún así, el Noblet se considera como el primer ejemplar conservado de un tarot del estándar de Marsella.

En 1990, una publicación de Jean-Marie Lhôte[56] puso en tela de juicio esta anterioridad: el autor descubrió, en el *Larousse mensual*

---

56. Lhôte, Jean-Marie, *Histoire des juez de société: géométries du désir*, París, Flammarion, 1994 (primero publicado en el catálogo de la exposición epónima de 1990).

de julio de 1919, una artículo sobre el Tarot firmado por Henry Decharbogne e ilustrado por reproducciones de 24 cartas fechadas en el siglo XVII y atribuidas a un tal Nicolas Rolichon. Estas cartas se parecen en todo detalle a aquellas editadas por los carteros Payen y Dodal a principios del siglo XVIII. Se trata de un Tarot de Marsella muy clásico que podría pasar como modelo. Henry-René d'Allemagne[57] publicó un documento de los Archivos de Ródano que certifica la fundación de la hermandad de carteros lioneses en 1612, en donde se menciona a Nicolas Rolichon entre otros maestros carteros.

No obstante, Thierry Depaulis considera que esta fecha sería demasiado precoz: si bien reconoce que hubo dos carteros llamados Nicolas Rolichon activos en Lyon, uno entre 1572 y 1583 y otro entre 1605 y 1635, se apega a la fecha de finales del siglo XVII de ese Tarot, principalmente "porque tiene un gran parecido con el Tarot de Jean Dodal de 1705", aunque acepta que "hay que admitir que ningún Nicolas Rolichon 'tardío' apareció jamás en los archivos (mientras que se hace referencia a Jean y Philibert Rolichon en los años 1660)".[58] Así, el misterio del Tarot Rolichon sigue sin resolverse.

Por lo tanto, vamos a atenernos por el momento a los tres juegos que efectivamente se conservan, para distinguir las características del Tarot de Marsella (el cual abreviaremos bajo la forma TdM).

Los criterios son los siguientes:

- **orden de los Triunfos:** solo el de Viéville difiere ligeramente con el orden que será el del TdM: La Justicia lleva el número VII y El Carro el VIII. La Fuerza está numerada con un IX y El Ermitaño con un XI, pero algunas personas consideran que este ejemplar se habría impreso al revés, argumentando que la filacteria "Sol Fama" que lleva el Arcano XIIII efectivamente se encuentra al revés. Los Triunfos del Parisino Anónimo y del Noblet están en el mismo orden que se observa en el TdM;

57. d'Allemagne, Henry-René, *Les cartes à jouer du XIVe au XXe siècle*, *op. cit*, tomo II, p. 498.

58. Depaulis, Thierry, "The Tarot de Marseille, Facts and Fallacies", *op. cit*.

- **nombres y números:** en dos de los juegos, es la primera vez que los Triunfos están nombrados y numerados a la vez, que es el caso del TdM. Sin embargo, en el Parisino Anónimo el Triunfo XVI se llama *"la Fouldre"* y el Triunfo XIV *"A Trempance"*;
- **iconografía de los Triunfos:** tanto el de Viéville como el Parisino Anónimo representan las cartas "cósmicas" con escenas que recuerdan los tarots italianos. El de Noblet es el primero en presentar la iconografía completa del TdM;
- **disposición de insignias en las cartas numerales:** tal como hemos mencionado, este detalle es de una importancia crucial en nuestro estudio del Tarot de Marsella. El Tarot de Noblet, más allá de los dibujos y de la organización de los Triunfos, presenta cartas numerales coherentes con el estándar de Marsella. El Tarot de Viéville también. Pero el Tarot Parisino Anónimo, aunque cuenta con las cuatro insignias latinas (Espadas, Copas, Bastos y Oros), no se inscribe en la tradición milanesa: las Espadas son sables y los Bastos son garrotes, dispuestos en un orden que recuerda al de los naipes españoles;
- **Figuras:** un estudio detallado sería demasiado largo para este apartado, pero notemos simplemente que los motivos fundamentales de las Figuras del TdM están presentes en el juego de Noblet, y en menor medida en el de Viéville (si aceptamos que las cartas se imprimieron invertidas, ya que todas las Figuras están al revés en relación con las del juego de Marsella), mientras que las Figuras del juego Parisino Anónimo siguen una iconografía propia (los Pajes se marcan como F, de *"Fante"* en italiano, lo que produjo el curioso italianismo *"Faon"* en el siglo XVII en Francia.

Un detalle importante que encontraremos en el Tarot de Payen y en el de Dodal, y que ya está presente en el de Noblet es que el Carro y los cuatro Caballeros pisotean una tierra negra como la del Arcano XIII.

- *El rostro original del Tarot de Marsella:
¿"tipo 1" o "tipo 2"?*

¿Será que el Tarot de Noblet se deriva de un Tarot más antiguo, el cual sería el verdadero ancestro del modelo de Marsella? Es muy posible, ya que hemos visto que el Ermitaño del juego lionés de 1475 se parece al que encontramos en el TdM. Pero aún nos faltan las pruebas materiales para poder darle una fecha a la aparición efectiva de este estándar.

No obstante, sabemos que la moda del juego de tarot en Francia favoreció considerablemente su producción. Desde inicios del siglo XVII, hay escritos de Scarron o de Agrippa d'Aubigné[59] que mencionan al Tarot. En 1637, la princesa Louise-Marie de Gonzagues-Nevers, al final de una reunión veraniega entre amigas, decide mejorar las reglas del juego y le pide a su preceptor y amigo, el abad de Marolles, que las transcriba. Estas reglas, impresas en Nevers, son las primeras reglas del juego de tarot de las que tenemos rastro.[60]

La moda durará hasta 1650, fecha de producción del Tarot de Noblet, la cual también es la fecha en la que el juego conoce un declive brutal e inexplicado, al menos en París. No encontramos ninguna mención del tarot en las crónicas del reino de Luis XIV, a pesar de que se jugaba con ensañamiento en la corte, principalmente al *Lansequenet*, al *Besigue* o al *Ambigu*.

El tarot subsiste en todo el Este de Francia: Alsacia, Franco Condado, Burdeos, Lyon y Provenza siguen siendo centros de producción y puntos en los que el juego se mantiene hasta el siglo XIX. Los tarots franceses se exportan a toda Europa. En Italia, en el siglo XVII se juega al tarot con juegos fabricados en Francia, y se producirán durante el siglo XVIII algunos juegos imitados y derivados del modelo francés. Cuando el juego llega a Alemania a principios del siglo XVII, también es a través de Francia. A finales del siglo XVIII, se juega al tarot en Italia del Norte, en Suiza, en

---

59. *Ibid.*
60. *Ibid.*

Alemania, en Bélgica, en los Países Bajos, en Dinamarca, en todo el Imperio Austro-Húngaro, en Suecia y en Rusia, principalmente con juegos de producción francesa que llevan la mención "hechos para el extranjero".

El modelo artesanal del Tarot de Marsella, con sus Triunfos y sus Figuras de estilo medieval no fue el único estándar de representación, pero se impuso poco a poco como el juego más utilizado y el más vendido. En el siglo XIX, la producción se va a concentrar en Marsella. De esta tardía situación surgirá el término, en realidad anacrónico, de **"Tarot de Marsella"**. Aparece por primera vez en el siglo XIX, escrito por la pluma de Romain Merlin, bibliotecario y coleccionista, convencido de que el tarot había nacido en... Venecia. Este evoca en su texto *Orígen de los juegos de cartas*[61] a "los Tarots de Besanzón, de Ginebra y de Marsella, que representan fielmente al antiguo tarot veneciano...".[62]

El Tarot de Besanzón al que hace referencia el texto de Romain Merlin designa una variante nacida en Estrasburgo a principios del siglo XVIII, muy similar al tarot marsellés, en la cual se remplazan a La Papisa y El Papa por Juno y Júpiter, sin duda para no contrariar a los jugadores de países principalmente protestantes.

No sabemos exactamente cuál es la iconografía original del Tarot de Marsella. Michael Dummett había inventado para distinguir los dos avatares aparentemente sucesivos del estándar "de Marsella", la distinción entre "modelo original" y "modelo definitivo". Hoy en día, se usa de manera más común la clasificación propuesta por Thierry Depaulis en "tipo 1" y "tipo 2", y se ha puesto en tela de juicio la anterioridad del tipo 1.

El tipo 1 corresponde a los modelos con fechas más antiguas: el Tarot de Jean Noblet y el de Rolichon. A principios del siglo XVIII, el tarot de tipo 1 ya existe y parece estar más que vivo. El tarot más conocido de este modelo es el de Jean Dodal, un cartero que se

61. Merlin, Romain, *Origine des cartes à jouer: recherches nouvelles sur les naibis, les tarots et sur les autres espèces de cartes*, París, editado por el autor, 1869.
62. *Ibid.*, p. 37.

estableció en Lyon entre 1701 y 1715. Su juego no tiene una fecha precisa marcada en el 2 de Oros, por lo cual es imposible decir si precede o sucede al de Jean-Pierre Payen editado en Aviñón en 1713, el cual es casi idéntico.[63]

Pero en la misma época, el juego tipo 2, tal vez derivado del tipo 1, empezó a imponerse. Acabará triunfando ya que el tipo 1 desaparecerá a mediados del siglo XVII. El tipo 2 tendrá una posteridad muy importante, hasta llegar a los famosos juegos de Conver en el siglo XIX, de Grimaud-Marteau en 1930 y de Jodorowsky-Camoin en 1997.

El primer ejemplar de tipo 2 del cual se conoce la fecha con certeza es el tarot que ilustra este libro: el de Pierre Madenié, "cartero del Príncipe" (es decir, proveedor del pequeño Delfín, el joven Duque de Borgoña) en Dijon, y que lleva la fecha de 1709 en el 2 de Oros.

Pero la cuestión de anterioridad surge una vez más. En efecto, entre 1734 y 1738, François Chosson edita en Marsella un tarot de tipo 2, cuyo 2·de Oros lleva fecha de 1672. ¿Será que Chosson haya recuperado moldes más antiguos, los cuales habría modificado para colocar su nombre? Las líneas desgastadas de su tarot sugieren que la hipótesis es posible: si los moldes tenían treinta años era lógico que produjeran un dibujo poco preciso.

Así que estamos de vuelta a lo mismo: si el tipo 1 y el tipo 2 coexistían desde 1650, es complicado afirmar cuál de los dos precedió al otro... Se trata de un maravilloso enigma que tal vez solucionarán la historia de juegos de cartas y los azares de los descubrimientos.

Lo que es seguro, es que el tipo 2 se va a imponer de tal manera que se convertirá en la imagen del estándar de Marsella

---

63. El Tarot de Dodal tiene trazos que encontraremos también en el Tarot de Madenié, como por ejemplo los personajes desnudos del Sol (llevan ropa en el de Noblet), la orientación del Emperador hacia la izquierda y del Arcano XIII hacia la derecha, etc., así como una gama de colores que será cercana a la de los tarots del siglo XVIII. Pero es imposible decir si Madenié se inspiró de Dodal o sucedió lo inverso, ya que la fecha del Tarot de Dodal es incierta.

en el siglo XIX. Independientemente del estilo personal de cada artista (trazo y color), así es como se diferencian los dos tipos del Tarot de Marsella:

Tipo 1

- El Loco se llama "le Fol" o "le Fou" en los Tarots de Dodal y de Noblet.
- En el de Noblet, el Emperador mira hacia la derecha, dando la espalda a la Emperatriz. En el de Dodal las dos cartas miran una a otra si las colocamos en el orden III-IIII.
- El ángel del Enamorado tiene los ojos vendados y se orienta hacia nuestra izquierda.
- El dosel del Carro tiene festones.
- Los dedos (¡O alas!) del Colgado aparecen detrás de sus hombros.
- En el de Noblet, el Arcano XIII se llama "La Muerte" y mira hacia la izquierda.
- El Diablo lleva una segunda cara en el vientre (este detalle lo retoman Jodorowky y Camoin en su tarot contemporáneo, el cual es de tipo 2).
- La cara de la Luna mira de frente.
- El personaje central del Mundo está vestido con una capa y es andrógino (o masculino, tal vez con barba en el de Dodal). Su pubis está escondido por un cinturón de hojas.

Tipo 2

- El Loco se llama "Mat".
- El Emperador mira hacia nuestra izquierda, el Arcano XIII hacia nuestra derecha.
- El cupido del Enamorado está orientado hacia la derecha, con el resto descubierto.
- El dosel del Carro está cubierto con paños que se sostienen con lazos.
- No se ven las manos del Colgado, detrás de su espalda.
- El Diablo no tiene un rostro sobre su vientre.
- La Luna se ve de perfil.

- Los personajes del Sol están desvestidos.
- El personaje central del Mundo es incontestablemente una mujer, con un cuerpo cubierto diagonalmente por una bufanda.

• *Tarot y compagnonnage: ¿cuáles son los lazos?*

Tan solo en el siglo XVII, los historiadores estiman a un millón el número de barajas de Tarot producidas en Europa, pero nadie es capaz de estimar cuántos juegos originales se crearon durante este período, de los cuales tan solo algunos sobrevivieron hasta hoy en día. No obstante, sabemos que la producción francesa es la que va a suministrar a Europa, en particular a Alemania y a Italia del Norte, la cual había sufrido una gran crisis económica. A inicios del siglo XVIII, los tarots franceses entran a Italia a través del Piemonte y de Saboya, las cuales formaban parte del reino de Cerdeña. La presencia de insignias italianas y la familiaridad de los piamonteses con la lengua francesa favorecieron esta adaptación. Poco a poco, en el transcurso del siglo XVIII, Suiza e Italia empezarán a producir tarots inspirados en el modelo francés, con el nombre de los Triunfos escrito en la lengua de Molière.[64]

Desde principios del siglo XVIII, el Tarot de Dodal lleva la mención "F.P. Le Trenge", que podemos traducir como "hecho para el extranjero": la ambición es clara, se trata de exportar, dado que los franceses juegan cada vez menos al tarot. A finales del siglo XVIII, el tarot solo se jugaba en Francia en las regiones de Alsacia, del Franco Condado y de Provenza.

En cuanto a la producción, el privilegio de exoneración fiscal favoreció la instalación y mantenimiento de la industria de juegos de cartas en Aviñón hasta 1754, fecha en la que fue abolido. El Condado Venesino seguía siendo una posesión papal, pero se

---

64. Ver, por ejemplo, el Tarot Berti "Al Leone", que se conserva en el British Museum y que lleva una fecha errónea de 1675 en el sitio del museo (se trata probablemente de una errata, y habría que leer 1775 en su lugar). De hecho, el cartero Francesco Berti estaba activo en Bolonia entre 1770 y 1780. Su Tarot es de tipo 1, de estándar de Marsella, en la línea del de Noblet. Los nombres de los Triunfos están en francés.

suprimió ese privilegio debido a la presión de los fabricantes marselleses, y Marsella se impuso entonces como el principal centro de producción.

Los números de esta época son vertiginosos: "Durante el período de apogeo de la producción de cartas en Marsella, a mediados del siglo XVIII, un reporte del procurador general del Parlamento de Provenza menciona una producción anual de 914.000 juegos (incluyendo todo tipo de juegos de cartas). De 1783 a 1789, ocho carteros produjeron alrededor de 360.000 juegos".[65]

Esto es casi un millón de juegos en un año en una sola región de Francia.

Del lado de la organización corporativa, la profesión de cartero se federó desde el siglo XVI bajo el modelo del *compagnonnage*, como demuestra el artículo dedicado al tema en la Enciclopedia de Diderot y d'Alembert:

"Los Carteros fabricantes de juegos de cartas, forman en París una comunidad sumamente antigua: hoy en día los llamamos Papeleros-Carteros: pero en su estatus llevan el título de maestros del oficio de Cartero, hacedores de cartas, tarots, folios y cartones; o Carteros, Taroteros, Folieros y Cartoneros. Los estatus a los que están sujetos hoy en día, y que no son más que estatus renovados del edicto de 1581 de Enrique III, se confirmaron y homologaron en 1594 bajo Enrique IV. Contienen veintidós artículos, a los cuales Luis XIII y Luis XIV agregaron algunos más. El primero y el cuarto dictaminan que nadie podrá ejercer el oficio de cartero si no es condecorado como maestro, y si no tiene un predio abierto sobre la calle. El segundo y el tercero fijan la duración del aprendizaje en cuatro años, seguidos de tres más de *compagnonnage*, tras los cuales los aspirantes deberán realizar una obra maestra, que consiste en una *demi-grosse* de cartas finas y en pagar los derechos a los jurados para ser admitidos como maestros. El quinto y el sexto limitan el número de aprendices a uno, o a dos si el maestro tiene en su taller a cinco o seis *compagnons*, y prohíben a los maestros transferir a sus *compagnons* sin previo aviso a los

---

65. Nadolny, Isabelle, *Histoire du tarot*, Toulouse, Trajectoire, 2018.

jurados. [...] El decimosexto requiere que los maestros tengan una marca diferente unos de otros, en la cual tiene que estar detallado su nombre, apellido, enseña y lema".

Esta organización reglamentaba principalmente la competencia y la jerarquía entre aprendices y patrones (los famosos "maestros carteros"), sujetando así al aprendiz a condiciones drásticas para acceder al grado de maestro. Esto explica los linajes de carteros cuya existencia nos revelan los documentos de archivo: casarse con la hija o la viuda de su maestro era una de las formas de ascender. Este aspecto del *compagnonnage*, más allá de las reglas estrictas con las que enmarca el oficio, parece haber incluido una dimensión de asistencia mutualista social y religiosa (ayuda a los necesitados y los lisiados, limosnas, misas o rezos, en particular para los ritos mortuorios, con la finalidad de asegurarle a cada uno una muerte cristiana), pero sería erróneo atribuirle alguna dimensión iniciática. Con frecuencia se ha confundido entre el *compagnonnage* puramente reglamentario y el *compagnonnage* en el sentido de una asociación de obreros, caracterizada por los años de aprendizaje itinerante, los ritos de recepción y el salir de la ciudad, la solidaridad, la asistencia mutua, la defensa de los intereses del grupo.

Las asociaciones *compagnonnicas* del siglo XVIII agrupaban unas treinta profesiones, entre las cuales estaban los talladores de piedra, carpinteros, ebanistas, cerrajeros, techadores, herreros, cuchilleros, hojalateros, toneleros, tejedores, tintoreros, curtidores, etc. Los carteros no formaban parte de esta lista.[66] Por lo tanto, no es posible ligar la emergencia del simbolismo en el Tarot de Marsella con cualquier cuerpo simbólico relacionado al *compagnonnage*, de igual manera que no podemos buscar sus raíces en la masonería que apenas empieza a estructurarse en Inglaterra hacia 1717.

Estamos frente a una paradoja: a lo largo del siglo XVIII y del siglo XIX, la masonería especulativa y las diversas sociedades eso-

---

66. Quiero agradecer a M. Laurent Bastard, conservador del museo del Compagnonnage en Tours, por estas precisiones iluminadoras.

téricas ligadas a ella van a identificar y reconocer en las Figuras del Tarot algunos elementos que surgen de un tronco común de conocimiento iniciático, de iconografía simbólica, de geometría sagrada. Sin embargo, **ningún elemento histórico contundente nos permite afirmar que el Tarot de Marsella haya podido ser influenciado por el aspecto iniciático del *compagnonnage*.**

Al menos podemos constatar que los dibujos de juegos de tarot tan diversos como los primeros cuatro que conocemos (Noblet, Dodal, Payen y Madenié), por diferentes que sean, remiten a una iconografía medieval más que del Renacimiento, más cercana de los vitrales góticos que de la pintura del *Quattrocento* italiano, y a leyes de organización similares a, o heredadas de las de la arquitectura romana o gótica clásica. Lo único que podemos hacer es interrogarnos sobre la coherencia, incluso podríamos decir la arquitectura interna, que une a las 78 cartas del juego entre ellas, tanto en el plano simbólico como numerológico, y sobre las diversas coincidencias de construcción. Por ejemplo, el acercamiento entre la catedral de Chartres y la carta del Mundo: si sobreponemos el plano de la catedral en un cuerpo humano, el cual es el modelo de esta, el dibujo de la bufanda del Mundo se superpone exactamente al paso de agua subterráneo sobre el cual fue edificada la catedral...

Numerosas hipótesis han sido formuladas con respecto a la simbología original del Tarot de Marsella y de sus lazos con la corriente esotérica surgida de la "mística del trabajo"[67] que era el *compagnonnage* iniciático. Se han evocado desde los orígenes míticos de la orden de los Templarios hasta diversas corrientes místicas excomulgadas por la Iglesia. También podemos recordar que originalmente, los talladores de moldes eran fabricantes tanto para grabados religiosos como para juegos de cartas, y que varios oficios relacionados a los juegos de cartas los ejercían profesiones que provenían del *compagnonnage* iniciático: pintores y escultores para el trazado, reunidos bajo el patronato de San Lucas, merceros

---

67. Por retomar el término de Luc Benoist, en *Le compagnonnage et les métiers*, París, PUF, 1966.

y pañeros para la venta de lo fabricado, reunidos bajo el patronato de Nuestra Señora, e incluso libreros e impresores.

Por lo tanto es completamente posible que hayan penetrado códigos de representación iniciáticos en el estándar de Marsella, arrastrados por la mezcla de tradición eficaz y de la interpretación personal que caracterizan al artesanado y, en gran medida, hacen que sea uno de los humildes bastiones del arte sagrado, lo que Gurdjieff llama el arte objetivo: fabricar un objeto susceptible de seducir y de servir a un público vasto supone que ese objeto esté fundado en cálculos, en proporciones, en estructuras de características universales, y que sea susceptible de resonar con el mayor número de personas posible. En cuanto al Tarot de Marsella, su éxito comercial y la estabilidad de su estándar de representación van en el sentido de esa interpretación.

- *Cronología de los principales tarots
  del estándar de Marsella que se conocen*

He intentado reunir en la lista que se encuentra a continuación los juegos antiguos más importantes que se conocen hoy en día. Se trata de tarots históricos que fueron hallados enteros, o al menos bastante completos, con excepción del de Rolichon, cuya existencia solo podemos comprobar gracias a una reproducción publicada en el *Larousse* de 1919. Para establecer esta cronología hemos indicado las fechas de actividad del cartero, en los casos en los que el tarot no tiene una fecha clara pero en los que se cuenta con períodos de actividad verificados.

Para dos tarots, el de Chosson y el de Conver, la fecha indicada en el 2 de Oros no corresponde a la fecha de impresión del juego: como hemos visto, es posible que estos carteros hayan comprado moldes antiguos de segunda mano. En esos casos hemos señalado la posible fecha de fabricación del molde en negrita. Sin embargo, no hay que olvidar que el tarot es un juego de 78 cartas de gran formato.[68] Mientras que para imprimir un juego de naipes españoles eran suficientes dos

---

68. Aunque hay algunas excepciones, la producción francesa se estandarizó con dimensiones cercanas a las de un doble cuadrado de 120 x 60 mm.

moldes, para hacer un tarot entero hacían falta siete. Así que es posible que en algunos casos, los moldes de las cartas numerales y/o de las Figuras sean de una fuente distinta a la de los Triunfos. La fecha que figura sobre una carta de Oros no garantiza la fecha de los Triunfos.

- (siglo XVII, fecha incierta): Nicolas Rolichon, Lyon (tipo 1)
- 1650-1659: Jean Noblet, París (tipo 1)
- 1709: Pierre Madenié, Dijon (tipo 2)
- 1713: Jean-Pierre Payen, Aviñón (tipo 1)
- 1701-1715: Jean Dodal, Lyon (tipo 1)
- 1718: François Héri, Soleure, Suiza (tipo 2)
- 1736: Ignaz Krebs, Fribourg-en-Brisgau (tipo 1, Besanzón)
- 1734-1738 (molde de 1672?): François Chosson, Marsella (tipo 2)[69]
- 1730-1740: Jean-Pierre Laurent, Belfort (tipo 2)
- 1739: Jean-Baptiste Madenié, Dijon (tipo 2)
- 1747: Joseph Chaffard, Marsella (tipo 2)
- 1745-1750: Jean-François Tourcaty, Marsella (tipo 2)
- 1751: Claude Burdel, Friburgo, Suiza (tipo 2)
- 1762: Joseph Fautrier, Marsella (tipo 2)
- 1768: Antoine Bourlion, Marsella (tipo 2)
- 1785: Jean-François Tourcaty hijo, Marsella (tipo 2)
- 1793-1803: Arnoult y Amphoux, Marsella (tipo 2)
- 1809-1833 (molde de 1760?): Nicolas Conver (tipo 2)
- 1839-1850: Bernardin Suzanne, Marsella (tipo 2)
- 1930: Paul Marteau (Grimaud) (tipo 2)
- 1997: Jodorowsky-Camoin (tipo 2)

Esta lista, larga pero necesariamente incompleta, confirma varias cosas: por una parte, Marsella se impone desde finales del si-

---

69. La fecha que aparece en el 2 de Oros es sujeto de debate, parece ser de 1672 con un "6" parcialmente borrado. El nombre de François Chosson está inscrito con una grafía diferente a la de la fecha, y además su actividad como cartero se ha establecido entre 1734 y 1756. Los Triunfos de este tarot son muy similares a los de Madenié.

glo XVIII como centro de producción, tal y como hemos visto. Por otra parte, si comparamos el primer tarot conocido de tipo 2 (o el tarot con fecha más antigua de este tipo), es decir, los juegos de Madenié y de Chosson, con los juegos del siglo XX, la permanencia del estándar de representación es impresionante. El estándar de Marsella se impuso, seguramente gracias a su éxito comercial, como un modelo estable y duradero, hasta el punto en el que representará por si solo la esencia misma del Tarot durante su "reinvención" por parte de los movimientos esotéricos y ocultistas.

Las diferencias entre el tipo 1 (Payen, Dodal) y el tipo 2 (Madenié, Chosson...) muestran que ha habido una evolución tanto iconográfica como simbólica. Poco a poco, el Tarot absorbe a héroes, santos y figuras históricas que van a enriquecer a los Arcanos Mayores. Algunos van a perdurar, aunque sea en calidad de huellas: El Loco, primero acompañado de un animal parecido a un gato o una comadreja, se estabilizará en compañía de un perro, tal vez debido a la influencia de la leyenda de San Roque. La Fuerza va a integrar a Santa Blandina: además del león que no ataca a la santa, esta se presenta en el juego de Madenié flanqueada por un animal parecido a un oso, y la memoria de la decapitación de la santa va a permanecer bajo la forma de una raya negra que decora su cuello y que durará hasta Paul Marteau o Jodorowsky. Por otro lado, la figura de la papisa será más o menos austera, según los sentimientos personales del cartero o del grabador, o reflejará una belleza formal y espiritual que evoca tal vez la devoción hacia grandes figuras femeninas como la abadesa de Port-Royal o Madame Guyon, la directora espiritual de Fénelon que fue perseguida por Luis XIV.

Por lo contrario, el intento que hizo Madenié de representar a La Emperatriz con rasgos de Guillermina Amalia de Habsburgo, tal vez para seducir al público de Europa del Norte, solo se va a encontrar en juegos derivados del suyo: el de su hijo Jean-Baptiste y el de Jean-Pierre Laurent, descaradamente copiado del primero.

Todo esto sucede como si el Tarot absorbiera algunos aspectos en virtud de una sola ley observable: su éxito público. Es posible que varias corrientes se compenetraran: leyes o códigos de representación antiguos, provenientes de una tradición de armonía con vocación espiritual o iniciática, viajando a través de los avatares de una obra artesanal colectiva, forjadas a través de las necesidades, tal vez con algunas falsedades de artesanos que compraban moldes usados y los traficaban para colocarles su nombre, apropiándose los mejores descubrimientos de sus predecesores y competidores, y que poco se estabilizaron hasta llegar al día de hoy. Sin duda, no hay un solo autor del Tarot de Marsella, de la misma manera que no podemos atribuirle la construcción de una catedral a una persona en particular.

Hemos visto que la anterioridad de las insignias italianas es veraz, pero, sin poderlo afirmar, me inclino por la hipótesis según la cual **fueron artesanos franceses, tal vez lioneses, quienes inventaron los Triunfos del Tarot tal y como los conocemos hoy en día.** Seguramente influenciados por los códigos de representación medievales, así como por los primeros tarots italianos y por el espíritu y el estilo del Renacimiento italiano, se dedicaron a multiplicar las correspondencias simbólicas y numerológicas. Poco a poco el juego fue tomando su forma, hasta llegar a principios del siglo XIX, recogiendo con el tiempo influencias surgidas tal vez de la alquimia, de la estética y la simbología de los libros de emblemas, del último suspiro del cristianismo místico mezclado con el espíritu libertino heredado de Villon, o de la tradición rosacruciana y de las mismas corrientes que después estructuraron la simbología masónica. Este tarot, tal y como el siglo XIX lo descubrirá e interpretará en su dimensión iniciática, es obra de carteros franceses.

Antes de evocar esta revolución ocultista del siglo XIX, quisiera terminar de dibujar el panorama de los orígenes del Tarot con una breve mención del contexto poético e iconográfico de su época.

- *Pedagogía moral, libros de emblemas y de alquimia: el contexto espiritual y cultural del Tarot*

Cuando nos acercamos al Tarot de Marsella, es vital acordarse de qué manera la Europa del Renacimiento es aficionada de la literatura moral, de las máximas, y de los proverbios e imágenes simbólicas. Esta tendencia va a culminar con la moda de libros de emblemas cuya génesis es contemporánea a la aparición del Tarot y cuya multiplicación se debe también, en gran parte, a la invención de la imprenta y a la generalización del grabado.

La producción de juegos destinados a la memorización o al aprendizaje continuará a lo largo de los siglos XVI y XVII, en paralelo a la de los juegos de cartas en sí. Evidentemente, existe una semejanza entre estos juegos educativos y los compendios ilustrados de proverbios o de máximas antiguas que contribuirán tanto al bien público como a la educación de los príncipes desde principios del siglo XVI hasta finales del XVII. La brevedad que permite conjugar una fórmula y una imagen posee un valor nemotécnico, pero también un impacto psíquico. Los juegos educativos serán un material pedagógico privilegiado en todas las clases de Europa para educar a los hijos de la nobleza. Es interesante notar que el último de estos compendios, los *Apophtegmes mis en vers français* de Michel Mourgues, serán dedicados al joven duque de Borgoña, nieto y heredero putativo de Luis XIV... El mismo príncipe cuyo blasón aparece en el 2 de Copas del Tarot de Madenié, su "cartero ordinario".

El desarrollo de estos juegos de cartas en general y del Tarot en particular va de la mano con el del grabado sobre madera, que será, junto con la imprenta, la herramienta de desarrollo de **toda una literatura moral e iniciática que culminará en los libros de emblemas.**

En lo que se refiere a las Figuras del Tarot, la imprenta y el grabado sobre madera tuvieron como resultado la difusión de toda la literatura de caballería, la cual podemos legítimamente pensar que se encuentra reflejada en la jerarquía e interrelación Rey-Reina-Caballero. Pero el acercamiento entre la estética de los emblemas y de los Triunfos a la francesa, con título y número, me parece particularmente pertinente.

El ancestro de los libros de emblemas es el famoso *Sueño de Polífilo* (*Hipnerotomachia Poliphili*) redactado en 1467, impreso en Venecia en 1499 por Aldo Manuzio, y adaptado al francés en 1546 por Jean Martin en una versión simplificada. Su éxito, tanto en Italia como en Francia, durará hasta el siglo XVIII, influyendo en particular en el arte de los jardines. Esta obra misteriosa, hipnótica y compleja, mezcla el latín, el griego, el italiano, el hebreo y el árabe. Nos cuenta el sueño alegórico de Polífilo, quien arde de amor por Polia y se embarca en sueños hacia Citera. El libro, ornamentado de magníficos grabados sobre madera, tejido con símbolos y acertijos, está repleto de coherencias numerológicas y de otros códigos secretos que fascinaban a la gente en esa época, los mismos que veremos en la obra en el Tarot. Por ejemplo, al poner unas tras otras las letras capitulares, obtenemos la fórmula: *"Poliam Frater Franciscus Columna Peramavit"* ("El hermano Francisco Colonna ardió de amor por Polia"), que permite identificar al autor del libro, inicialmente anónimo.

El entusiasmo por estas imágenes misteriosas será inmediato, las cuales tienen un simbolismo inagotable, y acompañan la descripción de una búsqueda amorosa e iniciática a la vez. Con rapidez, nacerán en el siglo XVI los libros de emblemas, el primero de los cuales es un manuscrito compuesto por el humanista lionés Pierre Sala, el *Petit livre d'Amour*, dedicado a Marguerite Builloud, ilustrado entre 1500 y 1505 por el maestro de la *Chronique Scandaleuse* (actualmente conservado en la British Library).

En 1531, con la publicación de los *Emblematas* de Andrea Alciato (André Alciat, 1492-1550), el género va a establecer su primer modelo. Este compendio de alegorías en versos latinos trata de temas morales y no amorosos, y tendrá más de cien reediciones entre Francia (donde fue traducido por primera vez en 1534), Alemania, los Países Bajos e Italia. Este libro determinará el modelo futuro de los emblemas: un título, una imagen, y un texto corto. El género inspirará varias obras y los libros de emblemas se multiplicarán hasta el siglo XVII.

De manera general, los libros de emblemas tienen una vocación moral o religiosa, pero a menudo el texto está en verso.

A partir de 1544, el poeta Maurice Scève alterará parcialmente el género para ornamentar de emblemas su compendio de décimas petrarquistas dedicadas a la gloria de Pernette du Guillet, *Délie: objet de la plus haute vertu.*

Françoise Charpentier, en el prefacio que dedicó a esa obra, da una definición sintética de emblema: "En su concepción habitual, comporta un grabado con un lema, integrado o no en la misma imagen, seguido por un texto más o menos importante (que con frecuencia llena el resto de la página debajo del grabado); este texto está habitualmente en prosa, y es de carácter didáctico o moralizante, en latín o en lengua vulgar. El emblema es la triple repetición del mismo mensaje: la figura, el lema, el comentario. Estos emblemas pueden tener como objeto representaciones fabulosas o familiares, objetos sorprendentes de la naturaleza o de la cultura ("curiosa"), escenas u objetos a los cuales queremos asignar un sentido simbólico. Responden a un complejo proceso estético, simbólico y didáctico".[70]

Andrea Alciato definió la eficiencia del emblema en esta fórmula breve y sorprendente: *Verba signifiant, res significatur* ("Las palabras significan, las cosas son significadas" o también "Las palabras hacen conocer, las cosas son dadas a conocer").

El traductor francés de *Emblemata* dará su propia valoración en 1583: "Algunas pinturas inventadas por hombres ingeniosos, similares a las letras jeroglíficas de los Egipcios, que contenían los secretos de la sabiduría de aquellos tiempos por medio de algunos lemas y eran un retrato sagrado; cuya doctrina no permitía que los misterios fueran comunicados si no a aquellos que eran capaces de entenderlos, quienes eran naturalmente bien entendidos (atentos, vigilantes); y excluían la vulgaridad profana con buena razón".[71]

Volviendo a la obra de Scève, su poesía está impregnada de una numerología decimal deliberada, ya que todos los poemas son décimas decasílabas, es decir, "cuadrados" de diez líneas de diez sílabas, una forma compacta que evoca una totalidad a la vez cerrada sobre sí misma e incansablemente repetida bajo las

---

70. Charpentier, Françoise, prefacio de *Délie: objet de la plus haute vertu* de Maurice Scève, París, Gallimard, 1984.

71. Mignault, Claude, prefacio de la traducción de *Emblemata* de André Alciat, París, Jean Richer Libraire, 1583.

diversas formas de los diferentes poemas. Veremos que la numerología del Tarot también es decimal, y que la figura del cuadrado es esencial en ella. Como en el caso de los emblemas, el estándar artesanal del Tarot de Marsella completa la imagen del Triunfo con un título y un número, los cuales no existen en los juegos italianos.

Esta evocación de los emblemas, género que ha caído en el olvido, y del florón de la poesía petrarquista lionesa solo tiene un valor contextual. Pero este contexto es expresivo: entre finales del siglo XV y principios del XVII, la moda del Tarot está en su apogeo en Francia, y la producción se concentra muy probablemente en Lyon. **Es un terreno fértil de cultura, que se distingue por la emergencia de una iconografía simbólica y moral, por un gusto pronunciado por las coherencias numerológicas y el simbolismo geométrico**, del cual encontraremos la más alta expresión en la alquimia, y a través del sutil entrelazado entre palabra, imagen y número que tienen en común el tarot y los emblemas.

Me parece interesante notar que, en ciertas etapas cruciales de su historia, el Tarot se desarrolla del brazo de un movimiento poético significativo: la poesía petrarquista de la Pléyade es al tarot francés lo que Petrarca mismo es al tarot italiano de los orígenes:

Veremos que la reinvención del tarot en su modo ocultista acompaña a la poesía de las correspondencias de Baudelaire, al simbolismo de Nerval o al hermetismo de Mallarmé. Finalmente, el surrealismo de André Breton terminará de sellar el pacto entre poesía (en prosa) y el tarot con *Arcano 17*, una larga meditación sobre el amor que puede ser considerada como la tercera parte del tríptico poético compuesto por *Nadja* y *El amor loco*. Esta fraternidad secreta entre tarot y poesía viene de corrientes profundas que atraviesan diferentes épocas, como expresión de un imaginario secreto común a las dos disciplinas.

En cambio, el Tarot de Marsella no parece tener ninguna influencia notable de la iconografía alquímica. Para convencernos de esto, basta con comparar las imágenes del *Aurora consurgens* (alrededor de 1450) y del *Atlante fugitive* (1610) y *Mutus Liber* (1677) con los tarots que conocemos del siglo XVII: el vocabulario visual de la alquimia está simplemente ausente en los tarots, a excepción del Sola Busca del cual ya hablamos anteriormente.

Las investigaciones de Jung a inicios del siglo XX, y su brillante exposición de la alquimia especulativa y operativa van a introducir una comparación con la lectura especulativa del Tarot. Volveremos a este punto más adelante.

En cuanto a la cartomancia, cuya práctica se fija en la segunda mitad del siglo XVIII, **es difícil establecer sus orígenes, ya que todo depende de qué consideramos como cartomancia.** El impulso que consiste en intentar predecir el futuro está presente en todos los momentos de la historia, y se realiza tanto con las entrañas de un pájaro como con habas secas. En cambio, **las *especulaciones* sobre las cartas del tarot existen desde sus orígenes.**

Para mí, el comentario sobre los Triunfos del Tarot, o su interpretación, es tan cercano a la tarología actual como lo es la cartomancia misma. Ahora bien, este principio de interrogación y de interpretación parece haber existido desde muy temprano.

Podemos citar como ejemplo el sermón *De ludo cum aliis*, en el cual en 1470, un monje anónimo, tal vez de la región de Ferrara, fustiga los juegos de tarot y de dados con interpretaciones mal orientadas pero llenas de argumentos.

Por ejemplo: "Cada uno de los 21 puntos del dado los consagra con el diablo. Esos 21 puntos son los escalones del infierno".

O también, atribuyendo a cada serie un significado igual de lúgubre: "Está el oro que se escapa en todas las direcciones, huyendo de la mano del jugador. Y esto significa que su fortuna es inestable, y hay que preguntarse, al iniciar el jugo, adónde irá toda vuestra fortuna en el momento del infortunio, cuando se haya perdido. Están las copas, que significan la pobreza que conocerá el jugador, el cual al perder su copa, se verá obligado a beber directamente del barril. Están los bastos: la madera es árida, para significar que la gracia divina se ha secado en el jugador. Finalmente están las espadas, las cuales generalmente se utilizan para matar y remiten a la brevedad de la vida de un jugador".

Peor aún, califica los Triunfos de la manera que sigue: "En el mundo de los juegos, no hay juego que sea tan odiado por Dios como el juego de Triunfos [...] se dice y se cree que fue nombrado así por su creador, el Diablo, porque ningún otro juego triunfa tan bien como este en la destrucción del alma. No solamente Dios, los ángeles, los planetas y las virtudes cardinales son mostrados con desprecio, pero la verdadera Luz del Mundo, que son el Papa y el Emperador, también están constreñidos, lo cual es absurdo. Entregarse a este juego es la mayor desgracia que puede hacer un Cristiano".

Enseguida se encuentra una lista de los Triunfos, increíblemente valiosa para los historiadores actuales, en la que algunos Triunfos llevan comentarios: el Mago ("que es inferior a todos"), la Papisa ("¡Oh, miseria que niega la Fe Cristiana!"), el Carro Triunfante ("o el pequeño mundo"), la Rueda ("es decir: reino, he reinado, estoy sin reino"), el Mundo ("es decir Dios el Padre") y el Loco, al cual se le atribuye el número 0 y el comentario: "Loco, y por lo tanto nulo".

Pietro Aretino mencionó a las cartas en dos ocasiones: una vez en los sonetos de *Pasquinate per l'elezione di Adriano VI*, donde describe de manera agradable un concilio de veintidós cardenales durante el cual Julio de Médici, primo del difunto León X y futuro papa Clemente VII, distribuye los Triunfos del Tarot a sus colegas cardenales: a cada uno le corresponde una alegoría que resuena de manera placentera con su físico o su carácter, y todos los Triunfos se distribuyen salvo uno... ¡El Papa! El ambicioso cardenal, que se encuentra sin tener un triunfo en mano, considera que ese título le corresponde por defecto, pero sus colegas, al no juzgarlo digno de la función, decretan que el asiento papal recaerá en aquel que encuentre la carta desaparecida... Nos acordamos que en la realidad, ante la imposibilidad de designar un papa italiano, fue elegido un holandés que solo desempeñó la función durante dieciocho meses, antes que Julio de Médici accediera efectivamente al título.

En 1543, en el diálogo *Las Cartas Parlantes*, Pietro Aretino pone nuevamente en escena una interpretación de las cartas: se trata de un cartero que se lamenta del desorden de sus cartas, probablemente debido al diablo en persona, y estas le responden evocando su origen mítico.

Finalmente, podemos mencionar a Francesco Piscina y su *Discurso sobre el orden de las figuras del tarot* (1565) que comenta de manera mucho más explícita las alegorías del tarot, en un modo de interpretación simbólica, indicando también su valor jerárquico en las diversas variantes del juego. Por ejemplo, dice que El Loco representa: "El inicio pueril y el final senil de la vida humana (infancia y vejez), carentes de sabiduría" o que El Colgado muestra "el final terrible de los que denigran los avisos prudentes, y por lo tanto las virtudes" y que "el autor colocó la imagen del mundo en medio de los cuatro santos evangelistas para mostrarnos que el mundo no puede existir sin religión". En cuanto a los cuatro palos, nos remiten según él a "las cuatro estaciones del año", a "las cuatro edades del hombre", y a la "diversidad de condiciones de la vida humana, es decir, a la guerra y la paz". Notamos de paso que Piscina hace referencia al "autor" desconocido del Tarot, como si se tratara de una obra artística de edificación moral.

Todos estos comentarios de imágenes remiten más **al esoterismo** (surgido de un cuadro religioso, pero orientado hacia la noción de profundización simbólica y de *educación de la mirada*[72]) que **al ocultismo** (irreligioso, y del que proviene la adivinación, entre otras cosas). De tal manera, son parientes de nuestro acercamiento.

Sea como sea, parece claro que, tanto para el Tarot como para las cartas comunes, la tendencia a interpretar estas figuras enigmáticas está presente desde los orígenes. En lo que se refiere a la cartomancia propiamente dicha, el primer libro documentado es del siglo XVI: en 1540 aparece en Venecia un libro editado por Francesco Marcelino y titulado *Le Sorti, intitolate giardino d'i pensieri* ("Los Destinos o el Jardín de los pensamientos"), acompa-

---

72. La expresión es de Antoine Faivre, en *Accès de l'ésotérisme occidental, op. cit.*

ñado de grabados sobre madera que representan los juegos de cartas, las Suertes, las Virtudes y los Vicios. Como todos los tratados de adivinación, es prohibido por la Inquisición, pero representa el primer testimonio conocido de una práctica de cartomancia. En él están expuestos elementos de adivinación con las cartas y otras técnicas para leer el futuro. Sin embargo, no concierne directamente al tarot sino a los juegos de cartas comunes y corrientes, acompañados de un comentario preciso sobre cada valor.

Dos siglos más tarde, alrededor de 1760, el movimiento va a tomar fuerza: la moda de los juegos de solitario se desarrolla y, con ella, la de la cartomancia. En paralelo, el tarot se reinventará poco a poco a través de los sucesivos comentaristas hasta volverse el libro de sabiduría por excelencia del movimiento ocultista. Al terminar lo que podríamos llamar una verdadera revolución, el juego se dividirá en dos ramas: una destinada el juego, otra a la interpretación.

4. Las revoluciones del Tarot: de la egiptomanía al surrealismo

A mediados del siglo XVIII, el juego de tarot empieza a mutar: carteros alemanes, belgas y franceses se ponen a dibujar tarots de insignias francesas con Triunfos que representan animales, o pinturas de género (elefantes y su *mahout*, domadores de osos...). Poco a poco, estos tarots de insignias francesas, más legibles y más fáciles de fabricar, van a sustituir a los de insignias italianas en el corazón de los jugadores. Las escenas que decoran los Triunfos se diversifican: aparecen paisajes y monumentos, imágenes de la vida política o social, escenas pintorescas. En paralelo, se desarrolla la moda de las "cartas para reír" que son cartas comunes en las cuales las insignias (también francesas) están colocadas de manera que forman elementos de una escena: los rombos se transforman en regalos de Navidad, los tréboles en ornamentos arquitectónicos, las picas en caras o en hábitos clericales, y los corazones se voltean para formar traseros de niños traviesos...

La Revolución francesa, por su parte, va a cambiar la cara de los juegos de cartas en general y del tarot en particular: **el decreto de la Convención nacional del 22 de octubre de 1793 suprime todos los símbolos de la época feudal.** Los Reyes se vuelven "Genios", las Reinas "Libertades", los Pajes serán "Igualdades", y tan solo el Caballero conservará su apelación. Siguiendo el modelo del Tarot de Besançón, que ya se había extendido en el mundo protestante, desaparecen La Papisa y El Papa, reemplazados por Juno y Júpiter, de igual manera que La Emperatriz y El Emperador se convierten en La Abuela y El Abuelo. Los cetros se transforman en ramos de flores o en otros ornamentos sin connotaciones feudales.

A lo largo del siglo XIX, con la revolución industrial y la reducción del costo del papel, el universo de los juegos de cartas estará sujeto a diversas mutaciones: los procesos de fabricación cambian y se pasa de una producción artesanal a una producción industrial. Los moldes de madera son reemplazados por procesos más estables: la litografía, y posteriormente el *offset*. Aparecen juegos de cartas de fantasía y la cartomancia traerá con ella diversos oráculos o tarots "mejorados" para corresponder a las interpretaciones esotéricas que se multiplican.

En Francia, Baptiste-Paul Grimaud, cuya actividad inicia en 1848, va a imponerse poco a poco como el cartero más importante de Francia, comprando a sus competidores e introduciendo un gran número de innovaciones tecnológicas, como el barnizado de las cartas, las esquinas redondeadas, e incluso el sistema de empaquetado automático. Su empresa B.P. Grimaud va a editar el "Nuevo Tarot" a inicios del siglo XX, con insignias francesas y Triunfos modernizados para competir con las producciones alemanas. Todos los jugadores de tarot hasta la fecha adoptarán este juego, con variantes mínimas.

En paralelo, lo que podríamos llamar como "tarot antiguo" también tuvo mutaciones profundas, surgidas (aunque de manera más sutil) de los cambios radicales que trajo el siglo de las Luces, hasta culminar en el positivismo de finales del siglo XIX.

- *La "revolución del Tarot":*
  Court de Gébelin y la cartomancia

Todo empieza con una visita de cortesía: un bello día de los años 1770, **Antoine Court de Gébelin**, un ambicioso "sabio" como se decía en aquel entonces, pastor de origen suizo y familiar de enciclopedistas, visita a "Mme. La C d'H", es decir, a Anne-Catherine de Ligniville Helvétius. La esposa del filósofo Claude Adrien Helvétius tenía un salón concurrido por todos los autores de la *Enciclopedia*. Court de Gébelin, que tenía unos 40 años en ese entonces, se había distinguido por sus investigaciones sobre lo que llamaba el mundo primitivo, una especie de edad de oro de la humanidad que supuestamente iba a esclarecer el devenir de esta. Su acercamiento de carácter neoplatónico tenía influencias de la egiptomanía y era derivado de la cábala cristiana del Renacimiento. Consistía en buscar correspondencias simbólicas basadas, entre otras cosas, en números y letras. Pero Court de Gébelin era antes que nada miembro de la francmasonería: él fue quién recibió a Voltaire en la logia de las Nueve Hermanas algunos años más tarde.

En casa de Madame Helvétius, entonces, los invitados empiezan una partida de tarot, y reciben al recién llegado con estas palabras:

"—Jugamos a un juego que seguramente no conoce...

—Es posible, ¿de qué juego se trata?

—El juego de los Tarots...

—Tuve la ocasión de verlo cuando era muy joven, pero no lo conozco bien...

—Es una rapsodia de figuras increíblemente extrañas y extravagantes: aquí está una, por ejemplo...".[73]

Nuevamente, la condesa le presenta al invitado uno de los Triunfos del juego: "Nos aseguramos de elegir una de las figuras más cargadas, la cual no tiene relación alguna con su nombre: El Mundo. Al mirarla, reconozco inmediatamente la alegoría:

---

73. Court de Gébelin, *Monde primitif, analysé et comparé avec le monde moderne*, t. I, vol. VIII, p. 367, París, Gallica-BnF.

cada uno deja su juego y viene a ver esta carta maravillosa en la que yo apercibía lo que ellos no habían visto nunca. Uno por uno, me van mostrando las otras cartas; en un cuarto de hora le dimos la vuelta al juego, y quedó explicado, y declarado como egipcio".[74]

Este momento, que Court de Gébelin cuenta en el octavo volumen de su gigantesca obra: *El mundo primitivo analizado y comparado con el mundo moderno*, lo presenta como una especie de iluminación en la que le son revelados los orígenes inmemoriales de los Triunfos. Nada nos impide considerar de buena fe este aliento de intuición: ¿pudo Court de Gébelin, a pesar suyo, "captar" el origen real de este juego de cartas? Declara que este se origina en Egipto, y los historiadores de hoy en día le dan la razón, con un margen de error de treinta siglos... Por otro lado, también podemos sospechar que haya sido un ejercicio de interpretación calculado, el gesto oportunista de un intelectual que busca ser valorado en el círculo mundano al que pertenece, para darle a sus teorías y a sus escritos una agradecida publicidad.

Sea como sea, la "revelación" parece tener un éxito inmediato, dado que los invitados dejan el juego para reunirse alrededor del exegeta:

"Y como esto no era solo el fruto de nuestra imaginación, sino el efecto de las sensibles relaciones elegidas que tiene este juego con todo lo que se conoce de las ideas egipcias, nos prometimos compartirlo algún día con el público; convencidos de que un descubrimiento y un regalo de esta naturaleza les sería grato, un libro egipcio que escapó a la barbarie, a los estragos del tiempo, a los incendios accidentales o voluntarios, y a la ignorancia, que es aún más desastrosa".[75]

Esto ocurre un siglo antes de la obra del orientalista Volney y de la campaña de Napoleón en Egipto: todavía nos encontramos en los inicios de la egiptomanía, cuya culminación en el siglo XIX contribuirá enormemente a la construcción del mito de un "tarot egipcio". En su obra, Court de Gébelin va a formular una serie de

---

74. *Ibid.*
75. *Ibid.*

creencias fundamentales con respecto a los primeros orígenes del Tarot: aquellos de un "libro" portador de un "conocimiento secreto", disimulado voluntariamente bajo las apariencias de un simple juego.

"La misma ignorancia en la que nos encontrábamos hasta ahora con respecto a lo que este juego representaba fue un salvoconducto afortunado que le permitió atravesar tranquilamente todos los siglos sin que se buscara hacerlo desaparecer".[76]

Tras este "descubrimiento", Court de Gébelin introduce en su obra unas cincuenta páginas que forman un comentario de los Triunfos del Tarot. El Carro se convierte en la carroza de Osiris y las gotas de agua de la Luna las lágrimas de Isis que ensanchan las aguas del Nilo. Algunas imágenes apenas retocadas del Tarot de Marsella ilustran el texto, los cuatro palos del juego están asociados a las cuatro clases de la vida social, la numeración de los 21 Triunfos al septenario... Un autor anónimo (tal vez adepto de la cartomancia; según Jean-Marie Lhôte, se trataría del conde de Mellet)[77] completa este capítulo con interpretaciones sobre el resto de las cartas del juego, numerales y Figuras, surgidas de un juego de Aluette en el que la presencia de una vaca en el 2 de Copas permite un acercamiento con el buey de Sérapis y los cuernos de Isis. La tradición interpretativa nació, inspirada en gran parte por las teorías de la francmasonería, mezclada con la antigüedad egipcia, con toques de astrología y de una simbología naciente que se va a desarrollar de manera extraordinaria hasta inicios del siglo XX.

Algunos años más tarde aparece un curioso personaje. **Jean-Baptiste Alliette (nacido en 1738), quien bajo el seudónimo de Etteilla va a desarrollar formalmente lo que se llamó primero la "cartonomancia", vocablo que se simplificará en "cartomancia".**

Su biografía no es demasiado clara: durante mucho tiempo se

76. *Ibid.*

77. Lhôte, Jean-Marie, *Court de Gébelin: le tarot présenté et commenté par Jean-Marie Lhôte*, París, Berg International Éditeurs, 1983.

creyó que era peluquero, pero una nota de la Biblioteca Nacional de Francia lo presenta como mercader de estampas y profesor de matemáticas. Parece haberse dedicado desde muy temprano a la adivinación con las cartas. Desde 1770, publica en Ámsterdam y en París varias obras sobre lo que llama "la manera de recrearse con un juego de cartas". La lectura de Court de Gébelin lo inspira, dado que en 1785 adapta su método de interpretación del Tarot, el cual titula "cartomancia egipcia". Empieza a tener adeptos y en 1789 crea su propio juego de Tarot. Los diversos oráculos de Etteilla aún se usan hoy en el mundo de la cartomancia adivinatoria. En cuanto a su posible relación con la francmasonería, parece nunca haber adherido a ella, por más que lo inspiró de manera clara.

La otra gran figura de la cartomancia del siglo XIX es Marie-Anne Lenormand (nacida en 1772). Hija de un mercader mercero, se quedó huérfana en la infancia y fue educada por las Benedictinas. Parece haber tenido desde muy temprana edad una disposición para predecir el futuro. Se instaló en París durante la Revolución francesa, protegida tal vez por un noble libertino, y desarrolló con un aplomo y energía considerables su actividad de vidente, de escritora y de periodista. Fue tanto admirada como acusada de charlatanismo y de estafadora, y profetizó tanto para clientes privados como sobre eventos futuros. Los numerosos libros que publicó como autora la ponen en escena bajo el vocablo autoproclamado de "Sibylle". A pesar de sus detractores y de algunos episodios de encarcelamiento (que recicla ingeniosamente bajo el modo de la autoficción, antes de que esta existiera),[78] su credibilidad ante el público general y la alta sociedad va creciendo, hasta el punto en el que fue cercana a la emperatriz Josefina durante el Imperio, y tal vez su vidente asignada. Sabemos que al menos una de sus predicciones fue inexacta, ya que afirmó que viviría 108 años,[79] y murió en junio de 1843 a los 71 años. Con-

---

78. Lenormand, Marie-Anne, *Les Souvenirs Prophétiques d'une Sibylle*, París, 1814.

79. *Ibid.*, p. 25.

trariamente a Etteilla, Lenormand no dejó ninguna descripción precisa de sus métodos de cartomancia, a pesar de ser una escritora prolija. Sus escritos nos informan únicamente que practicaba la necromancia, la lectura del café, de los espejos, de la ceniza y de los huevos, y que utilizaba tanto las cartas comunes y corrientes como los juegos de tarot. Sin embargo, manifestó una indiferencia total ante la interpretación egipcia de las cartas. Los oráculos que llevan su nombre se inventaron después de su muerte, aprovechando la estela de su celebridad.

Aun cuando, tal y como hemos visto, algunas interrogaciones puntuales, comentarios o juegos de palabras con el nombre de los Triunfos y Figuras del Tarot aparecen en Italia en el siglo XV y XVI, **la práctica generalizada de la cartomancia, es decir, de la lectura del futuro a través de las cartas, parece ser una creación de los años 1760-1770.**

Esta práctica parece ser contemporánea del solitario: Thierry Depaulis nos demuestra que "una tesis sobre los juegos del año 1779 ya menciona al solitario", y lo asocia a la cartomancia al describir a un juego que lleva el lindo nombre de "los oráculos del cartero".[80]

Esta interrogación simbólica sobre el sentido y el número de las cartas se refleja también en una jugosa anécdota de 1776, que cuenta Isabelle Nadolny en *Historia del tarot*.[81] El *Courrier du bas Rhin*, bajo el título de "Las cartas espiritualizadas", narra la historia de un soldado que, alrededor de 1770, entra en una iglesia y hojea un juego de cartas que saca de su bolsa como si se tratara de un libro litúrgico. Al ser regañado por su sargento, quien lo lleva ante el alcalde de la ciudad, emprende una justificación detallada en la cual afirma que los ases le recuerdan "que hay un solo Dios, creador y conservador de todas las cosas, y que el primer día, creó el cielo y la tierra", los dos "el segundo día de la creación, cuando Dios dijo *Que se haga la luz*", los tres, "el Padre,

80. Depaulis, Thierry, artículo "Patiences et Réussites", *Encyclopædia Universalis*.
81. Nadolny, Isabelle, *Histoire du tarot*, Toulouse, Trajectoire, 2018.

el Hijo y el Espíritu Santo", etc.[82] Este ingenioso soldado recita de tal manera toda la serie de números, hasta los Reyes y Reinas quienes asemeja a Adán y Eva, y termina con una tangente en la que compara al Paje con el grosero sargento. El alcalde, entretenido, lo despide dándole una moneda de oro.

Casanova cuenta una anécdota particularmente significativa en sus *Memorias*,[83] de 1765 (aunque sabemos que el texto fue escrito varios años más tarde, así que la fecha no es exacta).

El seductor impenitente se encuentra en Rusia, donde compró por cien rublos a una joven paisana con la cual no tarda en emparejarse. Dice sobre ella: "Si no fuera por sus celos desesperantes, por su ciega confianza en la infalibilidad de las cartas que consultaba diez veces al día, Zaïre hubiera sido una maravilla, y no la hubiera dejado nunca".[84]

Algunas páginas después, al regresar junto a ella tras haber pernoctado, cuenta una escena de celos donde las cartas juegan un papel central:

"Llego a mi casa, entro en la habitación, y por milagro esquivo una botella que Zaïre me lanza a la cabeza y que me hubiera podido matar. Furiosa, se lanza al suelo y se golpea la frente sobre él. Conmovido por la piedad, corro hacia ella y le pregunto qué sucede mientras la sostengo con fuerza. Creo que se ha vuelto loca, y pienso en pedir ayuda. Se calma, y entre un mar de lágrimas me llama asesino, traidor y me tilda de todos los epítetos posibles. Para convencerme de mi crimen, me muestra un cuadrado de veinticinco cartas en las que me hace leer todos los desenfrenos que me habían mantenido fuera de casa toda la noche. Después de dejarla desahogarse de toda su rabia y sus celos, tomé el grimorio y lo lancé al fuego".

El "grimorio" en cuestión podría ser una traducción al ruso de

---

82. *Ibid.*
83. *Mémoires de J. Casanova de Seingalt écrits par lui-même*, t. VII, París, Garnier, 1880.
84. *Ibid.*, p. 163.

los "Sorti" de Francesco Marcolina da Forlì, o una obra que sigue sin conocerse...

- *Tarot y ocultismo: el nacimiento de un mito*

La cartomancia, como técnica y campo cultural, forma una especie de puente entre el libertinaje del siglo XVIII y el melodrama del siglo XIX.

Tiene en común con el libertinaje el hecho de ser, en primer lugar, una manipulación de la realidad a través del lenguaje: las cartas se consideran como un texto y se interpretan libremente, y la persona que las consulta también es objeto de un estudio interpretativo: los críticos de la cartomancia hablan justamente de "lecturas frías", una técnica que consiste en lanzar proposiciones bastante imprecisas: "Veo a una persona cercana a usted que ha muerto..." (¿quién no ha tenido alguna muerte en la familia?), y que, al observar las reacciones de la persona a quien se dirige, afina y corrige poco a poco la predicción.

Por otro lado, la manera en la que se desarrolla la cartomancia, así como la estética que se adjudica, recuerdan la mezcla de inverosimilitud, de maniqueísmo y de exageraciones dramáticas que triunfarán en el ámbito popular en el siglo XIX, con el melodrama de las novelas en serie. Esta visión alarmista y espectacular del destino se ancla en la alternancia entre el terror y el deslumbramiento, entre esperanza y desesperación. Existe una rama completa de la cartomancia que ha prosperado nutriéndose de esas emociones extremas y de esos miedos viscerales, generando una relación malsana de poder entre "videntes" y consultantes.

Sin embargo, es suficiente un juego de 32 o 54 cartas comunes para leer las cartas. Existe otra corriente espiritual e ideológica que va a afectar profundamente el destino del juego de Tarot: quiero hablar del **ocultismo. Esta doctrina, cuya influencia literaria podemos notar en el romanticismo, y luego en el simbolismo, se va a apropiar de los Triunfos del Tarot**, los cuales serán nombrados *Lames*, Claves o Arcanos Mayores, y los decretará "un libro de sabiduría universal". Serán un autentico pilar de su doctrina, al asociarlos con las veintidós letras del alfabeto hebreo. Las consecuencias de esta exitosa desviación aún existen hoy en día, y nutrieron en particular al movimiento anglo-americano del Tarot del siglo XX.

El primer responsable de esta genial mistificación, en el linaje de Court de Gébelin, es un personaje fecundo y truculento, menos conocido que Dumas, Hugo o Balzac (a quienes frecuentaba de alguna manera), pero con un estatus equivalente.

Adolphe-Louis Constant (1810-1875), hijo de un zapatero, entró al seminario a la vez por vocación y por necesidad. Al ordenarse como diácono, se enamoró locamente de una joven, en la cual su misticismo le hizo ver la encarnación de la Santa Virgen, y colgó su hábito clerical, provocando el suicidio de su madre. En los años siguientes, vacilará entre la vida mundana y el retiro monacal y se alimentará tanto de antigua literatura gnóstica como de obras de grandes místicos, entre los cuales destaca Madame Guyon.

Fue un dibujante talentoso (ilustró obras de Dumas, entre otras cosas) y un escritor prolijo: publicó varios tomos políticos, utópicos y humanitarios, estuvo brevemente encarcelado, y se interesó tanto por el pensamiento matemático como por las sociedades secretas. En Lausana, frecuentó la Orden Hermética de la Rosacruz Universal, de la cual se volverá Gran maestre, y de donde sacará la adaptación hebraica de su nombre: Eliphas Lévi Zahed. Sus intereses se orientaron gradualmente hacia el esoterismo y las doctrinas herméticas: se apasionó por la cábala, por las obras de Jacob Boehme, el martinismo y el iluminismo de Swedenborg.

En 1854, publicó los dos tomos de *Dogma y ritual de la alta magia* bajo el nombre de Eliphas Lévi. Esta obra va a influenciar todo el movimiento ocultista francés de *la Belle Époque*, y es una especie de síntesis entre la doctrina de las correspondencias surgida de la teosofía, los fundamentos del pensamiento cabalístico, y también de la egiptomanía y de la magia tradicional. Desde la introducción, se presenta al Tarot como el fundamento mismo de la doctrina que se va a exponer: "Existen entre los libros sagrados de los cristianos dos obras que la infalible Iglesia no pretende entender y no intenta nunca explicar: la profecía de Ezequiel y el Apocalipsis; dos clavículas cabalísticas reservadas sin duda en el cielo al comentario de los Reyes Magos; libros cerrados con siete sellos para los fieles creyentes, y perfectamente claros para los infieles iniciados a las ciencias ocultas. Existe un libro más; pero este, aunque sea popular y se pueda encontrar por doquier, es el más oculto y desconocido de todos, porque contiene la llave de todos los demás; está en la publicidad sin ser conocido del público; a uno no se le ocurriría buscarlo donde se encuentra, y uno perdería mil veces su tiempo buscándolo ahí dónde no está si uno sospechase su existencia. Este libro, tal vez más antiguo que el de Enoch, nunca ha sido traducido, y está escrito enteramente en caracteres primitivos y sobre páginas sueltas como las tablillas antiguas [...] Es, efectivamente, una obra monumental y singular, simple y fuerte como la arquitectura de las pirámides, durable y consecuente como ellas; libro que resume todas las ciencias, y cuyas infinitas combinaciones pueden resolver todos los problemas; libro que habla haciendo pensar; inspirador y regulador de todas las concepciones posibles; tal vez la obra maestra del espíritu humano, y sin duda alguna una de las cosas más bellas que nos haya legado la Antigüedad [...] Hablaremos más tarde de este libro, y su explicación matemática y rigurosa será el complemento y la corona de nuestro trabajo concienzudo".

Quedan sentadas las bases: en la estela de Court de Gébelin, del cual retoma numerosos análisis, **Lévi va a instaurar al Tarot (revisado y reinventado por él) a la vez como "libro jeroglífico" y "alfabeto cabalístico"** organizado sobre la estructura del tetragrama *Yod-Hé-Vav-Hé*, cuyos cuatro colores se describen así: "Estas figuras son jeroglíficos del tetragrama: los Bastos, son los *phallus* de los Egipcios o los *Iod* de los Hebreos; la Copa es el *Cteïs* o el *Hé* primitivo; la Espada, es la conjunción de los dos o del lingam, figurado en el hebreo anterior a la cautividad por el *Vav*, y el Círculo o Pentáculo, imagen del mundo, es el *Hé* final del nombre divino".

Así, Lévi inaugura una tradición que florecerá tras él: corregir o reinterpretar las imágenes del Tarot bajo pretexto de que han sido "mal entendidas", y hacer que correspondan con ciertas referencias religiosas o mitológicas.

En su descripción de la Estrella, por ejemplo, un ligero ajuste permite reunir la mitología griega y la iconografía egipcia: "Una mujer desnuda, que representa al mismo tiempo a la Verdad, la Naturaleza y la Sabiduría, sin velo, vuelca dos urnas hacia la tierra y vierte fuego y agua; encima de su cabeza brilla el septenario estrellado alrededor de una estrella con ocho puntas, la de Venus, símbolo de la paz y del amor; alrededor de la mujer verdecen las plantas de la tierra, y sobre una de esas plantas se posa la mariposa de Psique, símbolo del alma, remplazada en algunas copias del libro sagrado por un ave, símbolo más egipcio y probablemente más antiguo".

Hasta donde sabemos, esta "mariposa de Psique" no existe en ningún lado en los tarots antiguos, lo cual no le impide aparecer en la interpretación de Court de Gébelin:

"La parte inferior del Cuadro esta ocupada por una mujer agachada sobre una rodilla que sostiene dos jarras volteadas, de las que fluyen dos Ríos. Al lado de esta mujer está una mariposa sobre una flor. Es egiptomanía pura".[85]

Si la influencia de Eliphas Lévi es colosal, **no es porque haya propuesto al mundo una interpretación particularmente convincente del Tarot, sino porque abre la puerta a su reinvención pura y sencilla.** Este tipo de repetición se va a volver uno de los modos privilegiados de invención del Tarot oculto: los autores sucesivos se inspirarán en los comentarios de sus predecesores, y no en el examen minucioso de las imágenes como tal, para elaborar un corpus que se establecerá como autoridad. Solo faltará dibujar y editar, como Papus, juegos de Tarot (a menudo limitados a los veintidós Arcanos Mayores), cuya iconografía corresponde más justamente a esas interpretaciones convertidas

---

85. Lhôte, Jean-Marie, *Court de Gébelin: le tarot présenté et commenté par Jean-Marie Lhôte, op. cit.*

en palabra sagrada del Evangelio. En sí, esto no tiene nada de reprobable, siempre y cuando se utilice la palabra *oráculo* en vez de *Tarot.*

En los años posteriores a la publicación de *Dogma y ritual de la alta magia,* **varios autores y comentaristas van a sumergirse en esta brecha y rematar la conversión del Tarot en "llave", "arcano", "libro secreto", en fin: en revoltijo del sincretismo ocultista.**

Alexandre Vaillant será el primero, en 1857,[86] en decretar que los "bohemios" son los inventores del Tarot. Esta tesis fantasiosa se inspira en las investigaciones de Paul Boiteau d'Ambly, un hombre letrado que, en su libro *Los juegos de cartas y la cartomancia,* formula la hipótesis del origen indio ("bohemio") del tarot, anterior al de los juegos de cartas como tal.

Paul Christian (alias de Jean-Baptiste Pitois), en *El hombre rojo,* inventará el término "Arcano", que aún utilizamos hoy en día, y que liga al tarot con la astrología, y poco después Ely Star (alias de Eugène Jacob), en *Los misterios del Horóscopo,* retoma esta analogía astrológica y distingue (¿tal vez influenciado por el vocabulario del bridge?) los Arcanos Mayores (los Triunfos) y los Arcanos Menores (las cartas de cuatro palos).

Papus (alias de Gérard Encausse), discípulo directo de Lévi, detalla la interpretación de las "hojas" del Tarot, neologismo de su ocurrencia en *El tarot de los bohemios* (París, 1889) que se publicará acompañado de un juego de veintidós Arcanos Mayores dibujados por Oswald Wirth. Estas cartas, muy similares al Tarot de Marsella pero editadas para adaptarse a la simbólica neocabalística inspirada en Lévi, tendrían una gran influencia en los diversos Tarots inventados en el siglo XX. Papus será quien terminará de sellar el concordantismo injustificable entre los Triunfos del Tarot y las letras del alfabeto hebreo, que sigue de moda hoy en día.

Algunos años más tarde, René Falconnier, un actor de la *Co-*

---

86. Vaillant, Alexandre, *Les Romes: histoire vraie des vrais bohémiens,* París, E. Dentu, 1857.

médie Française producirá su propia revelación: *Las XXII hojas herméticas del tarot adivinatorio, exactamente reconstituidas de acuerdo con los textos sagrados y según la tradición de los magos del antiguo Egipto* se publica en París en 1896, ilustrada por Otto Wegener. En ella se unen jeroglíficos, simbolismo astrológico, y galimatías herméticos en una serie de "sentencias sacerdotales" que comentan un juego decorado de figuras inspiradas en la antigüedad egipcia.

A este trabajo le faltaba un toque de alquimia: François Jolliver-Castelot se encarga de traerlo en un libro publicado en París en 1897, con un prefacio de Papus: *Cómo volverse alquimista: tratado de hermetismo y de arte espagírico basado en las llaves del tarot.*

Esta breve cronología de la reinvención del Tarot no tiene como objeto desacreditar la obra de Eliphas Lévi ni su posteridad: hoy en día, las interpretaciones ocultistas, cabalísticas y/o egipcias y/o alquímicas del Tarot se han convertido en una tradición entera. Pero hay que notar que esta tradición surge de un concordantismo que no se enfoca principalmente en la iconografía del Tarot de Marsella. Y que muy probablemente, las suposiciones filosóficas o espirituales que engendraron este positivismo místico (el ocultismo) son las mismas que encabezan la oleada de la egiptomanía en el siglo XIX. Tal como lo observa Monique Streiff Moretti,[87] de manera justa: "El mito es [...] en su primera aparición, un intento de responder a la búsqueda de un sistema de valores antagonista a los valores dominantes. Tácitamente, el mito de los tarots egipcios, es la voluntad de superar los valores cristianos".

Un siglo más tarde, el ocultismo representa la culminación de este intento: libre de todo linaje espiritual particular, es un fruto del colonialismo en la medida en que pretende realizar un

---

87. Streiff Moretti, Monique, "L'Isis des tarots ou la naissance d'un mythe", *Isis, Narcisee, Psyché, entre Lumières et romantisme, mythe et écriture, écriture du mythe*, estudios reunidos y presentados por Pascal Auray Jonchère, Clermont-Ferrand, Presses Universitaires Blaise Pascal, 2001.

sincretismo de todas las sabidurías disponibles únicamente gracias a la potencia del intelecto, con una ignorancia total de los valores espirituales del Islam. A fin de cuentas, es una especie de "positivismo mágico" para el cual todo puede ser clasificado, explicado y puesto a disposición de los adeptos a través de tableros de correspondencias. La egiptomanía y la cábala le permiten sumergirse en las raíces de las religiones monoteístas, que imbuyen la iconografía del Tarot, en un modo matemático, mítico y distanciado.

En la literatura francesa se constata un movimiento generador de esta transición del esoterismo hacia el ocultismo. En 1854, Nerval produce el inolvidable soneto *El desdichado*, un himno de amor nostálgico. Parece tentador leer el primer cuarteto[88] como un paseo por los Arcanos del Tarot. Parece enumerar al Ermitaño (el Viudo), el Carro (el Príncipe), la Torre, la Estrella y el Sol... sin embargo, ningún comentario literario oficial lo confirma...

En 1857, Beaudelaire publica, en *Las flores del mal*, el famoso soneto de las "Correspondencias", que evoca los lazos ocultos entre el cielo y la tierra, visible e invisible. La noción de que "Toda cosa sagrada que quiere seguirlo siendo se envuelve de misterio"[89] empapa el simbolismo hermético de Mallarmé y la poesía se orienta hacía la búsqueda de una forma armónica, capaz de evocar una realidad de orden superior irreductible al conocimiento racional. En cualquier caso, se trata de invitar al lector, al auditor, o al espectador al *desciframiento*. Esta corriente poética puede entenderse también como una reacción al materialismo de la revolución industrial y al positivismo científico.

La colaboración de Oswald Wirth (1860-1943) con Stanislas de Guaita (1861-1897) crea una variación interesante del movi-

---

88. "Je suis le Ténébreux, - le Veuf, - l'Inconsolé
Le Prince d'Aquitaine à la Tour abolie:
Ma seule Étoile est morte, - et mon luth constellé
Porte le Soleil noir de la Mélancolie."
89. Mallarmé, Stéphane, "Hérésies artistiques", revista *L'artiste*, 15 de septiembre de 1862.

miento ocultista. En efecto, Guaita, a pesar de estar influenciado por Eliphas Lévi, se distinguía por su acercamiento firmemente orientado hacia las raíces esotéricas de la tradición cristiana. El hermetismo y la cábala cristiana del Renacimiento no tenían ningún secreto para él, si nos remitimos al homenaje vibrante que le rinde Oswald Wirth veinticinco años después de su muerte: "Los textos más oscuros se aclaraban en cuanto proyectaba sobre ellos la claridad de su espíritu solar. Se burlaba de los grandes problemas metafísicos, y yo no tenía la capacidad de poder seguirlo".

En 1889, Wirth dibuja un juego titulado "Tarot de los imagineros de la Edad Media", siguiendo las indicaciones de quien considera como su maestro. La particularidad de este Tarot, más allá de su nombre que claramente hace referencia a la tradición cristiana, es que se mantiene visualmente bastante cercano al Tarot de Marsella, integrándole algunos símbolos de índole egipcia (como las esfinges que jalan el vehículo de El Carro, las cuales ya figuran en el Tarot de Vieville de 1650), o referencias a la alquimia (el diablo lleva, tatuado en el brazo, la célebre fórmula *solve e coagula*, "disuelve y coagula"). La famosa mariposa de la Estrella, que Court de Gébelin y Lévi invocaban gustosos, aparece, debidamente posada sobre una flor. Guaita, fundador de una Orden de la Rosacruz a la que pertenecieron entro otros Papus, Erik Satie y Claude Debussy, murió prematuramente a los 36 años, desgastado por la cocaína. Wirth, quien lo consideró toda su vida como su maestro, permanece fiel a la francmasonería, cuyos símbolos estudió en varias obras suyas. En 1927, publica en París un libro de interpretación destinado a acompañar su juego iniciático de cartas: *El tarot de los imagineros de la Edad Media*, el cual sigue siendo un libro de referencia para mucha gente.

El mundo anglófono va a hacerle eco a esta interpretación ocultista del Tarot. En 1886, Arthur E. Waite publicó en Londres una selección de textos de Eliphas Lévi traducidos y presentados por él mismo. Desde 1887, la fundación del Orden Hermético de la Golden Dawn engendra toda una corriente oculta, directamente inspirada en los autores franceses. Waite entró en la orden en 1891, y se volvió Gran maestre en 1903, sucediendo a William B. Yeats. Le encarga a Pamela Colman-Smith que dibuje un juego de tarot de 78 cartas cuyas escenas antropomorfas sean mucho más legibles que las de las cartas tradicionales. Es así que nace el Tarot de Rider Waite que acompañará en 1910 a su libro *Pictorial Key to the Tarot* ("Las claves pictóricas del tarot"). Este juego, en parte copiado del Sola Busca, también cuenta con diversas referencias mágicas, alquimistas o de la Rosacruz pertenecientes al vocabulario de la Golden Dawn, y se convertirá en el Tarot de referencia en el mundo anglosajón, debido a la extrema legibilidad de sus imágenes. También se acompaña de un mito fundador muy controversial: aquel de los *"Cipher Manuscritps"*, documento clave de la Orden de la Golden Dawn en el que aparecen, dibujados con un trazo un tanto torpe, varios esquemas de cartas que Waite publicará en su Tarot. Existen hoy en día diversas hipótesis sobre este documento, pero una cosa es segura: fue dibujado sobre una tela de algodón que data, a lo mucho, de 1806.

Este Tarot proveniente de la Golden Dawn va a tener un éxito importante y va a influenciar a varios esoteristas. La mayor parte de los Tarots que hoy en día se han dibujado en Estados Unidos se inspiran, en diferentes grados, en el de Rider Waite.

Aleister Crowley (1875-1947), fue inicialmente miembro de la Golden Dawn, de la cual se alejará bastante rápido, asqueado por las disensiones que marcan la corta existencia de aquella sociedad secreta. Él también va a generar un juego de referencia: el Tarot de Toth, ejecutado en 1942 por la artista Frieda Harris. En él, los Triunfos se consideran como un sistema de jeroglíficos que representan la totalidad de las energías del universo e intenta operar un sincretismo entre la astrología y el Árbol de los Séfirot de la cábala, cuyos veintidós caminos de conexión se asimilan pura y simplemente en veintidós Triunfos del Tarot. Crowley cambió los nombres de las cartas que representan las virtudes cardinales: Fuerza, Justicia y Templanza se convierten en "el ajuste", "la concupiscencia", y "el arte." En cuanto al Juicio, se convierte en el *"aïon"* (la eternidad). Una vez más, las referencias estrictamente cristianas se ven borradas ante una mística agnóstica e individualista, que prefigura al New Age. Cuando la contracultura hippie se despliega en Estados Unidos en los años sesenta, elegirá naturalmente como oráculo a los tarots ocultistas y neocabalistas de Waite o de Crowley.

Paul Foster Case fue, él también, adepto de la Golden Dawn, de donde surgieron sus primeras referencias al Tarot oculto. Después de dejar la orden, funda en 1922 el movimiento "Builders of the Adytum", e inventa él también un juego de Tarot ocultista, con algunas variantes personales. De ahí surge la primera teoría que intenta reconciliar los orígenes cristianos y musulmanes del juego de cartas con un sincretismo pan-cultural, y particularmente cabalístico. En 1947, en su libro *The Tarot: a Key to the Wisdom of the Ages*, escribe sobre la invención del Tarot:

"Según una tradición oculta, la cual me parece que es cierta, la verdadera fecha de su creación se sitúa alrededor del año 1200. Los inventores, según esta tradición, eran un grupo de adeptos que se encontraban en intervalos regulares en la ciudad de Fez, en Marruecos. Tras la destrucción de Alejandría, Fez se volvió la capital literaria y científica del mundo. Ahí convergían sabios de todas las naciones, venidos de todos los rincones del mundo, hablando todos los idiomas. Sus conferencias eran difíciles debido a las diferencias de lenguaje y de terminología filosófica. Tuvieron la idea de encarnar sus doctrinas más importantes en un libro de imágenes, cuyas combinaciones dependían de la armonía oculta de los números".[90] La teoría de Paul Foster Case inspiró a Alejandro Jodorowky, quien piensa que el Tarot fue una creación

---

90. Cita original: *According to an occult tradition, in which I am inclined to place confidence, [its] actual date of invention was about the year 1200 A.D. The inventors, this tradition avers, where a group of adepts who met at stated intervals in the city of Fez, in Morocco. After the destruction of Alexandria, Fez became the literary and scientific capital of the world. Thither, from all parts of the globe, came wise men of all nations, speaking all tongues. Their conferences were made difficult by differences in language and philosophical terminology. So they hit upon the device of embodying the most important of their doctrines in a book of pictures, whose combinations should depend on the occult harmony of numbers.*

voluntaria de representantes de las tres religiones monoteístas para superar sus diferencias teológicas.

Todos estos desarrollos constituyen una rama entera de la historia del Tarot. La interpretación oculta del Tarot es legítima y válida al interior de su propio sistema, es decir, en relación con los juegos que este movimiento generó. En cuanto a los tarots del estándar de Marsella, su iconografía menos accesible, más vieja, y más misteriosa, alejó durante mucho tiempo al público anglosajón. La comunidad floreciente que existe hoy en día de adeptos anglófonos del Tarot de Marsella, aunque sean una minoría, se debe en parte a la pasión de los coleccionistas de tarots antiguos, y al considerable trabajo de investigación de Michael Dummett. No obstante, debemos notar que **de ambos lados del Atlántico perdura el concordantismo que busca asimilar los 22 Arcanos Mayores con las 22 letras del alfabeto hebreo, a pesar de la evidencia que muestra la incompatibilidad del Tarot de Marsella con el estudio tradicional de la Cábala.**

- *Surrealismo y psicología de las profundidades:*
  el Tarot en el siglo XX y más allá...

En Francia, el siglo XX va a marcar una nueva mutación del Tarot de Marsella, progresiva pero irresistible. En paralelo a la cartomancia adivinatoria, la cual nunca dejó de prosperar, el juego se orna de nuevas acoladas de nobleza. Unos tras otros, artistas e intelectuales de alto nivel se enamoran de su misteriosa belleza y lo reinventan, más cerca de su fuente, como un vehículo de inspiración poética y una clave maestra para la exploración del alma.

En 1930, **Paul Marteau** (1885-1966) encabeza la casa Grimaud, que a finales del siglo XIX compró poco a poco a todos los carteros marselleses. El Nuevo Tarot, con sus Triunfos modernizados y sus insignias francesas, se colocó de forma definitiva en las mesas de juego. Marteau, doctor en filosofía, también fue un emprendedor astuto. Consciente del interés que suscitó el antiguo juego de Marsella, en desuso desde hacía medio siglo en el mundo paralelo de los investigadores ocultistas, decide publicar un Tarot con una orientación puramente iniciática, apoyándose sobre los antiguos juegos de su colección. Es así que nace el "Antiguo Tarot de Marsella", cuyo trazo se inspira en particular en el modelo de Nicolas Conver. Sin embargo, Marteau modificó los colores para acercarlos a la imaginería popular de las viñetas de Épinal: azul rey, rojo y amarillo vivo dominante, con algunos objetos de color carne (más allá de los rostros y los cuerpos) y algunos raros toques de verde. Es posible que esta paleta voluntariamente minimalista haya buscado reforzar el supuesto carácter auténtico del juego; en cualquier caso, tiene la ventaja de subrayar, para los estudiantes del Tarot, las correspondencias numerológicas entre los Arcanos Mayores y menores que Paul Marteau había observado. Más allá del Tarot de Conver, el otro modelo probable de este juego es un Tarot "de Besanzón" (basado en el modelo de Marsella, pero cuyos Papas y Papisas son remplazados por Juno y Júpiter), publicado por Grimaud en 1891 y en el cual la paleta de colores ya ha sido parcialmente modificada. Aparece en una célebre fotografía de Brassaï, de 1993, en la que vemos a una mujer inclinada sobre una mesa en la que figura una baraja de cartas no utilizada (seguramente el "Grand Lenormand") y una docena de cartas más pequeñas extendidas sobre la mesa. Entre ellas se distingue claramente un As de Copas, La Estrella y La Justicia, el Rey de Copas, el 6, el 7 y el 9 de Copas, así como el Júpiter del Tarot de Besanzón. Una portada de la revista *Minotaure*, de diciembre de 1993, elaborada por Derain, confirma el interés de los surrealistas por el Tarot. En ella se observa la cabeza de un toro enmarcada por El Mago, La Fuerza, El Colgado, y El Loco de un Tarot de Marsella.

¿En qué momento se acercó André Breton al Tarot? Sabemos que se interesaba desde hacía tiempo en la alquimia. Fue en Marsella, en 1941, mientras esperaba con su séquito de proscritos el barco que los llevaría a América, que se tomó el tiempo para documentar acerca del Tarot. Decretados indeseables por el régimen de Pétain, encerrados en la Villa de Bel-Air mientras esperaban un escape definitivo, los surrealistas habían decidido crear su propio juego de cartas. Este "juego de Marsella", en el cual Lautréamont se mezcla con Paracelso, está fundado sobre la estructura de las cartas comunes: los cuatro palos del juego francés se remplazan por llamas, estrellas, ruedas y cerraduras, y las tres Figuras por Genios, Magos y Sirenas. Breton, curioso y riguroso como era, no falló en consultar todas las obras disponibles en la biblioteca de la plaza de Carli relativas a las cartas en general y al Tarot en particular. Al momento de su encuentro con Elisa después de su mala racha de 1942-1943, elegirá a la Estrella del Tarot para concluir la trilogía amorosa e iniciática que emprendió con *Nadja* y *L'amour fou*. Lo anuncia así a su amigo Patrice Waldberg en una carta del 8 de marzo de 1944: "¿No podrías encontrarme en Londres uno o dos juegos de tarot? De cartas del viejo modelo, naturalmente (tipo las de la portada 3-4 de *Minotaure*). Sueño con escribir un libro sobre el Arcano 17 (la Estrella, la eterna juventud, Isis, el mito de la resurrección, etc.) tomando como modelo a una dama que amo y quien, lamentablemente, está en Santiago en este momento".[91] *Arcano 17*, himno esotérico al renacimiento del amor, se publicó en 1944 y marcó la entrada oficial del Tarot en la literatura.

Cinco años más tarde, Paul Marteau publica, para acompañar las cartas que ha publicado, un libro sobriamente titulado *El Tarot de Marsella*, ilustrado con reproducciones a color. Lo acompaña un prefacio de Jean Paulhan y una nota del astrólogo-politécnico Eugène Caslant, a quién está dedicado el libro. Esta obra se presenta principalmente como un léxico: propone un texto explicativo por carta. Pero también contiene, de manera explícita, un programa de desmistificación de la tradición ocultista. El desafío es considerable: hacer que el Tarot entre de lleno en el siglo XX, racionalista y reconciliado con los meandros del inconsciente. Devolverle la misma dignidad que Caslant le otorgó a la astrología o Robert Desoille al sueño despierto dirigido, alzarlo finalmente a la altura de una doble búsqueda de exactitud y de

91. André Breton, *Oeuvres complètes*, tomo III, París, Gallimard, Pléiade, 1999, p. 1164.

misterio, único cóctel capaz de sanar las heridas de una Europa devastada por dos guerras sucesivas y por la alteración completa del orden mundial.

No olvidemos que Paulhan es amigo de los surrealistas. Su prefacio inicia con una afirmación pragmática: "Los tarots son una lengua, de la cual solo recibimos el alfabeto".[92] Algunas páginas más tarde, Eliphas Lévi y Court de Gébelin son asesinados en una sola frase: "Lo menos que podemos decir de los especialistas del ocultismo es que se avinagran aún más rápido que su ciencia".[93] Y luego: "Los ocultistas que conocemos mejor —aquellos que conoció el Siglo de las Luces: Saint-Germain, Cagliostro, Mesmer, Casanova, y luego Etteilla— acaban por lo general viviendo entre los garfios de viejas damas ingenuas, que buscan la inmortalidad".[94]

Tras esta ironía se dibuja un espacio de perplejidad, sacralizada como tal: el Tarot es un lenguaje, dice Paulhan, pero solo podemos traducirlo imperfectamente: "No quiero explicar ninguna carta, solo intento acercarme a su disposición común, así como a su *insistencia*".[95]

La lectura de Tarot se inscribe entonces en la línea de Mallarmé y de la simbólica de la suspensión voluntaria el saber, aquella mística del misterio que adoraban los surrealistas. Material para soñar que, sin exceso de explicaciones, es estimulante para la psique creadora.

En complemento, la tesis de Caslan se enfoca sobre los orígenes del juego de cartas y se basa en una numerología específica al Tarot, independientemente de toda referencia a la cábala judía o cristiana. La propuesta de Caslan y Marteau es, por primera vez, aquella de una observación rigurosa de los detalles del juego: "Hace falta proceder tanto con un análisis minucioso, como con un espíritu sintético para interpretar los mínimos matices de

---

92. Marteau, Paul, *Le tarot de Marseille*, con prefacio de Jean Paulhan y Eugène Caslant, París, Arts et Métiers graphiques, 1949.
93. *Ibid.*
94. *Ibid.*
95. *Ibid.*

las imágenes y coordinarlos de manera que los resultados formen una unidad coherente y racional. Este arduo trabajo sigue siendo insuficiente si consideramos que el Tarot, para integrar toda la versatilidad de las leyes de la Naturaleza y del Cosmos que se propondría reflejar, tenía que adaptar los elementos del dibujo, colores, formas y actitudes al sentido particular de cada Hoja".[96] Parece evidentemente paradójico que esta *observación rigurosa* se aplica a un Tarot parcialmente reinterpretado, aunque no nos enfocaremos en este detalle. El principio de esta numerología se resume brevemente. Se explica que ante la amplitud de las aplicaciones posibles de la consulta de las cartas, el autor "se detuvo en la vía psíquica, tal como el Tarot se la trazó, es decir, a las oscilaciones del alma entre el abrazo de la materia y el llamado de lo Divino".[97]

Esta presentación del trabajo de Marteau, pensada como una numerología y psicología intrínsecas al Tarot de Marsella, inaugura una nueva mirada sobre el Tarot, que va a culminar con los trabajos de Jodorowsky: por una parte, la exigencia de aprender a *ver* y a sacar del Tarot mismo (de su propia iconografía, de sus relaciones numéricas y numerológicas) los análisis que le serán aplicados; por otra parte, esta tensión creativa que detona la lectura como narración, como vuelo poético, ente el rigor de un acercamiento fundado sobre la simbología de las imágenes y de los números y una libertad de interpretación que se rehúsa a concluir el sentido único y final de un símbolo. Numerosas ramas de la tarología actual se aproximan en diferentes grados a este acercamiento, que hoy en día parece ser el más pertinente para el Tarot de Marsella y que permite ver en él a un generador de inspiración, de consejos, una herramienta permanente. En paralelo, del otro lado del Atlántico, toda una corriente de la psicología *jungiana* también se orienta hacia el Tarot, primero con los juegos disponibles en Estados Unidos, hasta llegar a enfocarse en el Tarot de Marsella. Sabemos que Jung nunca se interesó directamente en el

96. *Ibid.*
97. *Ibid.*

Tarot, fueron sus estudios sobre la alquimia, muy desarrollados, los que influyeron fuertemente en la psicología del siglo XX. Esta vulgarización de la dimensión especulativa del proceso alquímico divulgó un paradigma del trabajo sobre sí, hoy en día comúnmente integrado en los medios de la psicología transpersonal, donde la Obra en negro representa todo proceso interno de calcinación o putrefacción, seguido de un "lavado" (la Obra en blanco), luego de un tiempo de incandescencia en el que, bajo el efecto de una energía potente, puede producirse una transformación radical, la transmutación obtenida en la Obra en rojo. Diversos comentaristas de sensibilidad *jungiana* han aplicado su pensamiento al Tarot, confiriendo a las alegorías de los Arcanos Mayores un valor de arquetipos en el sentido *jungiano* del término. Este acercamiento favoreció toda una literatura del Tarot que consiste esencialmente en un largo comentario de cada Arcano mayor considerado como un universo arquetípico en sí: una especie de paseo a través de los espejos sucesivos del alma.

De pilar de la magia con Lévi, el Tarot se vuelve poco a poco el representante o el catálogo posible del inconsciente, ya sea colectivo o individual. En paralelo, en Occidente se descubre el *I Ching* de la tradición taoísta china, primero a través de la traducción, muy jungiana, de Richard Wilhem, luego con la traducción de otros diversos sinólogos. El siglo XX utiliza los oráculos en un modo semi-serio, semi-recreativo, o aún semi-mágico o semi-psicológico: la noción de consulta empieza a remplazar a la de predicción.

En los años sesenta, esta pasión por la introspección a través de las imágenes se vuelve popular. Se multiplican los oráculos y Tarots de todo tipo, al grado en que es imposible determinar cuántos juegos distintos hay en circulación hoy en día. En algunas librerías, se encuentran literalmente por millares. **El término "Tarot" se vuelve un término genérico para designar cualquier serie de imágenes destinadas a la consulta, cualquiera sea su estructura o su número de cartas.**

A lo largo del siglo XX, el Tarot va a inspirar a artistas visuales y a escritores. Destacamos en particular *El castillo de los destinos cruzados* en donde Italo Calvino reúne, en 1973, dos textos, el primero de los cuales fue publicado en 1969, ilustrados por una reproducción de los Tarots Visconti-Sforza y por el tarot de Paul Marteau. El proyecto de Calvino, que afirma haber utilizado los Tarots como "máquina narrativa combinada", se inspira en los trabajos universitarios de diversos semióticos sobre la función narrativa de las cartas de adivinación. Una vez más, la universidad y la literatura se unen para acercar al Tarot a sus fuentes, lúdicas y simbólicas a la vez.

Numerosos pintores dibujarán o esculpirán su versión del Tarot: Dalí o Xul Solar en Argentina, o Niki de Saint Phalle quien realiza entre 1979 y 1993 las esculturas del jardín de los Tarots en Toscana, abierto al público en 1998.

En el año 2000, el escritor serbio Milorad Pavić basa los veintidós capítulos de su novela *Último amor en Constantinopla* en los 22 Arcanos del Tarot; en 2003, Dan Brown menciona los Tarots en *El Código Da Vinci* reforzando para algunos la idea de que la mujer desnuda que aparece en la carta del Mundo representaría a María Magdalena. Toda la obra de Alejandro Jodorowksy se ve atravesada por su profunda relación con el Tarot. En 1953, cuando tenía 24 años, recibe esta instrucción radical de André Breton: "El único tarot que vale es el de Marsella". Especialista del Tarot, hasta editar su propio juego en 1997 (en colaboración con Philippe Camoin), lo convierte en la estructura secreta de las novelas gráficas *El Incal* y publicará en 2005 un compendio titulado *El canto del tarot*, veintidós meditaciones poéticas sobre los arcanos.

La historia del Tarot, de sus orígenes hasta nuestros tiempos, está constantemente tejida por afinidades con las corrientes poéticas y artísticas de su época.

5. El Tarot a inicios del tercer milenio: perspectivas y expansión

Hoy en día el Tarot está más vivo que nunca, con aspectos variados y a veces contradictorios. Es un inmenso campo que agrupa cientos de miles de apasionados y una miríada de prácticas distintas. Dentro de él, el Tarot de Marsella ocupa un sitio particular, y es sujeto de diversos malentendidos a causa de su antigüedad y de su notoriedad. Es por eso que me pareció esencial redefinir su campo cultural e histórico, y ubicarlo en el contexto de sus afinidades poéticas y espirituales.

Son varios los maestros o las escuelas espirituales que se orientan hacia el Tarot con benevolencia: además de Lee Lozowick, quien considera al bridge como una herramienta de crecimiento espiritual,[98] podemos recalcar el hecho de que las enseñanzas de Osho (Bhagwan Shree Rajneesh) generaron un tarot zen, herramienta de meditación y de introspección. Solo algunos bastiones del catolicismo, obstinados y reaccionarios, aún consideran al Tarot como una obra del Diablo: hace algunos años, encontré en una iglesia de México un folleto advirtiendo a los feligreses del aliciente maléfico de las cartas...

Ciertamente, la tradición de la cartomancia predictiva y de la adivinación continúan a toda marcha. Pero el Tarot se ha adentrado en paralelo en los consultorios de numerosos terapeutas que lo utilizan como instrumento de diagnóstico psicosimbólico. Hay empresas que le han abierto las puertas como herramienta de *coaching*, y universidades que lo tratan como objeto de estudio: diversas tesis y monografías se le han dedicado a su historia, a su semiótica o a su simbología.

Las cartas antiguas que permanecían reservadas a los coleccionistas se han vuelto un bien público: la era digital ha permitido que todo el mundo tenga acceso a imágenes de los múltiples juegos históricos que se conservan en las bibliotecas del mundo entero, entre las cuales se encuentra la extensa colección de tarots antiguos disponible en el sitio Gallica de la Biblioteca Nacional de Francia. También hay varios foros en línea que permiten a investigadores de todas las nacionalidades compartir los resultados de sus estudios.

Ya mencioné a los maestros carteros 2.0, aquellos grafistas e

---

98. Lozowick, Lee, *Zen Gamesmanship, the Art of Bridge*, Tabor, NJ, Hohm Press, 1980.

investigadores que exhuman tarots históricos y que los publican ya sean en facsímiles, o los retocan y los reinventan a su manera. Quiero evocar la memoria de Yoav-Ben-Dov en particular, quien reeditó en 2001 el Tarot de Nicolas Conver, así como la de Jean-Claude Flornoy, quien efectuó un trabajo ejemplar de investigación y de edición de varios tarots antiguos.

Por su lado, Yves Reynaud se especializó en la reedición de tarots históricos en facsímil y su colección, disponible en el sitio Tarot de Marseille Héritage, cuenta hoy en día con seis juegos de tarot históricos, y su intención es hacer que unos veinte estén disponibles al público general en los próximos años. Gracias a sus investigaciones y publicaciones, muchos aficionados, entre los cuales me incluyo, han descubierto los Tarots de Madenié o de Chosson, y podemos imaginar que este incansable investigador y su actividad incesante continuarán sorprendiéndonos.

Hoy en día existen miles de juegos adivinatorios o iniciáticos elaborados sobre el modelo del tarot: 78 cartas, entre las cuales hay 16 Figuras y 22 Triunfos. Sin duda también existen cientos de métodos de interpretación, algunos que dependen de un juego en particular, y otros que dejan todo el campo abierto al invento personal. Numerosas propuestas se basan en sistemas exteriores que se aplican con mayor o menor pertinencia a la estructura del juego: astrología, cábala, cosmogonías o mitologías diversas (tarots chamánicos, tarots de orishas, tarots de diosas o de hadas), y hasta producciones más pueriles que ponen en escena a osos de peluche, personajes de dibujos animados o animales familiares.

¿Cómo ubicarnos en medio de toda esta expansión?

La postura de los historiadores de juegos de cartas es clara y categórica: cualquier tentativa de interpretar el juego de tarot les parece anacrónica, arbitraria e ilegítima. Por ende, todos los sistemas de interpretación son iguales para ellos.

En la práctica, esto es evidentemente falso. Cualquiera puede diferenciar entre una lectura amenazadora y proyectiva, perentoria, que nos deja con un sentimiento de malestar, y una lectura benévola e inteligente, basada en una estructura de interpretación coherente. La toxicidad potencial de la cartomancia predictiva es ahora conocida. Actualmente existe en Estados Unidos un campo de investigación de lo que llaman *psychic addiction*, una dependencia a los videntes, y existen círculos terapéuticos basados en el modelo de Alcohólicos Anónimos destinados a ayudar a estas personas.

Hoy en día, la mayoría de los estudios dedicados al Tarot sufren de una escisión entre estos dos extremos: por una parte, los especialistas de los juegos de cartas que hacen un trabajo ejemplar de investigación, de análisis de documentos de archivo, pero que no tienen ninguna práctica del Tarot como apoyo introspectivo, es decir, del Tarot vivido al nivel del corazón. Por otra parte, hay practicantes apasionados, a menudo con intuición, y más o menos rigurosos en su procedimiento, pero que con frecuencia son parciales y empujan sus hipótesis favoritas del sentido o del origen del juego, o su propio método de lectura, o intentan vender tal o cual Tarot en particular.

Por mi parte, me encuentro cada vez con más personas que han recibido una formación académica clásica y estricta, pero que en un momento dado fueron fulminadas por su encuentro con el Tarot de Marsella como objeto de meditación y de interpretación. Es un signo de nuestros tiempos: en el vocabulario neurológico, de moda hoy en día, podemos hablar de un acercamiento entre cerebro izquierdo y cerebro derecho. Nuestra época ya no permite hacer circular teorías extravagantes sobre el sentido o el origen de las cartas, pero tampoco podemos justificar el rechazo categórico de algunos especialistas que consideran todo el ámbito de la tarología como una disciplina arbitraria, anacrónica, nula y sin valor. Tan solo desde el punto de vista antropológico, la vía del tarot como juego y la del Tarot como contemplación son efectivamente las dos alas de un mismo pájaro.

Es necesario considerar de una vez por todas que la *consulta* de Tarot forma parte legítima de su historia. El conocimiento y la ignorancia son aliados y no enemigos. La primera nos garantiza rigor, claridad e integridad. La segunda, cuando nos inclinamos ante ella con el debido respeto a lo desconocido y lo inconocible, nos abre un espacio disponible para soñar en las zonas de sombra, y dejar que floten ahí las antenas de nuestro sincero desconocimiento, para tal vez captar, por un canal que no pertenece a lo racional, algunas intuiciones que provienen de la certeza interior, las cuales será conveniente someter a la rigurosa prueba de la práctica.

La historia nunca es completa, y los influjos espirituales a menudo viajan escondidos. No sé y nadie sabe si, como lo dijo Idries Shah, el Tarot es originalmente un invento de un maestro sufí destinado a guiar a sus alumnos hacia las más altas esferas del amor.

No sé, y nadie sabe exactamente, si el juego que aparece por primera vez en la Italia del *Quattrocento* es la copia de un modelo anterior: ¿Acaso recogió entre sus cartas el aliento poético y el ideal de pureza de Dante y de Petrarca? ¿Qué le debe a la filosofía humanista de Marsile Ficin? En cualquier caso, este no es su creador, tal y como lo plantea una leyenda reciente, dado que Ficin nació un poco después de que aparecieran y se inventariaran los primeros juegos de Tarot en Milán.

En cuanto a los juegos grabados e impresos en Lyon en el siglo XVI, los cuales sabemos que existieron a pesar de no haberse hallado aún, ¿habrán sido influenciados por el hermetismo cristiano, por la iconografía didáctica y simbólica de los libros de emblemas, por el impulso de los poetas de la Pléyade, por los primeros fulgores de la alquimia especulativa, por los cálculos de la cábala cristiana o por la transmisión de secretos artesanales surgidos de la época de las catedrales?

El juego de tarot que ilustra este libro fue impreso en Dijon por el cartero Pierre Madenié, proveedor del joven Duque de Borgoña... ¿Acaso era un simple juego de mesa, destinado a seducir al público más allá del Rhin, como lo sugiere el retrato, en el tercer triunfo, de la emperatriz de Habsburgo? ¿O deberíamos ver en el sublime rostro de la Papisa, un homenaje a la grandeza espiritual de Madame Guyon, esa "Papisa" severamente castigada por Luis XIV por haber predicado el rezo del corazón? Después de todo, ella era la directora espiritual de Fénelon, que fue el preceptor del duque de Borgoña.

Sesenta años más tarde, Court de Gébelin afirma que el Tarot es "egipcio"... ¿Cuál es la intuición fulgurante (aunque mal canalizada) que lo lleva a dar con lo que se considera hoy en día el ancestro del juego, las "cartas mamelucas" originarias de Egipto?

Están los hechos históricos, verificados académicamente, y está el perfume. El Tarot tal y como lo practico, tal y como lo enseño, resuena dentro de mí como el compañero de la doble corriente poética y mística que lo acompaña, si no es que lo influencia directamente, desde las profundidades de la Edad Media hasta el alba del siglo XXI.

Intenté, llevada por la inquietud de la honestidad intelectual, leer las cartas comunes y corrientes, las alubias secas (técnica que aprendí en Bosnia y que se deriva de la geomancia), las encantadoras y muy populares estampas de la lotería mexicana, los restos de café, las manchas de aceite en un plato de agua fría, las marcas dejadas por las velas una vez que se han consumido, y hasta algunos tarots supuestamente más antiguos y más auténticos que nuestro modelo marsellés...

Puedo confirmar que es posible tejer un discurso coherente y fundamentar explicaciones convincentes para cualquier sistema de interpretación. Interpretar es un arte y, por ende, un artificio. Cuando es dominado, no es muy difícil realizar acrobacias. Pero las respuestas que se reciben del Tarot de Marsella, la calidad de la presencia y la intensidad de la atención que genera, la coherencia y la riqueza de su lenguaje visual, simbólico y numerológico siguen siendo un misterio ante el cual tan solo puedo inclinarme.

¿Quién sabe cuáles son los flujos espirituales que atravesaron este juego, cuáles son las intenciones de las que realmente es el vector? Estas preguntas tan solo pueden permanecer vivas en el corazón de los practicantes del Tarot como "juego del ser".

II

Interpretar el Tarot: "lección de anatomía"

"El secreto no necesita de nadie para defenderse [...], la *disciplina arcani* significa, sobre todo, esto: los misterios de la religión, la naturaleza última de la realidad, las fuerzas ocultas del orden cósmico, los jeroglíficos del mundo visible no pueden prestarse a una comprensión literal ni a una explicación didáctica o unívoca, sino que cada hombre en busca de conocimiento debe adentrarse en ellos progresivamente, en varios niveles."

ANTOINE FAIVRE, *Accès de l'ésotérisme occidental*

¿Cómo podemos, cómo debemos interpretar el Tarot?

Son numerosos los sistemas que presumen de ser el más auténtico, incluso el único válido, basándose en argumentos que pueden refutarse con facilidad: aproximaciones históricas sobre el origen del juego (y los misterios o revelaciones que se supone que oculta), o intentos de hacerlo coincidir con algún otro sistema ya validado, pero con el cual, en realidad, no tiene demasiado que ver (astrología, cábala, etc.).

Como reacción ante esa abundancia de teorías definitivas y secretos de iniciación, hoy surgen afirmaciones ultralibertarias que podríamos resumir así: "Lo que veo en las cartas basta por sí solo, ¡no me interesa ningún sistema!".

Es lo mismo que decir que el ego y la arbitrariedad de cualquiera podrían actuar como garantes para la persona que nos confía sus preguntas esperando una respuesta útil en el marco de una lectura... Cualquiera es libre de reivindicar su talento y fantasía personal, pero el consultante también es libre de exigir un marco que le dé más seguridad.

La mayoría de las disciplinas que buscan interpretar o perfeccionar nuestro carácter, acciones, incluso nuestra salud, se basan en una estructura de interpretación específica, que también es una cosmogonía: el *ayurveda*, la medicina china, la astrología e incluso el psicoanálisis proceden de **un sistema particular de contemplación y explicación del universo** (y/o del inconsciente). Luego, cada practicante usa y aplica los elementos de ese sistema en función de sus talentos, experiencia, competencia y tendencias individuales.

Pero la persona que viene a consultar tiene, al menos, la certeza de que está en manos de un campo de conocimiento, una filosofía, una deontología, una anatomía del cuerpo o del psiquismo claramente identificados. La astrología occidental, maya o védica, el Eneagrama, el *I Ching*, por no citar más que algunos, son campos de conocimiento simbólico del ser humano que, aunque ninguna ciencia los ha validado, han demostrado ser sólidos y eficaces.

En el Tarot, estamos muy lejos de eso: **"hacerse una lectura de Tarot" puede cubrir un abanico de experiencias muy disímiles**; es muy difícil saber a qué marco y a qué campo de conocimiento recurre tal o cual practicante y en qué se basa su estructura de interpretación. Sin embargo, se suele hablar del Tarot como si se tratara de una única disciplina, y existe una confusión entre prácticas muy diferentes.

En vez de entrar en disputas estériles o afirmaciones sin fundamento, podemos considerar que todo sistema de lectura del Tarot, cualquiera sea, nunca es más que una especie de *reglamento del juego*.

Cuanto más capaces seamos de definir claramente cuál es esta regla, en qué se sostiene, por qué razón se la eligió, la lectura del Tarot se convertirá en un espacio más íntegro, que derivará de un consentimiento mutuo: **yo no leo *el Tarot* en general, sino *un* Tarot en particular, que proviene de una época y que se originó en una tradición muy precisa**. Elegí este juego a propósito, y le aplico una estructura de interpretación cuyos principios fundamentales puedo resumir y que, para mí, es la que mejor concuerda con la identidad del Tarot en cuestión.

Volvamos un momento al tarot como juego de mesa: la historia nos muestra que sus reglas han evolucionado con el tiempo, así como el orden de los Triunfos, el número de jugadores involucrados en la partida, etc. No sabemos exactamente cómo jugaban al tarot en la Italia del Renacimiento. Vimos que las primeras reglas se imprimieron en Francia en 1637, en circunstancias, como mínimo, arbitrarias: una dama de la alta sociedad de la antigua provincia de Nivernés, tras haber pasado el verano jugando a las cartas con sus amigos, consideró que había logrado mejorar las reglas del juego del tarot, que le encantaba. Por eso le pidió a su antiguo preceptor, el abad de Marolles, que las transcribiera y las mandara a imprimir.[99]

Las reglas de un juego de mesa se establecen en virtud de su eficacia, de su capacidad para seducir a la mayor cantidad de jugadores posible, pero también en virtud de la fama de las personas que las proponen y de los azares de la edición. Aunque hay una relación entre esas reglas del siglo XVII y las que adopta hoy la Federación Francesa de Tarot, también existen numerosas diferencias entre ambas.

Del mismo modo, **las reglas de interpretación que encontrarán en las próximas páginas se apoyan en dos pilares: la simbología** que estaba en vigor en la cultura que vio nacer el Tarot de Marsella **y la numerología** pitagórica aplicada al Tarot por Paul Marteau[100] y desarrollada luego por Alejandro Jodorowsky.[101] Las dos se basan en la práctica y la experiencia y, a la vez, en algunos aspectos históricos comprobados y en una zona de ignorancia que se reconoce y asume, crisol de un conocimiento que aún no

---

99. Ver capítulo I, p. 66.
100. Marteau, Paul, *op. cit.*
101. Jodorowsky, Alejandro y Costa, Marianne, *op. cit.*

ha nacido. No buscan ser perfectas o definitivas, sino alentarlos a practicar y a verificar si son apropiadas para ustedes.

La mayoría de los manuales sobre Tarot siguen un mismo modelo: tras una introducción general, se hace un recuento de todas las cartas, ofreciendo en cada caso una explicación aislada, algo así como cuando en un museo consultamos la reseña de los cuadros que están colgados en las paredes.

Este abordaje se parece a la lectura de un catálogo: saco tres, cuatro cartas o más y, para cada una de ellas, acudo a la reseña e intento hacer coincidir el texto con mi pregunta. Las respuestas que se generan de este modo son vagas y rígidas; es difícil realizar una síntesis entre las cartas y obtener de ellas indicaciones precisas. Eso fomenta estrategias de lectura cerradas en las que la carta de la izquierda representa, por ejemplo, "el estado del consultante", la de la derecha, "su objetivo", la del medio, "el obstáculo", y así con el resto. Como veremos más adelante, las estructuras de lectura carta por carta son posibles y a veces útiles. Sin embargo, es importante que pueda haber interacción entre las cartas, una síntesis de la tirada, sin lo cual solo obtendremos una enumeración y no una respuesta a la pregunta planteada. Hoy en día, basta una aplicación de teléfono celular para obtener ese tipo de lecturas.

¿Cuál es, entonces, el valor agregado de nuestra inteligencia y de nuestra sensibilidad? Es la capacidad de *leer* el Tarot y no de enumerar respuestas hechas. Ahora bien, **lo que constituye la riqueza de una lectura de Tarot son los vínculos entre las cartas y, a la vez, la relación entre la persona que las interpreta, la persona que consulta y la pregunta planteada.** Eso es mucho más complejo y supone, de parte del tarólogo, un trabajo interior previo.

Veremos que las relaciones entre las cartas se inscriben en una arquitectura muy clara y muy sólida. Una vez que hemos entendido la estructura del juego, observar esas correspondencias se vuelve un descubrimiento constante: cada momento que pasamos con el Tarot enriquece nuestro repertorio, así como el tiempo que pasamos con un ser amado nos permite comprenderlo cada vez mejor. Las lecturas que surgen de esta práctica están impregnadas de una naturalidad y una afectuosa familiaridad con el Tarot. Esa calidad relacional es mucho más importante que la cantidad de conocimiento acumulado sobre el Tarot.

Para darle una estructura a esa relación, descubriremos el Tarot como un ser vivo dotado de ciertas leyes de organización y funcionamiento.

Para más claridad, en caso de que no tengan ningún conocimiento sobre el Tarot, incluí al principio de esta parte un **resumen muy condensado de los significados de cada carta con las imágenes correspondientes**, al que podrán recurrir en cada etapa. Luego, para iniciar nuestro paseo detallado por el juego, les propondré tomar contacto con **la "carne" del Tarot**: su apariencia, el contexto cultural al que está vinculado, con una breve recopilación de referencias iconográficas e históricas que conciernen, en particular, a los Arcanos Mayores.

Eso nos dará las bases para **familiarizarnos con los "órganos" del Tarot**, sus cuatro palos y la serie de Triunfos, y para ver qué interpretaciones son coherentes con la historia y las imágenes del propio juego.

Luego, veremos de qué modo **la numerología decimal, verdadero "esqueleto" del juego**, revela su estructura: el estudio de esta numerología es una clave que nos permitirá improvisar a continuación lecturas intuitivas sin perdernos en proyecciones que no tienen ni pies ni cabeza.

Después, veremos cómo **los Tres Cuerpos del Tarot** (Arcanos Mayores, Figuras y Valores) expresan esa numerología, cada uno a su manera. Esos tres grupos de cartas están dotados, en cada mazo, de una fisonomía particular, pero están íntimamente relacionados entre sí.

También encontrarán, al final del libro, **un gran memorándum** donde los significados detallados de las cartas se encuentran agrupados por nivel numerológico.

1

EL TAROT EN UN ABRIR Y CERRAR DE OJOS: LAS 78 CARTAS POR PALABRAS CLAVE

En un estudio tan extenso, ¡nuestro comodín es la brevedad!

Si el estudio del Tarot paso a paso les resulta demasiado largo o denso y prefieren, en cambio, sumergirse directamente en la lectura, pueden usar en cualquier momento estos significados resumidos para guiarse en la interpretación de las cartas.

	**El Loco** libertad, aporte de energía, peregrinación o fuga, errar.		I. **El Mago** comienzo, potencialidades, elección, juventud, habilidad.
	II. **La Papisa** interioridad, estudiar/escribir, espera, dignidad, transmisión indirecta.		III. **La Emperatriz** explosión creativa, belleza, gobierno, energía vital de la juventud, júbilo.

IIII. **El Emperador** seguridad, jefe de familia, garante del orden, gobierno, estabilidad constructiva.

 V. **El Papa** puente, ideal, transmisión directa, jerarquía, enseñanza, visión.

 VI. **El Enamorado** complejidad afectiva, seguir el corazón, confusión, inclinación, elección que hay que hacer.

 VII. **El Carro** acción en el mundo, conquistador, triunfo, viaje, servidor.

 VIII. **La Justicia** equilibrio, maternidad, madurar, apreciar y saber resolver, presencia-conciencia.

 VIIII. **El Ermitaño** soledad, sabiduría, crisis, paternidad, soltar, introspección.

 X. **La Rueda de la Fortuna** final de un ciclo, cambio de fortuna, bloquear/ desbloquear, aceptación de la impermanencia, enigma emocional.

 XI. **La Fuerza** comienzo creativo, poder expresarse, escuchar las profundidades, dominio de sí.

 XII. **El Colgado** espera, no actuar, punto neutro, interrupción, impotencia, inversión.

 XIII. **(Sin Nombre)** revolución, cosecha, duelo, coraje, renovación, dinámica del cambio.

XIIII. Templanza
curación, moderación, circulación, protección sutil, mediación, equilibrio de las energías.

XV. El Diablo
intensidad, talento, dominación, llama, apego o dependencia, apuesta o toma de riesgo, el inconsciente.

XVI. La Torre
emergencia, apertura, perturbación, eclosión, temblor.

XVII. La Estrella
acción generosa, encontrar su lugar, femenino realizado, irrigar, autenticidad, mezclar dos corrientes.

XVIII. La Luna
luz en la noche, madre cósmica, intuición, reflexionar, nutrir, percibir, adaptabilidad, mutable.

XVIIII. El Sol
calor y luz, padre cósmico, solidaridad, colaboración, manifestación, construcción nueva, transición.

XX. El Juicio
nacimiento, llamado irresistible, en la tierra como en el cielo, fin y nacimiento, visión de una dimensión superior, vocación.

XXI. El Mundo
realización, completitud, danza cósmica, *Anima Mundi*, plenitud, nueva posibilidad, conexión con el todo.

As de Espadas potencial intelectual, idea, genio propio, posibilidad de un proyecto nuevo, de una imaginación nueva.

 **Dos de Espadas** ensoñación, preparar lo que se va a decir, escuchar, aprender una lengua, idea que está madurando.

 Tres de Espadas afirmación entusiasta, habla impulsiva, encontrar su voz, ideas despreocupadas o destructivas.

 **Cuatro de Espadas** pensamiento racional, instrucciones de uso, inteligencia concreta, pensamiento claro y equilibrado.

 **Cinco de Espadas** convencer, comunicar, explicar, teorías personales, intento de comprender al otro.

 **Seis de Espadas** lenguaje estético, poesía, palabras que conmueven, resonancias, imaginación agradable, belleza en las ideas.

 **Siete de Espadas** la verdad, claridad mental, pedagogía luminosa, objetividad, pensamiento claro que actúa.

 **Ocho de Espadas** silencio entre las palabras, energía que sostiene el pensamiento, claridad de la meditación.

Nueve de Espadas
duda fecunda, abandono de las opiniones, ni error ni acierto, salir de su propio mundo mental.

Diez de Espadas
aceptación del pensamiento del otro, escucha auténtica, encuentro profundo con el mundo mental del otro, posibilidad de una comprensión nueva, salto de la mente, soltar.

Paje de Espadas
aprende a expresarse, duda de sus propios pensamientos, entre callarse y hablar, idea incierta, pensamiento infantil, afirmaciones sin experiencia.

Reina de Espadas
inteligencia femenina, pensamiento arraigado en la presencia, intuición, capacidad de escuchar al otro, certidumbre interna.

Rey de Espadas
pedagogo, especialista, buen comunicador, teórico brillante, claridad de las imágenes, pensamiento contundente.

Caballero de Espadas
fin de un proceso intelectual, ha aprendido a pasar de la palabra al silencio y se ha entregado al amor.

As de Copas
el potencial del corazón, nuestro fondo afectivo, posibilidad de amor, potencia de los sentimientos, posibilidad de contenerlo todo.

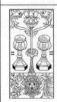

Dos de Copas
la pareja (de los padres o no) como modelo de toda relación, fascinación amorosa, influencia de los padres en nuestras preferencias afectivas.

 **Tres de Copas** tríada padres-hijos, explosión emocional, amor reciente, sentimiento exuberante, júbilo tal vez excesivo.

 **Cuatro de Copas** solidez afectiva, familia, seguridad emocional, estabilidad de las relaciones y los sentimientos.

 Cinco de Copas amor devocional, tomar un riesgo afectivo, nuevo impulso (tal vez inquietante) del corazón, un sentimiento o una relación que se abre a lo desconocido.

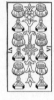 **Seis de Copas** el otro como espejo, almas gemelas, "tú eres otro Yo", sentimiento narcisista pero muy seductor.

 Siete de Copas el amor en acción: el corazón al servicio de los demás, amor adulto, relación activa, sentimientos que se encarnan por el bien común.

 Ocho de Copas plenitud del corazón, dar sin pedir nada a cambio, relación de amor auténtico, comprensión plena y completa.

 **Nueve de Copas** desapego, hacer el duelo, dejar partir, corazón roto que se abre, crisis relacional.

 **Diez de Copas** final de un ciclo afectivo, una nueva realidad que se perfila, completitud sin afectos excesivos, pasar a otra cosa.

Paje de Copas
timidez en el corazón, animarse u ocultarse, ternura, autoescucha, descubrimiento del mundo de los sentimientos y de sus propias emociones.

Reina de Copas
mujer con corazón, sentimientos profundos, amor materno, pudor, emociones sublimes que pueden ser invisibles.

Rey de Copas
hombre con corazón, manifestar y probar sus sentimientos, amor paterno, estabilidad emocional constructiva.

Caballero de Copas
final de una época afectiva, capacidad para superar las emociones negativas, coraje afectivo, ofrenda, concretización que proviene del corazón.

As de Bastos
potencia creativa, los gustos y deseos (atracción/repulsión), la fuerza de ser uno mismo, nuestro poder aún no manifestado, la capacidad de hacer.

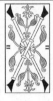

Dos de Bastos
repliegue de las energías, estado prepuberal, ensoñaciones creativas, encuentro con el otro, espera y acumulación de deseo.

Tres de Bastos
primera expresión, osar hacer un gesto, impulso sexual o creativo, impulsión, energía adolescente, energía de júbilo, riesgo de desequilibrio.

Cuatro de Bastos
técnica eficaz, destreza, estar bien anclado energéticamente, artesano capaz, modelo reproducible.

Cinco de Bastos tentación, descubrimiento de una nueva energía, innovación, personalizar un modelo artesanal, osar encarar sus deseos.

 **Seis de Bastos** expresión personal de la belleza, encontrar su propio estilo, principio de placer, florecimiento efímero.

 Siete de Bastos firmar su obra, dejar su huella, potencia cumplida, éxito, gozar de su potencia y actuar.

 Ocho de Bastos el no hacer, abandono de las pretensiones, arte objetivo o sexualidad sagrada, la expresión más elevada sin ego.

 **Nueve de Bastos** repliegue invernal, fase de latencia, entre la vida y la muerte, prueba heroica, silencio, aceptación.

 **Diez de Bastos** obra terminada, andrógino, soltar lo que uno ha creado, final del proceso, nueva idea que germina.

 **Paje de Bastos** aprender a manejar su energía creativa y sexual, entre mucho y muy poco, comenzar a tocar nuestra propia potencia, inexperiencia.

 **Reina de Bastos** energía interior, femenino creativo, potencia útero-ovárica, concavidad, placer, capacidad de escuchar y de contener una gran intensidad.

Rey de Bastos
energía masculina, potencia fálica, convexidad, sentido de la orientación, creatividad asumida, energía bien empleada.

 **Caballero de Bastos**
superación del ego, purificación de las energías, en camino hacia el espíritu, soltar o transformación del poder.

 As de Oros
planeta, semilla, moneda, condiciones de la vida, potencia material, sol.

 Dos de Oros
contrato, enlace, reunión de células, encuentro y colaboración, acuerdo, multiplicación.

 **Tres de Oros**
primera inversión, primer paso fuera del capullo, erupción, alegría vital, ebullición festiva.

 **Cuatro de Oros**
bases buenas, solidez material, seguridad, gestión sana, salud, proyecto realista.

 Cinco de Oros
dimensión desconocida, arriesgarse a extenderse, proyecto arriesgado, nuevo paso hacia uno mismo o hacia los demás.

 Seis de Oros
entre el cielo y la tierra, macro y microcosmos, placer saludable y sólido, unir lo bello con lo útil.

Siete de Oros
espíritu en la materia, acción atenta, curación, arquitectura sagrada, vivir de acuerdo con sus convicciones.

 Ocho de Oros
prosperidad, vínculo con la Madre Tierra, fecundidad sobria y apacible, armonía con las leyes del universo.

 Nueve de Oros
dar a luz, traer al mundo, transición, nacimiento o concepción de un nuevo proyecto, crisis de una situación antigua que muta.

 Diez de Oros
edificio construido, ciclo de la vida que se cumple, realización terminada, soltar un proyecto material, recibir una nueva energía.

 Paje de Oros
hacer con lo que se tiene, empezar en la vida, aprendizaje concreto, posibilidad de crecimiento o enriquecimiento.

 **Reina de Oros**
escucha del cuerpo, conciencia celular, contabilidad sana, realismo, economía o salud bien administrada.

 **Rey de Oros**
sentido de los negocios, inversión, comercio, generosidad, espléndida salud corporal y económica, autoridad en la materia.

 **Caballero de Oros**
deja (o se apoya en) una realidad terminada para crear algo nuevo, en camino hacia una vida nueva, materia espiritualizada (moneda que flota como una hostia).

2

LA "CARNE": AL ENCUENTRO DEL TAROT
Y DE SU CONTEXTO CULTURAL

Antes que nada, ya sean principiantes o avanzados, empiecen por (re)tomar contacto con las cartas, sin reflexionar, con una mirada nueva. Déjenlas desfilar entre sus manos, no piensen en el orden que las vincula o en lo que ya saben de ellas. Mírenlas una por una dejándose conmover, impresionar, inquietar tal vez. Observen su propia reacción interior: ¿qué cartas les parecen más alegres, más oscuras?, ¿más familiares o más misteriosas?, ¿más lindas o más feas? Anímense a amar algunas a primera vista y a detestar otras: es inevitable tener preferencias.

Algunas imágenes nos seducen de entrada, otras nos incomodan durante años, y la experiencia no tiene nada que ver con eso. Cuántas veces, entre mis colegas y amigos, escuché decir: "¡Otra vez saqué tal carta! No para de salir en este momento, no la soporto más...".

Nunca dejaremos de preferir algunas cartas y de menospreciar otras. Nuestras afinidades pueden cambiar y transformarse en distintos períodos, pero permanecen allí. La experiencia nos permite relajarnos, suavizar nuestras antipatías y expectativas; en una palabra, aprender a frecuentar el Tarot de modo cada vez más íntimo, a abordarlo sin rechazar nada en él, pero manteniéndonos atentos a lo que sentimos.

1. Tomar contacto con las cartas

Para integrar rápidamente y en detalle la estructura del Tarot, el método más simple consiste en subdividirlo en tres mazos:
- los 22 Arcanos Mayores o Triunfos;
- las 16 Figuras u Honores;
- los 40 Valores o cartas numéricas.

Si están familiarizados con el Tarot, esto les resultará evidente; en cambio, a un principiante puede impresionarle el grueso mazo de 78 cartas, que parece difícil de aprehender de golpe. Inspirémonos, entonces, en esos aficionados a los records que intentan devorar una bicicleta o un lavarropas: la técnica consiste en cortar el objeto en pedacitos pequeños para poder consumirlos en porciones digeribles.[102] Del mismo modo, es más fácil asimilar el Tarot estudiando sus elementos en categorías separadas.

La subdivisión entre los Tres Cuerpos del Tarot, como los llamo yo, es evidente a primera vista, ya que las cartas que componen cada uno de esos tres mazos tienen características visuales diferentes. Tómense el tiempo para observarlas y para reunir los tres mazos, apoyándose en las diferencias gráficas entre los Arcanos Mayores, las Figuras y los Valores.

• *Los Arcanos Mayores (o Triunfos)*

Se distinguen por el hecho de que todos presentan un rectángulo estrecho llamado "cartucho" en la parte superior de la carta, en el que se indica un número entre I y XXI. En el caso de El Loco, aunque el cartucho está vacío, igual está presente. En el cartucho de abajo, se puede leer el nombre de la carta, salvo en el caso del Arcano XIII que, en la mayoría de los Tarots de Marsella, no tiene ni nombre ni cartucho: solo tiene un espacio de tierra negra que se prolonga hasta la base de de carta. Sin embargo, a veces, en algunos tarots reeditados a

---

102. El llorado "Monsieur Mangetout" [Señor Cometodo], un francés de nombre Michel Lotito, ingirió así, en el espacio de dos años, un avión Cessna 150.

partir del siglo XX, se la nombra "La Muerte", y es también el nombre que llevaba en el Tarot de Jean Noblet (publicado hacia 1650).

Observando los cartuchos, pueden rearmar con facilidad el mazo de los 22 Arcanos Mayores.

| El Loco (sin número) | Arcano XIII (sin nombre) | Templanza | El Mundo |

En la lectura del Tarot, los Arcanos Mayores nos remitirán a todas las dimensiones de nuestro ser; son las cartas más ricas en cuanto a significados. Se prestan con facilidad a la interpretación, ya que los numerosos detalles que presentan estimulan nuestra imaginación. Pero, **a veces, pueden confundirnos, justamente a causa de la multiplicidad de sentidos posibles.** Por esa razón, es muy útil sumarles la interpretación más focalizada que permiten las Figuras y los Valores.

• *Las Figuras*

Representan a personajes de la corte: el Paje, el Caballero, la Reina y el Rey. *No tienen cartucho superior,* son cuatro en cada palo y *su nombre está indicado en el cartucho inferior,* con excepción del Paje de Oros que, en la mayoría de los Tarots de Marsella tradicionales, tiene escrito el nombre en el lado derecho de la carta. Deben formar, entonces, un mazo que tenga cuatro Pajes, cuatro Reinas, cuatro Reyes y cuatro Caballeros, uno por cada uno de los palos (Oros, Bastos, Copas y Espadas), es decir, las dieciséis Figuras u Honores.

Las Figuras de Oros:
Paje, Caballero, Rey y Reina

En la lectura del Tarot, las Figuras remiten a la dimensión humana, a nuestros centros de interés, pero también a nuestras capacidades, nuestro nivel de experiencia o madurez... **Representan aliados u obstáculos, tanto internos como externos.** Podemos preguntarles, por ejemplo: "¿Con qué aspecto de mí mismo puedo contar en esta circunstancia?". Pero también pueden representar a una persona de nuestro entorno.

• *Los Valores*

Ahora, les queda en la mano un mazo de 40 cartas que no tienen personajes (salvo, tal vez, el Dos de Copas, donde a veces figuran unos ángeles que proceden de escudos antiguos). Es bastante simple reconocer el valor numérico de estas cartas: está indicado en cada una o, en el caso de los Oros, basta con contar el número de veces que el símbolo está representado.

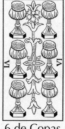 

6 de Copas   6 de Oros

En cambio, **al principio, la mayoría de la gente encuentra dificultades para diferenciar los Bastos de las Espadas**, exceptuando los Ases, en los cuales el dibujo del símbolo es muy explícito.

A continuación, algunas propuestas mnemotécnicas bastante simples:

- **El basto es el medio material para hacer fuego.** Todas las cartas numéricas de Bastos, del 2 al 10, muestran un cruce que se transforma gradualmente en un entrelazado en medio de la carta, algo así como cuando cruzamos troncos y ramas en el centro del hogar para encender un fuego. Esa imagen vale también para la dimensión simbólica de Bastos como símbolo de energía sexual: en una relación íntima, entramos en contacto con el otro por el centro del cuerpo, se produce un "cruce" o un "entrecruzamiento" entre dos personas a nivel de la pelvis;

- **al principio, las cartas de Espadas**, en el juego sarraceno que probablemente dio origen al Tarot, **representaban sables**. La serie de las Espadas, del 2 al 10, se inscribe en un óvalo formado por la unión de dos sables estilizados, que también se entrecruzan pero por el exterior y en dos ocasiones (al nivel de lo que sería la guarnición del sable, en la parte inferior, y en la punta de las dos hojas, en la parte superior). En el centro de ese óvalo, aparece, alternadamente, una flor (en las cartas pares) o una espada (en las cartas impares). Esa forma oval es característica de la serie de las Espadas; la encontraremos también en el óvalo de El Mundo (Arcano Mayor XXI).

As de Bastos: una mano sostiene un garrote, un basto que aún no se ha transformado y que se convertirá en un objeto esculpido en las cartas que siguen. La serie muestra bastos que se cruzan según un esquema cada vez más complejo: aquí, el 2 de Bastos y el 7 de Bastos.

 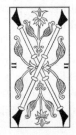 

As de Espadas: una mano sostiene una espada. En las cartas que siguen, se entrecruzan sables estilizados que dibujan un óvalo en el centro. En ese espacio aparecen, sucesivamente, flores (el 2 de Espadas, como aquí abajo, y todas las cartas pares hasta el 8) y espadas (7 de Espadas, en el ejemplo, y todas las cartas impares).

En la lectura del Tarot, los Valores nos servirán para "apuntar", con mucha precisión, a un aspecto de nosotros mismos o de la pregunta, para **definir el bloqueo o encontrar la solución en el lugar que corresponde**: ¿está en un aspecto práctico, financiero o afectivo? ¿Depende de nuestra creatividad o de nuestro intelecto? ¿Es mejor actuar o no actuar? Etc. A veces, los comparo con los puntos de acupuntura de la medicina china: si conocemos con exactitud la cartografía de las energías que nos atraviesan, cada uno de los cuarenta Valores constituye un punto neurálgico que podemos consultar, activar o calmar, para ver más claro en nosotros mismos y, eventualmente, cambiar de ritmo, de dirección o de estrategia.

Una vez que el Tarot quedó ordenado en tres mazos separados, es momento de observar las cartas una a una, ya que son bastante diferentes en cada serie.

Para las Figuras y los Valores, prepararemos cuatro mazos más pequeños, uno por cada palo.

Tenemos entonces:

- 22 Arcanos Mayores, ordenados en orden creciente. Por convención, pondremos El Loco (sin número) antes que El Mago (Arcano I). El Loco no es el Arcano XXII, de lo contrario tendría el número escrito en el cartucho superior. Es un Arcano sin número que podemos, por comodidad, asimilar al cero en el ordenamiento de las cartas.

- 40 Valores subdivididos del siguiente modo:
  - del 1 al 10 de Espadas,
  - del 1 al 10 de Copas,
  - del 1 al 10 de Bastos,
  - del 1 al 10 de Oros.
- 16 Figuras subdivididas del siguiente modo:
  - Paje, Rey y Reina, Caballero de Espadas,
  - Paje, Rey y Reina, Caballero de Copas,
  - Paje, Rey y Reina, Caballero de Bastos,
  - Paje, Rey y Reina, Caballero de Oros.

Para abarcar el Tarot de un vistazo, pueden extender las cartas en el suelo o sobre una mesa grande, con toda la serie de los Arcanos Mayores arriba y las cuatro series de Arcanos Menores superpuestas abajo: Espadas primero, luego Copas, luego Bastos y, por último, Oros.

Necesitarán una superficie de alrededor de 1,5 metros de ancho por 80 centímetros de alto.

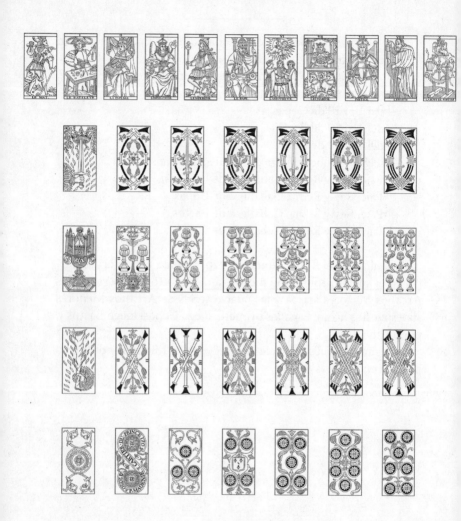

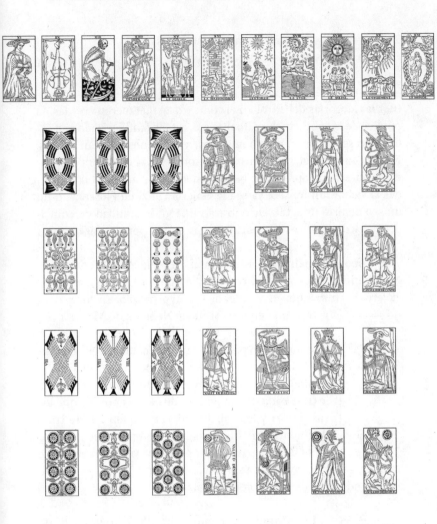

2. Referencias iconográficas e históricas para observar los Arcanos Mayores

En esta parte, encontrarán algunos puntos de referencia para situar las alegorías del Tarot en el contexto en que fueron creadas. El público de la época, incluso analfabeto, estaba familiarizado con estas representaciones, pero a nosotros, a veces, nos resultan lejanas. Estos puntos de referencia históricos son muy valiosos para profundizar nuestra comprensión. No duden en llevar un Tarot con ustedes si visitan un museo: ya sea la Galería Uffizi de Florencia o un museo de arte oriental, encontrarán una gran cantidad de coincidencias iconográficas que enriquecerán su relación con las cartas...

El Loco: originalmente, representaba a un loco de la corte; luego, adquirió un petate que remite a la figura del peregrino o del viajero. El animal que lo acompaña era, al principio, un zorro o un gato, como en los Tarots de Noblet o de Madenié. La

iconografía se fue estableciendo de a poco hasta que su compañero pasó a ser un perro, tal vez en referencia a San Roque, sanador de la peste que, cuando él mismo cayó enfermo, fue salvado por un perro que le traía cada día un pedazo de pan. Es posible que los cascabeles y los zapatos rojos indiquen que se trata de un enfermo (de lepra, por ejemplo), que advierte de su llegada para evitar propagar la enfermedad. De loco y vagabundo, evoluciona entonces hacia peregrino y sanador, alcanzando la tradición de la Loca Sabiduría.

El Mago: el cuadro *El Prestidigitador* de El Bosco, fechado entre 1475 y 1505 y que se conserva en el Museo Municipal de Saint-Germain-en-Laye, muestra un prestidigitador equipado con herramientas muy parecidas a las de El Mago del Tarot: vasos, pequeñas bolitas de corcho que, en francés, se llaman *muscades* (de allí la expresión *"Passez, muscade"*, que data de fines del siglo

XVII),[103] una varilla y una canasta de la que asoma la cabeza de una pequeña lechuza. Fascinado por el truco, el crédulo espectador vomita ranas mientras lo asalta un secuaz del prestidigitador. En la sucesión de los Arcanos del Tarot, El Loco es el que está en posición de detenerse frente a la mesa del Mago. Podemos imaginar, entonces, que la primera etapa está representada como el encuentro con la mente, esa instancia de habilidad incansable que pasa la mayor parte de su tiempo haciéndonos "tragar el sapo". Engañoso y hábil, El Mago puede ser un ilusionista o un iniciado...

La Papisa: esta figura noble y pura, sentada bajo un baldaquín y con un libro en la mano, ofrece un parecido impresionante con miniaturas y grabados que representan a Christine de Pizan escribiendo (1364-1430). También presenta una semejanza con la legendaria Papisa Juana quien, hacia el año 855, habría usurpado el pontificado antes de ser desenmascarada en un espectacular parto público durante una procesión. Hasta el siglo XVI, se consideraba que la Papisa  Juana había existido realmente. Es posible que otras mujeres místicas hayan inspirado este Arcano, como Margarita Porete, beguina e inspiradora del Maestro Eckhart, que fue quemada en la plaza pública con sus libros en 1310, o Madame Guyon, maestra espiritual de Fénelon y contemporánea del Tarot de Madenié, que fue encarcelada ocho años en la Bastilla por haber pregonado la oración del corazón (de 1695 a 1703). La presencia de La Papisa en el Tarot nos remite al tema candente de la autoridad espiritual femenina y da cuenta de la libertad de espíritu de los autores de este juego.

La Emperatriz y El Emperador: ella y su esposo aparecen claramente representados, desde el origen del Tarot, con un escudo del Sacro Imperio Romano Germánico (un águila negra de dos cabezas sobre un fondo amarillo). Dicho imperio incluyó, a lo largo de su his-

---

103. La expresión *Passez, muscade* (literalmente, "Pase, *muscade*") tiene un sentido similar a la expresión "La suerte está echada", en castellano. [*N. de la T.*]

toria (de 962 a 1806), diversos territorios del este y del sudeste de la Francia actual. José I de Habsburgo reinaba sobre el Sacro Imperio en el momento en que se diseñó el Tarot de Madenié. Los retratos que tenemos de su esposa Guillermina Amalia tienen un parecido impresionante con la Emperatriz de Madenié: ¿debemos ver en ello un gesto deliberado de parte del maestro fabricante de naipes que, en plena Guerra de Sucesión Española, intenta seducir al público alemán?

En algunos Tarots antiguos, la orientación relativa de ambos personajes es diferente, ya que el Emperador le da la espalda a la Emperatriz. Representados cara a cara, evocan la pareja humana por excelencia y nos recuerdan que la función de la Emperatriz es dar herederos al Imperio, lo que, irónicamente, Guillermina Amalia no pudo hacer: en 1704, su marido, demasiado promiscuo, le transmitió sífilis y esto la volvió estéril.

El hecho de que El Emperador sea numéricamente inferior a El Papa sugiere el triunfo histórico del papado sobre el Imperio y, a la vez, la primacía del gobierno espiritual por sobre el poder temporal, aunque sea por derecho divino. Los escudos del Emperador y la Emperatriz cambiaron de apariencia después del fin del Imperio: la mayoría de las veces, en los juegos de los siglos XIX y XX, el águila es de color amarillo y se encuentra, a veces, sobre un fondo azul como en el blasón de Napoleón.

El Papa: figura central de la Europa renacentista y clásica, el prelado supremo se muestra aquí haciendo el signo tradicional de la ben-

dición. En 1709, el papa era Clemente XI. Su rostro lampiño y mofletudo y su larga nariz no tienen nada en común con el Tarot de Madenié; en cambio, su predecesor, Inocencio XII, muerto en 1700, se le parece mucho más.

El báculo (o férula) del papa tomó distintas formas según las versiones del Tarot de Marsella. A veces, aparecía coronado con una esfera como en el Tarot de Dodal, antes de tomar definitivamente la forma de la cruz papal, emblema oficial cuyas líneas horizontales se van reduciendo hacia lo alto y que simbolizan, como las tres coronas de la tiara papal, el triple poder de orden, jurisdicción y magisterio del soberano pontífice. Resulta importante señalar que, en la realidad, el papa solo toma esa cruz para atravesar la Puerta Santa cuatro veces por siglo e iniciar un jubileo destinado a renovar la fe de los cristianos. Esa cruz inaugura un tiempo de conversión, penitencia y perdón, lo que justifica, tal vez, la actitud devocional de los acólitos tonsurados que se encuentran a los pies del Papa. Símbolo del poder religioso, el Papa es también un maestro iniciático.

El Enamorado: la figura de Eros o de Cupido, que apunta a los humanos con sus flechas implacables desde las alturas celestes, es un topos en la cultura en la que nace el Tarot. En *Los triunfos* de Petrarca, el "Triunfo del Amor" está representado por Eros en su carro. Alude al deslumbramiento amoroso inicial que conducirá al poeta a emprender su recorrido artístico y espiritual. Ese juego de atracciones revela toda la  grandeza potencial y toda la pequeñez del ser humano: en la tradición petrarquista, se trata de elevarse poco a poco hasta el nivel representado por el Ser Amado, que no es más que un emisario del Bien supremo. En el Tarot de Madenié, podemos ver que el ángel de El Enamorado es bello y puro y que los humanos son muy poco agraciados: ¿aprovecharán la oportunidad de elevarse hasta el nivel al que el amor los llama? Es la ambigüedad de nuestros afectos terrestres, oscuros o desinteresados.

El Carro: la alegoría del príncipe en su carro es la imagen tradicional del Triunfo en la pintura del Renacimiento y es una representación heredada de las ceremonias romanas en las que el general vencedor desfilaba a la cabeza de sus tropas (un honor que, desde el inicio del reinado de Augusto, se reservó exclusivamente a la familia imperial). El Carro es el Triunfo por excelencia. Cabe notar que el nombre de la carta,

en muchos tarots antiguos, entre ellos el de Madenié, se escribía *Charior*,[104] palabra que aludía tal vez a un *charrieur*, "conductor" o "mensajero" en francés antiguo, o que puede interpretarse como *charrie or*, "el que lleva un tesoro o una riqueza". En general, los maestros fabricantes de naipes usan la carta de El Carro para colocar su firma en forma de iniciales. A esta figura principesca y viril, la cartografía tradicional le atribuye el papel de amante magnífico.

La Justicia, La Fuerza y Templanza

De las cuatro virtudes cardinales cristianas, solo tres están representadas en el Tarot de Marsella. Platón ya evocaba esas virtudes en *La República*: valor (que se convirtió en la fuerza), sabiduría (que podemos comparar con la prudencia), templanza y justicia. Los Padres de la Iglesia, en particular San Ambrosio y San Agustín, teorizaron sobre ellas desde el siglo V, concibiéndolas como "bisagras" (sentido etimológico de la palabra "cardinal") de la práctica espiritual. En los siglos XVI y XVII, el término "virtud" todavía remitía a su sentido original, muy exigente: una *fuerza interior que se desarrolla deliberadamente* para orientar la energía en cierta dirección, en función de un objetivo. Esa disciplina voluntaria exige, a la vez, una comprensión clara, el dominio de sí, la apertura del corazón y valores elevados. ¡Qué programa vasto!

La representación alegórica de las virtudes cardinales se estableció desde la Edad Media con ciertos atributos que encontramos en el Tarot: los dos recipientes donde se realiza una mezcla, en el caso de Templanza, y la balanza y el gladio de La Justicia. Los atributos de La Fuerza son la piel de león, el escudo o incluso una columna, posiblemente en referencia a Sansón y a Hércules. Como ejemplo de esta iconografía, podemos citar los frescos de Giotto en la capilla de los Scrovegni de Padua (1305), o también, en el museo Uffizi de Florencia, la serie de las virtudes encargada al taller de Piero del Pollaiolo en 1469, cuya Fuerza pintó el joven Botticelli.

Numerosos comentaristas han especulado acerca de la ausencia de la prudencia en el Tarot de Marsella (sí está presente en otros

---

104. En lugar de *Chariot*, el nombre actual de la carta en francés. [*N. de la T.*]

tarots). Es posible que no remita a una cualidad presente en las cartas, sino a una cualidad de los jugadores o, en la actualidad, los intérpretes: para jugar al tarot o para interpretarlo, la virtud de la prudencia es, probablemente, la más indispensable. El atributo de la prudencia es un espejo y, como veremos más adelante, los Arcanos Mayores están dibujados en espejo con respecto a nosotros.

La Justicia: dotada de los atributos típicos del gladio y la balanza, esta carta hace referencia tanto al aspecto concreto del tribunal y la justicia humana en acción como a la rectitud moral, al rechazo de cometer una injusticia con el pretexto de que nuestro interés estaría antes que el de los demás. Sin dudarlo, también podemos ahondar en el sentido de esta virtud vinculándola con la precisión[105] y con los ajustes sutiles que posibilita un conocimiento cada vez más agudo de sí mismo.

La Fuerza: en los antiguos tarots Visconti-Sforza del siglo XV, la alegoría remite a Hércules. Se trata de un hombre armado con un garrote que acaba de vencer a un animal salvaje. En la pintura, la representación clásica de esta alegoría es una mujer que sostiene una columna rota con un león a sus pies. En el Tarot de Madenié, la mujer tiene una marca en la base del cuello y sostiene entre sus manos las fauces de un animal entre león y oso. Podemos asociarla con la leyenda de Santa Blandina, mártir y patrona de la ciudad de Lyon, quien, después de que unos animales feroces le perdonaran la vida, fue finalmente decapitada en el año 177. Desde luego, la marca en la garganta de la Fuerza, presente en la mayoría de los Tarots de Marsella, puede hacer referencia al hecho de que "no es la cabeza quien manda", sino más bien ese juego entre las manos (el hacer) y las mandíbulas del animal (las fuerzas instintivas domadas por el amor). Esa decapitación repara-

---

105. *Justesse*, en francés. [*N. de la T.*]

da también puede interpretarse como el hecho de que la fuerza del alma lo vence todo, incluso el suplicio y la muerte.

Templanza: en las artes plásticas, hasta el siglo XVIII, la Templanza se solía representar con los rasgos de una mujer y no de un ángel: el hecho de diferenciar esta virtud de las otras dos (Fuerza y Justicia) dotándola de un par de alas es una particularidad del Tarot. Realiza el gesto de mezclar los fluidos (o cortar el vino con agua), que es una de sus representaciones típicas. De la moderación a la cura, solo hay un paso. Templanza también ha sido asimilada a la figura del ángel guardián.

El Ermitaño: a pesar de su etimología (del griego *érēmos*, desierto), en francés se emplearon indistintamente las formas *ermite* y *hermite* para "ermitaño" hasta la época clásica. La forma *L'Her-*

mite se impuso en el Tarot a partir del siglo XIX, probablemente en referencia al mito de Hermes Trismegisto, común a la alquimia y al hermetismo. En cualquier caso, muchas religiones comparten esta figura de un anacoreta retirado del mundo y que intercede por él a través de la oración. Remite a la figura de un padre espiritual que está, a la vez, físicamente ausente y presente por su influencia.

La Rueda de la Fortuna: la rueda es uno de los atributos de Fortuna, diosa romana del azar, junto con el globo, el timón, la proa de una nave y el cuerno de la abundancia. La imaginería medieval

abundaba en referencias a la diosa, que a veces se representaba con los ojos vendados y haciendo girar esta rueda en la que solo el eje está fijo y en la que suben o bajan los destinos humanos. En el Tarot, la diosa no está representada, solo está sugerida por la manivela que parece esperar su mano. Las ruletas de la lotería descienden de esta iconografía que remite tanto al azar ciego como a la intervención de la Providencia.

El Colgado: desde el siglo XIII, en Italia septentrional, se reconoce una costumbre que consistía en castigar a los malhechores por medio de "pinturas de la infamia". El traidor se representaba en ellas colgado de un pie.[106]  En sus inicios, ¿esta carta hacía referencia a los cambios de opinión del *condottiere* Francesco Sforza quien, antes de casarse con Bianca Maria Visconti, heredera del ducado de Milán, y aunque ya estaba prometido a la joven, volvió a Venecia algunos años para servir a los enemigos de su futuro suegro? En cualquier caso, en numerosos tarots antiguos, este colgado tiene una actitud sonriente y relajada, que no vaticina un castigo terrible. Incluso ha sido representado flotando hacia lo alto como un globo inflado de helio y, en algunos tarots, se pueden ver sus manos surgiendo de detrás de su espalda, considerablemente agrandadas, como dos alas gracias a las cuales se mantiene ingrávido. Castigo o meditación extática, las interpretaciones pueden ser muchas...

El Arcano Sin Nombre: desde su origen, esta carta ha representado un esqueleto, más o menos aterrador según las épocas y los artistas. Se la nombra "La Muerte" en algunos Tarots de Marsella tipo 1, pero su nombre desaparece en los del tipo 2, antes de reaparecer nuevamente en los Tarots contemporáneos. Figura de la impermanencia y de las disposiciones imprevisibles de la naturaleza (hambrunas, epidemias, etc.), es posible que su origen sea la peste negra de 1348, que dejó un trauma en las memorias colectivas tras devastar toda Europa.  En el *Decamerón* de Boccaccio, la epidemia se presenta como una fuerza en marcha, que llega a principios de la primavera (en el mes de marzo) y por la cual "casi todos morirían al cabo de tres días". Esas referencias a

---

106. Cf. especialmente Donado, Maria Monica, "Cose morali, e anche appartenenti secondo è luoghi': per lo studio della pittura política nel tardo Medioevo toscano", en *Le forme della propaganda politica nel Due e nel Trecento. Relazioni tenute al convegno internazionale di Trieste (2-5 marzo 1993)*, Roma, Publications École Française de Rome, 1994, pp. 491-517.

la primavera y al número 3, al igual que la elección de Boccaccio de recordar la peste negra como circunstancia que reúne a las "jóvenes damas [...] sensatas y de sangre noble, bellas de cuerpo, distinguidas en sus maneras y de una honestidad perfecta" que serán las protagonistas de su obra, nos remiten de forma asombrosa al dúo numerológico Emperatriz-Arcano Sin Nombre. El "Triunfo de la Muerte", en Petrarca, hace referencia al fallecimiento de Laura, a quien también se la lleva la peste. Figura de la osamenta viviente (color carne), esta carta también es un recordatorio de la impermanencia.

El Diablo: las representaciones del Diablo han variado entre la Edad Media y la época clásica. En la estatuaria gótica, se lo representaba con los rasgos de la serpiente tentadora, pero también, como en la basílica de Vézelay, como un demonio clavándose una estaca en el vientre. El motivo del diablo con el cuerpo azul está presente en la pintura italiana de los siglos XIV y XV, por ejemplo, en Giotto (frescos de la capilla de los Scrovegni) o en Giovanni da Modena (basílica de San Petronio, Bolonia), en las que un diablo  con cuerpo azul y una boca enorme al nivel del vientre traga y vomita (o excreta) a los condenados. La cara ventral del diablo, presente en el Tarot de Jean Noblet de 1650, desaparece en el Tarot de Madenié, pero el cuerpo azul se mantiene. Es posible que las ramas de la cabeza remitan a antiguas divinidades paganas "recicladas" en la forma demoníaca. En todo caso, se las puede ver en las iluminaciones del siglo XV del *Traité des quatre dernières choses* [Tratado de las postrimerías] de Gérard de Vliederhoven. La figura del ángel caído es posterior, aparecerá más bien en las artes del siglo XVII y culminará en el siglo XIX. En el Tarot, ese desplazamiento en la figura del Diablo puede percibirse en la transformación del objeto que sostiene en la mano: al principio, se trataba probablemente de un gancho de carcelero que, en Madenié, se convierte en la antorcha de Lucifer (el portador de la luz). Maestro de las profundidades y de las tentaciones, actualmente se superpone con nuestra representación del inconsciente.

La Torre [*La Maison-Dieu*]: el nombre de esta carta varió mucho en los inicios del Tarot. Se la llamó *El Rayo, El Fuego,* incluso *La Casa del Diablo,* y suele mostrar, en los tarots italianos, una torre fulminada, en referencia al mito de Babel y al castigo del orgullo. El Tarot de Catelin Geoffroy, que data de 1557, muestra en este Triunfo a un intérprete de viola de arco, a una joven y a un diablo sobre un fondo de una casa en llamas. El Tarot de Marsella, en francés, lo llama *La Maison-Dieu* [La Casa-Dios], término que, desde el siglo XV, designaba un hospicio, o incluso un leprosario (todavía hoy, en París, hay un hospital que se llama Hôtel-Dieu). En otras tradiciones, como en el Tarot de Viéville (1650), esta carta representa a un pastor y su rebaño contemplando un astro del cielo, con la misma lluvia de bolas de colores que podemos ver en La Torre. Es probable que los autores del Tarot de Marsella hayan elegido voluntariamente el nombre de esta carta y su dibujo, que abarca al mismo tiempo las temáticas de la torre fulminada y de una lluvia milagrosa o una eclosión bienvenida: después de todo, salir del hospital es salir curado...

La Estrella: el nombre de la carta en francés lleva la ortografía del siglo XVII, *l'Estoille*.[107] Este Arcano conoció diversas representaciones paralelas: tanto en el Tarot Parisino Anónimo de la primera mitad del siglo XVII como en el Tarot de Viéville de 1650, el Arcano XVII representaba a un astrónomo provisto de un compás en un paisaje coronado con una estrella. La representación estándar "de Marsella" muestra a una mujer vertiendo agua en el río, con posibles referencias al Acuario astrológico, incluso a María ("Stella Maris", o también, en el sura 19 del Corán: "No te entristezcas, he puesto un arroyo a tus pies"). Más cerca de nosotros, la Estrella como mujer amada ideal aparece en dos poetas notables: Nerval se refiere a ella en su célebre poema *El Desdichado* ("Murió mi única *Estrella*, mi laúd constelado / lleva

---

107. En francés actual, se escribe *l'étoile*. [*N. de la T.*]

en sí el *negro Sol* de la Melancolía"). André Breton, por su parte, tras haber descubierto el Tarot durante su exilio en Marsella entre 1940 y 1941, dedicó el texto *Arcane 17* a Elisa Claro, su última pareja.

El jarrón que sostiene a nivel de la pelvis parece brotar de su propio cuerpo, y no podemos evitar pensar en las siguientes palabras del Evangelio: "En el último y gran día de la fiesta, Jesús se puso en pie y alzó la voz, diciendo: 'Si alguien tiene sed, venga a mí y beba. El que cree en mí, como dice la Escritura, de su interior brotarán ríos de agua viva'". (Jn, 7:37-38).

La Luna: la imagen de esta carta ha variado a merced de los tarots antiguos. Ha sido representada de frente o de perfil, con la forma de una mujer sosteniendo una luna creciente o incluso de astrónomos provistos de compases que discuten sobre su claridad... La imagen más antigua que nos ha llegado de La Luna como paisaje marítimo delimitado por dos torres es la de la hoja Cary, una lámina impresa que posiblemente proviene de Italia y que data del siglo XV o XVI. En ese paisaje de La Luna, algunos ven una reproducción del puerto de Marsella, con el fuerte de San Nicolás de un lado y el de San Juan del otro. El cangrejo de río que se ve en el fondo del agua podría remitir al signo de Cáncer: no olvidemos que la astrología estaba omnipresente en la cultura del Renacimiento. La luna es un arquetipo común a toda la humanidad, figura de la madre cósmica. Va más allá de la iconología particular del Tarot.

El Sol: él también es un símbolo universal, que remite generalmente a la figura paterna (aunque, en las culturas matrilineales y matriarcales, se lo identifica a veces con lo femenino que está engendrando). En la India tradicional, el primer mantra que se enseñaba a los niños era el mantra Gayatri del Rigveda: "Meditamos en el esplendor único de *Sāvita* (el sol), el universal que todo lo incluye. Que nos permita iluminar *nuestra*

inteligencia".[108] El plural concuerda con el *Padre Nuestro* de la tradición cristiana, donde la figura del Padre permite crear la cohesión entre todos sus hijos. En la mitología incaica, el Sol, "Padre Inti", es la deidad principal, esposo de su hermana la luna, "Mama Quilla", y la devoción de algunos sacerdotes llegaba al punto de mirar fijamente el astro solar hasta volverse ciegos. El Sol del Tarot de Marsella es diferente del de los tarots italianos, donde se lo representaba con frecuencia como un niño a caballo o bien con los rasgos de Apolo. También, la presencia de dos gemelos que atraviesan el río podría remitir a la simbología astrológica de Géminis.

El Juicio: hasta el siglo VI, la fe cristiana aceptaba todavía la noción de reencarnaciones sucesivas, hoy en día exclusiva de las religiones orientales. De a poco, se la reemplazó con la doble afirmación de la inmortalidad del alma y de la resurrección del cuerpo en el "fin de los tiempos". Es posible que la bandera crucífera del ángel remita a los estandartes de las cruzadas. En cuanto a la trompeta, recuerda las palabras  del Evangelio: "Enviará sus ángeles con gran voz de trompeta y juntarán a sus escogidos de los cuatro vientos, desde un extremo del cielo hasta el otro" (Mt, 24:31). El cuerpo azul del ser que aparece entre los dos orantes podría representar el cuerpo de gloria de los elegidos (que San Pablo llama "cuerpo espiritual"), cuerpo de pura conciencia liberado de la materia y, a la vez, reencarnado. Asimismo, en el Tarot de Marsella, existe una connivencia gráfica sorprendente entre ese cuerpo de gloria y el cuerpo, también azul, del Diablo: desde las profundidades, se prepara la salvación...

El Mundo: originalmente, el tetramorfo procede de la visión de Ezequiel (Ez, 1:1-14) y es retomado luego por San Juan en el Apocalipsis (Ap, 4:7-8). Los Padres de la Iglesia vieron en esas "cuatro criaturas"

---

108. Prajñanpad, Swami, *Vers la réalisation de soi*, París, Accarias L'Originel, 2009. [Traducción al castellano realizada a partir de la traducción al francés que cita la autora.]

(el león, el águila, el toro y el hombre, representado en forma de ángel) el emblema de los cuatro evangelistas, y la cultura cristiana popularizó la representación de Cristo en gloria rodeado de estos cuatro elementos. La sustitución de Cristo por una mujer es exclusiva del Tarot de Marsella, y sus formas están claramente sexuadas en el Tarot de Madenié. Cabe preguntarse si esto se debe a una influencia de la iconografía tibetana e india a fines del siglo XVII: en efecto, las *dakinis*, deidades femeninas de la tradición tibetana, o la diosa Kali, paredra de Shiva, se representan de forma muy parecida, bailando en un pie, rodeadas de una nube o una corona de llamas. En todo caso, para la Europa cristiana del siglo XVII, fue un acto muy iconoclasta adaptar así una representación tradicional de Cristo para representar el *Anima Mundi* (esa "alma del mundo" que aparece entre los neoplatónicos y los estoicos en la Antigüedad), la fuerza vital del universo manifestado.

3. Algunas referencias culturales: convenciones, símbolos, reglas de orientación…

- *Pintura figurativa, escudo y motivos geométricos*

Las imágenes figurativas del juego (Arcanos Mayores y Figuras) están construidas como pequeños cuadros. En general, la tierra está bajo los pies de los personajes y el cielo encima de sus cabezas. En las Figuras encontramos el principio del retrato: un personaje plebeyo o noble, representado con sus atributos en un decorado específico. En los Arcanos Mayores que muestran una escena con muchos elementos (como El Sol, La Luna, El Enamorado, El Papa, etc.), podemos reconocer algunos cánones que estaban en vigor en la pintura italiana del siglo XIV y de principios del siglo XV: la codificación de los colores, la ubicación de lo masculino a nuestra derecha y de lo femenino a nuestra izquierda, gestos de bendición, etc.

En las imágenes no antropomorfas (los Valores), la iconografía es más antigua, probablemente proviene de los naipes de los moros o de los sarracenos, y son imágenes más abstractas, donde la disposición de los símbolos remite a la geometría, la arquitectura, incluso la heráldica. Retomaremos este tema cuando estudiemos la numerología. Pero ya podemos acostumbrar nuestra mirada a pasar de una representación más figurativa (Arcanos Mayores y Figuras) a una representación más abstracta (Valores).

- *El espejo y el retrato*

Algunas de estas cartas se concibie-
ron como *espejos*: reflejan nuestra de-
recha en el lado derecho de la carta y
nuestra izquierda en el lado izquierdo.
La Emperatriz, por ejemplo, tiene su
cetro en la mano que se encuentra a
nuestra derecha. El símbolo de poder
corresponde a la diestra, y es evidente
que la Emperatriz no es zurda. Pode-
mos decir lo mismo del Papa, que sostiene su cruz en la mano que corresponde, en espejo, a nuestra derecha.

Del mismo modo, el Arcano XX, El Juicio, representa un nacimiento o un renacimiento: un ser de color azul aparece, de espaldas, entre una mujer y un hombre. La mujer, símbolo de lo materno, está a nuestra izquierda y el hombre, símbolo de lo paterno, a nuestra derecha. Esa disposición de lo femenino a la izquierda y de lo masculino a la derecha, que encontramos en la estatuaria oriental, se basa en un simbolismo universal: desde la gestación, oímos latir el corazón de la madre, que está ubicado a la izquierda del cuerpo. Ese latido es
el primer sonido que escuchamos, el sonido del mundo
interior. Cuando el niño nace, la mano derecha del padre lo recibe simbólicamente fuera de la matriz materna
(representada por la mano derecha del médico o de la
partera, pero también por el momento en el que el padre
toma al niño en brazos). Nacer es penetrar en un mundo dinámico y activo, en el que la acción se lleva a cabo
con la mano derecha, mayoritariamente dominante.

En la cultura de fines de la Edad Media y del Renacimiento, esta estructura en espejo remitía a la fina agudeza de la conciencia humana, capaz de reflejar la conciencia universal o divina o de estudiarla. Esta constatación nos invita a nunca banalizar la lectura de los Arcanos Mayores: podemos intentar comprender y expresar en el momento, de la forma más exacta posible, el mensaje que nos envían, pero conservando siempre una especie de reverencia interior y la intención de dejar esa interpretación abierta.

Las Figuras, por su parte, están concebidas como *retratos*: su diestra está representada a nuestra izquierda. Esto es particularmente curioso en las parejas reales, que no solo sostienen su símbolo con la mano derecha, sino que además deben colocarse, claramente, en el orden Rey-Reina, mientras que la pareja Emperador-Emperatriz, por ejemplo, ubica a la mujer a nuestra izquierda y al hombre a nuestra derecha.

Entonces, el Tarot nos presenta una doble orientación: en retrato en el caso de las Figuras (que representan aspectos concretos, existenciales de lo humano) **y en espejo en el caso de los Arcanos Mayores** que, como el portal de una catedral gótica, "La Imitación de Cristo" o el cielo de las ideas platónicas, no son una emanación o un retrato de nuestra propia naturaleza, sino más bien la imagen de una naturaleza superior que se proyecta en nosotros o a la que podemos ver pero nunca poseer, como un horizonte que llama sin cesar al viajero para que avance con más perseverancia.

• *Cielo y tierra*

Ya sean retratos o paisajes, la parte inferior de la carta es aquella en la que los pies de los personajes tocan la tierra, incluso el subsuelo, mientras que en la parte de arriba vemos elementos cósmicos (estrellas, sol, etc.) o bien un rostro coronado o con sombrero. La tierra está abajo y el cielo arriba.

A pesar de esa orientación evidente, las prácticas adivinatorias y espiritistas de los siglos XIX y XX crearon la práctica de la "mezcla" de cartas (en la que se revuelven con ambas manos las cartas boca abajo en un movimiento giratorio) con el pretexto de impulsarles un fluido hipotético o tal vez para diferenciarse de la forma en la que se barajaba en los juegos de carta comunes. En cualquier caso, esas mezclas llevan a que algunas cartas queden invertidas. Para algunos, esta práctica permite dar a la carta un sentido positivo o negativo, según esté al derecho o al revés. Como veremos después, no es necesario crear ese desorden, ya que podemos leer las cartas en clave de "fluidas" o "estancadas", apoyándonos en la numerología. Agregar negatividad en la consulta del Tarot no enriquece: la vida misma, en su movimiento constante, nos presenta suficientes desafíos, bloqueos y duelos como para sumar otro más. En consecuencia, a menos que quieran hacer de ello una regla del juego, pero sin decidir de antemano atribuir a las cartas invertidas un significado particular deliberado y útil, mi consejo es respetar la orientación básica de las cartas y mezclarlas manteniendo dicha orientación. Si alguna vez, por accidente, una carta aparece en el juego al revés, entonces podremos tratar esa circunstancia como un signo excepcional y leer primero la carta invertida (destronada, inestable o trastornada) antes de volver a ponerla al derecho y constatar de qué modo puede influenciar en la respuesta.

• *El sentido de la escritura, la izquierda y la derecha*

En el Tarot de Marsella, los Arcanos Mayores y las Figuras llevan el nombre o título inscrito en el cartucho inferior (excepto el Paje de Oros). El sentido de la lectura es el de la escritura latina. Eso nos indica que existe una línea del tiempo implícita en el Tarot: el pasado viene de nuestra izquierda y el futuro se escapa hacia la derecha. Podemos recurrir a estar regla de orientación pasado-presente-futuro cuando observemos la dirección de los gestos y de las miradas.

Cuando organicemos la lectura del Tarot para hacer una "frase",[109] esta se desarrollará de nuestra izquierda hacia nuestra derecha. Si leemos el Tarot a una persona cuya lengua de origen se escribe en otro sentido, es importante explicarle por qué leemos de izquierda a derecha, y cómo la iconografía propia del Tarot (en la que la imagen y la palabra se corresponden, en los Arcanos Mayores y las Figuras) sugiere a la mirada un barrido de izquierda a derecha.

Aunque la representación en retrato de las Figuras difiere de la de los Arcanos Mayores, que es en espejo, en general estudiaremos el Tarot en el sentido de la lectura, de izquierda a derecha.

• *Equidad esencial y respeto del juego social*

Como está basado en una visión esencial de la realidad, el Tarot presenta en sus Arcanos Mayores una representación equitativa del mundo: hay una paridad perfecta entre los arquetipos masculinos y femeninos. En cambio, entre las Figuras distinguimos tres

---

109. En el apartado sobre las lecturas, veremos que podemos consultar las cartas poniéndolas en línea (o "frase") o en configuraciones más geométricas.

elementos masculinos (Paje, Caballero y Rey) y una sola mujer (la Reina). En efecto, lo femenino está menos presente en el espacio público de la sociedad patriarcal.

En realidad, veremos que el Paje, al igual que el Caballero, representa un neutro expresado en masculino, como ocurre en las lenguas romances, es decir, una convención que permite incluir las posibilidades femeninas y masculinas en un único género.[110] En el Tarot, se afirma la dimensión esencial de complementariedad entre lo femenino y lo masculino, aunque en las Figuras se haga una concesión a la representación patriarcal de la realidad social.

La simbología fundamental del Tarot ubica lo femenino materno a la izquierda, espacio de receptividad y estabilidad, con energía centrípeta orientada hacia el interior. Lo masculino paterno, por su parte, se ubica a la derecha, activo, centrífugo y dinámico, orientado hacia el exterior. Pero eso es solo una distribución inicial, una base de orientación entre esos dos polos maternal-uterino y paternal-fálico del que todos provenimos. El Tarot no se limita a esa visión, ya que lo femenino no es solo materno, ni lo masculino paterno. En los Arcanos Mayores, encontraremos numerosas representaciones femeninas activas y masculinas receptivas y estables: así como, en el símbolo taoísta del yin y el yang, cada polaridad contiene en su centro la polaridad complementaria y opuesta, los Arcanos Mayores nos remiten a una interpenetración de lo femenino y de lo masculino comparable con lo que hoy llamaríamos la multiplicidad de géneros. Esto es muy importante en la lectura, ya que, cuando una mujer elige una carta que muestra a un hombre, o viceversa, podemos interpretar que se trata de una persona externa al consultante, o bien de un aspecto interior

---

110. Encontramos la huella de esa androginia del Caballero y del Paje al menos en dos tarots antiguos. El Tarot llamado "Cary Yale", de 1466 aproximadamente, tiene seis Figuras: a los tradicionales reyes, damas, caballeros y pajes se suman sirvientes y jinetes mujeres. Ese Tarot, del cual nos han llegado 67 cartas (11 Arcanos Mayores, 17 Figuras y 39 Valores), tenía aparentemente 8 cartas más que los otros juegos, es decir, 86 cartas en total. Por otra parte, el Tarot de Jean Noblet (París, hacia 1650) muestra caballeros andróginos, cuyo rostro es parecido, en todo aspecto, al de las Reinas del mismo palo.

de masculinidad o feminidad, estabilidad o actividad, influencia paterna o materna, etc., según el contexto.

• *Proporciones y perspectiva*

En el juego del Tarot de Madenié y los juegos "de Marsella" que le siguieron, la estructura de las cartas se inscribe en un rectángulo de proporción 1 × 2, es decir, un doble cuadrado, que evoca dos mundos superpuestos uno arriba del otro: el mundo visible, terrestre, tangible, y el mundo invisible, celeste, espiritual.

El Tarot de Jean Noblet tiene un formato distinto porque las imágenes se inscriben en el interior de un "rectángulo de oro" de una proporción aproximada de 1 × 1,6180339887. El número áureo, o "divina proporción", usado tradicionalmente en la arquitectura y diversas corrientes de las artes menores, se considera una proporción notable que permite obtener una construcción o composición pictórica equilibrada, y que permite también calcular los volúmenes de un edificio (el ejemplo más destacado es el Partenón).[111] Numerosos estudios han descubierto, en el dibujo de diversas versiones del Tarot "de Marsella", la marca de esa proporción, que era moneda corriente entre los artesanos de la época. Al respecto, algunos autores hablan de una posible influencia de la mística del gremio o de la francmasonería especulativa en la elaboración del Tarot. Como no hay pruebas decisivas, nos es forzoso constatar que, si observamos las cartas o las superponemos, la construcción del diseño, aparentemente inocente, revela correspondencias entre los símbolos y coherencias en la construcción que desorientan.

Como no soy especialista en el tema, solo puedo mencionar esa

---

111. Esa proporción también parece desempeñar un papel en la producción de sonidos armoniosos en materia musical. El maestro lutier Joël Laplane mostró, en efecto, que la forma tradicional de la guitarra, así como la del laúd, obedece al número áureo: el ancho del instrumento, el largo de las cajas de resonancia, el lugar del atril y la longitud de la cuerda vibrante, el lugar de la roseta. Referencia: http://joel-laplane-lutherie.com/images/dossier%20du%20mois/nbre_d'or.pdf.

estructura subyacente, heredada evidentemente de las tradiciones artesanales que estaban en vigor entre los maestros fabricantes de naipes franceses de los siglos XVII y XVIII, y recordar que diversas corrientes del conocimiento del siglo XX (los rosacruces, la francmasonería, pero también artistas como Paul Valéry, Salvador Dalí, Béla Bartók, Iannis Xenakis, o también el arquitecto Le Corbusier, por citar solo algunos) consideraban que el número áureo, que también se puede encontrar en las formas de la naturaleza, era la huella de un saber perdido, una tradición primordial oculta que une al humano con la armonía cósmica.

En el Tarot, el empleo de la perspectiva es, como mínimo, caprichoso. En general, los objetos lejanos se representan más pequeños (como los dos árboles en el Arcano XVII, La Estrella, o las dos torres en el Arcano XVIII, La Luna). Pero el estilo medieval del Tarot de Marsella autoriza algunas libertades con respecto a las proporciones. Recordemos que, antes de la invención de la perspectiva, algunos persona-  jes se representaban más pequeños que otros, no para señalar lo alejados que estaban, sino su importancia relativa. Entre otros, encontramos esta jerarquía de tamaño en la representación del Papa con sus acólitos, que tienen el tamaño de un niño. Esas variaciones son interesantes para nosotros, ya que nos permiten liberarnos del realismo cuando observamos los Arcanos Mayores. La convención de representación del Tarot nos muestra las alegorías como si todas tuvieran más o menos el mismo tamaño. Intenten no representárselas como una serie de estatuillas, sino más bien como una indicación para proyectar esas imágenes hacia universos de proporciones muy diversas, de lo más grande a lo más pequeño. Por ejemplo, podemos imaginar al ángel de Templanza en miniatura o, al contrario, como si midiera 140 metros de altura: no es el mismo ángel si es inmenso o si es minúsculo, no produce el mismo efecto en nosotros, no cumple la misma función. El ángel de la Muerte, el del Juicio, el de la Anunciación o nuestro ángel guardián no son lo mismo que un angelito de yeso que decora el techo de un edificio burgués...

• *Simbología de la geometría y de los números*

El Tarot de Marsella procede de una época en que el grabado en madera, y luego la imprenta, provocaron una libertad de expresión y de difusión sin precedentes: la posibilidad de combinar las imágenes con el texto, de jugar con los valores numéricos y las representaciones geométricas impregnaron las producciones de los siglos XVI y XVII.

No sabemos exactamente quién inventó el Tarot de Marsella. Pero, en cambio, conocemos cierto número de correspondencias simbólicas que eran moneda corriente en la época en que se imprimió. Las siguientes son algunas de ellas:

• el triángulo, en la cultura cristiana, está relacionado con la Trinidad Padre-Hijo-Espíritu Santo y, por lo tanto, representa lo espiritual por excelencia. El ojo de Dios está representado como un triángulo. Es la manifestación del Espíritu en la tierra;

• el cuadrado representa la orientación en el mundo visible y, por consiguiente, la posibilidad de estabilidad: el hogar, las cuatro direcciones del espacio o los cuatro elementos, las cuatro estaciones del año, las cuatro edades de la vida. Cuando el cuadrado se duplica, como en la estrella con ocho puntas de la tradición islámica o el rectángulo en el que se inscribe el Tarot, representa las dos realidades, cielo y tierra, superpuestas o interconectadas;

• el cinco es un principio de suma entre el primer par (2), femenino-receptivo, y el primer impar (3), masculino-activo, por lo tanto un número de boda, de unión. También evoca la superación de lo visible (el 4) por la integración de los cuatro principios y/o la integración de un quinto elemento (el centro, la quintaesencia alquimista, el éter...). Simboliza lo humano por excelencia: los dedos de la mano, o el pentáculo con la punta en alto que representa un cuerpo humano. Por ese motivo, evoca una bendición, aunque, si está invertido (pentáculo que apunta hacia abajo), remitirá a la magia negra. Es el poder de invocar o de hacer huir a los demonios...;

• la estrella de seis puntas está constituida por dos triángulos,

uno material y el otro espiritual, y remite a la armonía. También es un Hexamerón, los seis días de la creación del mundo antes del descanso divino;
- el siete remite a una unidad y es sagrado en numerosas tradiciones. En nuestra cultura, es el número de los días de la semana, la Creación que incluye el día del descanso divino;
- el círculo es la representación por excelencia de las órbitas celestes y de las principales luminarias: la Luna y el Sol. Corona la cabeza de los santos en forma de aureola. Cuando está relacionado con el cuadrado, designa el mundo divino o cósmico en unión con el mundo visible.

En los próximos capítulos, estudiaremos la numerología del Tarot más en detalle.

- *Los colores: algunas pistas, de la heráldica a la alquimia*

Han existido numerosas teorías convincentes sobre los colores, desde Newton, que buscaba la correspondencia entre los colores y las notas de la gama musical, hasta la magistral *Teoría de los colores* de Goethe (1810). Más cercano en el tiempo, también podemos citar el trabajo de Michel Pastoureau sobre la semiótica de los colores y el cuadro de correspondencias entre colores y formas de ver el mundo que estableció Ken Wilber.

Por regla general, la paleta de colores de una carta determina su humor, su tonalidad emocional, pero esas consideraciones son variables y dependen de la sensibilidad de cada uno, así como de variaciones culturales.

Actualmente, no existe ninguna teoría global convincente que se base en la semiótica de los colores en los juegos de cartas en general y en el Tarot en particular.

Del siglo XV al XVIII, los tarots, como los naipes, se solían colorear con una plantilla y cuatro colores de base: negro de humo, rojo bermellón o cinabrio, azul índigo, amarillo *stil de grain*. Se podían obtener colores derivados, como verde, por ejemplo, superponiendo azul y amarillo.

Asignar un significado preciso a los colores del Tarot sería arbitrario, pero podemos explorar las siguientes pistas:

- **la semiología general de los colores** en la cultura occidental: el azul remite al cielo diurno (azur) o nocturno (azul oscuro), así como al océano; el rojo, al fuego y a la sangre, energía vital que puede degenerar en violencia; el amarillo es el color del oro y del sol; el verde, el del mundo vegetal; el color carne, el de la existencia humana; el blanco remite a la pureza, a la luz, y el negro, a la oscuridad, a las profundidades, aunque también fue, hasta mediados del siglo XVII, un color de la realeza... En numerosos tarots antiguos, las manos y cuerpos desnudos son de color carne, pero las caras son blancas: aunque el papel se haya puesto amarillo por los años y la diferencia de color se haya atenuado, esa representación no es común para nosotros y puede tener algo de inquietante, ya que una cara blanca remite a la palidez de la muerte;

- **la simbología de los colores en la alquimia** puede tomarse en cuenta, aunque el Tarot no sea una producción directa de la tradición alquímica. En todas las cartas, se encuentran los colores de los cuatro grados de la Gran Obra: negro (putrefacción, calcinación), blanco (lavado, purificación), amarillo (iluminación) y rojo (incandescencia, cambio de grado energético). En algunos textos alquímicos, el Vitriol se designa como "el león verde que muerde el sol y lo hace sangrar", y es interesante notar que, en algunos tarots del siglo XVIII, el propio sol es de color verde. La correspondencia entre colores y planetas data de la tradición hermética antigua: amarillo para el Sol, blanco para la Luna, rojo para Marte, naranja para Mercurio, verde para Venus, azul para Júpiter y negro para Saturno;

- **los colores de la heráldica** son, asimismo, una referencia indispensable, ya que los principales se encuentran también en el Tarot: el amarillo (llamado "oro" en el vocabulario heráldico), el blanco ("plata"), el rojo ("gules"), el azul ("azur"), el verde ("sinople") y el negro ("sable"). Así como en el Tarot encontramos el color carne y el color crudo del papel, la heráldica reconoce el "natural", es decir, el color de base de un mueble, ya sea color carne ("carnación"), ya sea castaño ("leonado"). Los colores secundarios son el gris ("acero"), el violeta ("púrpura") y el naranja ("anaranjado").

Las virtudes (cardinales o teologales) tienen una correspondencia con los colores:
- la justicia es el azur (azul);
- la fuerza es el sinople (verde);
- la templanza es el púrpura (violeta);
- la prudencia es el sable (negro);
- la fe es el oro (amarillo);
- la esperanza es la plata (blanco);
- la caridad es los gules (rojo).

Para la reproducción de los escudos en blanco y negro, la heráldica estableció un sistema de notación de los colores por medio de motivos (rayados verticales, horizontales u oblicuos, sembrado de puntos, cruces) que pueden recordar, en algunos casos, los motivos del diseño de los tarots: es posible que algunos de esos rayados hayan sido usados por los escultores de moldes de tarots para indicar el color correspondiente a un objeto, un paño de vestimenta, etc.

Señalemos al paso que el bestiario fantástico de la heráldica y de la alquimia (grifos, unicornios, fénix, dragones, etc.) está notablemente ausente en el Tarot, que se limita a los caballos, leones o águilas, más realistas.

No olvidemos que los retratos de los naipes (la representación de las Figuras según las regiones o los países) se fueron fijando de a poco, y que algunos incluso se impusieron por reglamentaciones oficiales. Esos retratos eran bastante estables en su representación y coloración. Es posible que la evolución del Tarot haya seguido un esquema similar, en el que algunos colores se hayan vuelto tradicionales por un acuerdo tácito entre fabricantes de cartas: en el estándar "de Marsella", constatamos cierta estabilidad en la coloración, que se mantuvo hasta principios del siglo XIX.

En los siglos XIX y XX, paralelamente a la evolución de las técnicas e innovaciones en el campo del arte (podemos ver allí tanto la influencia del naturalismo como la del impresionismo), los fabricantes de cartas se permiten, de a poco, modificar los colores tradicionales. El primer ejemplo más impactante de esto es el Tarot Arnoult, fechado entre 1850 y 1900 por la Biblioteca Nacional de Francia, en el que las hojas de las espadas están pintadas de azul (evocando el acero, mientras que su color tradicional es el rojo), hasta el 7 de Espadas donde, de pronto, la hoja se mancha de un rojo que chorrea, como si hubiera estado sumergida en sangre. Es probable que este Tarot haya influenciado a Paul Marteau quien, en su edición de 1930, adoptó colores inéditos, de acuerdo con sus gustos personales y su interpretación de las cartas. Pero es muy posible que, a lo largo de la historia del Tarot, hayan existido juegos pintados a mano con una paleta de colores más rica, a semejanza de los tarots principescos del siglo XV, ricamente iluminados.

En resumen: no es indispensable una cultura general enciclopédica para comprender el Tarot, pero sus imágenes provienen, sin embargo, de un contexto específico. Cuanto más nos familiaricemos con ese contexto, más libertad tendremos para dejarnos alcanzar por resonancias más universales o más personales, es decir, para proyectar en el Tarot nuestra propia visión, sin dejar de respetar su identidad histórica subyacente. Una interpretación contemporánea no necesariamente es anacrónica si respeta el espíritu, y no la letra, de la iconografía que estudiamos. Por otra parte, existen elementos simbólicos comunes a muchas culturas y la iconografía del Tarot suele coincidir con una simbología más vasta, transcultural.

3

LOS "ÓRGANOS" DEL TAROT: COMPOSICIÓN DEL JUEGO

El Tarot es un lenguaje visual, que a las palabras les cuesta describir. Les aconsejo que sigan las indicaciones de este capítulo con un juego en la mano, ordenado en tres mazos como se explicó en el capítulo anterior, o bien con las cartas extendidas sobre una superficie frente a ustedes. El tiempo que dediquen a dar cabida al Tarot, a extenderlo, contemplarlo, disponerlo en orden, es en realidad tiempo ganado, ya que esos gestos arraigan el juego en la memoria, al punto de que un día podrán visualizar una tirada compleja de memoria.

1. Los Arcanos Menores: cuatro series, cuatro palos, cuatro energías

Hemos visto que el Tarot está compuesto por cinco series: cuatro palos, cada uno de los cuales está compuesto de los Valores del 1 al 10 y de cuatro Figuras, y una serie de Triunfos.

El primer paso es ver **a qué pueden corresponder los símbolos de los cuatro palos** en nuestro método de interpretación del juego.

Desde su origen, los cuatro palos de los juegos de cartas han suscitado interrogantes e interpretaciones en relación con su sentido. Una de las propuestas más comunes era la de hacerlos coincidir con los cuatro órdenes que componen la sociedad:

- **Espadas:** la nobleza de espada, que mantiene la cohesión del reino por medio de las armas y que, por esta razón, detenta el poder social más elevado;
- **Copas:** el clero, depositario del cáliz que nos une con el amor divino en cada celebración. Es el poder espiritual;
- **Bastos:** el campesinado, que trabaja la tierra y sostiene todas las energías gracias al alimento que esta le da;
- **Oros:** los intercambios comerciales, los artesanos y la burguesía.

Esta subdivisión, tal y como está planteada, ya no nos resulta útil, porque la estructura de la sociedad cambió. Podríamos adaptarla al mundo de hoy y emplearla para una lectura estratégica y práctica del Tarot:

- **Espadas:** profesiones intelectuales o científicas, dominio de la palabra y de la comunicación;
- **Copas:** profesiones u ocupaciones que provocan una fuerte respuesta afectiva por parte del público, "nuevas religiones" (política, nuevos medios de comunicación, industria del entretenimiento, etc.);
- **Bastos:** agricultura, dominio de las energías (nucleares, fósiles, renovables, etc.);
- **Oros:** intercambios comerciales, finanzas, pero también profesiones asalariadas.

Sin embargo, es muy reduccionista limitarse a la organización social. En realidad, los cuatro símbolos remiten a una subdivisión de las *energías del ser humano*, que podemos adaptar a numerosos ámbitos:

- **la Espada del Verbo:** la capacidad *intelectual* de simbolizar la realidad por medio de palabras, conceptos, signos e imágenes; nuestro lenguaje para manifestar la inteligencia divina (o universal, pero "divino" es el término que corresponde a la época en la que se diseñó el tarot).

Efectivamente, la espada es el atributo de la nobleza, o cualidad intrínseca al ser humano: permite disipar el error y acercarse a la verdad paso a paso. Sin embargo, cuando se la utiliza mal, se convierte en un arma mortal;

- **la Copa del Santo Grial, o el cáliz:** el *corazón*, receptáculo de la sangre y los afectos, colmado de emociones positivas y negativas, pero destinado a convertirse en la pila del amor divino.

La purificación gradual de las emociones conduce a la autenticidad del corazón. Permite distinguir de modo cada vez más sutil entre el amor-apego ("quiero ser amado", nuestro pedido de seguridad) y el amor desinteresado: primero, la copa recibe, y luego se convierte en la fuente de una ofrenda;

- **el Basto** como elemento natural y alimento del fuego: *la energía vital y motriz*, la del aliento y la sexualidad, el principio de puesta en movimiento. Dicha energía manifiesta en nosotros la creatividad divina.

El basto es el único elemento de los cuatro palos que no se fabrica, no es un artefacto, se desarrolla en estado natural. Pero puede estar en bruto o más o menos trabajado, puede servir de arma o de herramienta, e incluso transformado, conserva en él una vitalidad propia de las cosas naturales;

- **el Oro:** una moneda, tal vez de oro, que sirve para regular todos los intercambios materiales. Es el reino de las necesidades, de la necesidad que tiene el cuerpo de ser alimentado para existir y perdurar: las condiciones de la vida en el centro de nuestra existencia.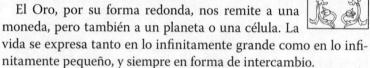

El Oro, por su forma redonda, nos remite a una moneda, pero también a un planeta o una célula. La vida se expresa tanto en lo infinitamente grande como en lo infinitamente pequeño, y siempre en forma de intercambio.

Como cada uno de estos palos contiene diez grados, podemos considerar los cuarenta Valores como estados sucesivos de las cuatro energías que se sitúan, cada una, en un "nivel" del cuerpo. Daremos más detalles de esos estados sucesivos en el capítulo sobre la numerología.

En resumen: el esquema de interpretación principal para leer los Arcanos Menores puede resumirse así:

Oros, al nivel de los pies, las necesidades;

Bastos, al nivel de la pelvis, la energía de los deseos;

Copas, al nivel del corazón, los afectos;

Espadas, al nivel de la cabeza, el pensamiento.

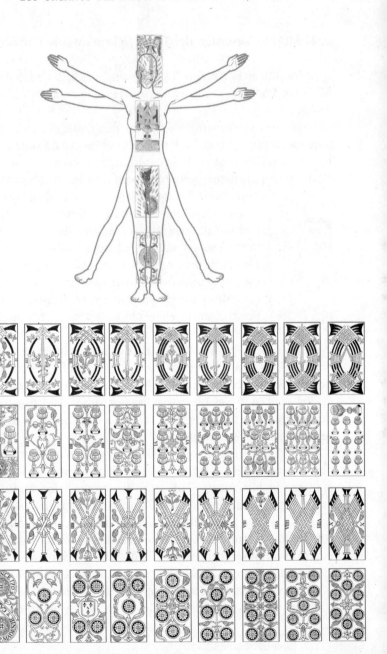

2. El Mundo, resumen del Tarot y clave de orientación

El Mundo es el Arcano XXI, el valor más alto de los Arcanos Mayores. Podemos considerarlo un resumen de la estructura del Tarot.

En el centro de una mandorla oval, una mujer desnuda está parada en un pie y parece bailar. En las cuatro esquinas de la carta, hay cuatro elementos simbólicos: un ángel arriba a la izquierda, un águila arriba a la derecha, un toro (o un caballo, en algunas versiones) abajo a la izquierda y un león abajo a la derecha.

Hemos visto que esta imagen tiene cierta familiaridad con algunas representaciones de Cristo en gloria.

Pero su estructura remite a una simbología más arcaica y más universal: un círculo (que aquí está estirado como óvalo) inscrito en un cuadrado (aquí, el doble cuadrado en el que se inscribe el dibujo del tarot), con un elemento central y cuatro puntos de orientación en las cuatro esquinas.

Como señala Antoine Faivre, el cuadrado es la estructura fundamental de la arquitectura romana: "El hombre microcosmos tiene el número cuatro, muestra los cuatro puntos cardinales asociados a los cuatro elementos, a los cuatro ríos del Paraíso. Pasar del cuadrado al círculo es ir del tiempo a la eternidad, o de la manifestación divina a la unidad".[112]

Es el mismo principio que el de los círculos chamánicos, dibujados directamente en el suelo o delimitados por medio de piedras, plantas o incluso fuego. El oficiante delimita ese círculo ritual que es una representación del mundo y un espacio de recibimiento (de las personas que participarán en la ceremonia y de las influencias sutiles), luego se ubica en el centro y se inclina por turnos hacia las cuatro direcciones cardinales. Según las tradiciones, esas direcciones están representadas por distintos animales o divinidades.

Entonces, tenemos la unión de un círculo, femenino, en el que todos los puntos son equidistantes del centro, y de un cuadrado,

---

112. Faivre, Antoine, *op. cit.*

principio de orientación masculino, en el que las direcciones fijas determinan nuestro recorrido.

La postura de la mujer en el centro de la mandorla también se sale del marco de la iconografía occidental.

En la tradición tibetana, podemos encontrar deidades femeninas que bailan en medio de un círculo: esas *dakinis* o *taras* suelen estar paradas en un pie, con la otra pierna plegada, sosteniendo en cada mano atributos simbólicos y rodeadas de un círculo de luz o de una guirnalda de nubes, llamas, etc. En la India, las representaciones muestran a Shiva Nataraja, señor de la danza cósmica, en una postura similar y también rodeado de un aura circular.

El centro exacto de la carta El Mundo está ocupado por el ombligo o por el pliegue del talle de la mujer: el lugar del cuerpo en el que la derecha y la izquierda, lo celeste y lo terrestre se unen.

El Tarot de Marsella nos ofrece en esta carta un resumen de sus leyes de orientación. En las cuatro esquinas de El Mundo, equidistantes del centro, **las cuatro figuras simbólicas se corresponden con los cuatro palos del juego**, es decir, **con nuestros cuatro modos de expresión y de existencia principales.**

En el centro, un principio dinámico: esta mujer desnuda que ocupa el lugar que habitualmente se le confiere a Cristo, el de la más alta conciencia, el del amor más elevado posible, pero encarnado en el cuerpo de una mujer, fecundo, bailarín, alegremente vivo. En el plano del macrocosmos, se ha dicho que era el *Anima Mundi*, el principio que une todos los elementos animados, pero también podemos ver en ella, simplemente, la imagen de un horizonte que debemos alcanzar: el ser humano "desnudo", auténtico y liberado de sus adornos sociales, consciente, bailando con el movimiento de la vida y en contacto con todos los aspectos de la realidad. Este cuerpo de mujer que baila, esta conciencia encarnada, representa la quinta serie de cartas, la de los Arcanos Mayores.

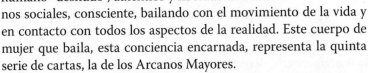

La observación de la carta nos remite a reglas de orientación básicas que recordaremos cuando leamos las otras cartas del Tarot:

- en el centro, el principio unificador: la mujer que baila, energía vital, alma del mundo;
- abajo, dos animales terrestres: la tierra;
- arriba, dos seres alados: el cielo;
- a nuestra derecha, dos animales de presa, símbolos del principio fálico: dinámico y centrífugo, activo y convexo, orientado hacia el exterior;
- a nuestra izquierda, dos seres dedicados a la comunicación y el servicio, el ángel y el animal color carne (toro, buey o caballo, según los tarots). Simbolizan el principio matricial: estable y centrípeto, receptivo y cóncavo, orientado hacia el interior.

En cuanto a los cuatro símbolos que rodean la mandorla, podríamos interpretarlos así:

- **el Toro**: fuerzas ctónicas, terrestres, condiciones básicas de la supervivencia, también es el animal de sacrificio por excelencia. Es la vía del cuerpo, del sentir, de las necesidades reales, de la presencia. Aprender a vivir y aprender a morir.

Corresponde a los **Oros** de los Arcanos Menores, símbolo de la vida material;

- **el León**, rey de los animales, es un símbolo de valentía y soberanía, principalmente. Pero también puede tener, en la cultura cristiana medieval, una connotación negativa: como predador solitario, remite al diablo que acecha las debilidades de los hombres para apoderarse de ellos. Esta ambivalencia coincide con la de nuestras energías más poderosas, de atracción y de repulsión, de puesta en movimiento y de deseo, que deben encontrar su expresión justa para no convertirse en todopoderosas y asfixiantes.

Corresponde a los **Bastos** de los Arcanos Menores, símbolo de la energía motriz y creativa;

172

- **el Ángel**, con rostro humano, tiene la mirada puesta en la mujer que baila. Es el mensajero de la divinidad por excelencia. En el tarot, hay cuatro ángeles en total: el eros de El Enamorado, el ángel de Templanza, el de El Juicio y, por último, este. Cada uno corresponde a un nuevo nivel de apertura del corazón al amor divino.

Corresponde a las **Copas** de los Arcanos Menores, símbolo de la energía afectiva y emocional;

- **el Águila**, gran ave rapaz de vista penetrante, es capaz de elevarse por encima de las nubes y abrazar con la mirada vastos paisajes, pero también de mirar fijamente el sol: una comprensión directa de la verdad. Rey de los cielos, es noble y temible a la vez.

Corresponde a las **Espadas** de los Arcanos Menores, símbolo de la energía intelectual que nos permite simbolizar la realidad por medio de signos, palabras, imágenes o números.

En resumen: el Arcano XXI expone las leyes de orientación fundamentales del Tarot.

La tierra abajo, el cielo arriba, un principio de acogida y de apertura a la izquierda, un principio de penetración en el mundo y de acción a la derecha. Los cuatro símbolos son el equivalente de los cuatro palos del Tarot, y nos indican que cada una de nuestras cuatro energías fundamentales tiene su propio lugar en el camino del autoconocimiento.

Una de las cosas más importantes que esto implica en la lectura del Tarot es que este puede dirigirse, virtualmente, a todos los aspectos de nuestra existencia. Entonces, nos corresponde desarrollar una comprensión de esos cuatro planos de nuestra existencia:

- **Oros:** cuando sea pertinente orientar la lectura hacia la vida material, este nos permitirá, tal vez, **extraer soluciones y acciones concretas**;
- **Copas:** una lectura en el plano afectivo deberá, probablemente, **tomar en cuenta aspectos psicológicos**, condicionamientos del pasado y cierta habilidad para leer el corazón propio y encontrar soluciones para los conflictos anclados en la historia personal;
- **Bastos:** también podemos centrar la lectura en las **corrientes energéticas y creativas que actúan en una situación**. En ese caso, las cartas nos remiten a lo que parece fluido o estancado, abierto o cerrado, satisfactorio o frustrante, deseable o indeseable. Si la situación lo permite, si, por ejemplo, nos leemos el Tarot a nosotros mismos o a una persona con la cual este tipo de interpretación es apropiada, también podemos considerar los Bastos como una indicación sobre la vida sexual del consultante, incluso orientarnos hacia consejos de sexología;
- **Espadas:** en lo que respecta a la **lucidez**, el Tarot nos ofrece, con gusto, **iluminar de forma muy directa la verdad de una situación**. Recuerdo a una alumna que interrogaba sistemáticamente a las cartas sobre su relación afectiva con un hombre que, además, vivía en pareja con otra mujer, pero

que ella consideraba su pareja romántica. Sin importar el ángulo desde el cual planteara la pregunta, siempre terminaba sacando el Arcano VI, El Enamorado, que muestra a tres personajes con gestos confundidos, un hombre en el centro y dos mujeres a los lados, y a un Cupido que vuela por encima de ellos, preparado para lanzar su flecha. En cierto modo, el Tarot no dejaba de repetirle: "No sueñes, te encuentras claramente en una situación que involucra a un trío".

La síntesis de esos cuatro aspectos representa la respuesta "esencial" a la pregunta. Es frecuente que nuestros cuatro centros no estén en concordancia: la cabeza tiene una idea bien definida de lo que deberíamos hacer, el corazón está conmovido y va en otra dirección, nuestra energía o nuestro deseo se orientan también hacia otro lado, y materialmente no tenemos el tiempo, o los medios, de llevar a cabo lo que desearíamos... Ese es el momento de encontrar un principio de unificación central, que puede estar representado por un Arcano Mayor, que nos permita no dispersarnos en un sinfín de divisiones.

3. Las Figuras: aspectos de la nobleza humana

Entre los Arcanos Menores, las Figuras constituyen un subgrupo particular. Forman una serie de cuatro personajes en cada uno de los cuatro palos.

Podemos clasificarlas así:

* por categoría: un "cuadrado" de Reinas, Reyes, Pajes y Caballeros;
* o por palo: una "serie" de Figuras de Oros, Bastos, Copas o Espadas.

Las Figuras, representadas como retratos, nos remiten a aspectos de la vida humana que podemos tocar, conocer concretamente, vivir interiormente.

Nuestra comprensión de las Figuras pasará, entonces, por la exploración de nosotros mismos. No son alegorías distantes e inasibles, sino niveles o etapas de la experiencia humana.

* *Si clasificamos las Figuras por palo, nos indicarán cuatro formas de estar en cada centro:*

  * **el Paje** es la Figura más humilde, corresponde a la modalidad del **principiante**;
  * **el Rey y la Reina** nos muestran las dos caras del reino, de la dominación, de la soberanía; corresponden a la modalidad del **dominio: control de sí mismo** (la Reina) **y del mundo exterior** (el Rey);
  * **el Caballero**, servidor del reino que cabalga su montura, encarna el principio que busca soltar y explorar fuera de las fronteras: corresponde a la modalidad de **superación**.

Todos los Reyes sostienen su símbolo con la mano derecha y miran en el mismo sentido, hacia su izquierda, pero hacia la derecha del juego. Esta actitud es común a los cuatro, combina la dominación del elemento sobre el que reinan con una mirada hacia el resto del reino. De este modo, podríamos ver en el Rey de Espadas a alguien que domina el aspecto intelectual y que está listo para difundirlo o compartirlo, por ejemplo, un científico; en el Rey de Copas, a una persona con sentimientos estables y actitud generosa; en el Rey de Bastos, cuyo gran cetro termina en una punta fina que se apoya en la tierra, a un creador o a toda persona que haya dominado sus energías, pero que está lista para difundirlas en forma de creación o método; por último, en el Rey de Oros, a un comerciante prudente o un emprendedor hábil, con una visión amplia.

Las Reinas y los Pajes tienen una orientación similar: su mirada va hacia nuestra izquierda, salvo el Paje y la Reina de Bastos, que se orientan decididamente hacia nuestra derecha.

Todas las Reinas tienen ambas manos ocupadas y tres de ellas miran hacia su símbolo, salvo la Reina de Bastos que, en vez de mirarlo, lo "siente", puesto que lo tiene apoyado sobre el vientre.

Las Reinas están estrechamente ligadas con la energía que representan: su tarea consiste en profundizarla, reinar sobre ella de una manera aún más íntima. La Reina de Espadas observa sus pensamientos, pero la mano izquierda que apoya sobre su vientre la conecta con su sentir instintivo, su intuición. La Reina de Copas sostiene una copa cerrada, como para proteger o dejar madurar sus sentimientos, y con la otra mano sostiene un cetro (un basto en el Tarot Madenié), que parece equilibrar el corazón con los deseos. La Reina de Bastos mira frente a ella, pero sus manos convergen en el bajo vientre, donde también se apoya su cetro: está en total conexión con sus deseos y la fuente de su energía. En cuanto a la Reina de Oros, observa fijamente su realidad material: excelente contadora o dotada de una extrema sensibilidad sensorial, nada se le escapa.

Todos los Pajes miran en el sentido de su símbolo, salvo el Paje de Espadas que sostiene la vaina con la mano derecha y la espada con la izquierda, como si todavía no hubiera aprendido a esgrimir la espada o dudara si la enfunda o no.

Los Pajes parecen desconcertados frente a su símbolo. El de Espadas podría enfundar su espada en cualquier momento, es decir, callar o dudar de sus ideas; el de Copas mira dentro de la copa mientras camina en puntas de pie, como intimidado o maravillado por los sentimientos que le nacen; el de Bastos sostiene el garrote con las dos manos, sin saber muy bien cómo manipularlo: acaba de tomar conocimiento de esa inmensa energía creativo-sexual que todavía no sabe ni expresar ni manejar. Con respecto al Paje de Oros, ve muy bien un aspecto de la situación, el que eleva a la altura de su rostro, pero no ha notado la otra moneda que se encuentra sobre (o dentro de) la tierra, junto a su pie: no tiene todos los elementos en la mano.

Por último, en lo que respecta a los Caballeros, se dividen en dos categorías: los Caballeros de Copas y de Espadas se orientan hacia nuestra izquierda y los Caballeros de Bastos y de Oros, hacia nuestra derecha. Aquí, el caballo representa el dominio de las energías, de la velocidad y de nuestra propia animalidad. La manera en que sostienen su símbolo evoca el hecho de soltar: el oro flota, los Caballeros de Bastos y de Espadas sostienen su símbolo con la mano izquierda, como si lo recibieran en lugar de esgrimirlo, y el Caballero de Copas se limita a sostener, con la palma de la mano, una copa que también parece no tener peso. Podríamos pensar que representan la superación de las ideas fijas (Espadas), de las emociones negativas (Copas), de los deseos egoístas (Bastos) y del materialismo (Oros).

El modo en que cada Figura esgrime o manipula su símbolo nos da información sobre el modo en que podemos entrar en contacto con cada una de las cuatro energías:

- **los cuatro Reyes** sostienen su símbolo con firmeza y miran más allá. Su actitud va de ellos mismos hacia el mundo: es el **pasaje a la acción.** El intelecto comunica, el amor da pruebas, la creatividad manifiesta una obra, la materia (dinero o materia prima) produce construcciones o situaciones:
- **las cuatro Reinas** tienen una relación mucho más **íntima** con su símbolo: nos llevan al reino interior, a una orientación centrípeta y al descubrimiento de la interioridad. La intuición enriquece lo relacional, la profundidad del sentimiento se contacta con las emociones ocultas, el deseo y la inspiración artística echan raíces en las profundidades del ser, y la sensación corporal es un testigo de la vida a cada momento;

- **los cuatro Pajes** tienen la misma orientación que las Reinas, pero con una actitud más tímida e incierta: remiten a **un principio de duda**, de inexperiencia, **pero también de curiosidad**. Representan la situación del principiante, ya sea en un aprendizaje o en una situación concreta. Pero también están llenos de la energía de los comienzos: aunque sea torpe, esa energía "joven" tiene en sí un potencial de aprendizaje considerable;

- **los cuatro Caballeros** encarnan, antes que nada, **un principio dinámico**. Cuando se diseñó el Tarot, el caballo era el medio de locomoción por excelencia. La posición de las patas del caballo importa tanto como la postura del caballero. El del Caballero de Espadas se dispone a saltar, lo que simboliza el "gran salto" de la mente hacia lo desconocido. En Copas y en Oros, el caballo camina al paso: cuando uno abandona una construcción afectiva o material, se aleja con calma, tomándose el tiempo de hacer el duelo. El del Caballero de Bastos está cubierto con un caparazón. En sus inicios, ese atuendo de tela cubría las piezas de la armadura de los caballos que se llevaban al combate. También se lo usó con fines puramente ornamentales. Ese caballo con caparazón nos remite, por un lado, a la belleza y el arte y, por otro, al combate, al enfrentamiento con la vida y la muerte. Esa doble cara evoca, por ejemplo, la belleza formal y la eficacia mortal de las artes marciales.

- *¿Cómo ordenar las Figuras? Cuestiones de jerarquía*

Evidentemente, el Paje es la más humilde de todas las Figuras. Pero el trío Reina-Rey-Caballero puede interpretarse de diversas maneras.

1. La jerarquía social y familiar

En el conteo de puntos del juego del tarot, la jerarquía de las cuatro Figuras es, **en orden creciente**, Paje, Caballero, Reina, Rey. Esta jerarquía social se ha aplicado con frecuencia en la lectura del Tarot, ya que también representa un orden familiar:

el Paje y el Caballero serían el hermano menor y el hermano mayor, y la pareja Reina-Rey representaría a los padres, en un modelo patriarcal en el que el padre es superior a la madre. No debemos pasar por alto esta jerarquía puesto que, la mayoría de las veces, es la que se utiliza en nuestros árboles genealógicos y representa el pensamiento dominante hasta aproximadamente la década de 1960.

2. La jerarquía espiritual y caballeresca

El Tarot proviene de una época en la que la tradición de la caballería todavía estaba viva. En el siglo XV, con la imprenta y la xilografía, se difundieron masivamente los juegos de cartas... y también las novelas de caballería.

El Tarot es el único juego de cartas que tiene cuatro Figuras, y es muy posible imaginar que su jerarquía se basa en **la tradición del amor cortés**, que es, a su vez, modelo de un recorrido interior en el que la Figura de la Dama (uno de los aspectos de María, que no solo es virgen, para los católicos, y madre de Cristo, para toda la cristiandad, sino también Nuestra Señora) se enaltece como guía espiritual por excelencia.

En ese paradigma, el Paje sigue siendo la Figura del aprendiz, el aspirante o el niño. Pero el Caballero, es decir, el Paje que ya terminó su aprendizaje, se debe tanto al Rey, que lo nombró caballero y a quien juró servir, como a la Reina, dueña de su corazón, cuyo estandarte porta interiormente. Entonces, existe allí una **igualdad en la pareja Reina-Rey**, en la que este último representa el principio visible y exterior del poder, mientras que la Reina representa el principio interior y secreto, es decir, esotérico, del poder: poder espiritual o poder del amor. El Caballero, por su parte, se encuentra en situación de servicio con respecto a la pareja real, pero también, a la vez, como un niño que ha alcanzado la edad adulta, en situación de superación. La tradición de la caballería nos presenta al caballero como el emisario aparente del Rey –a quien representa tanto en la búsqueda como en la guerra–, pero lo que en realidad lo mueve es la relación de amor cortés que mantiene con la Dama.

La jerarquía sería entonces la siguiente: Paje, luego Reina y Rey en el mismo nivel, luego Caballero.

Esta configuración puede aplicarse también al sistema familiar: el Paje, el hijo que está creciendo, se sitúa bajo la protección de la pareja Reina-Rey, de la cual es el producto y el protegido a la vez. El Caballero, por su parte, representa el niño ya adulto, que emerge de la pareja de los padres habiendo adquirido su autonomía. De este modo, es tanto el producto del hogar o del reino como su emisario, lo que lo ubica en posición de servidor. Esta posición es interesante, ya que no representa el mismo grado de jerarquía en el mundo material (donde el servidor es un inferior) que en el mundo espiritual o esencial: en el islam místico, por ejemplo, el grado de servidor es un grado espiritual elevado; del mismo modo, en numerosas historias de la tradición zen, el cocinero del monasterio, que ha pasado su vida sirviendo y alimentando a los demás, es en realidad el más digno para suceder al maestro. Desde un punto de vista esencial o espiritual, lo femenino y lo masculino no pueden pensarse en términos de jerarquía: el Rey y la Reina están en el mismo plano, necesariamente, al igual que ambos padres tienen la misma importancia en el corazón de su hijo.

En la mesa de juego, la Reina y el Rey vencen al Caballero por puntos, pero en la interpretación del Tarot, este último puede remitirnos a una dimensión que va más allá de esas otras dos Figuras. Entonces, podemos decir que el Caballero es superior a ellas en el plano del ser. Como en esas palabras de Cristo: "El que ama a padre o madre más que a mí, no es digno de mí; el que ama a hijo o hija más que a mí, no es digno de mí" (Mt, 10:37). O también como en esa definición lapidaria que Sri Swami Prajñanpad le dio a su discípulo Arnaud Desjardins para meditar: "¿Qué es la Liberación (*moksha*)? Es estar libre de padre y madre, nada más". [113]

---

113. Desjardins, Arnaud y Desjardins, Véronique, *Les formules de Swâmi Prajnanpâd, commentées par Arnaud Desjardins*, París, La Table Ronde, 2003 [trad. esp.: *Las fórmulas de Swami Prajñanpad, comentadas por Arnaud Desjardins*, trad. de Claudia Espino, Patricia Meade y Luis Iturbide, Barcelona, Hara Press, 2018].

Si colocamos esas cuatro tríadas en orden, de izquierda a derecha
–Espadas, Copas, Bastos, Oros–, obtenemos el siguiente esquema:

**En resumen: la relación entre las cuatro Figuras tiene que
ver con las dinámicas familiares y sociales**, pero también remite a una organización interna. Podríamos decir lo siguiente:
• el Paje, como el niño, representa la energía del principiante, está disponible para ser formado, pero aún es torpe o
tímido, y su camino consiste en adquirir autonomía;
• la Reina y el Rey, como los padres, son los aspectos femenino y masculino (materno y paterno, pero también interior
y exterior) del dominio, la edad adulta, el terreno de las acciones humanas: representan nuestro reino en esta Tierra, lo
que podemos lograr de modo concreto y visible;
• el Caballero, como el adulto que ha dejado el nido familiar, está más allá de la Reina y el Rey y, a la vez, es su servidor: representa la superación, la movilidad, la búsqueda. Es
inherente al orden de las cosas que los hijos superen a sus
padres y los alumnos a su maestro: el Caballero representa
esa esperanza de evolución de la humanidad.

4. Los Arcanos Mayores: el "quinto elemento" y la dinámica del Camino

Originalmente, en el juego del tarot, los Arcanos Mayores se llaman "Triunfos" o *Atouts*, en francés. Esos términos remiten a una temática precisa: en la Antigüedad romana, el Triunfo era una ceremonia durante la cual un general vencedor desfilaba por Roma a la cabeza de sus tropas. El origen es, entonces, una victoria militar y política. En la Edad Media, y luego en el Renacimiento, **el Triunfo se convirtió en un tema con una motivación más bien moral y espiritual**: en la posición del general victorioso, se representaban diversos aspectos implacables a los que el ser humano se enfrenta (triunfo del amor, triunfo de la muerte, etc.).

Estas cartas representan, entonces, alegorías, situaciones o paisajes que hacen referencia al camino de posible evolución espiritual del ser humano, del modo en que se conocía en el Occidente cristiano del Renacimiento, con sus principales vicisitudes u obstáculos. Del mismo modo, **la palabra *atout* quiere decir que dichas cartas** "tienen todo",[114] es decir, que **contienen y superan los cuatro palos**.

Este quinto elemento se puede comparar con el pulgar, capaz de enfrentarse a los otros cuatro dedos y cuya agilidad ha permitido que la mano humana se convierta en una verdadera herramienta, en comparación con la mano de los primates. La ciencia nos confirma que esta particularidad de la mano humana ha sido esencial en el desarrollo de nuestro cerebro.

El quinto elemento, o la quintaesencia en el vocabulario de la alquimia, es lo que hace particular al ser humano; podríamos llamarlo "conciencia axial" o "ser esencial", o incluso, como en las tradiciones orientales, "el testigo": aquello que está en nosotros y es consciente de las energías que nos animan sin verse afectado por ellas. Cuanto más nos alineamos en esta conciencia axial, más cerca estamos de "triunfar" sobre la

---

114. En francés, la palabra *atout* se pronuncia igual que *a tout*, que significa "tiene todo". [*N. de la T.*]

confusión mental (Espadas), la agitación emocional (Copas), las frustraciones o disminuciones de energía (Bastos), o incluso el dolor físico (Oros), es decir, de no dejarnos llevar por un acontecimiento que atañe a uno de los cuatro centros.

Hemos visto que los Arcanos Mayores tienen la estructura de un espejo: los personajes sostienen su cetro o su símbolo en la mano que corresponde, en espejo, a nuestra diestra. Ese efecto de espejo es importante, ya que remite a algo *intocable* y, al mismo tiempo, profundamente similar a lo que somos. No podemos banalizar esa dimensión ni tampoco apropiarnos de ella. En la filosofía mística de Ibn Arabi, Dios es el espejo de los hombres, y la creación, el espejo de lo divino: solo somos el reflejo invertido de la fuente. La filosofía neoplatónica también está basada en esta noción de un principio puro y fundamental que se refleja o se proyecta como mundo material.

Tanto en el islam como en la cristiandad, las dos culturas que se encuentran en el origen del juego del tarot, es perfectamente legítimo considerar las alegorías y escenas representadas en los Arcanos Mayores como representaciones intermedias, visibles, de ese principio superior. Y, en la medida en que las cartas de esta serie están numeradas, constituyen una serie progresiva. Parece legítimo considerar esa *progresión*, en su desarrollo creciente, como una representación ilustrada de la peregrinación hacia la fuente, el Yo, la verdad.

• *Disponer los Arcanos Mayores en línea*

Aquí no buscamos la interpretación "verdadera" o "definitiva" de ese itinerario. Primero, observen lo que sienten frente a cada carta y de qué modo podrían *ustedes* contar la historia de esta serie de Arcanos Mayores. Si tienen la posibilidad, pídanle a un niño que lo haga, verán que les propondrá interpretaciones muy interesantes.

Cuando los Arcanos Mayores están alineados de este modo, podemos ver la trayectoria de un caminante o de un peregrino (El Loco) que pasa por sucesivas etapas o que realiza visitas sucesivas a personajes que se pueden identificar con bastante claridad: un prestidigita-

dor, El Mago, luego una religiosa, La Papisa, luego la pareja Emperatriz-Emperador, etc., hasta encontrar en su camino un objeto y no una
persona o grupo de personas. Es la etapa de La Rueda de la Fortuna.

Tras esa etapa, que parece cerrar un ciclo más bien humano y social, en el que se muestran mayormente figuras humanas, entramos
en un mundo con representaciones más extraordinarias: una mujer
que abre la boca de un león (XI), luego un hombre colgado de un pie
pero que no parece desgraciado (XII), luego un esqueleto, después
un ángel, enseguida el Diablo, etc., hasta la última etapa, El Mundo.

Se puede comparar el camino del Loco con la peregrinación de
Santiago de Compostela, cuya etimología es *Campus Stellae*, el
campo de la estrella. En este caso, podríamos decir que el caminante parte del lugar donde se encuentra (como sucede tradicionalmente en dicha peregrinación), atraviesa su propio "país" y, en
un momento dado, cuando pasa por el umbral del Arcano X, toma
el camino común que lleva a todos los peregrinos al lugar santo.
La llegada física corresponde al Arcano XVII, La Estrella, pero la
peregrinación no termina ahí. Las tres cartas que quedan, La Luna
(la noche), El Sol (el día) y El Juicio (la revelación, la unión de ambas polaridades), indican el proceso de transformación que se opera
cuando se ha llegado a destino: ese proceso es diferente para cada
uno, pero tiene que ver con un nuevo nacimiento. El último paso
consiste en volver al mundo.

El camino del Loco lo lleva hasta el paisaje de La Estrella porque
se trata de una peregrinación hacia la Fuente: en efecto, la Estrella
vierte agua en el río, encarna una emanación primera.

No se trata de afirmar "el Tarot describe el camino de Santiago
de Compostela", sino más bien de recordar que esa era la peregrinación más importante de Europa en la Edad Media y que el
Tarot se diseñó en una época menos materialista que la nuestra,
en la que el recorrido interior y el objetivo espiritual eran preocu-

paciones cotidianas, tan vitales e incluso más importantes que las adquisiciones y los éxitos en la existencia concreta.

El Tarot nos remite a esa búsqueda, a sus obstáculos y vicisitudes.

- *Disponer los Arcanos Mayores en dos niveles*

Aquí, El Loco atraviesa primero la hilera de arriba (el mundo humano), luego pasa por el umbral representado por La Rueda de la Fortuna y vuelve a bajar para atravesar un mundo alegórico, de aventura interior, psicológica o espiritual. O también pueden ser dos versiones de un mismo itinerario que conduce al Loco hacia El Mundo: una versión social (arriba) y, simultáneamente, una versión interior (abajo). A medida que avanza por el mundo, encuentra aliados u obstáculos interiores que corresponden a la situación exterior que afronta.

Los Arcanos Mayores suelen hacer referencia a lo que estamos viviendo concretamente, ya que el sentido profundo de nuestra vida se presenta *a través* de esos acontecimientos: una historia de amor, una enfermedad, un nuevo trabajo, una pelea familiar, un fracaso o un éxito son todas oportunidades para tomar conciencia, para un cambio interior. El Arcano Mayor muestra los detalles que nos afectan pero, al mismo tiempo, hace referencia a esa posibilidad que nos ofrece la vida de crecer y de tomar conciencia de los desafíos.

Los Arcanos Mayores cubren un campo de interpretación vasto. Pueden representar tanto fenómenos concretos como energéticos, afectivos o intelectuales, los de nuestra vida cotidiana. Como veremos, el hecho de relacionar los Arcanos Mayores con la numerología nos dará herramientas más sólidas. Desarrollaremos más adelante, en el capítulo sobre la numerología, las correspondencias entre la serie de I a X y la serie de XI a XX.

- *También podemos considerar el recorrido del Loco como un proceso de elevación*

Desde las preocupaciones individuales hasta una conciencia impersonal.

Esto nos da un esquema de tres niveles, que de todos modos respeta la progresión numérica, pero esta vez en series de siete cartas:

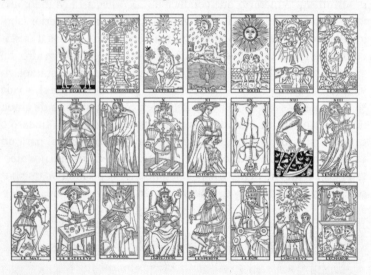

El primer nivel puede interpretarse como una **visita a los aspectos principales de la sociedad humana**, tal como esta se presentaba en la época de la creación de Tarot de Marsella: el mundo de los oficios (El Mago), el del estudio espiritual individual (La Papisa), luego el poder temporal (Emperatriz y Emperador) y el poder espiritual ofi-

cial (El Papa), seguidos de una escena (El Enamorado) que muestra
que el principio de atracción, la necesidad de los otros y los impulsos
del corazón nos gobiernan incluso más que esos otros poderes antes
mencionados. Por último, El Carro revela la primera etapa del recorrido: El Loco ha triunfado sobre toda la realidad visible. Podríamos
llamarla "etapa relacional": cuando llegamos al nivel del Carro, hemos recorrido y conocido el reino de las actividades humanas.

En el segundo nivel, se suceden las tres Virtudes cardinales que
están presentes en el juego: Justicia, Fuerza y Templanza. Como vimos, el término "virtud" tenía un significado muy fuerte en el contexto en el que nació el Tarot. Entonces, el segundo nivel es el de una
transformación interior voluntaria con miras a un objetivo. Ese
objetivo es, en principio, espiritual (sugerido por la presencia de las
Virtudes), pero el proceso puede referir a cualquier empresa de perfeccionamiento de sí: por ejemplo, el aprendizaje de un arte o un camino de transformación psicológica. Los siete grados presentan las
dimensiones a las que nos enfrentamos inevitablemente en ese proceso: soledad o necesidad de una relación con un guía más avanzado
(El Ermitaño); revés de fortuna o, incluso, el sentimiento de que ya
no tenemos una base sólida, de que ya no entendemos nada (La Rueda de la Fortuna); cambio en los valores y la mirada, inmovilidad
que se elige o se sufre (El Colgado); y, por último, un cara a cara con
la impermanencia, la muerte, el dolor, los contenidos violentos que
nos habitan (Arcano XIII). El final de esta etapa es una purificación,
un encuentro con la dimensión propiamente angelical del ser (Templanza), la del humano renovado por ese trabajo voluntario...

En el tercer nivel, todas las cartas, salvo la primera, muestran la
tierra y, encima, un cielo habitado por elementos astrales o ange-
licales. El recorrido realizado deberá pasar **la prueba decisiva**: el
fruto del trabajo interior regresa al mundo. El primer grado de esta
aventura puede parecernos sorprendente: nos sumergimos en las
profundidades con el Diablo. Para elevarse, el ángel de Templanza
primero debe caer, como Lucifer. El primer paso en esta elevación
exige de nosotros, entonces, que podamos enfrentar, sin complacencia, nuestras propias profundidades (hoy diríamos "el inconsciente").
En La Torre se produce una apertura: estamos patas arriba, dados

vuelta. La torre se parece, por su estructura de ladrillos, a las representaciones de atanor, el horno de los alquimistas: podríamos decir que lo que se puso a prueba en las llamas de El Diablo sale transformado en el Arcano XVI. De este modo, comienza el reino de los elementos cósmicos que nos ha tocado conocer y servir: Estrella, Luna y Sol, hasta El Juicio, que nos permite renacer y comprender que la ayuda de una dimensión superior siempre está disponible. Este nivel culmina con la danza de El Mundo.

Estas tres maneras de disponer las cartas no son las únicas posibles, de ningún modo. Más adelante veremos que podemos concebir otras maneras, en particular basándonos en las correspondencias que existen entre algunas cartas del juego:

- correspondencias temáticas: las tres Virtudes (La Justicia, La Fuerza y Templanza), los tres astros (La Estrella, La Luna y El Sol), o también las parejas (Emperatriz-Emperador, Papisa-Papa, etc.);
- correspondencias visuales: podemos observar, por ejemplo, que El Loco y el Arcano XIII tienen la misma silueta. A partir del Arcano XIII, aparece una gran mancha negra (el suelo de este Arcano) que va reduciéndose progresivamente en las cartas impares: del Arcano XIII donde es imponente, se convierte en una base más reducida en el XV, antes de tomar la forma de un ave en el XVII, para disolverse luego ante la luz del Sol en el XVIIII;
- correspondencias numéricas: en el segundo esquema, vimos que las cartas de la "primera serie", de I a X, se ubican justo encima de su contraparte de la "segunda serie", de XI a XX. Vamos a estudiar la numerología más en detalle en el próximo capítulo; será una clave para la lectura del Tarot completo.

Cuando estudiamos los Arcanos Mayores, podemos encontrar dos obstáculos principales: simplificarlos al extremo y hacer de ellos oráculos simples de la vida cotidiana o, por el contrario, dejarse llevar por inspiraciones desconectadas de la realidad. El punto justo se encuentra entre esas dos tendencias: dejar la significación abierta en parte, nunca creer que hemos agotado el sentido de un Arcano Mayor y, al mismo tiempo, proponer siempre una dirección clara de interpretación y conocer el contexto que produce el sentido primero del Arcano.

En resumen: los Arcanos Mayores pueden interpretarse como una representación del camino existencial e interior del ser humano.
Su progresión numérica sugiere un desarrollo, una especie de "Viaje del héroe", por tomar la expresión de Joseph Campbell.[115] La iconografía del propio Tarot nos propone ubicar los Arcanos Mayores de diversas maneras para observar ese camino de crecimiento, cuyas interpretaciones nunca son cerradas.

115. Campbell, Joseph, *Le héros aux mille et un visages*, París, Robert Laffont, 1977 [trad. esp.: *El héroe de las mil caras*, trad. de Luisa Josefina Hernández, México, Fondo de Cultura Económica, 2010].

5. Los cinco elementos, de una civilización a otra

En la cultura occidental, todavía es poco frecuente escuchar hablar de cuatro energías. La mayoría de las veces, al ser humano se lo considera únicamente según tres aspectos: material, afectivo e intelectual, al que se le agrega la dimensión espiritual.

En cambio, la psicología vedanta india presta mucha atención a la noción de energía motriz, que encontramos en la subdivisión de los cinco *koshas* o capas sucesivas que recubren el *atman*, conciencia pura y absoluta que no tiene ni materialidad ni definición.

Aunque no se trata de hacer coincidir ambos sistemas, ya que eso supondría realizar un "concordantismo", me parece interesante relacionar:

- los Oros con *Annamaya kosha*, envoltura hecha de alimentos, que atañe al cuerpo físico, literalmente constituido de los alimentos que absorbe la madre durante nuestra gestación y, luego, de los que absorbemos nosotros durante nuestra existencia;
- los Bastos con *Pranamaya kosha*, la envoltura hecha de energía vital que anima el cuerpo físico. Podríamos hablar de un nivel fisiológico, energético, que recubre también las funciones del metabolismo (por ejemplo, el hecho de sentirse "agotado" o "en forma");
- las Copas con *Manomaya kosha*, la envoltura hecha de *manas*, concepto que, en general, se traduce como "mente", pero que representa el complejo mental-emocional, todo el yo histórico que interpreta los hechos en función de sus propios puntos de referencia que provienen del pasado. Es el nivel psicológico;
- las Espadas con *Vijnamaya kosha*, la envoltura hecha de lucidez, discernimiento y lógica, la inteligencia objetiva que no se ve afectada por las consideraciones personales;
- finalmente, el último *kosha* es una envoltura hecha de felicidad y beatitud. Me resulta particularmente interesante establecer el vínculo entre la serie de los Arcanos Mayores y *Anandamaya kosha*, ese nivel que podríamos calificar como

LOS "ÓRGANOS" DEL TAROT: COMPOSICIÓN DEL JUEGO

"místico". Esto nos anima a mirar a los Arcanos Mayores no como un reflejo limitado de nuestro problema del momento, sino como una imagen alegórica que viene de un lugar donde el sufrimiento no tiene influencia sobre el ser.

Incluso frente a cartas que, a primera vista, pueden generarnos preocupación, como el Arcano XIII o El Colgado, hay que recordar que son testigos de una realidad vivida en la beatitud, la aceptación profunda de los flujos de la existencia.

Del mismo modo, podemos ver **ciertas concordancias entre los cinco elementos del Tarot y los cinco elementos naturales.** En este caso, tampoco se trata de establecer un "concordantismo" estricto. En efecto, hay tres asignaciones que resultan evidentes:

- el Arcano Mayor corresponde al éter o al espacio: el principio intangible que contiene y excede los otros cuatro elementos;
- las Espadas corresponden, en nuestra cultura, al aire, símbolo del intelecto, en el que planea el águila de mirada penetrante;
- los Oros remiten a la tierra y a la vida material, al igual que el animal herbívoro y domesticado para la agricultura (toro, buey o caballo, según las versiones del Tarot) que los representa.

En cambio, es más delicado atribuir el agua o el fuego a las Copas o los Bastos, igual que a los símbolos (ángel y león) que los representan.

En efecto, podríamos decir que los Bastos *nacen* del agua, sin la cual no hay vida vegetal, y *se transforman* en fuego. Del mismo modo, podríamos decir que las Copas *contienen* el agua, pero que *provienen* del fuego, sin el cual la orfebrería no podría existir.

Una posibilidad sería proponer una evolución del elemento en cada uno de los símbolos:

- nuestro recorrido emocional, en Copas, empieza con el elemento agua: inestabilidad de las emociones, las lágrimas, todo lo vago e inestable de nuestra vida afectiva. Pero, en un momento dado, alcanza el fuego del Amor;

- nuestro recorrido energético en Bastos, sexual y creativo, empieza por el fuego: una energía en bruto que conviene purificar de a poco para alcanzar la fluidez del agua; una energía capaz de adaptarse a todos los relieves y todas las circunstancias, como lo hace el elemento agua.

En resumen: el Tarot nos propone estudiar en detalle las cuatro energías principales que sostienen nuestra existencia: las necesidades materiales y la sensación presente (Oros), la energía motriz, sexual y creativa (Bastos), la energía afectiva y emocional (Copas) y la inteligencia, con sus lenguajes conceptual e imaginativo (Espadas). Esos cuatro centros tienen lenguajes e impulsos diferentes y, a veces, son incapaces de congeniar entre sí. La conciencia, el ser esencial, es lo que permite superar sus conflictos e incoherencias, del mismo modo que el pulgar de la mano humana es capaz de enfrentarse a cada uno de los otros cuatro dedos. Ese quinto elemento está representado por la serie de los Arcanos Mayores y corresponde, en términos espirituales, al camino de la beatitud.

4

EL "ESQUELETO" DEL TAROT: LA NUMEROLOGÍA

La numerología decimal recorre el Tarot y le da vida como una verdadera columna vertebral. Esta organización es matemática y simbólica a la vez. Por un lado, **la cultura de fines de la Edad Media** y del Renacimiento, heredera del pensamiento pitagórico, **consideraba que los números estaban dotados de un sentido particular**: así se desarrollaron las diversas ramas de la numerología. Por otro lado, el Tarot de Marsella tiene la particularidad de poner en relación cada imagen con un número y/o un nombre o un título (los dos en el caso de los Arcanos Mayores). Esa triple relación entre palabra, número e imagen determina una organización numerológica particular.

En otros juegos de tarot, anteriores o contemporáneos al de Marsella, la serie de los Triunfos (Arcanos Mayores) tiene otra numeración, y el dibujo de algunas cartas no tiene nada que ver con el que conocemos. **Desde el punto de vista simbólico y numerológico, cada tipo de tarot debe estudiarse precisamente en función de sus propios detalles visuales**: las interpretaciones se basan en las imágenes y no en concepciones mentales.

La numerología decimal del Tarot de Marsella se expresa de manera diferente en las tres categorías de cartas o Tres Cuerpos:

- cada palo consta de una serie de 1 a 10; encontramos, entonces, cuatro versiones de esa progresión numerológica: una para los Oros, una para los Bastos, una para las Copas y una para las Espadas;

• en los Arcanos Mayores, tenemos 22 cartas. Si consideramos que El Loco y El Mundo son dos polos que enmarcan a las 20 cartas restantes, aparecen entonces dos series sucesivas de diez cartas:
 – la que va de I (El Mago) a X (La Rueda de la Fortuna),
 – y la que va de XI (La Fuerza) a XX (El Juicio).
 Las dos series expresan la misma progresión, es decir, que el nivel 1 está representado tanto por el Arcano I como por el Arcano XI; el nivel 2 por el Arcano II y el Arcano XII, etc. Los Arcanos Mayores nos ofrecen dos aspectos complementarios para cada nivel de la numerología;

• por último, de manera más sutil, en cada palo, las cuatro Figuras, que tienen distintos grados de madurez o de competencia, también expresan una dinámica de progresión vinculada con la numerología.

Vamos a estudiar en detalle esta numerología decimal claramente expresada en las cartas numéricas, que se va a reflejar y matizar en los Arcanos Mayores, y que podremos aplicar también en la interpretación de las Figuras.

Este esqueleto nos conducirá a las nociones de *flujo* y *movimiento*. Todos los profesores de yoga o danza lo saben: para moverse de forma armoniosa, es necesaria una estructura consciente, percibir el esqueleto, un esqueleto vivo. La neurofisiología contemporánea[116] nos explica que el cerebro le envía la orden de moverse al esqueleto, los músculos son solo los ejecutores de esa relación fundamental entre la conciencia y los huesos.

La danza del Tarot, y nuestra capacidad de bailar con él, dependen del conocimiento de esa numerología que le es propia.

---

116. Cf. particularmente Berthoz, Alain, *Le sens du mouvement*, París, Odile Jacob, 1997.

1. El sistema decimal en los juegos de cartas y en el Tarot

Los juegos de cartas más antiguos que se han encontrado constan, en todos los casos, de series de diez cartas numéricas, numeradas o no (como en la serie de los Oros del Tarot de Marsella, donde hay que contar la cantidad de monedas para saber con qué Valor estamos tratando). Los juegos actuales de 32 cartas son reducciones de ese modelo inicial que estaba basado en el sistema decimal. La cantidad de Figuras, en cambio, ha sido variable: dos en los juegos muy antiguos, luego tres (como en los juegos de cartas actuales) y cuatro en el Tarot.

Los juegos de cartas se basan, entonces, en el sistema decimal: entre el mínimo (1) y el máximo (10), recorremos una totalidad organizada en una jerarquía de diez grados sucesivos. La base 10 se apoya probablemente en una correspondencia con la anatomía: los diez dedos de ambas manos, considerados como una expresión de la totalidad.

El sistema decimal es muy antiguo: se encuentra en Egipto desde el año 2000 a.C., en China a partir de 1350 a.C., entre los etruscos en el 650 a.C. y en el valle del Indo desde el año 500 a.C. Este sistema se impuso en Europa a fines de la Edad Media, pero coexistió con otros durante mucho tiempo:

- **el sistema vigesimal**, con base 20, que dejó su huella en la expresión "una veintena" y, en francés, en la palabra "ochenta", *quatre-vingt* [cuatro veces veinte]. La cultura maya y la cultura vasca se basan en el sistema vigesimal;
- **el sistema duodecimal** (base 12), basado en las tres falanges de los cuatro dedos de la mano, que el pulgar toca uno tras otro: una especie de ábaco manual. Encontramos sus vestigios en los doce meses del año, las dos veces doce horas del día, la costumbre, todavía en vigor, de vender los huevos o las rosas por docena, los doce signos del zodíaco en la astrología china y occidental. El calendario lunar se basa en 12 a 13 lunaciones.

La base 12 prevaleció en la Edad Media, ya que era más conveniente que la decena para fraccionar: en efecto, una docena es inmediatamente divisible en dos, tres, cuatro o seis partes. En el sistema de medida anglosajón también quedan vestigios de esa numeración por docena: 12 pulgadas son un pie, 12 peniques son un chelín... En la Francia del Antiguo Régimen, 12 *deniers* equivalían a un *sou* y 20 *sous* a una libra:[117] eso prueba cuan reciente es la divulgación de la base 10;

- por último, encontraremos en la organización numerológica del Tarot los rastros de un **sistema septenario** (base 7) que remite también a elementos culturales muy antiguos, según los cuales el siete era un número sagrado, expresión también de una totalidad: los siete días de la creación en el Génesis, que se convierten en los días de la semana, relacionados a su vez con los siete planetas (Luna, Marte, Mercurio, Júpiter, Venus, Saturno y el Sol); o los siete colores del arcoíris; las siete notas de la escala diatónica; en la cultura india, los siete chakras principales; en la cultura cristiana, los siete sellos del Apocalipsis, las siete virtudes (cuatro cardinales y tres teologales); etc.

- *La numeración en números romanos y sus variaciones*

Los Arcanos Mayores y Menores del Tarot de Marsella están numerados con números romanos, un sistema de numeración aditivo que se remonta a la Antigüedad. No es un anacronismo: **en el Renacimiento y hasta el siglo XVIII, los números romanos aún coexistían con los arábigos**, aunque estos últimos se impusieron poco a poco. El cero, aporte fundamental del sistema de numeración arábigo, era considerado un instrumento del diablo en la Europa del siglo X. Por razones políticas y para consolidar su monopolio en materia de educación, la Iglesia mantuvo la numeración romana hasta el siglo XV, pero el comercio fue imponiendo de a poco la numeración arábiga, que era más precisa y eficaz.

El sistema de numeración de los Arcanos Mayores puede variar de un tarot antiguo a otro. En algunos, encontramos la forma IIII en vez de IV para el 4 y, del mismo modo, VIIII en vez de IX para el 9. Ambas formas de numeración coexistieron hasta el siglo XVIII

---

117. *Denier, sou* y libra eran tres tipos de moneda. [*N. de la T.*]

y, aunque, por razones prácticas, la representación más breve (IV para 4 y IX para 9) tendía a tomar la delantera, algunos fabricantes de cartas continuaron privilegiando la otra. ¿Lo hacían para manifestar que el Tarot es esencialmente progresivo, como lo sugiere Jodorowsky?[118] Es posible que la forma "IIII" indique un rechazo a la sustracción, la concepción de una numeración que solo toma en cuenta agregados sucesivos. También podemos considerar que ese sistema de numeración únicamente aditivo permitía evitar ciertos errores de inversión: si había una equivocación en el grabado o en la impresión, los números terminaban impresos al revés, el 4 (IV) se convertía en un 6 (VI) y el 9 (IX) en un 11 (XI).

Existe un ejemplo de ese tipo de inversión en el Tarot de Madenié (¿involuntaria o deliberada? Como suele ocurrir con los juegos de tarot históricos, es difícil saberlo…) donde El Colgado, carta con un dibujo por lo demás muy simétrico, aparece numerado IIX en lugar de XII. En la medida en que esta carta representa a un personaje colgado de los pies, es decir, al revés, es posible que este "error" sea, en realidad, un guiño que refuerza el clima de desorientación lúdica de este arcano. En algunos juegos previos o posteriores, también se puede ver al Colgado dado vuelta en el otro sentido y flotando como en un estado de ingravidez. Ese juego en el *dibujo* del número está absolutamente en línea con los juegos gráficos y numéricos del Renacimiento.

- *Los Valores: una clave para la simbología de los números*

La numerología del Tarot de Marsella, como nos la transmitió Alejandro Jodorowsky,[119] no se basa en consideraciones personales

---

118. Cf. Jodorowsky, Alejandro y Costa, Marianne, *op. cit.*
119. *Ibid.*

o externas al Tarot, sino en la observación de las propias cartas y, en primer lugar, de los Arcanos Menores.

Ahora bien, al principio, los Arcanos Menores del Tarot no eran más que un juego de cartas regional "entre otros". En efecto, desde que aparecieron juegos de cartas en Europa, se desarrollaron numerosas variantes para representar los diferentes grados de cada serie. De los palos latinos (los del Tarot: Espadas, Copas, Bastos y Oros), existen aún hoy representaciones diferentes en la baraja española, el *minchiate* florentino y las cartas bergamascas, piamontesas, napolitanas o sicilianas. Por tomar solo un ejemplo, el tres de Oros puede representarse como tres monedas superpuestas o dibujando un triángulo que apunta a la derecha, a la izquierda, arriba o abajo. Asimismo, tanto en el juego napolitano como en el juego español, los Bastos siempre son garrotes y no se entrecruzan.

Las cartas italianas que sirvieron de base para la elaboración del Tarot de Marsella (muy probablemente a partir del siglo XVI) tienen un diseño particular que se encuentra en todos los tarots del mismo modelo, pero también en un fresco del Palazzo Poggi en Bolonia, que data de 1550. Vamos a ver de qué modo el diseño de esas cartas nos guía en la comprensión de la numerología del Tarot.

2. La numerología del Tarot

Le debemos a Paul Marteau la propuesta de una numerología específica del Tarot, que luego desarrolló considerablemente Jodorowsky. La propuesta inicial de Paul Marteau le da a los números pares una tonalidad receptiva y a los impares una tonalidad activa, que podríamos resumir así:

1: unidad, punto de partida, síntesis de la totalidad

2: polaridad, pasividad, gestación

3: actividad, directiva de la gestación (eclosión)

4: cristalización, estabilidad relativa

5: transición, pasaje de un plano a otro

6: equilibrio armonioso, potencia latente, reservas de las que se puede extraer

7: acción que utiliza la potencia contenida en seis

8: cruz y cuadrado combinados, estabilidad entre lo material y lo divino, infinito

9: puesta en marcha hacia un nuevo ciclo, retorno de lo abstracto hacia lo concreto

10: condensación de la totalidad, calma y potencial de novedad[120]

La propuesta de Paul Marteau inauguró una visión dinámica de la numerología del Tarot. En efecto, esta progresión de 1 a 10 puede seguir el modelo de una progresión lineal, con un principio y un fin –el proceso nace en el 1 y muere en el 10–, o bien el de un movimiento cíclico que abarca diferentes niveles de existencia y vuelve al mismo lugar para concluir y abrirse.

El modelo lineal podría ser el de una existencia humana, que se despliega entre el primer y el último respiro. El modelo cíclico hace referencia al de las estaciones: tras el invierno, vuelve la primavera, pero es otro año con nuevas condiciones; cada ciclo es distinto de los anteriores, aunque obedece a una estructura similar.

---

120. Marteau, Paul, *op. cit.*

• El doble cuadrado

En *La vía del Tarot*,[121] presentamos el modelo de la numerología en un doble cuadrado. Ese esquema, elaborado por Alejandro Jodorowsky, se basa en la estructura del Arcano XXI, El Mundo, y en sus leyes de orientación. La progresión de los números va de la Tierra al Cielo, recorriendo uno a uno los grados pares, estables y receptivos, a la izquierda, y los impares, activos y dinámicos, a la derecha, hasta culminar en el 10 que representa el final de un ciclo, así como el posible inicio de uno nuevo.

---

121. Jodorowsky, Alejandro y Costa, Marianne, *op. cit.*

En este esquema, el **cuadrado inferior representa el dominio terrestre y el cuadrado superior, el dominio celeste**. En el centro, la línea del horizonte delimita y une ambos territorios. Los grados sucesivos de la numerología se inscriben en ese doble cuadrado respetando la distribución entre izquierda "receptiva" y derecha "activa": los números pares están en la columna de la izquierda y los impares, en la de la derecha. **A la izquierda, la energía** de cada nivel **es estática**, favorece un estado de concentración en sí mismo o de preparación; **a la derecha, es dinámica**, y favorece una puesta en movimiento, un estallido o toma de riesgo, un pasaje hacia lo desconocido.

El 1 se ubica debajo del rectángulo, previo a toda progresión numérica: en cierto modo, está afuera, al igual que el 10, situado encima, que representa un coronamiento y un final de ciclo.

El cuadrado central (del 4 al 7) es el de la actividad humana por excelencia. No está completamente hundido en la tierra ni confinado en los cielos: establece una conexión con ambos reinos.

Este esquema es similar al de la rayuela, donde se asciende de la Tierra al Cielo saltando sobre un pie. Las palabras clave de cada etapa pueden resumirse así:

1. Potencialidad o potencia. Como el universo concentrado en un punto antes del *big bang*, todo está aquí pero en potencia, debe actualizarse.

2. Actualización, contexto favorable a una **acumulación** de fuerzas. Primer paso en el cuadrado Tierra.

3. Explosión creativa y/o destructiva. Primera acción sin experiencia.

4. Estabilidad, equilibrio, seguridad.

5. Ideal, tentación. Último grado en el cuadrado Tierra, puente hacia otro mundo.

6. Afinidades, belleza... Primer paso en el cuadrado Cielo y descubrimiento de un nuevo territorio.

7. Acción en el mundo (alimentada por la experiencia).

8. Perfección receptiva.

9. Crisis del pasaje, salida del cuadrado Cielo.

10. Final de ciclo y principio (o no) de un nuevo ciclo.

Este esquema estructural, y la numerología que deriva de él, no es arbitrario. Podemos relacionarlo con el diseño del propio Tarot y, en particular, con la representación de las cartas numéricas de los Arcanos Menores.

• *El doble cuadrado en las series de Bastos y de Espadas*

Estas cartas representan nuestras dos energías más activas. Los Bastos (simbolizados por el León en el Arcano XXI) son la energía motriz, dinamismo por excelencia, y terrestre, en particular a través de la sexualidad, que permite y perpetúa nuestra encarnación. Las Espadas (simbolizadas por el Águila en el Arcano XXI) representan la elaboración del pensamiento por medio de la adquisición de la palabra, la maduración de la reflexión y la profundización de la escucha. Es una energía adquirida, que requiere de nosotros una serie de acciones. En ambos palos, los Arcanos Menores muestran claramente cuatro niveles de progresión, que se pueden organizar en una figura similar al doble cuadrado numerológico.

Observemos los siguientes elementos:

• en ambos símbolos, **el As muestra una mano (símbolo de acción)** que emerge de una nube blandiendo el basto o la espada;
• **las cartas que se encuentran en el mismo nivel** del esquema están unidas gráficamente de dos en dos. En las Espadas, se ve claramente que los dos óvalos dibujan entre sí un círculo perfecto, y en los Bastos, la cantidad de bastos entrecruzados aumenta en cada nivel;
• en las dos series, en el centro de cada carta par, en la columna izquierda, notamos la presencia de **flores, símbolo femenino.** En cambio, las cartas impares de la columna de la derecha ubican su símbolo (espada o basto) en el centro: **ese eje representa lo masculino.**

Por último, observamos que, en estos dos palos, el Tarot nos muestra **una evolución del elemento**, de una forma en bruto a una progresivamente refinada: por la forma en que los Bastos se imbrican, van creando, a medida que se entrelazan, un rombo central, luego cuatro, luego nueve. En la mayoría de los tarots antiguos, esos rombos aparecen en rojo bajo los entrecruzamientos de color azul.

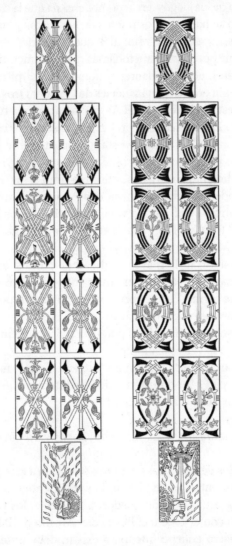

Del mismo modo, el círculo que se va formando en las cartas de Espadas primero es simple, luego doble, triple, cuádruple, a medida que los valores aumentan; un poco como cuando, al lanzar una piedra al agua, esta crea ondas sucesivas alrededor del lugar en el que cayó.

La historia de los juegos de cartas nos enseña que la costumbre era contar, como se hace hoy, los puntos de los Bastos y las Espadas de forma progresiva: el 2 es inferior al 3, que es inferior al 4, etc., hasta llegar a 10, que puede vencer a todas las cartas numéricas de la serie. En cambio, en muchas variantes regionales del tarot en Italia y en Francia, **la regla era que, en las series de Copas y Oros, el orden de los Valores estaba invertido: el As era la carta más fuerte y el 10 la más débil.** Eso aumentaba, probablemente, el interés estratégico del juego y exigía a los jugadores estar particularmente atentos.

En muchos juegos contemporáneos como el poker, se ha mantenido esa tradición de otorgar el valor máximo al As. En las reglas del tarot, podemos encontrar esa contradicción entre el As "de valor más ínfimo" y el As "de valor más alto" en los tres *oudlers* o "extremos" (el XXI, El Loco o "excusa", sin número, y el I de los Triunfos, El Mago para nosotros), que son las cartas más importantes y que aportan la mayor cantidad de puntos, en particular cuando se usan en determinado momento del juego o se combinan con otras cartas. Eso se corresponde con dos aspectos importantes de la numerología del Tarot:

- para nosotros, el 1 está "en potencia" (virtualmente inexistente), pero a la vez es "potente";
- encontraremos esa noción de "extremos" en el hecho de que El Loco y El Mundo están ubicados, literalmente, en los dos extremos de la serie numérica.

- *El doble cuadrado en las series de Copas y de Oros*

Los símbolos de las Copas y los Oros se ubican a la izquierda en el esquema de orientación de El Mundo y representan nuestras energías recibidas, estables y contenedoras. En efecto, **los Oros** (que se corresponden con el Toro o el Buey en el Arcano XXI) **hacen referencia a nuestro cuerpo que**, para existir, **debe antes que nada recibir alimento**, desde su desarrollo en el vientre materno, y luego aire, para mantenerse con vida. El cuerpo se puede transformar parcialmente por medio del esfuerzo, la dieta o el modo de vida, pero no podemos cambiar los elementos fundamentales, como nuestro color de piel o nuestra constitución. Asimismo, **las Copas** (simbolizadas por el Ángel en el Arcano XXI) **representan nuestro corazón**: nacemos con la capacidad de amar, pero, a la vez, totalmente dependientes de las informaciones afectivas que recibimos durante la infancia y que condicionan toda nuestra psicología.

Observemos los siguientes elementos:

- aquí, los símbolos evolucionan por medio de la **multiplicación de los elementos, por eso es necesario que se encojan gradualmente**, para que puedan entrar cada vez más de ellos en el mismo espacio. Así, las monedas del 2 de Oros son más grandes o más "importantes" que las del 10 de Oros, y las copas del 2 y del 3 de Copas son más grandes que las del 8 o 9 de Copas. Hay una **disminución del símbolo a medida que el Valor aumenta.** Del mismo modo, a medida que envejecemos, la energía vital propiamente dicha disminuye y, a medida que nuestro corazón se vuelve más maduro, nuestras emociones se vuelven menos invasivas;

- ambas series siguen una misma progresión comparable, visual y geométrica, del 1 al 5 incluido:
  - primero, en el símbolo único (As), la copa está ubicada sobre una base y la moneda no tiene indicación particular en relación con la orientación cielo-tierra: podría estar flotando, apoyada en el suelo o surgiendo de abajo hacia arriba;
  - en el 2, los oros y las copas están ubicados de forma diferente, pero las dos cartas tienen en común el hecho de estar ornamentadas con otros elementos: filacteria con el nombre del fabricante de las cartas en el 2 de Oros y, en el 2 de Copas, un escudo (como aquí) u otro elemento decorativo y delfines que emergen del follaje;
  - en el 3, los elementos están dispuestos en triángulo, con la punta hacia arriba;
  - en el 4 y el 5, presentan la misma estructura: primero, el símbolo distribuido en las cuatro esquinas, luego la misma carta en la que un quinto elemento aparece en el centro.

Más adelante veremos cómo interpretar esas similitudes y las diferencias que se manifiestan a partir del 6.

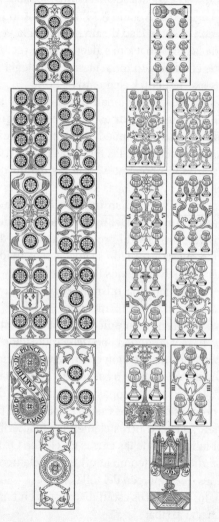

La diferenciación entre el cuadrado Tierra (similar en ambas series) y el cuadrado Cielo (distinto) se ve muy claramente marcada entre las Copas y los Oros.

3. Energía y experiencia, estancado y fluido: los desafíos de la progresión numerológica

La progresión ideal que nos propone la numerología es un movimiento ininterrumpido hacia adelante, de acuerdo con el flujo continuo de la vida. Podríamos decir que **la serie de números es como el cauce de un río: es la estructura por la cual el caudal fluye sin descanso.**

A lo largo del proceso, presenciamos u observamos que la experiencia crece (el proceso, o el ser involucrado en él, adquiere conocimientos, una lucidez, una habilidad, una comprensión más aguda con el tiempo) y que, al mismo tiempo, la energía vital bruta disminuye (las energías empleadas inicialmente sufren un gasto, una pérdida, un desgaste).

- *El caudal, para evitar obstáculos,
  está sujeto a un doble movimiento*

  - **la disminución de una energía vital o inicial recibida:** al principio de todo proceso, la energía está en su punto máximo, como la fuente de un río que mana. Es la potencia del 1. Esta energía –que se ha recibido y no adquirido– va a disminuir a medida que progresamos, hasta agotarse por completo en el 10.

  Ese movimiento describe la reducción progresiva de los Oros y de las Copas: el cuerpo aprende a morir y el corazón aprende a dar más que a recibir. Se podría decir que, en ambos centros, el enriquecimiento proviene de cierto despojo;

  - **el crecimiento de una energía espiritual adquirida por la experiencia**: al principio de todo proceso, la experiencia respecto del proceso en cuestión es nula, al igual que la fuente no conoce la desembocadura del río. Todo el recorrido va a consistir en una acumulación de experiencia que culminará en el 10.

Ese movimiento describe el enriquecimiento de las Espadas y los Bastos: la inteligencia se vuelve cada vez más conocedora y cada vez más sutil, engloba poco a poco la totalidad de lo real. En cuanto a la energía creativo-sexual, se va enriqueciendo desde el deseo o la potencia en bruto hasta niveles de refinamiento cada vez más sofisticados, como en la creación artística o la transmutación de la energía sexual con fines espirituales.

En el plano simbólico, si retomamos la distinción entre energía "matricial", vitalidad recibida, y energía "paternal", adquirida por la experiencia, también podemos decir lo siguiente:

- **el 1 está lleno de energía y vacío de experiencia**: alimentado en el útero, se prepara para entrar en el mundo donde lo recibe el padre;
- **el 10 está vacío de energía y lleno de experiencia**: agotó la energía matricial inicial y adquirió la totalidad del conocimiento posible en el mundo exterior. Podría volver a entrar en una nueva matriz para regenerarse en el siguiente ciclo.

Se puede representar por medio del siguiente esquema ese doble movimiento de pérdida de energía matricial (en gris claro) y de adquisición de experiencia (en gris oscuro):

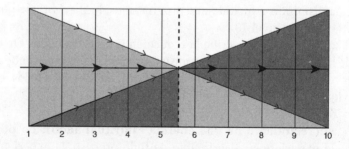

Aquí, las etapas de la numerología ya no se representan por medio de recuadros sino con simples líneas, un punto de referencia. Lo que está en juego se sitúa *entre* las etapas, es la continuación del movimiento principal. Cada etapa de la numerología no es más que un breve punto de paso en un proceso dinámico (representado por las flechas horizontales) que continúa su trayectoria hacia adelante, mientras la energía recibida decrece (flechas que descienden) y la experiencia adquirida aumenta (flechas que suben). Algo así como cuando, al bajar por un río en canoa, uno identifica una roca o una choza al paso que le indica en qué lugar del trayecto se encuentra.

En cada instante de ese proceso, nuestra dinámica se sustenta en cierta cantidad de energía y experiencia.

Entre el 5 y el 6, se constata una inversión crucial que, en el otro esquema, se corresponde con el paso del cuadrado Tierra al cuadrado Cielo: las dos energías se igualan y, luego, la motivación dominante se invierte. En la primera mitad del trayecto, prevalece la energía vital. En la segunda mitad, la de la experiencia. De este modo, se pasa de una economía terrestre (que proviene de la matriz) a una economía celeste (cuya conclusión nos espera al final del camino). Ese cambio se representa por medio de la inversión de la masa gris claro (primera mitad del diagrama) y de la masa gris oscuro (segunda mitad del diagrama).

Según esta representación, seguir **el flujo consiste, esencialmente, en aceptar ese gasto de energía material y en recibir el incremento de la experiencia**: como los lados cóncavo y convexo de un cuenco, uno es el corolario indispensable del otro.

Si tomamos en cuenta el movimiento del flujo, podemos enriquecer el esquema del doble cuadrado agregándole dos tipos de movimientos de naturaleza distinta, representados con flechas:

De los números pares (estáticos) hacia los números impares (dinámicos), la motivación principal, para seguir el flujo, es *aceptar salir de su zona de confort*, moverse hacia lo desconocido, lo exterior. Hay que sacrificar los hábitos y la seguridad para animarse a hacer un movimiento centrífugo y valiente (flechas horizontales punteadas).

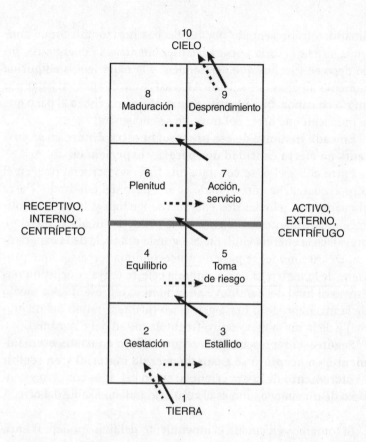

En cambio, para los números impares, que tienen una energía centrífuga, el gesto de crecimiento consiste en *recentrarse para aceptar crecer*: hay que sacrificar la acción ya conocida, la agitación y la voluntad de poder. En estas etapas, lo valiente es animarse a hacer un movimiento centrípeto y humilde hacia dimensiones desconocidas del interior de uno mismo, que es la condición de todo crecimiento (flechas oblicuas que suben).

La doble flecha que sale desde el 1 hacia el 2 y la que va del 9 al 10 representan el movimiento inicial y el movimiento final de la numerología: el primer paso y el último aliento, si podemos decirlo así. **Ese primer movimiento de encarnación y ese último**

movimiento de cierre tienen que ver tanto con la toma de riesgo (centrífuga) como con el crecimiento (centrípeto), y es la razón por la cual están representados, al mismo tiempo, por una flecha sólida y una punteada. También podríamos completar el esquema con una última flecha que vuelva del 10 al 1 formando un arco, ya que todo ciclo engendra otro, y a todo final le sigue un comienzo en otra dimensión.

- *La distinción entre flujo y estancamiento*

Resulta muy importante, ya que nos permitirá comprender cada una de las cartas del Tarot a partir de dos aspectos:
  - o bien se encuentra en estado **fluido**, en consonancia con el movimiento de las cosas y la vida. En ese caso, **la carta será "positiva"**, puesto que describe una dinámica o un estado que no presenta obstáculos, que está en consonancia con la situación;
  - o bien está **estancada, incluso regresiva**, es decir, "no está en consonancia" con el movimiento de la impermanencia e indica, por lo tanto, **un bloqueo**. La lectura del Tarot puede consistir en explorar la razón o el origen del ese bloqueo: ¿está en las creencias?, ¿en el psiquismo?, ¿en un mal uso de la energía, un deseo frustrado o imposible de cumplir?, ¿en una organización material o corporal deficiente?, etc.

En una lógica globalmente fluida, el 10 engendra un nuevo 1 en un nivel diferente o superior. El movimiento no se detiene nunca, no se limita a la existencia individual de una persona o un proceso. Aquí, la visión de la numerología es cíclica.

En una lógica globalmente estancada, incluso regresiva, se interpreta el 10 como un punto final, una sentencia de muerte. Esta desconfianza con respecto al movimiento perpetuo es la que, en el fondo, crea todo estancamiento. Esta visión de la numerología es lineal.

El conocimiento y la comprensión del flujo nos invitan a conocernos mejor a nosotros mismos: en todo momento y para cada área precisa, podemos identificar en qué etapa de la numerología del Tarot nos encontramos. Y podemos ver si nuestra energía fluye o está estancada o regresiva.

Una energía fluida va en el sentido del flujo, a la velocidad apropiada: aunque estemos atravesando una prueba o un momento delicado, nos impulsa una fuerza mayor que nuestra propia voluntad. Por ejemplo, en una separación o un duelo, las etapas sucesivas, aunque sean dolorosas, contribuyen en la restauración de una energía nueva. O, para los que hacen *jogging*, el organismo necesita una etapa de calentamiento previa para poder correr sin esfuerzo.

Una energía estancada se inmoviliza o desacelera. Hay una lucha entre el individuo, que quisiera quedar atado a cierto nivel o que siente que no puede avanzar por miedo, timidez o creencias falsas, y el movimiento que, de todos modos, lo arrastra hacia adelante. Ese estancamiento provoca una pérdida de energía y confusión, con afirmaciones como: "No me animo", "Me siento bloqueado/a", "No soy capaz", "No funcionará", etc. En general, el estancamiento no es voluntario, suele provenir de traumas o heridas del pasado, o incluso de la falta de información: no tengo las herramientas para avanzar. Es uno de los aspectos en los que la dimensión psicológica o de *coaching* del Tarot puede ser oportuna.

Una energía regresiva lucha por volver atrás, por intentar recuperar una etapa que ya pasó y que, en realidad, ya no existe. El resultado es el inmovilismo, o incluso una regresión pura y simple, que puede causar mucho daño no solo a la persona sino también a su entorno. La nostalgia del pasado, la incapacidad para cortar con situaciones tóxicas, las fijaciones infantiles, así como también la mayoría de las conductas agresivas o violentas, pueden estar relacionadas con una energía regresiva. También en este caso, la regresión puede tener que ver con el capricho o el deseo de ser todopoderoso, pero es posible igualmente que esté arraigada en el inconsciente.

Cuanto más cómodos estemos con la doble cara de cada grado numerológico, estaremos en mejores condiciones de comprender y desatar los bloqueos, primero para nosotros mismos y luego, tal vez, en beneficio de los demás.

En resumen: la numerología es la expresión de un flujo que no va solo hacia adelante (progresión lineal, del nacimiento de un proceso hacia su final), sino también hacia un crecimiento en ciclos sucesivos (progresión cíclica, en la que cada 10 engendra un nuevo 1, un nuevo comienzo). Si ese movimiento es fluido, cada etapa representa un estado de salud y de desarrollo. Si ese movimiento está estancado, cada etapa presentará dificultades particulares que es conveniente reconocer y, llegado el caso, volver a poner en movimiento para recuperar la salud y la alegría inherentes al hecho de estar en consonancia con el movimiento de la vida.

4. La numerología ilustrada:
varias versiones de una misma dinámica

Vivo con la numerología del Tarot desde que la conocí, en 1997, explicada por Alejandro Jodorowsky. Probablemente sea uno de los modelos estructurales más valiosos que haya tenido la oportunidad de conocer. La expusimos y explicamos en *La vía del Tarot*, pero, a medida que fui conociendo a nuestros lectores, me di cuenta de que, para mucha gente, se trataba todavía de un discurso abstracto. Ahora bien, no son conceptos vacíos, sino un modelo dinámico que nos ofrece puntos de referencia para identificar los grados de una transformación, un recorrido, un proceso.

Por eso, les propongo aquí algunos ejemplos detallados, que pueden aplicarse a procesos vivos. Espero que les permita dar forma a esas etapas y continuar descubriendo la pertinencia de aplicar el modelo numerológico a la vida cotidiana.

La numerología no tiene una organización del tiempo específica. Puede describir un proceso cíclico (las estaciones del año, períodos sucesivos en la vida de una pareja o en una relación entre padres e hijos) o lineal (la duración total de una existencia humana, del primer al último respiro, o la creación de una obra de teatro, desde la primera lectura en voz alta hasta la noche de la última representación). Su modelo puede aplicarse virtualmente a todo lo que conocemos.

• *Rápido y corto: un ciclo respiratorio*

Descripción posible del ciclo respiratorio: (1) impulso de inspirar; (2) el diafragma desciende permitiendo que el aire ingrese en el aparato respiratorio; (3) los bronquios y los pulmones se llenan, dilatación de los alvéolos; (4) el oxígeno se distribuye a las células; (5) simultáneamente, el plasma sanguíneo libera el dióxido de carbono; (6) plenitud de la inspiración, apnea alta; (7) el diafragma recibe la orden de relajarse; (8) el aire comienza a espirarse; (9) fin de la espiración; (10) apnea baja, que cíclicamente vuelve hacia (1) impulso de inspirar.

216

- *Cuanto más largo en el tiempo, más lento: de la creación de un proyecto hasta su conclusión*

Descripción posible de un proyecto de viaje: (1) primera idea: "Me gustaría mucho ir a la India"; (2) buscar información sobre los lugares, los precios, la posibilidad de hacer el viaje; (3) decisión tomada: "Voy a ir en tal fecha"; (4) compra del pasaje, preparación del equipaje, visas, vacunas...; (5) tomar el avión; (6) llegar al país desconocido y descubrirlo, corriendo el riesgo de enfrentarse a la falta de comprensión y fascinándose ante lo nuevo; (7) primeras excursiones, exploración, familiarizarse con los lugares; (8) sentirse cómodo, encontrar el lugar que más nos gusta, elegir objetos para llevarnos o tomar la decisión de apadrinar un organismo humanitario que actúe en el lugar...; (9) fase de partida, últimas visitas, despedida de los amigos...; (10) ir al aeropuerto para volver a casa.

Así, la numerología puede describir procesos concretos (la fabricación de un objeto, la realización de una receta de cocina, la digestión de una comida, la construcción de una casa), grandes leyes naturales (la sucesión de las estaciones, el nacimiento, luego la erosión de una montaña, el crecimiento de una planta), acontecimientos históricos o procesos sutiles e invisibles como un desarrollo interior, la comprensión progresiva de una verdad psicológica, la curación de una antigua herida...

- *Una acción concreta*

Ejemplo: la preparación de una tarta de manzana
1. Hay que tener los **alimentos crudos y sin procesar**, sin los cuales no existe la posibilidad de hacer una tarta de manzana. Manzanas, manteca, harina, huevos, azúcar, etc.
2. Reflexión, **estudio de una receta**, decisión de preparar la tarta de cierta forma.
3. Empezar la **preparación** propiamente dicha: pelar las manzanas (extraemos lo que vamos a usar y tiramos los desechos), sacar los otros ingredientes de su paquete, ubicar todo en la mesa.

4. Calcular las **proporciones**. Disponer todos los elementos en el recipiente apropiado para no cometer errores al momento de mezclarlos. Precalentar el horno.

5. **Mezclar los ingredientes,** hacerlos comunicar entre sí: primeras reacciones químicas. Algunos riesgos en esta última etapa de preparación material: ¿hay que poner la masa en el horno (solo el tiempo necesario, si no se quema)? ¿La preparación está bien condimentada? (Difícil de saber probando la masa cruda…).

6. **Disponer armoniosamente** las manzanas sobre la masa, decorar todo con un poco de azúcar para que se caramelice agradablemente. La creación de una forma va a determinar ese "plus" que no tiene nada que ver con el gusto de los alimentos: el deleite de la vista, la identidad específica de esta tarta.

7. La acción por excelencia: **poner la tarta en el horno**. Sin cocción, no hay tarta. Luego, el servicio por excelencia: lavar los platos y limpiar la cocina.

8. Mientras **la tarta se cocina**, mientras el calor hace su trabajo de transformación, esperar manteniéndose alerta.

9. **Sacar** la tarta del horno, en el momento apropiado y sin quemarse.

10. Cuando se enfríe, **servir la tarta**… ¿Gustará o no? ¿Quedará algo para el desayuno? El futuro nos lo dirá.

• *Un proceso natural*

Ejemplo: la numerología aplicada al modelo botánico
1. **La semilla**. Es una simiente que aún no ha sido sembrada ni puesta a germinar. Puede conservarse mucho tiempo en ese estado (por ejemplo, las semillas de calabaza todavía pueden germinar al cabo de diez años).

2. **La semilla, una vez en la tierra,** comienza un proceso de "alquimización" interior: es una transformación invisible, en parte dependiente del medio que la cobija (calor, humedad…).

3. **La germinación** se produce: la envoltura de la semilla se rompe y nace un brotecito, frágil pero lleno de energía.

4. **Tallo y raíces**: primero, la planta crece horizontalmente, luego hacia arriba y también hacia abajo, en las profundidades. Se vuelve

más sólida, menos dependiente del menor cambio de temperatura o temporal. Recoge agua y luz para alimentarse.

5. **Las hojas** aparecen. Todavía no definen la identidad de la planta (a veces es imposible reconocer una planta solo por sus hojas), pero constituyen un enriquecimiento a nivel de la dirección (vertical + horizontal), una fuente de intercambio (fotosíntesis) y una toma de riesgo: la planta se vuelve vulnerable a las heladas, la sequía y los insectos predadores.

6. **La floración**. Este acontecimiento efímero va a revelar la identidad de la planta y preparar, en su belleza, la etapa siguiente. Aparecen nuevas dimensiones: el perfume, el color, la forma de las flores. La relación con los insectos cambia: de enemigos virtuales, se vuelven aliados por la polinización.

7. **La fructificación**. Es un proceso lento que requiere gran energía. La planta va a poder generar un alimento destinado a alimentar formas de vida más complejas (animales y humanos).

8. **La maduración**. Cuando el fruto llega a su tamaño definitivo, debe pasar un tiempo para que madure. Esa acumulación de sabor y dulzor no depende de él, sino del tiempo y las condiciones climáticas, del hecho de que no sea destruido antes de que termine su ciclo, etc.

9. **El desprendimiento**. El fruto se va a desprender del árbol, de forma espontánea o no, cuando haya pasado su tiempo de madurez. Tiene lugar una cicatrización. Se desprende no porque haya sido arrancado sino como consecuencia de la maduración.

10. **El fruto cae**... Vuelve a la tierra. ¿Lo consumirá un animal o un ser humano? ¿Se va a pudrir? ¿Sus semillas comenzarán un nuevo ciclo, volviendo al nivel 1?

• *Con respecto a los procesos históricos*

Se puede describir el delicado pasaje del 4 al 5, luego al 6, usando como ejemplo la figura histórica de Cristóbal Colón. Apoyándose en la estabilidad política y económica del Reino de Aragón y Castilla (nivel 4) e impulsado por una visión (idea de alcanzar el Levante por el Poniente, es decir, las Indias por el Atlántico, sin pruebas de que fuera posible: nivel 5), Colón se lanza al mar con sus tres navíos: se trata del movimiento del 5 al 6 que representa el paso arriesgado de un mundo a otro. Cuando el navío atraca y los marineros pisan tierra nueva (que confunden con las Indias), estamos en el nivel 6: el descubrimiento del Nuevo Mundo. Sin embargo, el movimiento se estancará, entrará incluso en regresión desde el punto de vista numerológico, porque el objetivo de Colón y sus marineros no fue actuar con generosidad (7) en ese Nuevo Mundo, sino llevarse (5 → 4) las riquezas a su reino de origen...

- *Frente a un proceso más vasto, más universal y más complejo*

Aunque la descripción de las etapas debe esquematizarse, no hay que perder de vista que cada etapa posee diversos matices. Aquí, voy a limitarme a mencionar una opción fluida (en caracteres normales) y una estancada (en itálicas).

Las edades de la vida humana.

1. **El bebé**: plasticidad cerebral, cerebro en pleno desarrollo, apertura a todos los posibles.

   Pero también: enorme potencia de las emociones, de los impulsos recibidos, que el pequeño ser no puede gestionar todavía. Formación de traumas.

2. **El niño**: jugar sintiéndose seguro y recibir todo lo que se necesita para crecer: amor y enseñanzas, indulgencia y límites.

   Pero si el niño no recibe lo que necesita, puede bloquearse en la espera, la exigencia, o acumular complejos, bloqueos a nivel interior.

3. **El adolescente**: intensidad de las primeras experiencias. Se enamora con locura, se identifica con la banda de amigos, a veces pone su vida en riesgo por tener conductas imprudentes...

   A riesgo de quedar atrapado en ese período de excitación y no poder o no querer crecer.

4. **Adulto autónomo**: el joven adulto comienza a ganarse la vida, construye su casa, forma una familia.

   Pero también puede apreciar excesivamente su propio confort o rechazar todo aporte ajeno: se vuelve entonces rígido, intolerante, busca seguridad en exceso.

5. **Adulto socializado**: la jerarquía permite organizar el grupo; se compromete en nombre de un colectivo, un ideal social, político o espiritual.

Pero este ideal puede ser engañoso y generar decepción, incluso sensación de haber sido estafado. También es posible que se conozca el fracaso al intentar alcanzarlo.

6. **Adulto altruista**: la relación con el otro se vuelve madura, aprendemos a aceptar al otro como es, a considerarlo como un igual. Pero toda relación nos pone frente a la complejidad del otro, a las diferencias fundamentales que existen entre nosotros.

El vínculo puede provocar conflicto, desunión, rápidamente. O incluso, si no se ha vivido plenamente la etapa anterior (jerárquica), se confunde la igualdad esencial con el caos comunitario.

7. **El servicio y la acción no egoísta**: se llega a hacer lo que debe hacerse, en virtud de una visión de conjunto, y no a actuar según su propio capricho.

Pero si esa visión de conjunto no es apropiada, la acción puede volverse destructora, egocentrada.

8. **Madurez, entrada en la vejez**: perfección lúcida y soltar, aceptar la realidad como es.

Pero esa madurez debe estar acompañada de valentía y dulzura, sin lo cual se puede caer en un perfeccionismo rígido o repetir sin convicción: "Todo es por el bien...".

9. **Aparece la luz de la sabiduría.** Entrevemos otra realidad, como el niño que, al momento de nacer, descubre el aire y la luz. Nos preparamos en paz para morir.

O, en cambio, ese nacimiento (o ese acercamiento a la muerte) nos aterroriza tanto que luchamos, presos de una crisis sin fin.

10. **Alegría de la conclusión.** Lo que terminó está listo para embarcarse en un nuevo ciclo.

O experimentamos una desesperación total frente a la idea de dejar el ciclo que se termina...

Espero que estos pocos ejemplos de la numerología del Tarot los inspiren para aplicarla a otros procesos. Es un ejercicio muy valioso para enriquecer la manera en que vemos las cartas y la existencia.

5. Representaciones de la numerología y del flujo en los Arcanos Mayores y los Valores

En los Arcanos Mayores, hay dos cartas que representan por excelencia el movimiento del flujo: El Loco y El Mundo.

El Loco, principio masculino, se lanza hacia adelante con una energía inmensa. Podemos considerar que va a recorrer los diez grados de la numerología, es decir, los 20 Arcanos Mayores que lo separan de El Mundo, depositando un poco de esta energía en cada una de las cartas por las que pasa. Cada carta, a su vez, lo carga de experiencia. En el otro extremo del camino, El Mundo, principio femenino, está "activo" a su manera: el Arcano XXI "llama" a la energía del Loco, al igual que el óvulo "llama", gracias a señales químicas, al espermatozoide que vendrá a fecundarlo. Esta actividad del principio femenino cóncavo es del orden de la *captación*.

En el siguiente esquema, ubicamos en diez columnas de seis cartas cada una, enmarcados por esta dinámica Loco-Mundo, a todos los Arcanos Mayores y a todos los Valores. Esas diez columnas muestran visualmente los diez grados de la numerología, expresados de forma diferente en cada caso: un grado en el caso de cada energía (necesidades, deseos, afectos y pensamientos) y, para los Arcanos Mayores, dos propuestas para cada grado de la numerología. Tenemos **seis versiones del proceso numerológico detallado**: una para cada palo, es decir, para nuestros cuatro modos de expresión, las cuatro energías de nuestra existencia, y dos para la serie de los Arcanos Mayores, que remiten a la aventura de la conciencia. Esas dos caras de cada grado numerológico son una invitación para dejar abiertas las interpretaciones: el recorrido esencial no puede limitarse a una sola descripción. En las vías espirituales tradicionales, el vocabulario y las prácticas varían según las escuelas, pero también según las capacidades y disposiciones del aspirante. Del mismo modo, los Arcanos Mayores expresan la numerología bajo dos aspectos distintos y complementarios.

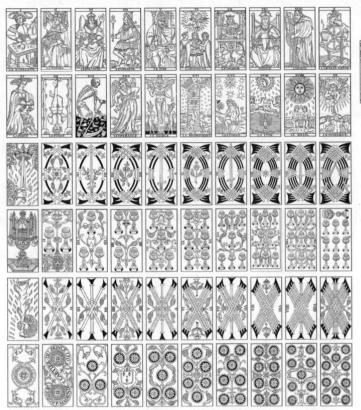

En las próximas páginas, vamos a detallar las cartas una por una y agregaremos a este esquema las Figuras. Por el momento, miremos estas seis hileras de diez columnas, observando de qué modo el Tarot representa cada grado.

Aquí abajo subrayo algunas correspondencias, pero ustedes descubrirán otras a lo largo del estudio y la lectura. En las diversas versiones del Tarot de Marsella que existen, según los detalles del dibujo y la elección de los colores, es posible descubrir correspondencias más o menos evidentes.

- **Nivel 1**: El Mago y La Fuerza usan sombreros parecidos. Las manos que blanden el As de Espadas y el As de Bastos se pa-

223

recen a las manos muy activas del Mago (que agita su varilla) y de la Fuerza (que juega con las fauces del león).

- **Nivel 2**: El Colgado y el 2 de Espadas tienen una forma parecida: un elemento en el centro (el cuerpo del Colgado, la gran flor del 2 de Espadas) se encuentra cercado y, en cierto modo, protegido por una estructura que lo rodea. El cruce de piernas del Colgado (Arcano XII) se asemeja al primer cruce entre los dos bastos en el 2 de Bastos.
- **Nivel 3**: las ramas cortadas por la guadaña del Arcano XIII aparecen en el 3 de Espadas.
- **Del nivel 1 al nivel 4**, los personajes están solos; luego, en el nivel 5 (El Papa y El Diablo) las dos cartas muestran un personaje central elevado que está por encima de otros dos personajes más pequeños.
- **Nivel 4**: el escudo del Emperador se asemeja al que figura en el centro del 4 de Oros.
- **Niveles 5 a 6**: la alteración que se da entre el 5 y el 6 de Oros y de Copas a nivel de la estructura de la representación responde a la que se observa en los Arcanos Mayores del mismo nivel (V y VI, XV y XVI), que nos hace pasar de un universo jerárquico a un mundo en el que todos los personajes tienen el mismo tamaño.
- **Nivel 6**: aparición de un elemento cósmico en El Enamorado y en La Torre: el ángel que vuela delante del sol, y las llamas que unen la cima de la torre con un astro situado arriba y a la derecha en la carta. Podemos agregar una información que no está visible en el dibujo de las cartas, pero que se relaciona con el vocabulario: a La Torre también se la llamó, en italiano, *La Saetta* ("la flecha") y, en el francés de los siglos XVI y XVII, se usaba el italianismo "sagète" para hablar de la flecha de Cupido.
- **Nivel 7**: el 7 de Oros representa un triángulo (las tres monedas centrales) inscrito en un rectángulo (el doble cuadrado de la carta, con una moneda en cada esquina). Se encuentra esta disposición en el cuerpo triangular del Carro (Arcano VII) que se enmarca en la forma cuadrada de su vehículo, y

en las estrellas que están por encima de la mujer desnuda de La Estrella (Arcano XVII), de las cuales cuatro, las amarillas, están dispuestas en forma de cuadrado y tres, las azules, en forma de triángulo.

- **Nivel 8**: tanto La Luna (Arcano XVIII) como el 8 de Copas nos muestran un mundo con tres niveles: abajo, el cangrejo de río en el agua y una base de tres copas; arriba, aunque parece distante, la luna unida al cangrejo por una gama de colores similar, y en el 8 de Copas, tres copas arriba de la carta, iguales a las tres copas de abajo; por último, en medio de la carta, las dos copas del 8 de Copas se corresponden con las dos torres y los dos perros que aparecen en el horizonte de La Luna.

- **Nivel 9**: El Sol, al igual que El Ermitaño, son fuentes de luz. En el 9 de Oros, se prepara un nacimiento: el encuentro con el aire y la luz. También podemos comparar el hecho de que el Ermitaño está muy abrigado (paisaje frío) con el ambiente invernal del 9 de Bastos que perdió sus hojas.

- **Nivel 10**: en muchas cartas hay un desdoblamiento o la marca de dos realidades que existen simultáneamente (el final y el comienzo). Doble eje en el 10 de Bastos, doble espada en el 10 de Espadas, copa de pie y copa volcada en el 10 de Copas, humanos y ángel en El Juicio (XX), animales y, como indica la manivela, la espera de una mano providencial (humana o divina) en La Rueda de la Fortuna (X).

En resumen: la numerología nos orienta hacia una dinámica del recorrido.

En definitiva, la noción de flujo nos remite a la dinámica del caminar, de la progresión, incluso de la peregrinación o la vía. Como ya lo sugerí antes, también nos confronta con la impermanencia: si aceptamos sin discusión ir hacia adelante, aceptamos implícitamente la muerte, ya sea al final del camino o en cada instante de nuestra vida en que algo se termina o logramos dejar de aferrarnos a ello: los amores pasan, los éxitos pasan, la juventud pasa… No es poca cosa.

> Hay una dimensión heroica, caballeresca y un tanto loca en esa aceptación del movimiento perpetuo que la mente humana no deja de negar.

Ahora vamos a ver más precisamente de qué modo se encarna el flujo en cada una de las series del Tarot, en particular a través del Loco, silueta gemela del esqueleto del Arcano XIII y, en las Figuras, a través de los Caballeros, cuya presencia en el juego de cartas es un reflejo de la tradición de las novelas de caballería.

La numerología es una estructura fundamental que, poco a poco, debe volverse invisible: una vez que la hemos integrado, profundizado, pasa a formar parte de nosotros como nuestro propio esqueleto, al que olvidamos la mayoría del tiempo, pero que hace de nosotros seres vertebrados.

El Tarot no es un objeto mental sino un juego para vivir. Inicialmente, los principiantes percibirán esa estructura numerológica como una especie de armadura o caparazón. Pero ese sentimiento no durará. Poco a poco, si se la apropian, interiorizarán cada vez más dicha estructura hasta que se convierta en un esqueleto articulado que les permitirá leer las cartas de forma creativa, animarse a proyectarse, confiar en su intuición y, en definitiva, dejar que el arte y el talento venzan la técnica. Pero la técnica nunca desaparece, y sin ella no hay arte que valga... El esqueleto de la numerología estará siempre allí, fiel aunque imperceptible, para sostener nuestra inspiración y nuestras intuiciones.

5

LOS TRES CUERPOS DEL TAROT: LA NUMEROLOGÍA APLICADA A LOS VALORES, LAS FIGURAS Y LOS ARCANOS MAYORES

La lectura del Tarot no se limita a la numerología: es un ejercicio de interpretación que supone una mirada global de las cartas y deja lugar a la intuición; un arte que toma en cuenta tanto el dibujo, los colores y la orientación de las cartas como a la persona que plantea la pregunta e incluso las circunstancias en las que tiene lugar la lectura. Pero, al igual que un virtuoso que, para interpretar una partitura musical, debe tener en cuenta necesariamente las indicaciones rítmicas que figuran en ella, la numerología nos da un marco indispensable, la base sobre la que se erige todo.

Hemos visto que **podemos subdividir el juego en tres mazos:**
- 40 Valores, de 1 a 10 en cada serie de los Arcanos Menores;
- 16 Figuras: Pajes, Reinas, Reyes y Caballeros, en las cuatro series;
- 22 Arcanos Mayores.

Estos tres grupos de cartas expresan, cada uno a su manera, la numerología fundamental del Tarot, aplicada a uno de los aspectos de nuestra existencia. Por esa razón **los llamo los Tres Cuerpos del Tarot.**

Los Valores representan una escala de evolución en cada centro: cómo aprendemos a pensar, cómo aprendemos a amar, cómo aprendemos a actuar y cómo aprendemos a vivir. **El grado 7 es el de la acción personal más alta posible, la excelencia,** mientras que **el grado 8 representa la perfección:** un horizonte hacia el cual nos esforzamos por avanzar. Los Valores son el "cuerpo" más denso, aquel en el que se detallan todos los aspectos concretos y vitales de nuestra existencia.

Las Figuras representan nuestra capacidad para movernos a través del flujo de la numerología: dan cuenta de nuestro libre albedrío, madurez y capacidad del momento. Por eso, en la lectura, serán muy valiosas para indicarnos de qué modo regresar al sentido del flujo, pero también para darnos el tiempo para superar el bloqueo, con habilidad y paciencia. Es un "cuerpo" hecho de intención, de libre albedrío: es más sutil que el de los Valores y coincide con nuestra vida psíquica.

Por último, *los Arcanos Mayores* no se limitan a la numerología, pero se adaptan a ella armoniosamente: estas alegorías tienen una vida e historia propia, irreductible a un número en particular. Pero, en cierto modo, la vibración del número es su eje, y es importante tener ese punto de referencia. Gracias a este anclaje en la numerología, podemos abordar la inmensidad del significado de cada Arcano Mayor. Es el "cuerpo" más sutil de todos, el que representa nuestro recorrido esencial, espiritual.

Estudiar las cartas con este abordaje no implica solo "traducirlas" para leer el Tarot a alguien, sino integrar una valiosa herramienta de observación de sí mismo: a medida que comprendemos, con cada vez mayor profundidad, el posible desarrollo de nuestras necesidades, deseos, de nuestro centro emocional y nuestro centro intelectual, a medida que identificamos los personajes que están en nosotros, que se suceden y pueden desempeñar diferentes papeles más o menos adaptados (personajes que están representados por las Figuras), se enriquece el repertorio de explicaciones y significados que damos a las cartas, y nos convertimos en mejores intérpretes del Tarot. Esta comprensión se relaciona estrechamente con nuestra propia existencia, nuestro recorrido y nuestro nivel de conciencia; no es teórica. **Usar el sistema de descripción evolutivo del Tarot como herramienta de auto-observación** es un enriquecimiento personal inestimable. Nos permite afinar nuestra comprensión de nosotros mismos y del mundo, incluso cuando no estamos leyendo el Tarot.

Vamos a ver en detalle cómo cada uno de los Tres Cuerpos del Tarot expresa la numerología a su modo.

NOTA. El Tarot es un lenguaje visual: en cada momento, los elementos puramente gráficos pueden llamarnos la atención y generar una interpretación válida.

Por ejemplo, un As de Bastos puede representar literalmente un garrote; o un 6 de Copas, "seis miembros de una misma casa"; o un 5 de Oros, literalmente "algo que pasó hace 5 años". Esas interpretaciones no pueden constituir un método de lectura satisfactorio por sí mismas. Son más bien adornos, "acentos", como en la interpretación musical de una partitura.

Para las Figuras, podemos aplicar una equivalencia inmediata con personas de nuestro entorno, como hacían los cartománticos en el siglo XIX:

- la Reina es una mujer (más o menos bondadosa, más o menos respetable...);
- el Rey, un hombre (joven o viejo, rico o amenazador...);
- un Paje, un niño o un joven;
- un Caballero, como está a caballo, es alguien que trae noticias o se desplaza de un punto a otro.

Este enfoque puede ser pertinente, pero si nuestras lecturas se limitan siempre a evocar a "una mujer con dinero", "un hombre con corazón" o "alguien que trae malas noticias", no llegaremos muy lejos.

Para los Arcanos Mayores, es un tanto más complejo: la serie de alegorías que componen los actuales Arcanos Mayores ha tomado formas diversas y numeraciones variadas. Como tales, constituyen un área de significados y de representaciones *parcialmente independiente* de la numerología. Pero el Tarot de Marsella es el único que les otorga una *vibración numerológica* particular, ya que les permite dialogar con el resto del juego de manera privilegiada.

---

1. Los Valores: un diagnóstico agudo de las posibilidades humanas

Cada una de las cuarenta cartas de los Valores constituye un punto en una especie de anatomía global de la conciencia: cubren tanto el plano de las creencias (Espadas) como el de las emociones (Copas), los deseos (Bastos) y la vida cotidiana (Oros).

En cada instante, las cartas numéricas nos permiten plantear nos preguntas como estas: "¿En qué punto estoy en este tema?"; o también "¿Cuál es la parte de mí que hace que me pierda, que se equivoca, que tengo que vigilar para no dejarme llevar?"; o también "¿En qué puedo apoyarme?", "¿De qué modo puedo ir en el sentido que me interesa, u obtener o lograr lo que realmente quiero?".

Hemos visto que el flujo es la salud de la numerología, su corriente vital fundamental. Por consiguiente, todos los problemas y bloqueos tendrán que ver con el estancamiento. Podemos decir que, cuando estamos alineados con el flujo, incluso en una situación difícil o dolorosa, nos *lleva* el movimiento de la vida: el ejemplo más conmovedor nos lo dan esas personas que, aún cuando tienen una enfermedad grave o atraviesan una adversidad, irradian confianza y paz. Al contrario, cuando algo en nosotros se opone a ese movimiento, incluso en una situación aparentemente favorable, somos presos de nuestra negación. Por ejemplo, en medio de un gran entusiasmo amoroso, suele haber un fondo de angustia y el deseo de mantener para siempre un estado que, sin embargo, está destinado a cambiar. El Puente de las Artes en París fue víctima durante mucho tiempo de esa negación disfrazada de gesto romántico: enamorados de todo el mundo hacían grabar sus iniciales en candados que enganchaban en la estructura metálica del puente, a riesgo de destruirlo.

Entonces, ¿elegiremos irradiar luz hasta en la derrota o encerrarnos por medio de "candados de amor"? Muy a menudo, nuestro corazón titubea: oscilamos sin cesar entre esos dos movimientos. Es raro que estemos cien por ciento de acuerdo con el flujo, con la vida. Por esta razón, es muy útil entender cada uno de los grados de la numerología en su versión "fluida", sin idealizar, y también en su versión "estancada", sin condenar. De este modo, podremos aplicar la lectura y la comprensión del Tarot a una práctica cotidiana y, tal vez, limitarnos a nosotros y a los demás el sufrimiento inútil.

Aquí les dejo algunas propuestas para observar y resumir ese desarrollo del 1 al 10 en cada una de las series de cartas. ¡Es imposible agotar todos los significados! Estas propuestas están aquí para inspirarlos, pero no duden en completarlas.

- *Espadas*

La serie de las Espadas nos propone aprender a pensar, es decir, a integrar primero informaciones, imágenes, para poder comunicar con los otros y generar opiniones cada vez más exactas. A partir del 6, el recorrido se orienta hacia la belleza y la verdad, una visión de conjunto que supera la opinión y se orienta hacia la escucha, así como a la certeza silenciosa. En esta progresión, se alternan momentos más cercanos a la reflexión, el silencio, la comunicación a través de imágenes o metáforas (números pares) y otros que se inclinan más directamente por la expresión o la afirmación (números impares).

1. La capacidad de pensar, la facultad de simbolizar, imaginar y verbalizar existe en cada uno de nosotros en potencia; es nuestro derecho de nacimiento. También es un potencial de comunicación que hay que desarrollar y que depende de nuestra acción (a la espada la manipula una mano).

2. A partir de esta carta, notamos que la estructura de las espadas se parece, a nivel gráfico, a la de El Mundo (Arcano XXI): un óvalo rodeado de cuatro elementos y en medio del cual se representa un quinto elemento. El

pensamiento y la palabra son el nivel más sutil y, por lo tanto, más próximo del ser esencial.

Aquí, la capacidad intelectual se repliega en un medio favorable para concentrar sus fuerzas, sin actuar todavía, como un niño que aún no aprendió a hablar, pero que ya entiende lo que se le dice, o como un proyecto que aún no ha salido del estado de fantasía imprecisa. Puede haber una acumulación de perplejidad: en esta fase es legítima. Pero también puede implicar un sinfín de tergiversaciones, generadoras de dudas y bloqueos.

3. Se manifiesta una primera expresión, espontánea, tal vez determinante o errónea, pero individualizada. Todavía estamos en el reino de la opinión, es el discurso adolescente. También es "animarse a decir". Si el 3 se toma muy en serio y se estanca, se vuelve violento, fanático o estúpido.

4. Subimos un nivel: el pensamiento adquiere una dimensión práctica, en armonía con la realidad, y se asienta en sí mismo. Es "pensar bien", razonar, establecer una guía o un manual de instrucciones. Este pensamiento puede volverse asfixiante y excesivamente regulador.

5. Es la palabra que comunica, con el riesgo del malentendido. Transmisión, pedagogía, aquí se trata de ser convincente. El 5 sigue estando al servicio de una concepción individual, como un abogado que usa su lenguaje para defender a un cliente, aunque sea culpable. Aquí, el lenguaje sirve para atraer al otro hacia uno, mientras que, a partir del 6, el pensamiento intentará penetrar en un espacio desconocido para alcanzar al otro.

6. El lenguaje poético, la belleza, la sonoridad de las palabras más que su sentido... Aquí se emplean todas las herramientas que el lenguaje pueda encontrar para alcanzar lo indecible, superando el nivel racional para penetrar en un espacio más colectivo donde la armonía es la base de la comprensión. El riesgo es ser vago o ridículo: si las imágenes que uso no tocan la sensibilidad del otro, no hay comunicación.

7. Aquí se alcanza *la excelencia del pensamiento*: es la palabra de la verdad, la más objetiva posible, embebida de una visión de conjunto. El último intento de la palabra para vencer el silencio es el del 7 de Espadas, que busca la expresión más justa, el pensamiento más luminoso. El peligro es limitarse a una sola verdad, volverse dogmático.

8. **El silencio como perfección de la mente.** Volvemos a alcanzar un nuevo nivel y la flor del medio se condensa: el pensamiento vuelve al silencio y reconoce que proviene de él. Es el estado de la meditación o de una comprensión que está más allá de las palabras. En la comunicación, a veces el silencio es más fecundo que una conversación larga. La trampa de este nivel es el mutismo.

9. La experiencia del silencio reveló un estado de certeza, más allá del hecho de tener razón o de estar equivocado. Es un discurso que propone y no impone. Incluye la duda como un elemento fecundador y no tiene que probar nada. Imaginemos a un maestro espiritual que secunda la opinión de un alumno, cuando este divaga completamente, porque sabe que solo la experiencia del error será una enseñanza válida. El 9 sabe que algunas cosas son incomunicables, salvo por medio de la experiencia. En muchos tarots, la espada del 9 está deteriorada: no hay temor a ser vencido ni a hacer una broma para distender el ambiente, a riesgo de parecer un tonto.

El peligro del 9 es la palabra mentirosa, que manipula la incertidumbre para su propio beneficio: se vuelve mitómano.

10. El combate ha terminado: las dos espadas, colgadas nuevamente en el armero, cruzan el hierro de forma pacífica. El 10 es el nivel de la escucha al otro, de un diálogo calmo, donde opinión y verdad, silencio y palabra, razón y poesía encuentran su lugar.

En estado fluido, el 10 de Espadas muta hacia un nuevo ciclo: con un pensamiento cada vez más inclusivo, la experiencia del diálogo y la escucha nos orientan hacia el camino del corazón.

El 10 de Espadas se convierte en un As de Copas.
Cuando está estancado, el 10 de Espadas se bloquea. Implica un sinfín de discusiones que no llevan a ninguna parte o también alguien que se repite lo mismo constantemente, se escucha hablar. Este estancamiento es el miedo de dejar el terreno puramente intelectual y de abrirse a la inocencia y la fragilidad del corazón.

• *Copas*

La serie de las Copas atañe necesariamente a la psicología y la historia individual. Nos habla de la tonalidad emocional que está actuando y describe el camino que nos lleva a la capacidad de amar de verdad, es decir, de dar sin esperar nada a cambio. Se retrotrae a nuestra formación afectiva, con sus alegrías y heridas inevitables, que crean nuestras emociones recurrentes y determinan nuestras preferencias. También en este caso, el 6 marca un umbral importante que encontraremos en los Arcanos Mayores: el reconocimiento del otro como un igual, animado por la misma necesidad de ser amado. **El Tarot no es ni junguiano ni freudiano, pero todo crecimiento afectivo supone cierta claridad con respecto a nuestra formación infantil**. La serie de las Copas nos enfrenta a esa exigencia, en tanto proceso de despojo: las demandas se reducen a medida que crece la capacidad de amar.

1. El corazón como potencialidad, como templo y "castillo del alma", por tomar la expresión del Maestro Eckhart. Ese potencial puede concretarse o no, pero representa la posibilidad del amor. La pregunta será: ¿tenemos el corazón abierto aunque puedan herirnos o, en cambio, el corazón cerrado, a riesgo de perdernos el encuentro con el otro?

2. La pareja, la de nuestros padres o aquella a la que aspiramos, o también aquella que formamos con nosotros mismos, tal y como

la representan las divinidades andróginas o apareadas de la
tradición oriental. En el Tarot de Madenié, esta carta tiene
el escudo del duque de Borgoña; para el fabricante de cartas,
apelar a ese poder otorgado por el Príncipe era una forma de
ennoblecerse: en este caso también se evoca la pareja, la relación. Esta carta se encontrará en estado fluido o estancado según
nuestra concepción de la relación y las marcas que esta nos ha dejado.

3. De la pareja, matriz por excelencia, emerge un tercer
elemento: la triangulación es la base de todas las emociones y manipulaciones afectivas, pero también la única forma de amar por fuera de la fusión. Es la pareja parental y el
hijo, y también ese primer amor que nos proyecta fuera de
la seguridad de la relación familiar. En esta carta, todas las emociones negativas y las exaltaciones afectivas están en potencia.

4. La estabilidad de la familia, de una relación sólida y
pacífica... que puede desvirtuarse y convertirse en un repliegue sobre sí mismo en un afán de seguridad extrema,
un "nosotros" contra "ellos" que es la base de todas las in-
tolerancias. Las cuatro copas en las cuatro esquinas definen un mundo rodeado por el amor. En el centro, los vegetales que
crecen preparan la aparición de un nuevo centro.

5. Rodeada de flores e inscrita en una forma de corazón,
la quinta copa aparece como una tentación y un riesgo: el
amor devocional o el ideal humanitario vienen a destruir
el entorno de excesiva seguridad. Implica arriesgarse, pero
el impulso es muy fuerte: el cinco nos prepara a un amor
sin razón, sin fronteras, sin preferencias personales. La condición,
por supuesto, es que no nos traicione...

6. Dos columnas de tres copas cada una, frente a frente.
Es el flechazo amoroso o amistoso, la revelación del otro
como alguien semejante y cercano. En el modo íntimo
(alma gemela) o espiritual (impulso de amor incondicio-
nal), esta etapa nos revela que el egoísmo no tiene sentido,
ya que amarse realmente a uno mismo es amar al otro como a
uno mismo. En esta etapa ya no hay enemigos, solo personas que
sufren o cometen errores... Si esta etapa se eterniza, caemos en un

amor narcisista donde el otro se convierte en un espejo, o incluso en la utopía.

7. *La excelencia del amor*: actuar en conformidad con él, según lo que pida. En el centro de la carta, una única copa se alinea con el amor celeste y el amor terrestre. Es un individuo que hace todo lo que puede para actuar por amor y que se perdona a sí mismo cuando tropieza. Si se estanca, se ilusiona con su propia grandeza y se cree el único depositario del amor. Puede volverse tiránico, conformista, pero en realidad estar completamente apartado de aquello que pretende.

8. **La relación de entrega mutua, la plenitud como perfección del amor**: no hay nadie en el centro de la carta, solo un espacio en- tre dos copas que representan la relación, ya no idealizada y aislada (como en el 2 de Copas), sino ubicada en el centro de un mundo bordeado e iluminado por el amor. El 8 se da cuenta de que la prueba de amor está en la relación: no im- porta lo que haga el otro, si el mundo está lleno de amor, si mi corazón está colmado, no puedo no amarlo. Estancado, es puro idealismo y pretensiones románticas.

9. El follaje se marchita. Todo tiene un final. La última prueba del amor está en el duelo, el abandono, el hecho de soltar. El co- razón termina de abrirse cuando se rompe y descubre, en el fondo de esta rotura, la máxima dulzura: dejar partir a nuestros hijos ya adultos, liberar a nuestros muertos y vol- ver a empezar a vivir sin ellos... Es una etapa exigente que se estanca cuando se encierra en el sufrimiento.

10. Todo se consume, ya no hay follaje, la décima copa se vuel- ca: esta vez, el ciclo está terminado, reclama una nueva realidad. ¿La casa está vacía sin los hijos? ¡Mudémonos o reorganicémosla! ¿Esta historia de amor está terminada definitivamente? ¿Y si cambiara mi guardarropa, mi auto o mi corte de pelo?

En estado fluido, el 10 de Copas, que indica el final de un ciclo afectivo, **desemboca en un As de Oros**, es decir, en una nueva realidad concreta. Del mismo modo, cuando un santo alcanza la comunión con lo divino, su primer gesto es fundar un templo, un hospital o un orfanato.

Cuando está estancado, el 10 de Copas se revuelca en la nostalgia de lo que fue y difunde el mito de una edad de oro donde reinaba el amor, como si nunca más pudiera nacer algo. Es la negación pura y simple de la realidad presente, siempre nueva y llena de posibilidades amorosas.

- *Bastos*

Es difícil hablar de los Bastos puesto que remiten a un centro que suele ser poco conocido en nosotros: el origen energético de todos nuestros movimientos y, a la vez, la expresión humana de la creatividad universal, que va mucho más allá que la simple expresión sexual, aunque la contiene. Ese recorrido nos enseña a purificar la energía hasta la última etapa, donde aprendemos a no intervenir, a aceptar convertirnos en el juguete de la creación. Ya sea en el arte, en el trabajo sobre la respiración o el centro vital (*hara*, *chi*, etc.), o incluso en la sexualidad, esos procesos energéticos también tienen grados de sutileza cada vez más complejos. Los Bastos muestran un camino de satisfacción *y* de frustración, de realización *y* de contención, ya que esos aspectos complementarios están unidos como las dos caras de una moneda.

Desde un punto de vista gráfico, los Bastos son los más sobrios y los más difíciles de interpretar. No obstante, una pista: podemos visualizar su evolución en movimiento. Cada basto suplementario que se integra como eje en las cartas impares se inclina y, volviéndose oblicuo en el nivel par que sigue, va a crear la complejidad creciente del cruce. Los Bastos también son los indicadores más claros de una periodicidad cíclica en la numerología: el 8 y el 9 de

Bastos pierden sus hojas pero el 10 las recupera, como en el pasaje del invierno a la primavera.

1. La energía está presente en cada cosa y cada ser desde el reino vegetal, e incluso mineral, hasta el humano. El basto, sím-bolo de crecimiento cuando sus raíces lo atan a la tierra que lo alimenta con su agua, muta, cuando se seca, para convertirse en alimento del fuego, que se consume en el aire. Virtualmente, está unido a los cuatro elementos. La mano que lo manipula está representada desde el interior: el basto está vinculado, en primer lugar, con lo íntimo. Hueco y fálico a la vez, nos afirma que no hay jerarquía entre lo femenino y lo masculino, que son dos expresiones, cóncava y convexa, de una misma potencia.

2. El primer paso es un cruce: al frecuentar al otro, al mundo, nuestra energía sexual y creativa se afina, se define. Es una fase prepuberal o de preparación creativa, donde florecen intenciones aún imaginarias. Si se eterniza, solo producirá dudas y frustración.

3. Primer eje, primera manifestación de un deseo individual. La 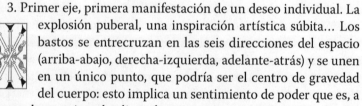explosión puberal, una inspiración artística súbita... Los bastos se entrecruzan en las seis direcciones del espacio (arriba-abajo, derecha-izquierda, adelante-atrás) y se unen en un único punto, que podría ser el centro de gravedad del cuerpo: esto implica un sentimiento de poder que es, a la vez, la ventaja y el peligro de esta etapa.

4. Cambiamos de nivel: la potencia del 3 engendró una sofisti-cación en el 4, puesto que ahora los bastos se entrecruzan y crean un rombo en el centro. Esta es la etapa del saber hacer, de la adquisición de una técnica, como en la artesanía, donde hay leyes que presiden la producción de un objeto que es bello y útil a la vez. En la sexualidad también adquirimos un saber hacer con respecto a nosotros mismos y a nuestra pareja. El peligro es depender de la técnica.

5. Vuelve a nacer un eje, un deseo, un impulso que, cuando aparece, amenaza la estabilidad del conjunto: ¿una tentación erótica? ¿La ambición de un artesano de dejar el terreno de lo útil para proponer un objeto artístico? El 5, como Cristóbal Colón cuando partió en búsqueda de las Indias, se apoya en un terreno conocido para lanzarse hacia uno desconocido... a riesgo de perder sus navíos en el mar.

6. El cruce de los bastos se vuelve a complejizar creando cuatro rombos, es decir, un mundo completo (el 4 remite a la estabilidad y los puntos cardinales) en la intimidad central de los bastos entrelazados. Es la etapa de lo bello, del placer, con todo lo que tienen de arbitrario e individual: encontramos nuestro propio estilo, como lo muestran las hojas que cambian de forma, se retuercen y se estiran en punta. En la sexualidad, esa belleza y ese placer pueden, a partir de ahora, desprenderse de su centro corporal genital: es una sexualidad que se extiende a todo el cuerpo, incluso al universo (desear la forma de una flor, el centelleo de una estrella...). La técnica ha producido una forma de belleza particular, que se debe compartir y poner a prueba en la acción para que no se estanque y se vuelva autocomplaciente.

7. *La excelencia de los Bastos es la creación individual,* brillante y visible como las hojas amarillas que decoran esta carta: el artista firma su obra, el maestro de artes marciales abre su propio *dojo*... Es un éxito, el momento de permitir que esa creación se comparta con la mayor cantidad de personas posible. En la sexualidad, es una culminación orgásmica. El peligro de este nivel es un exceso de egoísmo que conduzca a abusos de poder, al nepotismo y a la apropiación, como se suele ver en los medios artísticos y también espirituales.

8. **Perfección del no hacer.** Las hojas se han caído: como en invierno, el basto se retira con gran sobriedad. En el 8, el cruce dibuja nueve rombos, como si el germen del soltar estuviera ya en el corazón de la creación. Es el arte

sagrado, sin apropiación personal ni firma. La flecha del arquero zen que el propio aliento dispara. Dos flores sueltas manifiestan una belleza que no es "mía", sino que solo me atraviesa. El arte se acerca a lo divino, pero atención al perfeccionismo que es el peligro de este nivel.

9. Sigue sin tener hojas y ya no tiene más flores: es el despojo total, el momento de vacío que sucede al final de un concierto o una representación teatral, antes de los aplausos. En ese vacío, algo esencial se recoge, suspendido entre la vida y la muerte: hay una completitud. El eje plantado en medio del cruce ya no puede generar una complejidad creciente: el máximo ha sido alcanzado. Como un guerrero que renuncia al combate y se establece en la paz, el 9 de Bastos acoge un estado de plenitud suspendido en un silencio profundo. El riesgo es quedarse en ese vacío, perder la vida.

10. Un décimo basto se une al basto central, generando un eje que no es material sino vacío: todo se ha cumplido. Los espectadores dejan la sala, la tela se vende y el pintor no la verá más, el combate se ha terminado. Se cierra un ciclo creativo. Las hojas que vuelven a crecer de un lado y de otro del cruce son un mensaje de esperanza, indican el nacimiento del próximo ciclo.

En estado fluido, el 10 de Bastos genera un As de Espadas: como cuando se retoma la charla después del éxtasis de una relación íntima, o como cuando una creación artística extraordinaria genera una nueva teoría en el mundo del arte. Una creación realizada, una energía totalmente desplegada muta hacia un nuevo concepto.

Estancado, el 10 de Bastos indica una gran crisis energética o creativa, un bloqueo sin esperanza de evolución. También es el rechazo a la simplicidad: como vimos, el basto alcanza su máximo cuando es imposible que el tejido se haga más complejo...

• *Oros*

Los Oros nos enseñan a vivir en el tiempo y el espacio, en el cuerpo, y con el dinero como medio de intercambio. Al centro corporal, que soporta y sostiene todos los otros, lo invaden sin cesar solicitaciones energéticas, afectivas o intelectuales. Prestando atención a las sensaciones, la presencia y el espacio, aprendemos poco a poco a vivir verdaderamente, en armonía con nosotros mismos y con el mundo. Aunque los cinco primeros grados de los Oros son concretos y nos remiten al cuerpo, al dinero, al territorio tal y como lo conocemos, a partir del 6, pareciera que los Oros quisieran orientarnos hacia un "cuerpo más allá del cuerpo" o hacia una realidad más allá de lo visible: ciencia molecular o médicos energéticos ancestrales, recordemos que la materia contiene secretos de los que nosotros somos la manifestación...

1. Aquí está simbolizada la condición de la vida: una semilla, un planeta, un átomo, una moneda de oro o incluso la luz del sol de la que todos dependemos... Es la aparición del mundo material, la manifestación, una construcción o una vida posibles. El "valioso cuerpo humano" de la tradición tibetana. La primera piedra de un edificio. Animarse a dar el primer paso, sin el cual nada comienza nunca.

2. Dos monedas, que están enlazadas pero no unidas aún, sobre las cuales figura, por tradición, la firma del maestro fabricante de cartas: es el comerciante que busca a su público, pero también la división o el agrupamiento de células que sustenta la vida, o incluso algunos centavos que ahorramos para realizar un proyecto que verá la luz en la etapa siguiente... También es, simplemente, tomar contacto consigo mismo a través de las sensaciones corporales que se renuevan sin cesar.

3. Con una estructura parecida al 3 de Copas, esta carta muestra la emergencia de una nueva realidad, un primer proyecto, un gesto concreto: compra, inversión, primera clase de bricolaje o yoga... En todo caso, es salir de uno mismo y animarse a existir en un área en particular. El peligro sería no estar listo aún, precipitarse o ser demasiado imprudente.

4. Seguridad y solidez materiales: salud, presupuesto suficiente, hogar, prosperidad económica... En el centro de esta carta aparece un escudo que también remite a la patria, la organización material, económica y social. El peligro es el exceso de prudencia o de ahorro, un afán de seguridad extrema.

5. Aparece una nueva realidad en el centro, que podemos imaginar como un cambio de dimensión: ¿y si ese quinto círculo no fuera una moneda sino una columna o, al contrario, un pozo visto desde arriba? Es la aparición de una nueva dirección, el riesgo de una inversión movida por un ideal, la elección de un tipo de medicina no reconocida por el gobierno o el simple hecho de probar un alimento exótico... La concepción de la realidad puede verse afectada a partir del 5; abandonamos las referencias habituales.

6. Aquí, el diseño de los Oros se diferencia del de las Copas. Hasta el 5, vida material y vida afectiva se mezclan, mientras que el 6 de Oros nos muestra una nueva visión de la estabilidad: las cuatro monedas del centro representan el mundo antiguo, que flota en medio de la carta con una moneda arriba (tal vez el macrocosmos, o incluso una alegoría del paraíso) y otra debajo (tal vez el microcosmos, o una alegoría del inframundo). Es posible que sea simplemente la sobriedad feliz, o incluso la medicina energética... En todo caso, se trata de un mundo diferente que está más allá de las ideas recibidas. El riesgo es perder contacto con la realidad.

7. *La acción por excelencia: el servicio.* Está representado por un triángulo (tres monedas en el centro, con la punta hacia arriba) que se inscribe entre las cuatro monedas que decoran los ángulos de la carta: un principio espiritual, impalpable pero muy vivo, actúa en

el corazón de la materia. La acción se realiza por el bien común, con atención e intención. Se trata de encontrar el lugar
que le corresponde a uno, de intentar tener una visión de
conjunto y de hacer lo que debe hacerse... pero sin apropiarse de la acción, lo que sería el error de este nivel.

8. **La gratitud como perfección de lo viviente**. Ocho monedas ubicadas de modo equilibrado llenan la carta dibujando un doble cuadrado: equilibrio y plenitud, cielo y
tierra, están en armonía. No falta nada y no hay nada de
más, no es la abundancia (que va hacia un "siempre más"
y que es el peligro de este nivel), sino la prosperidad, la
medida justa.

9. En medio de las ocho monedas, aparece una novena que las
separa, como la cabeza de un niño que aparece desde el
vientre de su madre: se perfila una nueva vida, algo se
rompe y algo nace. Es un pasaje, una crisis que puede ser
dolorosa o bienvenida, hacia una nueva realidad.

10. Todo está en su lugar, terminado y, por lo tanto, listo para usarse: una casa construida, dinero gastado en una
nueva adquisición, o también un cuerpo humano que llegó
al tamaño adulto. Ahora, se necesita un nuevo impulso para
que esa realidad terminada encuentre una razón de ser.

En estado fluido, el 10 de Oros muta hacia un As de Bastos,
como cuando, en el cuerpo humano, se despierta
la energía sexual una vez que el niño alcanza el
tamaño adulto, o también como cuando una tela,
tras haber sido preparada, tensada y cubierta con
una base, espera ser pintada. Un principio creativo
nuevo viene a dar vida a una realidad terminada.

Estancado, el 10 de Oros se petrifica, se inmoviliza, se convierte
en una ruina que veneramos o en un lingote de oro tan bien oculto
que hasta olvidamos que existe... No sirve para nada y se paraliza.

Esta circulación, ubicada en el esquema que plantea la carta
El Mundo, se produce en el sentido contrario a las agujas del reloj.

Algunos elementos gráficos nos dan indicios muy claros de esa transformación entre el 10 y el As de la serie siguiente. Por ejemplo, en la copa volcada del 10 de Copas ya podemos percibir el As de Oros; o también, el doble eje del 10 de Bastos prefigura el As de Espadas.

Existen otros indicios que evocan esta circulación. Los veremos enseguida, con las Figuras.

Para recordar:
Existe un principio dinámico, en el sentido del flujo, según el cual una energía engendra la siguiente. Cada centro muta hacia el siguiente, como para indicarnos que no hay interrupción ni estancamiento posible en el movimiento del universo.

El Tarot nos sugiere que cada elemento se nutre del anterior y nutrirá al que sigue. Por ejemplo: el corazón (Copas) se nutre de un proceso vivido en la inteligencia (Espadas) y, al final de su propio recorrido, nutrirá, por su parte, una nueva realidad material (Oros).

Esas relaciones son indicativas, no exhaustivas: se privilegia la relación Copas-Oros en el diseño del Tarot, pero, en realidad, el recorrido de las Copas puede, virtualmente, desembocar en los otros tres centros. El Tarot es una serie de imágenes, es decir, una obra de dos dimensiones. Presenta las relaciones entre los centros de dos en dos, para orientarnos hacia una interrelación más compleja y multidimensional donde *cada uno de los cuatro centros puede engendrar o dar forma a cada uno de los otros tres.* Así, si retomamos el ejemplo de las Copas, el corazón puede convertirse en aliado del intelecto (inteligencia emocional), de la energía (creación amorosa) y del cuerpo (ternura, delicadeza...).

Pero además podemos aplicar aquí las nociones de "fluido" o "estancado" que provienen de la numerología: un centro también puede invadir al otro de manera regresiva y generar en él oscuridad, enfermedad, violencia, etc. Por ejemplo, siempre en el territorio de las Copas, las emociones pueden invadir el intelecto y oscurecer el juicio, invadir la creatividad o la sexualidad y volverlas infantiles y kitsch y, como dicen numerosos médicos psicosomáticos, los afectos no digeridos pueden generar enfermedades o trastornos del comportamiento alimentario...

En resumen: en las cuatro series decimales, la numerología describe el abanico de posibilidades concretas que se ofrecen al ser humano. Al igual que, en la tradición alquímica, se recomienda al adepto disolver y coagular (*solve et coagula*), la atención que podemos prestar al despliegue de cada una de nuestras cuatro energías, con su propio lenguaje particular, es un ejercicio de conocimiento de sí mismo. En cada etapa, podemos estancarnos (ser incapaces de avanzar) o incluso retroceder (desear una imposible vuelta atrás, y generar negatividad). Esos estancamientos y regresiones van a tener efectos diferentes según ocurran en el terreno de la salud o del dinero, en el terreno de nuestra sexualidad o creatividad, en el terreno afectivo o relacional, o incluso en el terreno de las creencias y la expresión de las ideas. Gracias a los Arcanos Menores del Tarot, podemos conocer de modo cada vez más preciso cada uno de esos terrenos y buscar en nosotros mismos la sabiduría y la lucidez que nos permitan reorientarnos en el sentido del flujo, en consonancia con el movimiento de la vida.

RESUMEN DE LAS INTERACCIONES ENTRE LOS CUATRO CENTROS REPRESENTADOS POR LOS CUATRO PALOS DE LOS ARCANOS MENORES

Espadas, centro del intelecto, la intuición, nuestra capacidad de ver

Aliadas a Copas: tolerancia, intuición, escucha.

Invadidas: pensamiento deformado por la emoción, pérdida de la facultad de razonar.

Aliadas a Bastos: creatividad, entusiasmo, sentido de la improvisación.

Invadidas: caos mental, eternos reinicios, intelecto hipercompetitivo o seductor.

Aliadas a Oros: espíritu práctico, sentido de los negocios.

Invadidas: intelecto calculador; pensamiento con falta de visión, obsesionado por el beneficio inmediato; un estómago en lugar de cerebro.

Copas, centro emocional y relacional, nuestra capacidad de amar

Aliadas a Espadas: lucidez emocional, trabajo de madurez afectiva, capacidad de renuncia.

Invadidas: frialdad, desaparición de lo afectivo, sobrerracionalización, bloqueo e incapacidad de amar.

Aliadas a Bastos: sentido estético, placer y gusto como camino hacia el amor.

Invadidas: inconstancia, posesividad, celos; pasiones en lo afectivo; exageración emocional.

247

Aliadas a Oros: amor por la vida, la encarnación; el buen vivir, el arte de vivir.
Invadidas: compras compulsivas, acumulación, incapacidad de tirar; culto excesivo del cuerpo.

Bastos, centro motor, creativo y sexual, nuestra capacidad de hacer

Aliados a Espadas: estrategia lúdica en la sexualidad o la creatividad; organizarse para ser libre; mayéutica.
Invadidos: frigidez o perversión sexual cerebral; la invención y la fabricación toman el lugar de la creatividad (reorganizar elementos preexistentes en lugar de dejarse atravesar por la novedad).
Aliados a Copas: arte sagrado, energía inagotable que el corazón sostiene; inspiración que supera los límites del "pequeño yo".
Invadidos: creación insípida, narcisismo artístico o sexual, autoficción; lugar dominante dado a la ternura y la mendicidad afectiva, que ahoga la sexualidad y la creatividad.
Aliados a Oros: saber hacer con la materia, capacidad de transformación e invención; por ejemplo, una cocinera excelente.
Invadidos: prostitución, sexual o creativa; culto de la perfección formal en el arte.

Oros, la existencia material y física, el cuerpo, nuestra capacidad de vivir

Aliados a Espadas: orden, sobriedad, elegancia; una estética del vacío; el zen.
Invadidos: intelectualización del cuerpo, pérdida de las sensaciones, raquitismo, frialdad, avaricia.
Aliados a Copas: generosidad, desinterés, hospitalidad.
Invadidos: neurosis sacrificial; vida enteramente organizada alrededor de la demanda afectiva; angustia de abandono.
Aliados a Bastos: sensualidad, refinamiento del gusto, capacidad de placer en la vida diaria; modo de vida artístico; adorno en las pequeñas cosas.
Invadidos: obsesión sexual; secuelas de abusos sexuales que llegan hasta la frigidez o la ninfomanía; sacrificar su vida por el arte o por una mala concepción de la libertad (artista maldito, vagabundo).

2. Las Figuras: papeles o personajes, aliados o enemigos

Hemos visto que las Figuras del Tarot representan una dinámica de elevación y crecimiento y expresan la relación entre diversas posiciones familiares o sociales, diversos grados de evolución o edades de la vida. En la tradición de los juegos de cartas, **también se las llama "Honores"**.

Una de las razones por las que elegí el Tarot de Madenié para ilustrar este libro es que en él las Figuras se representan de forma delicada y noble: los gestos y las miradas están particularmente pensados, y por esta razón es uno de los tarots antiguos más bellos. Para mí, estas Figuras son de las más inspiradoras de la tradición de los Tarots de Marsella, junto a las del juego de Jean Noblet.

En efecto, al consultar el Tarot, una de las funciones de la Figura es remitirnos a nuestro honor, a nuestra dignidad intrínseca de ser humano. Esta tiene que ver con el libre albedrío, por lo tanto, con nuestra capacidad de *movernos* de una postura a otra: elegir la mejor forma de situarnos en una situación dada, elegir adoptar una actitud en lugar de otra (hostil o amistosa, restrictiva o permisiva, etc.).

Las Figuras pueden usarse como elementos de una caracterología que reduce las conductas fundamentales del ser humano a dieciséis aspectos, para llevarnos a lo universal en nuestro funcionamiento. Podemos establecer simetrías fácilmente entre esas dieciséis actitudes y los grados de la numerología.

• *Las Figuras en el doble cuadrado*

En *La vía del Tarot*,[122] la propuesta de Alejandro Jodorowsky, en relación con la numerología del doble cuadrado, era situar cada Figura jerárquicamente en un nivel, dejando fuera el 1 y el 10. La equivalencia se presentaba como sigue, del más pequeño al más grande:
  • Paje: 2-3: acumulación, preparación y acción;
  • Reina: 4-5: reino sobre la tierra, equilibrio y toma de riesgo;

122. Jodorowsky, Alejandro y Costa, Marianne, *op. cit.*

- Rey: 6-7: reino en el cielo, belleza y acción en el mundo;
- Caballero: 8-9: perfección y entrada en crisis.

Para que quede constancia, el esquema de aquí abajo representa ese escalonamiento de las Figuras. Elegí las de Bastos, pero en cada nivel podríamos poner cualquier Paje, Reina, Rey o Caballero.

Este esquema es justificable hasta cierto punto. Como hemos visto, el Paje es más "joven" y más inexperimentado que la Reina y el Rey y, efectivamente, precede la entrada al cuadrado humano (4-5-6-7), ya que se prepara para el dominio, la posición adulta. El Caballero, por su parte, aunque no tenga necesariamente más edad, está más adelantado que la Reina y el Rey porque encarna el soltar, el desapego, la transformación hacia otra dimensión. Es legítimo, entonces, ubicarlo por encima de la pareja real.

Pero *¿quién* (qué aspecto de nosotros), si no el Paje, da el paso entre el 1 y el 2, ese primer paso decisivo entre lo potencial y la realización? Y, por otro lado, *¿quién*, si no el Caballero, experimenta el soltar máximo, que consiste en alcanzar el final del ciclo?

Entonces, propongo más bien **atribuir al Paje los valores 1, 2 y 3 y al Caballero los valores 8, 9 y 10**: representan, respectivamente, nuestra capacidad de movernos en la energía de los comienzos (Paje) y en la de la conclusión (Caballero).

• *Reyes y Reinas: igualdad y complementariedad*

La representación que recluye a las Reinas en una posición jerárquicamente inferior a los Reyes y que les atribuye el único privilegio de reinar sobre la Tierra, mientras que sus esposos ocupan el reino de los cielos, me parece obsoleta y parcial. Esta concepción está anclada en la cultura patriarcal, por lo tanto en una visión social, y no universal, del ser humano.

En la mesa de juego, cuando buscamos ganar en el tarot, los Reyes vencen a las Reinas. Ese conteo de puntos es válido desde el punto de vista del juego social y corresponde a la cultura de la que proviene el tarot, puesto que, en la monarquía francesa, el poder se pasaba de padres a hijos.

Pero ¿qué pasa con la dimensión esencial? La iconografía de muchas religiones nos muestra parejas de paredros, femenino y masculino enlazados. Representan los dos polos de la dualidad reunidos en la unidad, a veces en una unión sexual simbólica. La pareja divina es una representación de la unidad esencial, ya sea Shiva-Parvati, la andrógina de la cultura hindú, o el *yab-yum* (padre-madre) de la estatuaria tibetana, incluso parejas fundadoras del universo en diversos mitos de la creación del mundo. En ellas, lo femenino no es inferior a lo masculino ni está excluido de los cielos.

Aunque se la ha sobrecargado de mandatos políticos y sociales provenientes de la cultura patriarcal (especialmente aquel que reserva el ejercicio del máximo poder espiritual en la tierra a un representante del sexo masculino), incluso la representación cristiana reconoce la Asunción celeste de la Virgen María: la Madre de Dios no se reduce a la materia.

Por eso, es impensable que el Tarot se reduzca a esa organización jerárquica, donde la Reina quedaría encerrada en los niveles

4 y 5 mientras que su esposo real recorre el reino espiritual entre el 6 y el 7.

La representación de los propios Arcanos Mayores contradice esa propuesta:

- Los Arcanos IIII (El Emperador) y V (El Papa) representan dos alegorías masculinas, consagradas al reino político y espiritual en la Tierra.
- En los Arcanos XIIII y XV podemos ver dos representaciones: una asexuada (Templanza, un ángel) y otra que muestra a la pareja (los diablitos del Diablo) y, al mismo tiempo, a un hermafrodita (el Diablo, con su falo masculino y sus senos femeninos).
- Los niveles 6 y 7, por su parte, muestran una paridad perfecta entre figuras femeninas y masculinas, distribuidas del siguiente modo:
  - VI, El Enamorado: dos mujeres, un hombre y un ángel;
  VII, El Carro: un hombre y dos caballos (sementales o yeguas, a ver quién es el listo que puede decirlo);
  - XVI, La Torre: un hombre por completo visible, cuya vestimenta denota claramente que es masculino, y un ser escondido a medias, que no podemos saber si es masculino o femenino;
  - XVII, La Estrella: una mujer, desnuda por si fuera poco, y un pájaro sin sexo definido.

  En total, para los niveles 6 y 7, tenemos entonces: 3 mujeres, 3 hombres, 1 ángel, 1 medio-cuerpo (¿andrógino?), 2 caballos y un pájaro sin definición sexual.

Por lo tanto, propongo considerar que **la Reina y el Rey reinan en igualdad sobre todo el cuadrado humano, del 4 al 7**. Juntos, cada uno con su posición particular, atraviesan esas cuatro etapas que llevan de la autonomía (4) a la toma de riesgo (5), luego al descubrimiento de la belleza (6), hasta desembocar en una acción de servicio (7).

La Reina se vuelca hacia la vastedad de lo interno: encarna el aspecto interior de esta aventura.

El Rey se vuelca hacia la vastedad de lo externo: encarna el aspecto exterior.

Entre ambos, nos enseñan cómo actuar y recibir, íntimamente y en el mundo, para convertirnos realmente en humanos.

• *Las Figuras y su valor dinámico*

Las Figuras representan el principio dinámico, en nosotros, que es capaz de avanzar de un nivel a otro. Propongo resumir sus respectivos valores y capacidades del siguiente modo:

• *Paje: principiante*

Recorrido entre los niveles 1, 2 y 3: potencialidad, acumulación de fuerzas y primera acción, fundada no en la experiencia, sino en un aprendizaje de base. Si el Paje fluye, lo anima la energía, la inocencia y la humildad del principiante, y atraviesa las dudas acumulando una experiencia valiosa. Si está estancado, lo paraliza la veleidad (1), la duda (2) o la acción inconsciente (3).

• *Reina y Rey: los dos aspectos del autodominio*
  y de la edad adulta

Las Reinas del Tarot tienen una relación íntima con su símbolo y, claramente, remiten a una dimensión interior, cóncava, esotérica, reflexiva, que se corresponde anatómicamente con los órganos genitales internos. La Reina se concentra en el reino interior.

Los Reyes, por su parte, miran más allá de su símbolo, hacia el reino que gobiernan: evocan una dimensión exterior, convexa, exotérica, activa, que se corresponde anatómicamente con los órganos genitales externos. Son el modelo, los administradores de una realidad externa.

De este modo, Reyes y Reinas remiten a la doble necesidad de un recorrido interior *y* exterior, reflexivo *y* activo, de introspección *y* de manifestación. Encarnan esa complementariedad de ambos principios, masculino y femenino, que son la enseñanza y el desafío constantes de nuestro recorrido, de nuestras relaciones de pareja: la búsqueda del equilibrio entre los dos polos.

Juntos, avanzan por los niveles 4, 5, 6 y 7:
  • 4: búsqueda y manifestación del equilibrio, de la seguridad (interior para la Reina y exterior para el Rey);
  • 5: toma de riesgo, salir de lo conocido, salir del egoísmo y entrar en relación (consigo mismo hacia adentro o con los otros hacia afuera);
  • 6: descubrimiento interior o establecimiento exterior de un principio de placer, de belleza;

• 7: acción en el mundo tal y como es, más allá de la visión estrecha del "yo". Para hacer esto, la experiencia adquirida de forma reflexiva y activa se fusiona en una única energía. Podríamos decir que el nivel 7 es el nivel de la unión sagrada entre la Reina y el Rey, el nivel más alto de su realización. ¡Son los padres que todos habríamos querido tener!

Cuando fluyen, encarnan con brío lo femenino y lo masculino en su nivel de excelencia y preparan el advenimiento de los dos grandes principios cósmicos representados por la Luna y el Sol.

Cuando están estancados, evocan todas las mezquindades y los defectos posibles del ser humano, incluso aquellos que se nos aparecen cuando observamos nuestras propias conductas estancadas: repliegue sobre sí mismo en un afán de seguridad extrema (4), idealismo o perfidia (5), narcisismo y autocomplacencia (6), abuso de poder (7); podemos completar y desarrollar la lista en función de nuestras propias aventuras...

• *Caballero: madurez y principio de superación*

Avanza entre los niveles 8, 9 y 10. El Caballero, como todos nosotros, tuvo padres imperfectos, pero al atravesar el nivel 8 (gestación cósmica) y el 9 (desapego luminoso), integra aquello que les faltó a sus padres de carne y hueso para establecer en sí mismo el principio maternal cósmico (8) y el principio paternal cósmico (9). La educación propia reemplaza la educación familiar.

Cuando fluye, el Caballero surge de una perfección (8), de la que no es más que el representante, rompiendo los límites conocidos para entrar, vulnerable y lleno de experiencia a la vez, en un mundo nuevo (9), y marcando –a partir de su integración en una nueva realidad– el final del ciclo (10) que lo transformará en Paje de otro centro.

Cuando se estanca, se vuelve perfeccionista (8) o se pierde en la crisis (9) o, más aún, se mantiene firme en su parecer y se ve incapaz de franquear las fronteras que lo llaman (10).

En una dinámica fluida, **el proceso de engendramiento de los 10 en Ases vale también para el Caballero que se transforma**

en Paje en el centro siguiente. Podríamos representar ese recorrido cíclico de las Figuras en un esquema que se organice, nuevamente, según la cosmogonía tarológica de la carta El Mundo.

Este esquema es a título indicativo, como todos los que aparecen en esta "anatomía del Tarot". Los animo a buscar los suyos propios: los esquemas nos ayudan a memorizar el Tarot, no carta por carta o según definiciones, sino uniendo las cartas en grandes cuadros que nos recuerdan sus interrelaciones.

En este caso, seguí los indicios visuales de las cartas para disponer las Figuras:

El Paje de Copas entra en el reino por afinidad con la Reina (simbólicamente, la madre) y la pareja real engendra un Caballero de Copas que desciende hacia la materia. Este se transforma en Paje de Oros, con quien comparte exactamente el mismo cabello.

Ese Paje de Oros está de pie sobre la pareja Rey-Reina, que representa su territorio de base: nuestros padres son nuestro primer hogar. Al término de su crecimiento, el Caballero de Oros abandona el territorio conocido para aventurarse hacia el de los Bastos. Ya lleva un basto en la mano derecha, mientras que el Oro flota por encima de él como un astro. Se convierte entonces en un Paje de Bastos (mismo sombrero en los dos personajes) que entra en el reino del Rey y la Reina de Bastos. Observen que esta pareja es la única que no se encierra en un intercambio de miradas: el Rey mira a la Reina que mira el vacío, lo desconocido, como si ambos cabalgaran una energía que no pueden reducir a su relación, demasiado limitada para ella.

De esta pareja real surge el Caballero de Bastos, que sube para convertirse en Paje de Espadas (nuevamente, los sombreros de ambas Figuras tienen la misma forma). Al Paje de Espadas lo cría[123] la pareja Reina-Rey, antes de alzarse como Caballero de

---

123. La autora utiliza la palabra *élever* que, en francés, significa tanto "criar, educar" como "subir, levantar, alzar", entre otros. [*N. de la T.*]

Espadas que, por su parte, se dispone a franquear el abismo entre el pensamiento y el amor llevando sobre su hombro derecho
una máscara de perfil que se parece a la que lleva su rey. En este
tarot, los rasgos del Caballero de Espadas son muy femeninos, al
igual que los del Paje en el que se transforma, el Paje de Copas.

• *La interpretación de las Figuras*

Las Figuras nos permiten, durante la tirada, meternos directamente en el juego: ¿quién hace la pregunta? ¿Quién puede oír la
respuesta? ¿Qué parte de mí mismo está calificada para enfrentar esta situación? ¿Quiénes son mis aliados y mis enemigos, en
primer lugar internos, antes de buscar aliados o enemigos en el
mundo exterior?

Como sabemos, las Figuras no están representadas en espejo
con relación a nosotros que las miramos, sino en forma de retrato:
la mano derecha de la figura es *como* mi propia mano derecha.
Por este motivo, **las Figuras pueden representar personas externas a nosotros**, con quienes tenemos una relación. En algunos
casos, es pertinente identificar el papel que desempeña una persona externa en la respuesta a la pregunta planteada. Pero si nos
limitamos a lecturas del tipo "una mujer morocha" o "un hombre
generoso", o incluso "mamá", "mi novia", "mi superior jerárquico"
o "la persona que administra mi sociedad", no iremos muy lejos.

**Podemos mirar los 16 Honores como si mostraran nuestro
propio cuerpo considerado objetivamente, desde el exterior**, y
no visto en un espejo. Mi cuerpo es *como* el cuerpo del otro, mis
límites son *como* los límites del otro, mi dignidad intrínseca es *como*
la dignidad intrínseca del otro. Las Figuras nos remiten a la condición humana, a lo que todos nosotros tenemos en común. Representan la humanidad, la nuestra y la de aquellos que frecuentamos.

Cada una de las etapas de la vida tiene sus propias leyes: no es
conveniente que el Paje se crea experimentado, no es conveniente
que el Caballero reine, no es conveniente que la Reina abandone
su reino ni que el Rey juegue a ser principiante. En el sentido más

fluido y perfecto del término, los Honores desempeñan el papel de remitirnos a la nobleza del ser humano, a la manera específica en que esa nobleza nos obliga, por lo tanto, a nuestro deber y a la forma según la cual esa nobleza se manifiesta según las circunstancias: nobleza del principiante, nobleza del reino, nobleza del servidor y del emisario. A la inversa, es decir, en modo estancado, las Figuras nos permiten abrir los ojos a nuestras mezquindades y a todos los obstáculos internos que pueden presentarse en nuestro camino. Una Figura que se planta en su posición y se niega a evolucionar expone nuestras actitudes fijas que todavía generan sufrimiento.

- *Egocentrismo del personaje, dignidad del papel*

Si usamos el vocabulario propio del teatro, pero que hoy es habitual en la psicología transpersonal, podríamos decir que **las Figuras representan los *personajes* que nos habitan**, cuyas características pueden caer en la caricatura. En la escuela de Gurdjieff, se llama *personalidad* a ese montón de creencias, heridas y estrategias de supervivencia con el que nos identificamos y que está estancado por definición, ya que proviene del pasado. Pero los rasgos de nuestros personajes pueden ponerse al servicio de diferentes *papeles* que tenemos que desempeñar y, en cierta medida, disolverse en ellos: la esencia, aquello que tenemos de verdaderamente humano, digno, capaz de novedad, puede así **desplegarse al servicio del papel que se nos pide desempeñar**. Los papeles más importantes conciernen nuestras funciones familiares –padres, hijos, esposos, etc.–, así como nuestra función social –oficio, servicio, etc.–. Pero podemos considerar fácilmente que, cuando estamos sentados en un autobús, nuestro papel en ese momento es ser un pasajero o una pasajera, y que todas las cogitaciones innecesarias, o el hecho de invadir el espacio de nuestros vecinos, las emociones del tipo "Es horrible, estoy llegando tarde", etc., tienen que ver con que diversos *personajes* del pasado, que no tienen nada que hacer en ese autobús, están invadiendo nuestro *papel* de pasajero.

Los dieciséis Honores del Tarot son muy útiles para hacer ese trabajo sobre el papel y el personaje.

Tomemos a la **Reina de Oros** como ejemplo: puede representar, en nosotros, a un *personaje* avaro y apegado al dinero, o también, perfeccionista, minucioso al extremo, o incluso la coquetería, la obsesión con el espejo. Todos esos rasgos se encuentran en potencia en la representación de la carta que nos muestra a una mujer de perfil observando fijamente una gran moneda que tiene alzada a la altura de su rostro. Tiene la expresión seria, casi encolerizada, y está en una postura de atención intensa hacia las cosas materiales. Esta posición no fluye ni está estancada en sí: puede ponerse al servicio de un papel particular, por ejemplo, el de un contador, o también, el de un corrector de textos que debe ser minucioso y estar al acecho del más pequeño error, o incluso el de una cirujana plástica que debe cortar y coser con una precisión perfecta los tejidos de un rostro que se desfiguró en un accidente de auto. Si ese es el caso, las características particulares de la Reina de Oros representan aquello que puede movilizarse en nosotros para desempeñar de la mejor forma posible el papel que se nos pide; la Reina se encuentra entonces en una postura fluida: una vez que se terminan las cuentas, se corrige el texto o se lleva a cabo la operación, la Reina cede el lugar al Caballero que viene a cerrar el ciclo. Pero si esas características toman la delantera y se manifiestan en un terreno en el que son inútiles, incluso perjudiciales, se las considerará como obstáculos para la acción, para el papel que debe desempeñarse. En ese caso, la Reina de Oros ya no será considerada como un aliado interior sino como un personaje invasor, un rasgo de carácter que nos perjudica.

Hay una enseñanza implícita muy importante en esta **observación de sí mismo** que se vuelve una relación con la humanidad, entendida como aquello que todos compartimos y como comunidad de los hombres a la vez. Una vez, fui testigo del siguiente diálogo entre un maestro zen y una practicante. Ella se quejaba del monólogo incesante que daba vueltas en su cabeza durante las sesiones de meditación. El rostro del maestro se iluminó con una sonrisa y le respondió: "No eres 'tú', es la mente".

Esta respuesta puede analizarse en dos niveles, que ilustran el modo en que podemos leer las Figuras:

- "No es lo que *eres* en esencia, es una función inferior, mecánica, necesaria para la existencia humana".
- "No eres la única que padece el funcionamiento automático de la mente, compartes ese funcionamiento con todos los seres humanos. Dándote cuenta de esto, puedes relajarte y desidentificarte, lo que te acerca a la identificación con tu ser esencial".

Ambas interpretaciones pueden ayudarnos: la primera, a ver nuestro mecanismo para separarnos de él de a poco, y la segunda, a situarnos con compasión en la gran aventura humana.

Entonces, la comprensión de las Figuras depende de nuestra madurez, de nuestra capacidad de ver en nosotros mismos. ¿Y quién, en nosotros, puede *ver*? ¿Quién es capaz de saber, por ejemplo, qué papel se me pide desempeñar en una situación particular?, ¿qué aspecto de mí mismo resulta útil activar? Solo la conciencia testigo puede mirar la "figura", el personaje que soy en este momento, y *verlo* tal cual es. Hay una relación de información recíproca entre la Figura (mis tendencias) y el Arcano Mayor (la representación de mi ser esencial).

La Figura es el espejo del Arcano Mayor: la condición concreta, humana, de mi recorrido; el punto de contacto con la pregunta "¿quién soy en lo relativo, aquí y ahora?". Al mismo tiempo, **el Arcano Mayor es el espejo de la Figura**, el horizonte de su verdadera nobleza.

Podemos observar sutilmente ese juego de espejos que se da, por ejemplo, entre el Rey de Espadas y el Carro: ambos llevan una armadura cuyos hombros están ornamentados con dos rostros de perfil.

O entre la Emperatriz y la Reina de Copas, cuya postura es similar, aunque la Reina sostiene la copa en espejo con respecto al cetro de la Emperatriz.

O también: el sombrero de los Pajes de Oros y de Espadas nos remiten al del Mago.

En resumen: la dinámica de las Figuras nos incita a utilizarlas para observar nuestra capacidad de avanzar al ritmo adecuado en el sentido de la vida, hacia donde las circunstancias y nuestros propios límites nos permiten ir. Son la imagen de nuestra humanidad imperfecta, pero dotada de libre albedrío. Con algo de habilidad, podremos distinguir, en una lectura, si una Figura representa a una persona externa que tiene una influencia concreta o psicológica en la respuesta, o si remite a un aspecto de nosotros mismos. Nos da la posibilidad de ver qué personaje en nosotros está actuando y si se comporta como aliado (en el sentido del flujo, de la necesidad del momento) o como obstáculo, o incluso enemigo (una vieja herida, una estrategia de poder o de protección, que no tiene motivos para estar en la situación). No olvidemos que las Figuras son dinámicas por naturaleza: en general nos incitan a ponernos en marcha para que nos armonicemos con la situación.

Podemos apoyarnos en ellas para encontrar el impulso que nos permita salir de la postura de víctima o de la pereza, de las estrategias ineficaces, de todas las trampas de la identificación. Nos dan indicaciones valiosas para entender lo que está a nuestro alcance aquí y ahora: actuar o no actuar, dar o conservar, orientarnos hacia las sensaciones o, al contrario, hacia la reflexión, privilegiar el espíritu del principiante o, al contrario, reconocerse como especialista competente... para comportarnos de manera apropiada, alineada con las exigencias reales de la situación.

---

3. Los Arcanos Mayores: la numerología y más allá...

Como hemos visto, los Arcanos Mayores son las cartas que definen el Tarot en relación con los otros juegos. También se los llama *Atouts* o Triunfos. En la consulta al Tarot, representan nuestro ser esencial y el recorrido hacia la realización de lo que realmente somos.

En el nivel más alto del Arcano Mayor, en el cartucho superior, encontramos su número. En los tarots más antiguos, los Triunfos no tenían nombre ni número. Los dos cartuchos en los que figuran el nombre y el número aparecieron en el siglo XVII en los tarots franceses, probablemente para simplificar la tarea de los jugadores, unificar el valor y el nombre de las cartas. **El Tarot de Marsella se caracteriza por haber establecido una numeración particular de los Triunfos**, diferente de la de los tarots italianos de la misma época, y por haber aportado indicios visuales que vinculan a las cartas que tienen el mismo valor numerológico. Los Arcanos Mayores son, al mismo tiempo, dependientes e independientes de la numerología.

Dependientes, porque están numerados y, por consiguiente, también expresan una progresión decimal. Independientes, porque esas alegorías han existido en la historia por sí solas antes de que se las numerara a los fines del juego. Son tan antiguas y, en algunos casos, tan universales que cada una de ellas puede considerarse como un universo en sí. Su simbología es accesible (vemos en ellas seres humanos, animales, construcciones, plantas...) y misteriosa a la vez: abarcan un campo simbólico muy vasto, abierto a un sinfín de interpretaciones.

En un primer momento, es posible que los Arcanos Mayores parezcan más fáciles de leer que el resto de las cartas del juego, pero pronto nos damos cuenta de que no son tan fáciles de interpretar: ¿cómo elegir entre todos los sentidos posibles? La numerología nos ayudará a hacerlo. *Siempre* está permitido interpretar un Arcano Mayor apoyándose en la observación pura y simple de su dibujo, pero ante la duda, la interpretación numerológica suele ser de gran ayuda.

Los Arcanos Mayores estimulan la imaginación, mucho más que los Arcanos Menores. Pueden dar lugar a interpretaciones simplistas e inocentes, pero que a veces resultan útiles. Por ejemplo, podemos visualizar que Templanza es un ángel de mármol en un cementerio y que dicha carta evoca, por lo tanto, un difunto. O, simplemente, aseverar que se trata de un ángel guardián. También podemos extrapolar a partir del nombre de la carta: Templanza se convertiría así en una llamada a la moderación, o tal vez en una orden para terminar con una dependencia, mientras que La Justicia evocará "un tribunal" o "un juicio"...

Una gran parte de la cartomancia tradicional se ha basado en esta técnica de lectura, y nos conviene *incorporarla* a nuestra práctica *sin limitarnos* a esa visión, que puede resultar simplista.

Cada carta presenta una multitud de facetas en función del contexto en el que se la contemple y del tipo de pregunta planteada. Si la pregunta es concreta, debemos encontrar una respuesta concreta y no obligar a la persona que nos consulta a aceptar una respuesta que esté en otro nivel (por ejemplo, psicológico). Entonces, debemos desarrollar la capacidad de ver en cada carta, en función de sus significados fundamentales, cuáles son sus aplicaciones en diversos contextos, cómo se relaciona con cada circunstancia de la vida de forma particular. El arte de la interpretación del Tarot es combinar la singularidad con la diversidad.

A continuación, hay varias propuestas para aproximarnos a la numerología de los Arcanos Mayores y relacionarla con su iconografía.

- *Un camino de evolución con dos niveles*

Los Arcanos Mayores son veintidós: dos cartas que enmarcan y resumen la numerología, El Loco y El Mundo, y **dos series de diez cartas que expresan, cada una a su modo, la progresión numerológica.**

En la serie de I (El Mago) a X (La Rueda de la Fortuna), el Tarot nos muestra seres humanos en diversas situaciones. La numerología está representada en esta serie a través de un recorrido social, que se termina bruscamente con la imagen de La Rueda de la Fortuna: tres animales en una rueda inmóvil.

En la serie de XI (La Fuerza) a XX (El Juicio), descubrimos escenas metafóricas, que podrían representar tanto el mundo interior (hoy, diríamos "el inconsciente") como el mundo cósmico, con entidades no humanas, bestias salvajes y astros.

Retomemos la disposición que ya vimos, en la que los Arcanos Mayores están dispuestos en dos series decimales, enmarcados por El Loco y El Mundo:

El Loco, que no tiene número, debe respetarse como si fuera una suerte de electrón libre. No hay ninguna razón para considerarlo el número 22: si los autores del Tarot hubieran tenido la intención de numerarlo así, lo habrían hecho. Su dinámica va claramente en el sentido de la escritura, de nuestra izquierda a nuestra derecha. Indica la dirección del camino, por lo que lo ubicamos en el inicio de la serie.

El Loco *representa el flujo esencial* que *atraviesa* **el conjunto de las cartas**, caminando con su paso alegre hacia El Mundo, que lo llama. Podemos visualizar que *corre* entre una carta y la otra, como el agua de un río que está presente en la totalidad de su cauce.

El Mundo, por su parte, es un inicio y un final a la vez. Un final porque culmina numéricamente el Tarot, que es un juego limitado a 78 cartas, como nuestra existencia individual se limita a cierta cantidad de años. Por ese motivo, El Mundo representa la conclusión de la serie de los Arcanos Mayores. Ahora bien, los autores anónimos del Tarot de Marsella buscaron no ubicar esa conclusión en el nivel 10, sino en el nivel 1: en efecto, el 21 es el nivel 1 de una tercera serie decimal que culminaría en el 29 y se resolvería en el 30...

Se trata de un inmenso mensaje de esperanza, que viene a confirmar y completar lo que hemos visto: al igual que el 10 de un palo se convierte en el As del palo que le sigue, que los Caballeros mutan para convertirse en Pajes, el propio XXI es el germen de un nuevo ciclo, que se mantendrá invisible y por fuera de la representación del Tarot. Así, contiene la conclusión y el inicio de todas las cosas.

Las dos series enmarcadas por esas cartas van a expresar cada nivel de la numerología en un plano manifiesto, visible, fácil de describir racionalmente (serie de arriba) y latente, sensible, más fácil de percibir por medio de un vocabulario metafórico (serie de abajo).

Podríamos resumir su proceso del siguiente modo:
* **I y XI:** comenzar, tomar contacto con un potencial o un poder, elegir dar un paso en una dirección particular. El Mago actúa

a partir de su mesa y hacia arriba, mientras que La Fuerza actúa hacia abajo, en comunión con el león;

- **II y XII:** encontrar el contexto apropiado para preparar o acumular fuerzas, un saber... Para la Papisa, ese contexto es un lugar físico, y el libro manifiesta ese saber o esa fuerza, mientras que, para el Colgado, el lugar es misterioso y la naturaleza de la acumulación está oculta;
- **III y XIII:** poder de estallido y germinación. Para la Emperatriz, se trata de un poder político, temporal, y su misión es dar a luz a futuros emperadores, mientras que el Arcano XIII remite a un poder que está más allá del reino humano. Su acción destructora y purificadora conduce a una posteridad aún desconocida. Observemos que en el Tarot de Madenié y en muchos otros, el esqueleto irradia luz (aquí, vemos una mancha amarilla en la boca, y la parte del campo que ha sido segada también está coloreada de amarillo). Por ende, hay una dimensión luminosa en su acción;
- **IIII y XIIII:** estabilidad y gobernanza. Para el Emperador, se trata de la ley del universo que se aplica en la tierra, mientras que el ángel de Templanza sirve de mediador entre los reinos: trae a la humanidad el reino de Dios;
- **V y XV:** cambiamos de orientación, tentados por otra dimensión. Dicha dimensión es interior y "peligrosa" en el Diablo, que remite al fundamento mismo de nuestro apego, de nuestra humanidad profunda. El Papa, por el contrario, indica una dirección celeste y espiritual, pero contiene el riesgo de una traición o de una decepción con respecto al ideal. Observemos que ambas cartas tienen en común el hecho de que instauran una estructura jerárquica: un personaje domina desde su altura a dos personajes más pequeños que están relacionados con él. El aspecto jerárquico del 5, muy visible en los Arcanos Mayores, es una clave para la energía de ese nivel. Toda vida social exige una jerarquía (de valores, de roles, etc.) que nos permiten vivir juntos;
- **VI y XVI:** eclosión, encuentro con una nueva dimensión. Ambas cartas tienen en común la ambigüedad de su repre-

sentación: pueden representar un acontecimiento "feliz" o "catastrófico" según el humor con el que se las mire. El otro punto en común que tienen es que todos sus personajes tienen el mismo tamaño: nuevamente hay una situación colectiva, pero más allá de la jerarquía. Tanto en la desgracia (conflicto, ruina...) como en la felicidad (liberación, entusiasmo amoroso...), todos somos iguales. Sea favorable o desfavorable, el acontecimiento nos abre a esa igualdad esencial. Esa es la vibración profunda del nivel 6 para los Arcanos Mayores: en el conflicto o en la alegría, el otro está en el mismo nivel que yo;

- **VII y XVII:** acción en el mundo nómade (El Carro) o sedentario (La Estrella). A veces, actuar consiste en desplazarse, conquistar, a riesgo de extraviarse, como es el caso del Carro. A veces, como ocurre con la Estrella, actuar consiste en quedarse en el lugar y transmitir lo que se recibe, a riesgo de que ese gesto sea excesivo o tóxico. La Estrella estancada prefigura los excesos de la industria agroalimentaria: derroche, envenenamiento, monopolios. El Carro estancado evoca la gloria vana, los abusos de poder y, en nuestra sociedad, el lugar excesivo que ocupa la imagen (El Carro podría ser un personaje en una pantalla);
- **VIII y XVIII:** femenino receptivo, imagen de la perfección: la Justicia y la Luna remiten muy claramente a arquetipos maternos, uno terrestre y el otro cósmico, pero ambas tienen algo inaccesible. El rostro de la Justicia recuerda al del Sol, a quien también vemos de frente; lo mismo sucede con el Ermitaño quien, en todos los Tarots de Marsella, usa una o varias máscaras con forma de luna: este nivel no puede concebirse solo, sino en coexistencia con el siguiente, la perfección va de la mano con el desapego;
- **VIIII y XVIIII:** masculino paterno, pasaje. El Sol y El Ermitaño remiten a la figura paterna, estrechamente conectada con la figura del nivel VIII: el desapego viene después de la plenitud, como el día viene después de la noche. Madre y Padre unidos acompañan nuestro crecimiento;

• **X y XX:** el aspecto terrestre del final de ciclo, en La Rueda de la Fortuna, muestra animales vestidos, como para denunciar la comedia social de los seres humanos y ponernos frente a lo desconocido, esa circunstancia fundamental de la que tan a menudo pretendemos escapar. La manivela espera una intervención que llegará en el nivel siguiente, La Fuerza: el recorrido social no basta para iluminarnos, es necesario realizar un recorrido interior. En El Juicio culmina ese recorrido interior y los cielos se abren: lo desconocido se manifiesta en forma de Ángel, mensajero de lo divino.

Estas indicaciones tienen el objeto de ser puntos de apoyo. Considérenlas como el grano de arena que entra en la concha de una ostra y le permite secretar, alrededor de ese minúsculo intruso, una perla perfecta. Para estudiar y leer cada Arcano Mayor, a partir de la numerología, del significado tradicional (alegórico) de las cartas y de las observaciones propias, cada uno de ustedes va a secretar su propia perla: la sedimentación de su comprensión será cada vez más fina. El camino está abierto y el significado último de los Arcanos Mayores brilla en el horizonte, inalcanzable, iluminando nuestra marcha...

• *La reducción teosófica en la numerología del Tarot*

Las siguientes sugerencias podrán parecer difíciles para los principiantes. Exigen cierta experiencia con las cartas y nos abren a posibilidades de interpretación muy ricas. ¡Aplíquenlas únicamente si ya se sienten cómodos con la numerología!

La suma teosófica, que proviene de la tradición pitagórica y se practica en diversas formas de numerología, es muy útil para desarrollar nuestras experiencias con la numerología del Tarot. Consiste en sumar los dígitos hasta que el resultado se reduzca a un número que esté por debajo del valor considerado más alto en una numerología particular. Generalmente, se la aplica en base 10.

En base 10, las sumas se reducen a números por debajo de 9.
Para los Arcanos Mayores, usaremos el número que representa la carta. Por ejemplo, la suma teosófica de El Diablo (15) es El Enamorado (6), ya que:

$$1 + 5 = 6$$

Del mismo modo, en una lectura de dos cartas, si salen La Justicia (8) y El Ermitaño (9), la suma teosófica de ambas es La Estrella (17), ya que:

$$8 + 9 = 17$$

Pero ahora debemos reducir esa cifra a un número por debajo de 9, y así encontramos el valor 8 (La Justicia), ya que:

$$1 + 7 = 8$$

Este abordaje en base 10 tiene una consecuencia muy interesante en la numerología de los Arcanos Mayores: en ese sistema, puede considerarse que todas las cartas de la segunda serie, del 11 al 20, tienen un doble valor numerológico:

- el de su grado (El Diablo, número 15, es un grado 5 = un puente, una toma de riesgo; La Estrella, grado 7 = acción en el mundo);
- y el de su suma teosófica (El Diablo es, implícitamente, un grado 6 = lo que está más allá del puente y el riesgo, la Tierra nueva, el florecimiento; La Estrella ya está en contacto con la perfección receptiva del 8, ya que actúa a partir de lo que recibe).

Eso confirma el hecho de que **la segunda serie de los Arcanos Mayores está más "cargada de información" que la primera**: para entrar en ese recorrido interior, es necesario haber vivido el recorrido social. Por consiguiente, se entra en él con la experiencia del flujo, del engendramiento de una etapa hacia otra, aunque las etapas sean muy diferentes en este nivel.

Desde este punto de vista, las cartas del XI al XX, cuando están estancadas, representan las situaciones más amenazantes del Tarot: un error constante o voluntario (angelismo, autodestrucción, etc.), o incluso una prueba de iniciación (noche oscura del alma, pruebas existenciales, traumas persistentes, etc.).

Pero también podemos crear una técnica específica del Tarot en la que la suma teosófica se resuelva en base 21.

Esta técnica es muy interesante cuando tenemos varias cartas menores del mismo palo en una lectura: por ejemplo, si tenemos un As de Oros, un 7 de Oros y un 3 de Oros, la suma de todos esos Oros da 11 (1 + 7 + 3).

No reducimos ese 11 a un 2, ya que estamos en base 21, el valor más alto de los Arcanos Mayores. Eso nos permite crear un vínculo entre Arcanos Menores y Mayores: la suma es un "11 de Oros", que no existe en el juego, pero que, no obstante, podemos imaginar. En el trasfondo de esa tirada, encontramos el universo de La Fuerza (Arcano XI) aplicado a los Oros. Por ejemplo, la necesidad de renovar completamente la relación que uno tiene con el dinero o el cuerpo, o también el deseo de ganarse la vida gracias a una expresión artística, incluso a un trabajo relacionado con la psicología (esas dos dimensiones están presentes en La Fuerza, ya que esta actúa en conjunto con la voz de las profundidades).

Esta técnica también puede utilizarse con los Arcanos Mayores solos.

Por ejemplo, una tirada se presenta del siguiente modo:

El Mago (I), El Enamorado (VI) y Templanza (XIIII).

La suma de 1 + 6 + 14 da 21: El Mundo (Arcano XXI). Podemos considerar la carta que surge de la suma de las otras como una especie de contrapunto o de conclusión de la tirada.

Por eso mismo, si retomamos rápidamente el esquema de tres niveles que presenta los Arcanos Mayores en series de siete, podemos "jugar" con la suma teosófica para encontrar la suma de cada columna:

- columna 1: 1 + 8 + 15 = 24 = 6
- columna 2: 2 + 9 + 16 = 27 = 9
- columna 3: 3 + 10 + 17 = 30 = 3
- columna 4: 4 + 11 + 18 = 33 = 6
- columna 5: 5 + 12 + 19 = 36 = 9
- columna 6: 6 + 13 + 20 = 39 = 12 (o 3)
- columna 7: 7 + 14 + 21 = 42 = 6

Vemos que esta organización muestra una periodicidad, cuyo ritmo está marcado por el número 6, que aparece en la primera, la cuarta y la séptima columna: el grado 6 evoca el florecimiento, el amor, el hecho de mostrarse a uno mismo y como uno mismo. El recorrido de un 6 a otro pasa, alternativamente, por el 9 (pasaje, crisis, renuncia, nacimiento) y por el 3 (explosión, creatividad, aparición), con una ambigüedad en la sexta columna, donde el valor 12 y el valor 3 coexisten y donde hay un doble proceso de profundización que puede desembocar en el brote final.

Esta interpretación no busca "revelar un secreto de iniciación" ni tampoco servir de modelo para la lectura del Tarot, sino alentarlos a entrar también en este juego con la suma teosófica, que a menudo da resultados esclarecedores.

- *Las parejas del Tarot: numerología e iconografía*

La numerología de los Mayores se expresa a través de todas las relaciones entre las cartas del Tarot. A modo de ejemplo, les propongo volver a abordar las parejas presentes en los Arcanos Mayores.

Esas parejas son siete, principalmente, y podríamos resumir su relación con las siguientes palabras clave:

- El Loco y El Mundo: "ir hacia" y "acoger o captar";
- El Mago y La Fuerza: "manipular" y "colaborar";
- La Papisa y El Papa: "gestar" y "transmitir";
- La Emperatriz y El Emperador: "naturaleza" y "cultura";
- El Carro y La Estrella: "conquistar" y "nutrir", o incluso "nómade" y "sedentario".
- La Justicia y El Ermitaño: "mantener, soportar" y "abandonar, soltar";
- La Luna y El Sol: "satélite" y "centro" o "espejo" y "fuente" (de la luz).

A esas parejas las unen diversas correspondencias. **La Papisa y El Papa**, por un lado, y **La Emperatriz y El Emperador**, por otro, se pueden identificar claramente como parejas por sus nombres respectivos. Asimismo, algunos detalles gráficos en la vestimenta de los personajes confirman ese vínculo (emblemas de poder temporal, escudo y cetro en el caso de III y IIII y tiara en II y V).

Si ubicamos esas parejas en orden numérico, vemos que forman una especie de serie.

La suma numérica de cada pareja es la misma: 2 + 5 = 7, en el caso de La Papisa y El Papa, y 3 + 4 = 7, en el caso de La Emperatriz y El Emperador.

La numerología confirma lo que la imagen sugiere: cada una de estas parejas conforma un aspecto de la acción de a dos en el mundo. La Emperatriz y el Emperador se miran, la acción fundamental ocurre *entre* ellos: en sentido estricto, se trata de perpetuar el imperio por medio de la procreación de herederos, pero podríamos decir que esa dinámica se aplica a todos los aspectos íntimos de la pareja.

La Papisa y el Papa están apoyados espalda con espalda y cada uno actúa en su propio dominio: la Papisa hacia nuestra izquierda,

en una enseñanza o estudio silencioso e interiorizado, y el Papa hacia nuestra derecha, en una transmisión manifiesta. Podríamos decir que, de la unión íntima de la pareja representada por la Emperatriz y el Emperador, emana esta acción externa, dedicada a los otros y basada en una complicidad secreta.

En cambio, **la pareja Justicia-Ermitaño** no aparece señalada como tal en sus nombres: podría tratarse de dos personajes separados. Lo que revela la unión entre ambas figuras es su relación numérica y gráfica con **la pareja cósmica Luna-Sol**. Como estos últimos están inseparablemente unidos como principios de alternancia y engendramiento de la vida, su contraparte numerológica constituye también una pareja, que representa a los padres sabios y sensatos.

Si aplicamos la suma teosófica a esas dos parejas, encontramos lo siguiente:

8 + 9 = 17. La suma de La Justicia y El Ermitaño da como resultado La Estrella, que, como vimos, es el *lugar* en el que culmina la peregrinación del Loco. Pero también es el nivel numerológico 7 que *precede* a La Justicia y El Ermitaño.

18 + 19 = 37; 3 + 7 = 10. La suma de La Luna y El Sol nos remite al nivel 10, que está representado a la vez por La Rueda de la Fortuna (que viene inmediatamente después de La Justicia y El Ermitaño en la sucesión de los Mayores) y por El Juicio, que es la *culminación* interna de la peregrinación: la apertura de los cielos, la realización de la pareja como lugar del que brota una nueva conciencia.

Hay otras dos parejas que se inducen directamente a partir de su grado numerológico, pero tienen detalles visuales comunes: son **El Mago y La Fuerza**, por un lado, y **El Carro y La Estrella**, por otro.

Si ponemos las dos cartas una junto a otra, ambas parejas tienen en común el hecho de que el elemento masculino se ubica a nuestra izquierda y el femenino a nuestra derecha, como si la actividad suprema dependiera precisamente de la acción que muestra la figura femenina, y la figura masculina conllevara, por su parte, una dimensión receptiva. El Mago y la Fuerza están unidos por su sombrero, el Carro y la Estrella, por la repetición de la asociación geométrica cuadrado-triángulo.

Estas cuatro cartas tienen números primos, indivisibles, pero las cartas femeninas poseen el valor más alto. Podemos imaginar un itinerario en el que cada uno de ambos principios masculinos cree estar solo hasta que la aparición del principio femenino complementario viene a darle todo su sentido: por ese motivo, lo femenino desempeña el papel iniciático y se encuentra, entonces, del lado "activo", a nuestra derecha.

En cuanto a la **pareja Loco-Mundo**, ya vimos que enmarca toda la numerología decimal, ya que El Loco puede considerarse como un principio inseminador (espermatozoide) y El Mundo como un principio inseminado (óvulo). O también, El Loco como principio dinámico y El Mundo como totalidad realizada.

Si consideramos que, a través de los diferentes principios masculinos de las parejas del Tarot, El Mago es el que se acerca cada vez un poco más a su complementario femenino, El Mundo, podemos narrar el camino del emparejamiento fundamental del siguiente modo:

El Loco se lanza, encarnado primero en un principio masculino joven (**El Mago**, I), hacia una dirección que lo llama, pero que aún no conoce (**El Mundo**, XXI, del cual El Mago puede considerarse como un reflejo lejano, a la vez numerológico de nivel 1 y porque tienen en común una varilla en la mano que vemos a nuestra derecha).

Primero, se encuentra con una figura de mujer madura y sabia (**La Papisa**, II) que revela instantáneamente su aspecto íntimo y sexuado (**La Emperatriz**, III) y su complementario masculino (**El Emperador**, IIII). Una vez que se ha constituido esa primera pareja, la del encuentro íntimo, se puede revelar el segundo aspecto (**El Papa**, V), que viene a colmar la expectativa de la Papisa.

Ese doble aspecto de la pareja (íntimo y externo, padres y abuelos, si se quiere) nos conduce a considerar la complejidad de las relaciones humanas de elección y preferencia (**El Enamorado**, VI).

El Loco emerge de esa primera etapa como el **Carro** (VII), figura adulta, principesca, pero aún soltera, como lo era el Mago desde el primer paso. La búsqueda continúa.

La etapa siguiente es una figura materna, de nivel más elevado (**La Justicia**, VIII), acompañada inmediatamente por su complementario paterno (**El Ermitaño**, VIIII): esa dimensión de la pareja remite a la función milenaria, universal, de engendrar y educar. El ciclo social se cierra cuando se alcanza esta etapa: se supera la animalidad (**La Rueda de la Fortuna**, X), y el Loco puede continuar su camino hacia una dimensión más iniciática de la relación entre lo masculino y lo femenino.

Desde el primer paso, lo espera una feliz sorpresa: la certeza de que su primera encarnación, el Mago, ha encontrado a su paredra (**La Fuerza**, XI), que va a servirle de introducción en ese nuevo itinerario. Siguen tres etapas que tienen que ver con el trabajo interior, pero que sustentan toda relación de pareja: la inmersión en sí mismo (**El Colgado**, XII) para conocer las emociones profundas que allí se encuentran y liberarlas (**Arcano XIII**) y realizar así la unión consigo mismo, que es el primer paso hacia un equilibrio sanador (**Templanza**, XIIII). El siguiente paso es aventurarse dentro del universo de las profundidades con **el Diablo** (XV), que revela la fuente de todos los afectos pasionales, en el fondo arbitrario del inconsciente. Una vez que se ha visto ese origen, se produce una liberación (**La Torre**, XVI), en la que ambos elementos de la futura pareja brotan de las mismas profundidades, ambos con conocimientos sobre la naturaleza de su psiquismo, ambos independientes de su género, esencialmente humanos.

La recompensa de esa etapa es la respuesta a la búsqueda del Carro: aparece su paredra, **la Estrella** (XVII), que también es el primer ser humano del Tarot libre y desnudo a la vez, es decir, cubierto de autenticidad. **La Luna** y **el Sol** (XVIII y XVIIII) vienen a coronar ese encuentro, que enseguida se encarna en la pareja del **Juicio** (XX), en estado de oración, que asiste al nacimiento o al renacimiento de una nueva conciencia. **El Mundo** (XXI) viene a concluir la búsqueda de El Loco.

En resumen: la numerología es un punto de apoyo para interpretar los Arcanos Mayores. Nos brinda un marco de lectura estable para apoyar interpretaciones virtualmente inagotables. En el capítulo sobre las lecturas, veremos que la numerología también nos permite percibir el sentido estancado o negativo que puede asociarse puntualmente a un Arcano Mayor, en caso de que nuestro recorrido se encuentre bloqueado en una etapa y no sepamos de qué modo continuar.

En una lectura de Tarot, cuando la pregunta parece irresoluble y no saben cómo ayudar a la persona para que responda a su pregunta, recuerden que la solución a un bloqueo suele estar en el sentido del flujo numerológico, o también en las combinaciones privilegiadas entre las cartas. Por esa razón, resulta útil integrar estructuras de representación de los Arcanos más globales, el "recorrido de pareja" que acabamos de ver, o los diversos aspectos de la "peregrinación del loco".

La interpretación del Tarot no es una cuestión de "vocabulario tarológico", como en un programa de computadora en el que se puede hacer clic en una carta para obtener sus significados potenciales, y aplicarlos luego a la pregunta planteada copiando y pegando. Ese método solo arrojaría comentarios sobre una imagen u otra, pero no nos permitiría responder a nuestras preguntas, que, en realidad, son de orden operacional y no especulativo: "¿Qué hago? ¿Hacia dónde debo orientarme? ¿Cómo actúo?".

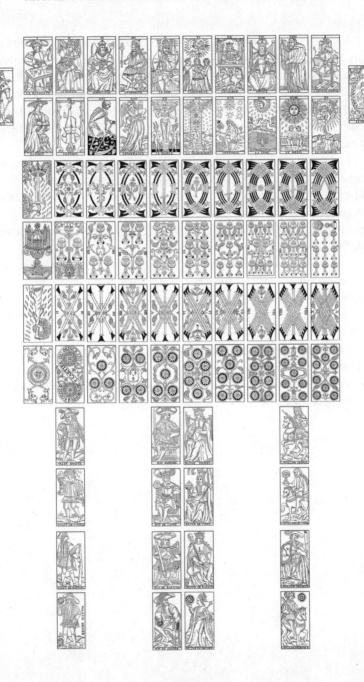

La estructura numerológica, las complicidades visuales entre las cartas, las referencias culturales e iconográficas pertinentes son marcos eficaces para guiar nuestra intuición. En el capítulo sobre las lecturas, sumaremos a estos marcos algunos ejercicios de imaginación visual y para poner en relación las cartas entre sí, así como una práctica sobre la presencia y la escucha, que les permitirán comprender aún más las cartas.

El Tarot nos invita a profundizar cotidianamente la relación con nosotros mismos. La observación honesta y fundada de las cartas, el estudio de la numerología, no como teoría sino como práctica cotidiana, y el ejercicio confiado de la imaginación son las tres vías principales que nos permiten practicar el Tarot en el transcurso de la existencia.

La consulta del Tarot, por su parte, requiere el compromiso de un cuestionamiento sincero: la profundidad de nuestra aspiración determina la claridad de la respuesta. Desde esta perspectiva, el sentido apropiado de una carta siempre será el que le atribuyan ustedes en un contexto dado: si la interpretación que hicieron resulta errónea, la corrección de ese error, que se cometió de buena fe, se convertirá en su mejor maestro y, si resulta acertada, dicha interpretación aportará un elemento nuevo que enriquecerá su relación con el Tarot.

III

Consultar el Tarot: el arte de la relación

"Si la atención que prestamos a un partido de bridge puede extenderse al entorno completo en el que estamos jugando, esta conduce a una forma de meditación muy real. Si la atención se limita a ciertos individuos o a ciertas interacciones, y evita a otras personas en el entorno del juego, entonces el juego se vuelve semejante a la vida: violento y desordenado, impuro, imperfecto. La verdadera meditación consiste en incluir todo el entorno de modo tal que nada pueda perturbar la atención. La única forma de que la atención sea imperturbable es incluirlo todo."

LEE LOZOWICK,
Zen Gamesmanship: the art of bridge

Por su coherencia y belleza, el Tarot nos invita a frecuentarlo, a dialogar con él. Aunque no tengan el objetivo de establecerse como cartománticos o tarólogos, existen mil maneras de estudiar el Tarot, de consultarlo, leerlo, incluso de trasladarlo a una práctica artística. En pocas palabras: de ponerlo en juego.

Originalmente, el Tarot es un juego de cartas, basado a la vez en el azar y la estrategia. Como todos los juegos de cartas, simboliza la modalidad del enfrentamiento: el objetivo es hacer bazas, ganar puntos, vencer al equipo contrario.

Cuando se lo emplea como herramienta para acceder al conocimiento y plantear preguntas, el azar y la estrategia siguen siendo elementos clave. Elegimos las cartas "al azar" y, para leerlas, aplicamos una "estrategia" de lectura. El objetivo, entonces, es entrar en relación con una dimensión más amplia que mi yo habitual, más íntima. El Tarot nos invita a escuchar, a explorar las profundidades, a ser benévolos. Desarrolla nuestra imaginación creadora, desafía los límites del pensamiento convencional, nos incita a acercarnos a las dimensiones más apacibles, más impersonales de nuestro ser, para descubrir respuestas que un nivel de conciencia normal no nos permite formular. Gracias a la pertinencia de sus respuestas y a la calidad de presencia intensa que nos permite saborear, el Tarot, cuando se lo usa de este modo, puede conducirnos también, como ciertas prácticas meditativas o artísticas, al umbral de una realidad que está más allá de nosotros. Nos lleva a las puertas del misterio.

Consultar el Tarot es desarrollar el arte de la relación en todos sus aspectos. Un arte que se basa, a la vez, en la observación (la meditación sobre las imágenes) y en la consulta (motivada por un cuestionamiento, la búsqueda de una respuesta). Ambas prácticas son complementarias. En la **contemplación**, no hay nada en juego, se trata de un acercamiento amoroso que permite absorber los símbolos y la estructura del juego, nutrirnos de él, pero también nutrirlo con nuestra atención. En la **consulta**, nuestro deseo de resolver un problema o una duda nos vuelve más ávidos: pedimos al Tarot que nos ayude y nos ilumine. Estará mucho más dispuesto a hacerlo si antes le hemos ofrecido nuestra atención gratuita.

Esas dos facetas de la práctica tarológica pueden ejercerse tanto de forma solitaria como en compañía de alguien.

La práctica en solitario tiene la ventaja de no conllevar ninguna obligación en cuanto a los resultados. Consiste en observar las cartas para aprender a conocerlas mejor, en interrogarlas para intentar interpretar su mensaje, en estudiarlas y memorizarlas. Tenemos toda la libertad de equivocarnos, de darnos por vencidos, pero también de observar nuestra actitud frente a las cartas, de conocernos mejor a nosotros mismos en esta frecuentación regular.

El arte de la relación, en **la práctica a solas**, remite a varios aspectos:

- la relación que tengo con las cartas;
- la relación que tengo conmigo mismo;
- la relación entre mis preguntas y las cartas que elijo;
- y, si sacamos varias cartas, la relación entre estas: la "gramática" del Tarot, si lo consideramos como un lenguaje, o sus "armonías", si lo consideramos como una música.

El inconveniente de la práctica en solitario es que nos suele dejar frente a nuestros puntos ciegos: si la pregunta que planteo al Tarot toca algo muy sensible dentro de mí, algo que no puedo ver, es probable que mi comprensión limitada no alcance para esclarecer el mensaje de las cartas.

La práctica en compañía de otra persona está lejos de reducirse a la tirada de cartas que las imágenes tradicionales han popularizado. Puede tratarse de un diálogo, un estudio de a dos, incluso de a varios, durante el cual cada uno aporta una pregunta, propone una interpretación. Sin embargo, la mayoría de las veces, la consulta del Tarot implica un juego de rol: una persona hace de "lector" y la otra, de "consultante".

La ventaja de la práctica de a dos es que resulta posible crear un campo de atención común, más vasto y más eficaz que la suma de dos atenciones individuales. Cuando dos conciencias se alían, surgen hallazgos y respuestas inesperadas, y podemos alcanzar una calidad de escucha y de intuición superior a la que nos ofrece la práctica en solitario.

Pero todo depende de la manera en que abordemos la consulta.

Cuando aceptamos la responsabilidad de leer el Tarot para otra persona, lo queramos o no, se desencadenan en nosotros dos sentimientos: el miedo a fracasar y el deseo de tener éxito. Sin que nos demos cuenta, eso puede volvernos rígidos o, al contrario, intimidarnos al punto de hacernos entrar en pánico. De este modo, el diálogo se vuelve tenso y ya no somos más que la caricatura de nosotros mismos.

En las siguientes páginas, veremos algunos consejos para distendernos y ganar confianza, con el objetivo de lograr volvernos transparentes en la lectura del Tarot: ser capaces de proponer una respuesta clara, pero sin dejar de mantenernos al servicio del otro, puesto que, incluso si despojamos al Tarot de toda ambición adivinatoria, las trampas siguen siendo numerosas, ya sea en una lectura de tipo "psicológico" (terapéutico) o "evolutivo" (de desarrollo personal). La lectura del Tarot no debe limitarse a un monólogo convincente, menos aún a una lección de simbolismo o de psicología, tampoco a un simple intercambio de opiniones. El desafío para el tarólogo es sutil y fundamental a la vez: permitir al otro encontrar un acceso, por más imperceptible que sea, a sus propias profundidades.

Las aplicaciones del Tarot son tan variadas, apasionantes y ricas que presentar en detalle todos los matices y las posibilidades de esta práctica podría ocupar un volumen completo.

Opté por limitarme a aquellos aspectos que me parecen más importantes.

Primero, recomendaciones generales, seguidas por varias *estrategias de lectura* que podrán poner en práctica y enriquecer sobre la marcha, según la experiencia que tengan. En definitiva, ustedes inventarán sus propias modalidades de consulta. Toda esta primera parte está ilustrada con lecturas comentadas.

Luego, *consejos prácticos y deontológicos* para anclar la consulta del Tarot en un contexto que genere seguridad y sea sano y beneficioso tanto para uno mismo como para el otro. La voluntad de no perjudicar puede parecer lo más evidente, pero en realidad exige una atención y delicadeza constantes.

Después, veremos de qué modo podemos considerar el Tarot según *diversas dimensiones*: el Tarot encarnado, el Tarot creativo y, en definitiva, el Tarot como herramienta de presencia y de observación de sí mismo... Tendrán la libertad de elegir entre un amplio abanico de ejercicios de creación y meditación.

Terminaré con un breve recapitulativo de las *herramientas que tienen a su disposición* para practicar el Tarot integral, del modo que más se adecúe a sus gustos, disposiciones y necesidades.

El Tarot es una posibilidad infinita.

1

ESTRATEGIAS DE LECTURA, PISTAS Y RECURSOS

Para consultar el Tarot, se han inventado diversas estrategias de lectura a lo largo del tiempo. No son ni más "auténticas" ni necesariamente más eficaces que las que puedan crear ustedes mismos. Yo sugeriré varias que funcionan en mi caso, pero que tienen, sobre todo, el objetivo de estimular su imaginación: la mejor estrategia de lectura será siempre aquella que les parezca más apropiada a ustedes.

Durante mucho tiempo, practiqué principalmente la lectura de los Arcanos Mayores solos, a partir de la famosa "frase de 3 cartas" popularizada por Alejandro Jodorowsky.[124] Sigo pensando que esa estrategia de lectura es un pilar de la tarología, pero la interpretación de los Arcanos Mayores es vasta y abierta y, para lecturas más precisas, menos proyectivas, hoy prefiero usar la totalidad del juego.

Lo importante es empezar a practicar *enseguida*, especialmente los principiantes. El pasaje a la acción es la panacea, aunque no "sepamos", y sobre todo en ese caso. Pone en juego nuevas dimensiones de nuestro ser, abre posibilidades sorprendentes, borra con suavidad nuestros límites y, en definitiva, ancla la com-

---

124. En *La vía del Tarot (op. cit.)* desarrollamos varias estrategias para ese tipo de lectura que no volveré a abordar aquí.

prensión en un nivel mucho más sólido que la mera curiosidad intelectual.

Si están empezando, será preferible tener una pregunta o, al menos, un tema o una intención que oriente la consulta del Tarot. Una lectura sin pregunta es difícil de interpretar, ya que puede aplicarse a cualquier plano de la existencia, presente o pasado, pragmático o sutil, superficial o profundo... El planteo de las preguntas constituye una parte integral de la interpretación. Cuanto más sincera, clara y concisa sea la intención, más sencilla será la lectura. En cambio, si practican a solas y su pregunta es vital, los atormenta desde hace meses o años, no esperen una respuesta necesariamente fulgurante... ¡Seamos modestos! En todo caso, intenten plantear preguntas reales, eso los ayudará a practicar.

Por otra parte, busquen siempre el significado de las cartas apoyándose en primer lugar en lo que ustedes *ven*. Luego, viene lo que *conocen* del Tarot (su numerología, las palabras clave que han incorporado, etc.) y, solo entonces, lo que *alguien más* ha formulado como interpretación (sea un compañero de trabajo o un libro). Por lo tanto, la regla será siempre volver a la pregunta: "¿Qué estoy viendo?". Luego, viene: "¿Qué he aprendido?". Después: "¿Qué es lo que estoy proyectando?". Y, por último: "¿Qué dice tal libro o tal persona sobre esta carta?".

1. Algunos principios básicos

Si nunca han interpretado el Tarot, aquí encontrarán algunos puntos de referencia previos, que también pueden servir como recordatorio para los tarólogos experimentados.

- *Criterios principales para interpretar las cartas*

  - Su valor numérico y su grado numerológico.
  - Los detalles objetivamente presentes en la carta:
    - su interpretación histórica tradicional;
    - las asociaciones de ideas que les inspiren esos detalles.

- La dirección de las miradas y los gestos, las relaciones de las cartas entre sí.
- El nombre de la carta y lo que este nos indica.

- *Entonces, las preguntas que deben plantearse son las siguientes*

  - ¿Qué representa la carta concretamente (hombre, mujer, grupo de personas, etc.)?
  - ¿Qué sentido daría a esta carta, en una o dos palabras?
  - ¿Qué relación tengo con esta carta? ¿Me resulta agradable haberla sacado o no?
  - ¿Me recuerda algo concreto, una asociación de ideas o de imágenes?
  - ¿Cuál es su valor numérico, su lugar en la jerarquía (Figuras) o en el recorrido del Loco al XXI (Arcanos Mayores)?
  - ¿Cuál es su grado numerológico?
  - ¿Qué carta la precede y qué carta la sigue en su propio palo? En otros términos, ¿de dónde viene y adónde va?
  - ¿Con qué otras cartas se corresponde numerológicamente?
  - ¿Cuál es la orientación de la (o las) mirada en la carta?
  - ¿Cuál es la orientación de las manos o los gestos?
  - ¿Qué elementos naturales están presentes (agua, tierra, fuego, pero también vegetales y animales)?
  - ¿Cuál es la tonalidad de la carta (color, luz…) y qué atmósfera evoca para mí?
  - ¿Qué detalle me salta a la vista en esta carta, al cual no había prestado atención antes?
  - Si la carta me dijera una palabra o una frase, en este momento, ¿qué diría?
  - Si empezara a moverse, ¿cuál sería su próxima acción o su transformación?
  - Si pudiera ver cómo se prolonga hacia la derecha, la izquierda, arriba y abajo, ¿qué vería?

- *¿Quién pregunta qué y cómo responder?*
  El trabajo de la pregunta

1. Preferentemente, **no lean un Tarot sin plantear una pregunta**. Es realmente preferible que el consultante tenga al menos una orientación o un tema, ya que sin eso corremos el riesgo de tocar cuestiones tan profundas que, posiblemente, la persona prefiera no abordarlas. Incluso un tema general como "el trabajo", "la creatividad", "la vida emocional" puede servir de salvaguardia.

2. **Distingan "tema" y "pregunta".** Un tema será un asunto vasto sobre el cual dialogarán con la persona apoyándose en las cartas. Una pregunta exigirá una respuesta más precisa. Cuanto más clara sea la pregunta, más precisa podrá ser la respuesta.

Las formulaciones más eficaces son las siguientes:

- "¿Cómo hago para...?";
- "¿Qué actitud interior debo adoptar para...?";
- "¿De dónde proviene la dificultad que tengo en tal ámbito?";
- "¿Estoy realmente listo o lista para...?".

Al plantear una pregunta profunda y precisa, el consultante participa activamente en la lectura. Tómense el tiempo de aclarar esas preguntas juntos.

3. A menos que tengan un don particular, **no acepten leer el futuro**. Las cartas del Tarot no se encargan de entregar un misterioso mensaje del futuro. Lo único seguro es que todos vamos a morir, ¡pero ese no es el propósito de la lectura! En cambio, pueden ayudar a la persona a aclarar su intención, a verbalizar las corrientes en las que se apoya la situación. La regla del juego será formular la pregunta en términos más subjetivos: "¿Cómo puedo abordar esta situación?", "¿Cuál es el mejor camino para...?", etc.

En ocasiones, me ha tocado leer el Tarot a hombres cuya pareja acababa de quedar embarazada y, aunque no lo "sabían" racionalmente, su tirada solo hablaba de paternidad: el Colgado, bebé en gestación, esperado por el Ermitaño, figura paterna humana, o incluso el Sol, figura paterna cósmica. En el mismo sentido, a los veinte años, tiré las cartas cuando acababan de trasladar a mi abuelo al hospital por una patología en apariencia benigna y, frente a la tirada (de naipes, en esa época), tuve una certeza: "Va a morir". Efectivamente, murió esa misma noche, y eso me colmó de una especie de terror. Me llevó tiempo comprender que el Tarot es una prolongación del inconsciente en todas sus dimensiones, tanto en lo que concierne a lo reprimido (lo que no me atrevo a ver de mí mismo) o a las herramientas (la solución en la que no había pensado), como a esa dimensión superior del inconsciente que sabe aquello que "yo" no sé. Por eso mismo, nos permite acceder, si le damos la oportunidad, a ese destello de sabiduría que reside en lo profundo de nuestro ser.

4. **No intenten responder a una pregunta que no hayan comprendido**. Esto podría parecer evidente, pero veo que mis alumnos caen constantemente en esa trampa. A veces, el consultante tiene una pregunta franca y clara, pero a menudo no sabe realmente qué lo trae, habla de su situación o de sus dudas durante varios minutos. O a lo mejor plantea una pregunta en términos ambiguos, alusivos. Una vez que la hayan escuchado, reformulen en una frase la pregunta tal y como la entendieron: "Si he entendido bien, ¿usted quiere saber cómo va a evolucionar esta relación amorosa?". Y dejen un espacio para que la persona encuentre la formulación que le resulte más exacta y apropiada.

5. Incluso **como lectores, ustedes cargan con una pregunta**, una preocupación que les da vueltas en la cabeza. Esa preocupación puede ser cotidiana, afectiva, concreta. Por ejemplo: "Alguien me atrae, ¿esa atracción es recíproca?"; o también: "¿Cómo resuelvo el conflicto con tal persona?"; o también: "Espero que la reparación del auto no me cueste muy caro"; o también: "¿Cómo concretar tal tarea o tal obra que es tan importante para mí?"; etc. Pero incluso si están tranquilos en sus vidas, el gran propósito o el sentido de la existencia representan un tema doloroso que existe en un segundo plano: "¿A qué edad voy a morir?", "¿Voy a encontrar la tranquilidad, la felicidad pura?"; o también: "¿Estoy yendo por el camino correcto?", etc. Entonces, toda lectura que

intente realizar para otra persona coexiste con mis propias preguntas presentes en un segundo plano.

- *¿Qué Tarot elijo?*

El marco que propongo aquí para las lecturas y los ejercicios es el del Tarot de Marsella. Existen numerosas versiones de este Tarot, ya que desde el siglo XVII (incluso desde el XVI), diversos maestros fabricantes de cartas lo han elaborado basándose en el mismo estándar de representación. Por esa razón, hay una constante en los símbolos y la organización del juego, pero las imágenes pueden variar ligeramente según las versiones. Según el Tarot que utilicen, la respuesta tendrá un matiz diferente.

Aconsejo a mis alumnos **tener al menos dos ejemplares diferentes del Tarot de Marsella**: por ejemplo, un Tarot histórico y un Tarot más reciente, con trazos más definidos. De este modo, podrán elegir el juego que van a usar según el humor que tengan en ese momento o dejar que lo elija la persona a la que se lo leerán.

Hoy en día, las opciones son muchas y es bueno conocer las diversas categorías de Tarots de Marsella que están disponibles:
- facsímiles o reediciones de tarots antiguos;
- copias e interpretaciones más o menos fieles de tarots antiguos;
- tarots híbridos que mezclan las cartas de varias versiones diferentes (tal vez para evitar pagar derechos de autor...);
- juegos más recientes, coloreados y rediseñados, que suelen tomar como base el modelo del célebre Tarot Grimaud de Paul Marteau;
- y, por último, todos los retoños contemporáneos del Tarot de Marsella, que desde hace una década han adquirido fama internacional gracias al impulso de los maestros fabricantes de cartas 2.0.

Hoy en día, gracias a la evolución de las técnicas de diseño gráfico y de impresión, existe una oferta muy grande de tarots nuevos que también se inscriben en la tradición marsellesa. Al igual que sucede con la elección de una obra de arte, el criterio determinante será la propia preferencia: cualquiera sea el juego que ya tengan o que les atraiga en una tienda, la elección será buena *para ustedes* si el Tarot que eligen les habla al corazón.

- *Recomendaciones*

  - Hay que tener cuidado de no comprar gato por liebre: la mención "Tarot antiguo" (que se popularizó en... 1930 por el primer Tarot que se llamó así, el de Paul Marteau para Grimaud) no significa absolutamente nada. Verifiquen la fecha de creación del juego y su autor. Si ninguno de los dos datos figura en el paquete, lo más probable es que tengan en sus manos un Tarot-*patchwork*, sin anclaje histórico preciso. Dicho esto, si ese juego les gusta, los inspira y los interpela, ¿por qué no usarlo?
  - La ventaja de los Tarots históricos (Noblet, Madenié, Conver, Chosson, etc.) es que su autenticidad está asegurada. El inconveniente es que, a veces, los trazos están borrados o se ven borrosos, los colores se han difuminado o ennegrecido y algunos símbolos son más difíciles de distinguir... Todo eso se debe a las técnicas de impresión de los siglos XVII, XVIII y XIX. Los moldes de las cartas eran de madera, los colores se colocaban, en general, con la técnica del estarcido, y han envejecido en mejor o peor medida según el modo en que se haya conservado el juego.

NOTA. Todos los tarots antiguos conocidos están conservados en museos. La mayoría de las colecciones están en línea, por lo que pueden consultar las imágenes originales y sus reseñas (por ejemplo, en Gallica BnF, el sitio del British Museum, el de la pinacoteca de Milán, etc.).

  - Los clásicos del siglo XX: el Grimaud tiene el inconveniente de presentar colores arbitrarios, pero hay que reconocer que la inventiva cromática de Paul Marteau, en particular en la serie de las Espadas, enriquece el simbolismo tradicional. El

Jodorowsky-Camoin fue mi Tarot de referencia durante mucho tiempo; la potencia de sus colores y la riqueza de sus propuestas simbólicas son innegables. El Tarot de Conver restaurado por el añorado Yoav Ben-Dov tiene numerosos adeptos y se encuentra desde hace tiempo entre los tarots contemporáneos más utilizados. Para mí, el único inconveniente que tiene es que el autor tomó la iniciativa de hacer los rostros de las Figuras y de los Arcanos Mayores más sonrientes que en el modelo original.

- Si un juego les atrae por su aspecto estético, les recomiendo que **lo manipulen antes de comprarlo**: la compra en una tienda es preferible a la compra a distancia, que puede depararnos una mala sorpresa. Mezclen el Tarot, plantéenle una pregunta que sea importante para ustedes, hagan una tirada simple y vean cómo "responde". Si la lectura les da una impresión de coherencia y, a la vez, de apertura del corazón, no lo duden: cualquiera sea el pedigrí del juego, es para ustedes.

Muchas veces, la curiosidad me impulsó a comprar Tarots sin poder manipularlos, con solo haber visto algunas cartas en Internet o en un catálogo. Les hago pasar sistemáticamente esa prueba en cuanto me resulta concretamente posible. Si el Tarot no me responde, o no me siento cómoda con él, hago que mis amigos tarólogos lo prueben, hasta que alguno se enamore de él, y se lo regalo. No me quedo nunca con un juego que no me transmite nada: como no soy coleccionista, considero que es una pérdida de tiempo, tan absurdo como empecinarse en bailar tango con una pareja que te pisa los pies, y además es un insulto al juego, que se queda juntando polvo en una repisa... No hay "buenos" o "malos" tarots, sino que, al igual que en el baile, lo que debe tenerse en cuenta es el misterio de la compatibilidad entre los bailarines.

Por otra parte, también existen numerosos tarots de fantasía basados en el modelo numerológico del Tarot de Marsella, que no tienen ninguna relación gráfica con este, pero que tienen en común la intención. Si alguno de estos los atrae, ¿por qué privarse? Solo tengan en cuenta que están haciendo una concesión a su alma de niño... Confieso que compré un pequeño juego en blanco y negro, basado en el modelo marsellés, de Arcanos Mayores representados por gatos, un gesto bastante infantil de mi parte. Pero, para mi gran sorpresa, ese humilde tarot felino, obra de un grabador milanés apasionado por los tarots antiguos,[125] respondió con gran dignidad a las preguntas que le hice para mí misma. Lo uso a veces para lecturas personales, o para niños que me piden consultar el Tarot.

Algunos de mis alumnos, que habían empezado sus estudios con un juego proveniente de otra rama del árbol genealógico de los Tarots (como el Rider Waite, por ejemplo), continúan practicando con su juego original y el sistema de lectura que se le asocia, pero sin mezclar ambas técnicas. Del mismo modo, tengo muchos alumnos que practican la astrología, la numerología u otros sistemas en paralelo al Tarot: el único escollo que habría que evitar es el de hacer coincidir artificialmente los dos sistemas.

- *Apropiarse de las cartas por medio de la contemplación activa*

La contemplación de las cartas permite profundizar nuestra relación con el Tarot y renovar la forma en que lo miramos. Puede practicarse con los Arcanos Mayores, los Menores o las Figuras, a elección, si desean familiarizarse con ellas antes de integrarlas a sus lecturas.

En lugar de estudiar intelectualmente las cartas, podemos crear estrategias para dejarlas *reposar* en nosotros durante un período de tiempo, en relación con una intención precisa. En esta práctica, resulta fructífero tener una pregunta o, al menos, una aspiración que nos permita anclar la reflexión sobre la carta y su contemplación en dimensiones palpitantes y concretas de nosotros mismos, y evitar el ejercicio intelectual en el cual nuestras interpretaciones se embalan sin echar raíces.

---

125. Osvaldo Menegazzi, artista, coleccionista de tarots y propietario de la librería Il Meneghello en Milán.

A continuación, encontrarán algunas estrategias a modo de ejemplo, pero pueden inventar tantas como gusten.

- *El Arcano del día*: elegir una carta a la mañana, ya sea de los Arcanos Mayores o de la totalidad del mazo, asignándole el papel de aliado: "¿Qué necesito hoy para afrontar de la mejor manera posible lo que me espera?". Observar la carta durante unos minutos, tomar nota de las primeras impresiones que surgen, ponerla en la cartera o en la agenda, o también tomarle una foto con el teléfono, y volver a ella varias veces a lo largo del día intentando relacionar los significados de la carta, los símbolos que están representados en ella o cualquier otro elemento pertinente con respecto a los acontecimientos y desafíos del día. Este ejercicio permite aumentar los significados que conferimos a cada carta y verificar si lo que habíamos interpretado al mirar la carta se confirma a lo largo del día.

- *Variante del mismo ejercicio*: elegir una carta a la mañana con la pregunta: "¿A qué tendencia propia, a qué defecto tengo que prestar atención? ¿Qué parte de mí puede llegar a hacerme cometer un error?". De este modo, la carta es una aliada en el sentido de la atención, la moderación, de un enfrentamiento con las propias carencias o excesos. Es la oportunidad de estudiar la dimensión estancada de las cartas, cuidando de no caer en la crítica o la simplificación.

- *"¿Qué es lo que vi?"*. Mirar una carta entre 5 y 25 segundos. Cerrar los ojos y representársela. Volver a abrirlos y plantearse la pregunta: "¿Qué es lo que vi? ¿Qué es lo que no había visto?".

- *La carta de la noche*: este ejercicio se asemeja al momento de leer un cuento a un niño antes de ir a dormir, para favorecer un estado de concentración calma o fantasía. Elegimos una carta por la noche, a la hora de ir a la cama, con la intención de hacer un balance del día o bien para abrir un espacio de escucha interior al momento de quedarse dormido: "¿Cómo guío a mi inconsciente hacia la solución de tal problema? ¿Cómo oriento mis sueños?".

2. Consultar los Arcanos Mayores

En la medida de lo posible, prefiero utilizar el Tarot completo. Pero es cierto que un Tarot de formato medio pesa entre 200 y 300 gramos. No podemos tenerlo constantemente con nosotros. En cambio, el delgado mazo de los 22 Arcanos Mayores puede meterse fácilmente en un bolsillo o en un bolso. Por eso, vamos a empezar por algunas lecturas que solo incluyen los Arcanos Mayores.

Recuerden que *la lectura de los Arcanos Mayores es, literalmente, un juego de niños.* Hagan la prueba: cualquier niño curioso y abierto de entre cinco y once años, ubicado frente a una serie de tres Mayores o más, es capaz de ofrecer, espontáneamente, una interpretación convincente y enriquecedora para la persona que lo escucha.

¿Cómo puede ser, entonces, que la mayoría de los adultos que empiezan, e incluso algunas personas ya avanzadas, pasen por la experiencia de semejante bloqueo a la hora de interpretar una tirada de Tarot? Una práctica progresiva y sin nada en juego permite distenderse, volver a encontrar la espontaneidad creativa del niño que juega a interpretar las cartas, pero también las referencias estructurales que harán de nuestra relación con el Tarot algo distinto de un discurso teórico: un recorrido vivido.

Consultar un único Arcano Mayor: es una tirada rápida que debe considerarse un acompañamiento. El Arcano Mayor elegido se presenta como un amigo, un consejero, un aliado que podemos memorizar y que va a impregnar con su energía la pregunta del momento. Sirve para darnos una indicación sobre un tema preciso: ¿de qué se trata? ¿Cuál es el consejo del Tarot?

EJEMPLO: "¿Qué me puede decir el Tarot sobre mi situación profesional?".

El consultante no está satisfecho con su empleo actual y duda si cambiar. Saca el Arcano XV, El Diablo (del Tarot Madenié).

Las palabras clave que se le ocurren son: contrato, profundidad, miedo.

Observación objetiva: la carta muestra a un ser con cuerpo azul y brazos color carne, con un pene masculino y senos femeninos, dos alas verdes y rojas de murciélago y un casco amarillo decorado con cuernos celestes. Sostiene en la mano un látigo rojo o una antorcha encendida y está subido a un pedestal al cual están atados dos personajes más pequeños de color carne, desnudos, que también llevan un tocado de cuernos o ramas negras. Los personajes y el pedestal parecen estar instalados en un suelo negro, que está cubierto de rayas celestes (¿agua, tal vez?).

Sensación subjetiva: el consultante se siente incómodo con la carta, que le da la impresión de un castigo. Entonces, le pregunto si se visualiza más bien en la posición de uno de los dos personajes más pequeños o en la del gran personaje central: se ve en el personaje de la derecha.

Análisis numerológico: la carta lleva el número XV, está ubicada entre el ángel de Templanza (XIIII) y La Torre (XVI), que representa la apertura de un edificio. El grado numerológico 5, que se corresponde con el 15, remite a una toma de riesgo, un ideal, un pasaje incierto hacia otra dimensión.

Elementos de orientación: las miradas convergen hacia el centro y hacia abajo. Los dos personajes pequeños se miran mutuamente y el Diablo mira bizco en esa dirección. Los personajes tienen las manos detrás de la espalda (ocultas o atadas) y el Diablo, además de sostener la antorcha, parece estar rascándose el ala que está a nuestra izquierda, o estar saludando con esa mano. Aparentemente, saca la lengua, a menos que esté intentando sonreír. La carta no tiene elementos animales ni vegetales, pero los cuatro elementos están presentes: tierra, agua, aire y fuego.

Interpretaciones subjetivas: según el consultante, la tonalidad de la carta es oscura: una cueva tenuemente iluminada por la antorcha del Diablo. El detalle que le salta a la vista es que las manos del Diablo tienen garras. A mí, que leo este Tarot para él, me llama la atención la expresión burlona del diablito de la derecha. Casi puedo oírlo decir: "¡Ah, ya basta! ¡Saco las manos de la espalda y me desengancho!". El consultante, por su parte, imagina la voz del Diablo, profunda y sepulcral: "¡No te muevas de ahí!". Reflexionamos juntos sobre la acción que podría seguir: termina imaginando que el Diablo se echa a reír y quema las cuerdas con su antorcha. Poco a poco, llega a imaginar, por fuera del paisaje de la carta, una escalera que sube hasta el aire libre y un paisaje verde que se extiende, vasto y abierto.

Esa observación de la carta pone en evidencia la asfixia que siente en su posición actual, un miedo antiguo, pero injustificado hoy, al cambio, y la necesidad de iniciar una transición sin violencia hacia otra realidad profesional. Le recuerdo que uno de los significados tradicionales del Diablo remite a un contrato que conviene estudiar con precaución. Él ve allí la negociación para poner fin al contrato de trabajo de común acuerdo.

Por supuesto, esta lectura es muy minimalista, pero permite ver de qué modo el tomar en cuenta los elementos objetivos y subjetivos de la carta puede enriquecer las interpretaciones. El consultante tiene siempre la última palabra: ¿la lectura le dice algo o no? ¿Le permite vislumbrar alguna acción posible en la dirección que desea?

Resulta útil aprender a reflexionar sobre una carta a la vez, ya que esa habilidad nos permite mirar también, en una tirada, la carta que quedó al final del mazo (la carta de abajo). A menudo, da un matiz interesante a una tirada más compleja.

Con dos Arcanos Mayores, siempre estudiamos una *relación*.

Cuando sacamos un dúo de cartas, primero miramos si el valor numérico y/o numerológico es creciente, así como la orientación relativa de las cartas. El dúo de cartas representa una relación y nos permite explorar todo lo que ya hemos observado en las cartas: numerología y suma teosófica, parejas del Tarot, pares numerológicos, etc. Se trata de una lectura minimalista que recomiendo practicar para familiarizarse con la interpretación multidimensional del Tarot.

EJEMPLO:

Pregunta: "¿Cómo abordo la conversación sobre cuestiones de herencia con mi familia?". La consultante es una mujer cuya madre acaba de fallecer (el padre aún está vivo).

Tirada: Arcano XIII y El Emperador (IIII):

El valor numérico es descendiente y el valor numerológico, creciente. El Arcano XIII es el equivalente y la "sombra" numerológica del III, La Emperatriz, que forma pareja con El Emperador. Los personajes de las dos cartas se miran. Por lo tanto, hay una relación, muy real, pero marcada por una disonancia, como si el XIII atacara al IIII. El cetro del Emperador se convierte entonces en una señal de fuerza y de "alto", que permite integrar esa energía poderosa y revolucionaria. La suma teosófica da XVII: La Estrella.

La consultante está representada por el Arcano XIII, movida por un sentido de la injusticia o por el deseo de arreglarlo todo de una vez, que pueden parecer demasiado intensos para el resto de los miembros de la familia. El Tarot la anima a ser enérgica pero realista, a aceptar que la posición de los demás sea pragmática, incluso inmovilista. La resultante de la tirada (La Estrella) indica que es posible alcanzar un sentimiento apacible, lograr un reparto armonioso. En el plano psicológico, podemos preguntarnos lo que representa la pareja XIII-IIII. Hace referencia a la pareja parental III-IIII (Emperatriz-Emperador) y, al mismo tiempo, al par XIII-XIIII (Arcano XIII y Templanza). Es posible que la consultante, hija mayor, esté tentada inconscientemente de tomar el lugar vacío de la madre. Entonces, la madre está representada por la ausencia de la Emperatriz (la verdadera esposa del Emperador) y Templanza, invitada implícitamente a esta tirada, como una exhortación a la consultante para que no se equivoque de objetivo: toda la familia está en duelo, es el momento de ser adulta y de no dejarse llevar por un impulso posesivo proveniente de la infancia.

Si una de las cartas mira al vacío o parece hacer un gesto hacia un lugar que quedó vacante, el dúo se puede enriquecer con una o varias cartas más. Desembocamos entonces en lecturas más complejas.

Con tres Arcanos Mayores o más... tenemos una frase (suje-to-verbo-complemento) o un acorde musical. Entonces, podemos preguntarnos si esa frase está completa o inconclusa, si ese acorde es armonioso o disonante.

A partir de tres Arcanos Mayores, el Tarot se revela en toda su complejidad.

A menudo, el dibujo de las cartas va a revelarnos cuál es la estrategia de lectura más apropiada. A veces, resultará pertinente considerar la lectura como un desarrollo por etapas; en ese caso, las leeremos en orden de izquierda a derecha, como una progresión, un camino, incluso una regresión.

A veces, la estructura misma de la tirada nos permite identificar un eje central en la segunda carta, y la lectura consistirá en ver de qué modo la energía de ese eje se distribuye entre la carta de la izquierda y la carta de la derecha.

Con mucha frecuencia, esa estrategia de lectura se enriquece con una o dos cartas adicionales, ya que la tirada queda "abierta", es decir, la primera carta mira o hace un gesto hacia la izquierda, hacia el vacío, y/o la tercera carta mira o hace un gesto hacia la derecha, hacia el vacío.

EJEMPLO:

El consultante, un hombre muy joven que aún depende de sus padres, divorciados desde hace muchos años, decidió dejar el domicilio de su madre para ir a vivir con su padre. Pero no se siente del todo cómodo en el nuevo hogar: en particular, la relación con su hermano menor (hijo del segundo matrimonio) es difícil. Ya no sabe muy bien en qué situación se encuentra.

Elige: VIIII-XII-XIII

La estructura de la tirada es numéricamente progresiva, por lo tanto, podemos leerla de izquierda a derecha.

El Ermitaño evoca la necesidad de echar luz sobre lo que se dejó (el domicilio de la madre, el pasado en general). El Colgado exhorta al joven a ser paciente, a tomarse el tiempo de reflexionar y a encontrar una tranquilidad práctica para integrar el gran cambio que acaba de vivir. El consultante confirma que las cosas se volvieron más simples desde que su padre y su madrastra, recientemente, reordenaron el apartamento para que pudiera tener su propia habitación. Sin embargo, el Arcano XIII, correctamente ubicado después del XII (que lo precede en el orden del Tarot), nos indica que queda "mucho por ordenar", probablemente cosas que deben aclararse o expresarse: un enojo o un deseo, legítimo, de sacudir la dinámica familiar.

El Ermitaño, al igual que el Arcano XIII, mira al vacío; por esa razón, agregamos una carta en cada extremo del juego para aclarar el pasado y la acción que debe emprenderse:

XVIII-VIIII-XII-XIII-XVI.

El Ermitaño mira a la Luna. Se trata de toda la pena, incluso de la depresión, de la madre (que no quería divorciarse y no ha rehecho su vida) que el joven absorbió durante un tiempo y de la cual decidió alejarse. Esta carta explica el enojo del Arcano XIII: el consultante confirma que nunca se animó a hablar con su padre de las dificultades que atravesó durante los años posteriores al divorcio. La Torre evoca, al mismo tiempo, la necesidad de decir lo que le pesa, en particular el hecho de que el hermano menor haya nacido justo después de la separación de los padres (el Arcano XVI representa, a veces, un nacimiento), lo que el consultante sintió como una traición. Miramos juntos la carta que quedó al final del mazo cuando él mezcló las cartas: es el Arcano XX, El Juicio, que representa un nacimiento. Esa carta confirma la interpretación de la tirada.

Por supuesto, esta lectura está resumida: en la realidad, el diálogo con el joven fue muy progresivo y exigió una gran calidad de escucha frente a sus sensaciones. A veces resulta indispensable dar algo de tiempo, mostrar cierta actitud, para permitir que los consultantes escuchen el mensaje del Tarot, que viene a alterar protecciones superficiales, prohibiciones, etc. En este caso, por ejemplo, el joven se dio cuenta de que su enojo provenía principalmente del hecho de que siempre se sentía obligado a ser el "hijo bueno", tanto frente al sufrimiento de su madre como a la falta de escucha de su padre.

En este tipo de lecturas, todo lo que hemos aprendido del Tarot puede entrar en juego para permitirnos interpretar las cartas. Se trata del ejercicio más simple y más difícil al mismo tiempo: de la forma más simple, podemos interpretar la tirada poniendo una tras otra las palabras clave correspondientes a las cartas; de la forma más compleja, debemos tomar en cuenta todas las interacciones de las cartas entre sí. Pero resulta muy útil *intentar resumir siempre la respuesta en una o dos frases*, sobre todo cuando hay tres o más cartas en juego.

Si les resulta difícil interpretar una tirada de tres a cinco cartas, no se lo reprochen, y recuerden que es un ejercicio que, a veces, puede requerir recursos que aún no han dominado.

También les propongo a continuación un ejercicio pedagógico que desarrollé para facilitar la lectura de los Arcanos Mayores.

- *Considerar el Tarot como el punto de partida de un cuento*

Olviden por un momento todo lo que saben (o lo que creen no saber) y miren las cartas elegidas como si fueran imágenes de un libro ilustrado: "Había una vez...".

¿Qué les dice la imaginación? Concéntrense en los siguientes elementos:

1. ¿Qué detalle me atrae en cada carta?

2. ¿Qué pregunta podría plantearle a cada uno de esos detalles?

3. ¿Cuál es la dinámica de transformación de los elementos de una carta a la otra?

A partir de esos elementos, compongan un cuento breve, más o menos poético, más o menos irracional. Lo importante es que les parezca acorde a las cartas que están en la mesa. Limítense a unas diez frases, que un niño de ocho años podría comprender. ¿La historia concluye, cierra en sí misma? ¿O falta un elemento, una carta que podría dar lugar al último capítulo? Según las circunstancias de la lectura, puede ser que el consultante saque esa carta al azar o, si no, que el lector la proponga voluntariamente.

Una vez que el consultante validó (y, eventualmente, reinventó) el cuento, podemos volver a la pregunta y a los elementos más racionales de la tirada: valores numéricos y numerológicos, palabras clave de las cartas y, a partir de todos esos elementos, elaborar una propuesta de lectura.

EJEMPLO:

La consultante sacó tres Arcanos Mayores: El Juicio, El Mago, El Loco.

Cuento: "Había una vez un ángel a quien Dios había encargado manifestar su amor en la Tierra. Con la trompeta mágica, producía sonidos encantados que volvían locos de amor a todos los humanos. Pero un joven ambicioso le robó ese sonido maravilloso y se puso a tocar melodías profanas. Entonces, la Tierra se vació de todo amor. El ángel del amor, disfrazado de perro, vino a reclamar un pedazo de pan al joven ladrón. Tenía tanta ternura en los ojos que el joven se arrepintió, devolvió la trompeta y, caminando y tocando cascabeles, se fue a sembrar canciones de esperanza por el mundo. La historia no dice si él encontró también a su alma gemela…".

Feedback: la consultante está conmocionada; acaba de vivir una ruptura y su expareja se comportó de una manera que ella considera inmadura y deshonesta.

Dejando de lado los códigos de una lectura clásica, decidimos que se permita elegir una o varias cartas adicionales, *a la vista*, del mazo.

La consultante elige deliberadamente El Ermitaño y El Carro, y concluye el cuento del siguiente modo:

"Un sabio, encantado por el sonido de su voz, lo detuvo una noche en el camino y le propuso que vaya a servir a su ermita. Se quedó allí hasta la muerte del viejo hombre y, cuando este falleció, su alma se elevó a los cielos como un sol brillante. El joven, ya adulto, retomó el camino para transmitir a todos los humanos las enseñanzas que había recibido…".

Le propongo reorganizar las cartas en orden numérico. La tirada se convierte en la siguiente:

El Loco – El Mago – El Carro – El Sol[126] – El Juicio.

Ella misma lee: "Para que un hombre sea capaz de crecer y de amar, primero tiene que pasar por la experiencia de tener un padre

---

126. La carta de El Sol reemplaza la de El Ermitaño, de mismo nivel numerológico, a raíz de la metamorfosis (cambio de nivel, el Ermitaño se convierte en el Sol después de su muerte) que tiene lugar en la narración del cuento.

y de ser un padre". Ese mensaje se le aparece como un contrato con ella misma, una brújula para digerir la ruptura y orientarse hacia una nueva relación...

• *El Tarot de la elección*

Cuando la pregunta tiene que ver con una elección entre dos opciones, considero que esta estrategia de lectura es la más útil. Consiste en sacar y poner una carta en el centro, que representa el eje de la elección (la persona que elige, su intención consciente o inconsciente) y, luego, elegir un dúo o un trío de cartas que se ponen a la derecha (opción 1) y a la izquierda (opción 2) de ese eje. La lectura del centro y de cada uno de esos dos lados nos da el tono de cada opción. De este modo, si una de las opciones muestra una progresión numérica o numerológica creciente y la otra no, es posible que la primera opción sea preferible. También conviene observar las relaciones entre la carta del centro y las de ambos lados: por ejemplo, ¿hacia dónde mira la carta del centro? ¿Hay detalles en común entre la carta del centro y otras cartas del juego?

La función del lector de Tarot es comentar esa tirada del modo más exacto posible, pero desde luego no debe aconsejar a la persona que, en un Tarot de la elección, debe llegar sola a su conclusión.

EJEMPLO:

"¿Debo irme de París para vivir en el campo, como quiere mi pareja?".

• En el centro: El Emperador.
• A la izquierda (vivir en el campo): El Colgado y La Emperatriz.
• A la derecha (quedarse en París): El Papa y El Sol.

Observaciones objetivas: ambas opciones muestran una progresión numerológica (el XII es de nivel 2). En el centro, El Emperador mira hacia la opción de irse al campo. Pero los personajes masculinos son mucho más poderosos en la opción París (V y XVIIII) que en la opción campo, donde El Colgado remite a un cese de actividades.

Por otro lado, la tirada incluye la pareja subyacente Emperatriz-Emperador.

Dialogando con el consultante, esos matices se confirman: efectivamente, él está deseoso de decirle "sí" a su pareja (El Emperador mira hacia La Emperatriz), pero tiene miedo de encontrarse en una situación de inactividad, o incluso de sacrificio en lo que respecta a su profesión (El Colgado). En París, su actividad profesional es próspera (El Papa, que representa la transmisión: trabaja en comunicación; y El Sol, calor, colaboración y éxito).

Los dos personajes de El Sol, como todos los elementos dobles de los Arcanos Mayores, suelen asociarse a la noción de unir dos posibilidades. El consultante piensa en la posibilidad de mantener su oficina en París, manteniendo un lugar para dormir en caso de que deba pasar allí más de un día, pero moviendo su vida privada al campo. Él mismo expone esa idea a partir de las indicaciones que le proporciona la lectura.

En algunos casos, es posible sacar cartas *entre* ambas opciones, es decir, bajo el eje central, para evocar la posibilidad de una tercera vía o bien de una posible unión entre las dos opciones presentes.

- *El viaje del héroe*

Esta estructura de lectura fue desarrollada por Jodorowsky a partir del libro de Joseph Campbell, *El héroe de las mil caras.*

Modeliza el camino de búsqueda o de exploración relacionado con una pregunta o un tema y permite trabajar en varios niveles: sobre la situación, el objetivo, los obstáculos y la manera de superarlos. La estructura de base consta de cinco cartas, pero se puede enriquecer agregando una carta adicional para cada punto. Las relaciones gráficas, simbólicas o numerológicas entre las cartas dan todo su sabor a la lectura, que no se limita a una enumeración.

1. Una carta que representa la situación del consultante.
2. Una carta para su objetivo.
3. Dos cartas, una junto a otra, que representan el obstáculo.
4. Una carta, por encima del obstáculo, representa la clave que permitirá superarlo o transformarlo.

EJEMPLO:

La consultante pregunta sobre un proyecto profesional que la tienta, pero cuyos organizadores le parecen incompetentes (han cometido varios errores logísticos y de comunicación). Por esa razón, no sabe si embarcarse o no.

• Situación: El Loco.
• Obstáculo: La Justicia – El Papa.
• Finalidad: La Luna.
• Resolución del obstáculo: Templanza.

El Loco indica una energía fuerte que va en el sentido del proyecto: la consultante tiene deseos de intentarlo. El objetivo (XVIII) remite a su calidad profesional (La Luna como arquetipo materno) y a dimensiones poéticas o intuitivas que, efectivamente, entran en juego en su participación (ella es escritora y guionista). El obstáculo requiere que lo observemos en el plano numerológico y gráfico a la vez: los dos personajes, la Justicia y el Papa, no se miran y están ubicados en un orden numérico decreciente. Asimismo, la suma de 8 y 5 da 13, y el Arcano XIII no es precisamente un factor de concordia... Ella confirma que ha perdido los estribos a raíz de numerosas fallas en la organización y que tiene la impresión de "tener que explicarlo todo". La carta de resolución es Templanza: un incentivo a la comunicación, pero tam-

bién, a la vez, un cambio de nivel: el XIIII que supera y absorbe el XIII. Por otra parte, Templanza y La Luna son dos cartas de la segunda serie (más interna y más cósmica), y La Luna se corresponde con La Justicia en el nivel 8. De este modo, se insta a la consultante a comportarse de manera menos rígida y tajante (8 estancado, ya que está mal ubicado en el flujo numerológico), aunque el Papa parezca estar haciendo trampa o tener un doble discurso (5 estancado). Al reorganizar las cartas del obstáculo y de la resolución en orden numérico creciente, se forma el trío Papa – Justicia – Templanza.

En esta configuración, la Justicia opone la espada de la verdad a los discursos confusos y verifica los términos de los contratos, pero también pesa, en su balanza, el flujo de comunicación y de delicadeza de Templanza: de este modo, el Papa identifica un discurso al que puede prestar atención. En efecto, la suma teosófica de Templanza es 5, en consonancia con El Papa.

Esa prueba que consiste en tener que preparar el terreno antes de embarcarse en la colaboración es exactamente aquello que la Justicia (8) necesita para acceder a un nivel más profundo de sí misma (18) y brillar en ese proyecto con la mezcla justa de rigor y delicadeza.

- *El autorretrato (o el retrato de una pareja,*
  de una relación…)

Esta estrategia de lectura es una especie de balance de salud personal, en un momento o en un contexto preciso.

Se basa en la disposición anatómica de cada una de las cuatro energías y de la conciencia. En su versión más simple, consiste en elegir cinco cartas dispuestas en una columna vertical: una para la vida material (a nivel de los pies), una para la creatividad o la sexualidad, en función de las prioridades del momento (a nivel de la pelvis), una para la tonalidad emocional (a nivel del pecho), una para las ideas, proyectos o creencias (a nivel de la cabeza), y luego, arriba de todo, una carta que representa el punto ciego, lo que no vemos, o bien la voz de la sabiduría, de la esencia. Elijan las formulaciones que les parezcan más apropiadas para cada nivel.

Cuando queremos hacer el diagnóstico de una relación, la tirada se vuelve más tupida, ya que elegimos quince cartas, tres por nivel: una para "mí", de un lado, otra para "la otra persona", del otro, y una para "nuestra relación", en el centro. De este modo, tenemos cinco aspectos de la relación, uno por centro.

EJEMPLO:

Este es el resumen de una lectura que pidió una consultante sobre un hombre cuyas atenciones no sabe si aceptar o no. Para representarse a sí misma, eligió la columna de la izquierda, la de la derecha es para su pretendiente:

Nivel material: La Fuerza – Templanza – El Ermitaño. Hay un intercambio posible (XIIII), pero ella está en el inicio de un ciclo y él, en el final. La consultante confirma que acaba de mudarse y que él se dispone a dejar la ciudad en donde vive.

Nivel sexual: La Luna – El Diablo – El Mago. Entre un femenino vasto y magnético y un masculino lleno de recursos, la relación podría echar chispas (XV)... Pero El Mago está en una posición algo infantil frente a una potencia femenina a la que, tal vez, sobrestima.

Nivel afectivo: El Colgado – El Emperador – La Rueda de la Fortuna. Ella está en una fase de introspección (El Colgado) y él todavía está intentando digerir una ruptura (La Rueda de la Fortuna). El Emperador aconseja ser realista: ninguno de los dos está realmente listo para una relación. Estas cartas confirman la percepción intuitiva de la consultante.

Nivel mental: La Torre – El Loco – El Carro. Hay posibilidad de intercambios alegres y amistosos. Ella está abierta y comunicativa, él está deseoso de ir hacia ella.

Nivel esencial: La Emperatriz – El Juicio – El Sol. Una relación profunda es factible, pero tal vez no se trate de una historia de amor: más bien una amistad que podrá desarrollarse plenamente renunciando a la intimidad sexual o bien, si los dos son lo suficientemente maduros para eso, pasando por una fase en la que el potencial de atracción mutua se viva y se agote de una vez por todas.

Podemos constatar que, en el nivel esencial, la consultante está representada por un III (La Emperatriz), que se relaciona con el consejo que da El Emperador en el nivel afectivo: mantenerse realista. Inversamente, el pretendiente está representado por El Sol, que se relaciona con el potencial femenino sexual de la consultante (XVIII). Podríamos decir que se trata de una atracción principalmente sexual, pero que, en el caso de él, se apoya en un ideal espiritual: reconoce en ella un femenino en consonancia con sus valores profundos.

Como suele suceder, esta lectura nos confirma que los diferentes niveles del ser no necesariamente concuerdan entre sí, o no funcionan a la misma velocidad: a veces, el corazón no está listo para recibir aquello que, por otra parte, nos atrae muy intensamente.

El valor de una lectura de este tipo no es predictivo o anecdó-
tico, sino más bien reflexivo: cuanto más nos conozcamos en una
situación dada, más disponibles estaremos para obedecer a las exigencias reales de nuestro ser profundo y de la situación.

NOTA. No hay un orden fijo para elegir las cartas en esta
tirada. Según las preferencias, empezaremos por la esencia,
la cabeza, el corazón, el vientre o los pies. Cuando leemos
el Tarot para otra persona, es interesante dejarle esa libertad,
ya que eso nos brinda información sobre sus prioridades.

---

3. El Tarot integral: lecturas con Arcanos Mayores, Menores y Figuras

Mi práctica del Tarot integral nació de un sentimiento de impostura: al cabo de algunos años de práctica con los Arcanos Mayores solos, me había vuelto capaz de interpretar a voluntad cualquier tirada de manera convincente... Pero ya no sabía en qué medida la respuesta procedía del propio Tarot, es decir, de las cartas que había elegido el consultante, y cuál era la proporción que correspondía a mi habilidad adquirida: cualidades de observación y de comunicación, adornadas con mi propia visión del mundo (psicológica, espiritual, práctica, etc.) y mi capacidad, más o menos oportuna, de dar consejos o lecciones...

Sentí la imperiosa necesidad de abandonar esa costumbre de taróloga experimentada, que me dejaba con un sentimiento de incomodidad. Como veía que a muchos de mis alumnos y colegas los aquejaba la misma enfermedad, busqué otra vía, tanto para mí como para ellos. ¿Cómo podíamos hacer, no para interpretar el Tarot, sino para *leerlo* realmente? Si el Tarot es efectivamente una lengua, una música, una arquitectura, tenemos que volvernos simples intérpretes, lo más discretos, lo más exactos posible. Confiar en el juego completo, no limitarnos a los Arcanos Mayores.

Empecé a leer sistemáticamente con el Tarot entero.

Mis primeras experimentaciones fueron una revelación: la agudeza de mi intuición se volvía secundaria, el propio consultante aclaraba el "gran mensaje" de los Arcanos Mayores con los "consejos prácticos" de los Arcanos Menores. ¡Uf! ¡Me había convertido en una simple lectora y no en una pitonisa!

Pero cuando quise proponer esas lecturas con las 78 cartas a mi grupo de estudio (en el que todo el mundo practicaba el Tarot desde hacía al menos cuatro años, con un conocimiento profundo del juego), me topé con un fracaso estrepitoso. Los miembros del grupo se fueron desmoralizados y algo desganados. Recibí comentarios como: "Me siento incapaz de hacerlo", "Fue muy interesante, pero en el fondo, no entendí nada...".

Ese fiasco pedagógico me incitó a ser paciente y me llevó a desarrollar un enfoque más progresivo.

Así fue como nacieron las estrategias de lectura que les voy a presentar a continuación y que involucran a todos o a una parte de los Arcanos Menores.

En la parte anterior, vimos que es posible subdividir el Tarot en tres mazos que yo llamo sus "Tres Cuerpos". Aconsejo empezar dividiendo esos tres mazos y asignar a cada uno una función particular en la lectura. Eso da lugar a una progresión que permite llegar, a fin de cuentas, a la lectura del Tarot completo. Ejercitarse con los "Tres Cuerpos" del Tarot confiere una fuerza y una profundidad a la lectura que repercutirá en las lecturas de los Mayores solos, cuando solo tengan esas 22 cartas a mano.

- *Recordatorio: ¿qué función podemos asignar a cada uno de los Tres Cuerpos del Tarot?*

- **Los Arcanos Mayores** representan la "respuesta absoluta", espiritual, situada en un recorrido existencial global. Podemos imaginar al Arcano Mayor hablando como un maestro espiritual o un mentor: su respuesta resuena en varios niveles y se dirige a lo profundo de nuestro ser, involucrando virtualmente, de diversas maneras, todos los aspectos de nuestra existencia. Por lo tanto, puede "digerirse" durante mucho tiempo, pero también puede comprenderse mal en el momento.

- **Las Figuras** representan el modo en que una persona se sitúa en un contexto dado, la influencia de los aspectos psicológicos y las graduaciones de nuestro libre albedrío. Encarnan nuestras propias posibilidades (incluidas nuestras posibilidades de equivocarnos) y las de las personas que nos rodean. Podemos preguntarles, por ejemplo: "¿Cómo me posiciono en esta situación?", "¿Qué parte de mí está preguntando, está insegura?", "¿Con qué aspecto de mí mismo puedo contar para resolver esta dificultad?", "¿Qué parte de mí es capaz de escuchar la respuesta y ponerla en práctica?", "¿Dónde está la trampa, la parte de mí que hace que me desvíe?", "¿Qué cualidades debo desarrollar?", etc.

- **Los Valores** son una grilla de lectura energética y concreta que nos permite enfocarnos en aspectos muy precisos de nuestra vida cotidiana, como si fueran puntos de acupuntura. Ofrecen un diagnóstico preciso para saber "en qué centro, cómo, con qué dosis" actuar y exigen que prestemos una atención aguda a los detalles de la existencia. Nos permiten saber "dónde focalizar la atención", "qué energía debe alimentarse", "qué cosa se debe dejar de lado", "en qué terreno actuar exactamente", etc.

Leer con los Arcanos Menores es un privilegio reservado a los adultos. En el Tarot integral, resulta imposible hacer trampa, pronunciar discursos adornados: el nivel de lectura corresponderá muy exactamente al nivel en el que nos encontramos, a nuestra experiencia, a nuestra calidad de ser, a nuestra capacidad de atención. Se trata de una mala noticia para la vanidad (no podemos pretender ser más de lo que somos), pero, a la vez, de una buena noticia para la sinceridad: el Tarot integral nos exige únicamente ser lo que somos.

Con los Menores solos

Practicar con los Menores solos es un ejercicio que permite "desintoxicarse" de cierta visión de los Arcanos Mayores. Pero también les permitirá consultar un Tarot, aunque solo tengan un juego de cartas comunes a mano, siempre y cuando hayan memorizado los Arcanos Menores del Tarot. En efecto, pueden asignar las Espadas a las Picas, los Bastos a los Tréboles, las Copas a los Corazones y los Oros a los Diamantes. Los naipes comunes no tienen Caballeros, pero, en última instancia, pueden asignar ese papel a las cartas en las que están impresas las reglas del juego o la marca y a los dos comodines.

- *El diagnóstico*

Esta tirada es una variante del autorretrato, pero su configuración está calcada de la configuración del Arcano XXI (la carta El Mundo). Conviene tener un tema, un deseo, una orientación en mente, ya que eso facilita la interpretación.

Subdividan los Menores en 5 mazos:

- los Valores del 1 al 10 de cada palo (4 pequeños mazos de 10 cartas);
- todas las Figuras mezcladas juntas (1 mazo más grande de 16 cartas).

Ubiquen una carta en cada una de las esquinas que representan las cuatro energías:

- Una carta de Oros abajo a la izquierda: ¿cuál es mi situación (o qué necesito) en términos materiales?
- Una carta de Bastos abajo a la derecha: ¿cuál es mi situación (o qué necesito) desde el punto de vista creativo, energético o sexual?
- Una carta de Copas arriba a la izquierda: ¿cuál es mi situación (o qué necesito) desde el punto de vista afectivo, emocional?
- Una carta de Espadas arriba a la derecha: ¿cuál es mi situación (o qué necesito) desde el punto de vista de mis creencias, de mis ideas y proyectos, incluso desde el punto de vista educativo (aprender algo nuevo)?

Para el centro, deberán elegir dos Figuras: una a la izquierda que representa el obstáculo, la parte estancada que debe ponerse en marcha, y una a la derecha que representa el Aliado, la parte más sabia o más eficaz.

317

EJEMPLO:

El consultante, un *coach* formador cuya oficina está instalada en su domicilio, pregunta: "Mis nuevos vecinos de arriba producen una importante contaminación acústica. ¿Cómo llegar a una conciliación?".

- 10 de Oros: definitivamente se trata del final de un ciclo. El primer paso es aceptar que las antiguas condiciones de vida han caducado y que empieza un nuevo ciclo, con una energía diferente (el 10 de Oros se convierte en un As de Bastos).
- 6 de Bastos: conviene abordarlos con una energía amable y agradable, sin agresividad, pero destacando la cuestión de la calidad de vida para ambos hogares. Apelar a su propio sentido del placer y del confort puede ser un argumento válido.
- 3 de Copas (justamente, se trata de una familia de tres personas): el consultante debe abrir su corazón al hecho de que es normal que se produzca cierto nivel de ruido en determinadas horas en el marco de la vida familiar.
- 8 de Espadas: esta carta representa el silencio, indispensable para la actividad intelectual y relacional del consultante. Puede instarlo tanto a invertir, por ejemplo, en unos auriculares antirruido, como a no dejarse invadir por prejuicios o preocupaciones mentales excesivas, y también a recordar a sus vecinos cuál es la naturaleza de su trabajo: cuando recibe clientes, el silencio resulta indispensable.
- Obstáculo, Paje de Oros: remite a una posición infantil con respecto al territorio, al deseo de conservar el "nido" o al miedo de ser invadido. Confirma que pueden existir soluciones que el consultante no ve (la moneda enterrada en el suelo). ¿Se trata de una exhortación a orientarse hacia el Rey de Oros, es decir, a proponer, tal vez, incluso una ayuda financiera a los vecinos para colaborar en trabajos de aislamiento acústico?
- Aliado, Paje de Bastos: recuerda al consultante que está actuando una energía naciente, que una buena relación entre vecinos es una colaboración energética entre ambas partes, que es acertado no precipitarse hacia la autoridad o el poder

del Rey de Bastos, sino más bien quedarse en el nivel del Paje, es decir, de la búsqueda creativa de una forma de vivir juntos.

Relacionar Arcanos Mayores con Menores

Nuestro objetivo, en la lectura del Tarot integral, es poder visualizar cada una de las 78 cartas del juego. La simple memorización no resulta muy interesante, ya que todas las cartas presentan correspondencias particulares por pares: cada Arcano del Tarot tiene una relación privilegiada con cada uno de los otros. Y esa relación se vuelve aún más significativa cuando la contemplamos, no en el vacío, sin preguntas, sino en relación con un tema o un interrogante que nos interpela verdaderamente. Si los practican regularmente, los dos ejercicios que siguen les permitirán desarrollar el conocimiento visual del juego. Los nutrirán de referencias que resultarán valiosas en lecturas más complejas.

- *El espejo: Arcano Mayor y Figura*

Se trata de una consulta sobre un tema, para la cual utilizamos un Arcano Mayor y una Figura. Mezclen el mazo de los 22 Arcanos Mayores y el de las 16 Figuras por separado, pensando en un tema que los interpele, pero no en una pregunta muy compleja.

El Arcano Mayor representa la respuesta global, celeste, absoluta: "¿De qué se trata?".

La Figura representa el aspecto de nosotros al que se dirige la respuesta.

Luego, pueden observar cuáles son los puntos en común entre ambas cartas, si el Arcano Mayor representa una alegoría sola, o de qué modo la Figura podría proyectarse en el Arcano Mayor, si este representa una escena o un paisaje.

Esta lectura va en la línea de lo que sabemos de la historia del Tarot: el Arcano Mayor representa una emanación del "Cielo de las Ideas" de Platón, o del mundo cósmico, arquetípico, que se proyecta en la tierra. La Figura, por su parte, pertenece a un mundo tangible, organizado según una mística espiritual o caballeresca.

EJEMPLO:

El consultante es un hombre, su tema es: "la pasión por la danza" (que practica como *amateur*).

Arcano Mayor: El Loco.

Figura: Paje de Copas.

El Loco manifiesta una energía intensa, sin definición particular, que podríamos relacionar con la "locura del amor" espiritual

o artística. Está acompañado de un animal (gato, perro o zorro, según el tarot) que, literalmente, baila detrás de él, y lo acompaña en su movimiento. La respuesta absoluta confirma la dimensión un tanto "loca" e intensa de la pasión por la danza del consultante: se trata de una energía que supera todas las explicaciones posibles y que, en definitiva, puede incluso tener una dimensión sagrada.

Si lo ponemos en espejo con respecto al Loco, el Paje de Copas presenta una postura muy similar: camina al mismo ritmo, pero con un toque más elegante, más tímido y más gracioso a la vez. Se trata de la expresión actual del consultante como bailarín: un *amateur*, en el doble sentido de la palabra en francés, a la vez principiante (no especialista) y apasionado. El Paje mira dentro de su copa, como si se hubiera quitado de la espalda el petate del Loco, ese equipaje esencial que carga en su peregrinación, y descubriera su corazón de niño, o de adolescente. Un corazón apasionado y cándido que se compromete con sinceridad en la práctica de la danza. En el lugar que ocupa el animal en El Loco, el Paje sostiene su gorro con plumas (en el Tarot de Madenié; en otros tarots, es la tapa de su copa): el hecho de haberse quitado el gorro representa un gesto de respeto, de reverencia frente a su práctica de la danza, que lo acompaña y lo motiva, como el animal motiva al Loco.

Para él, entonces, ese impulso intenso de bailar se arraiga en una aspiración afectiva "joven" (aunque el consultante es adulto), que podría llevarlo tanto a un encuentro amoroso como a una apertura del corazón en el sentido más amplio.

El **Ermitaño** y la **Reina de Copas** de una baraja del Tarot de Lyon, fechada alrededor de 1475-1500 (grabado en madera pintado con plantilla). La presencia del Ermitaño da cuenta de que se trata de una baraja de tarot y no de una baraja de cartas comunes. Ambas cartas, conservadas en la Biblioteca Nacional de Francia (en adelante, BnF), son los ejemplares existentes más antiguos de una baraja de tarot impresa en Francia.

La Luna y **La Fuerza** del "Tarot de Carlos VI" que es, en realidad un tarot italiano de fines del siglo XV. Pintado a mano e iluminado con oro, pertenece a la categoría de las lujosas barajas principescas del Renacimiento. Subsisten 17 cartas de las 78 originales, conservadas en la BnF. El motivo de La Fuerza con la columna rota es típico de la pintura renacentista italiana. Los astrónomos de La Luna pueden encontrarse en tarots italianos posteriores.

El **Triunfo de la Muerte**: miniatura tomada de los *Triunfos* de Petrarca, traducción anónima (Ruan, 1503-1505), obra que quizás fue encargada por el cardenal Georges d'Amboise para Luis XII. Conservada en la BnF.

Triunfo "La Muerte" del "Tarot de Carlos VI". En él se observa, con algunas variantes, el mismo motivo: un esqueleto que cabalga entre un montón de cadáveres.

El prestidigitador de El Bosco, fechado entre 1475 y 1505. Óleo sobre madera, 53 x 65 cm. Conservado en el Museo Municipal de Saint-Germain-en-Laye.

El Mago del Tarot de Pierre Madenié (Dijon, 1709). Sus instrumentos son similares a los del prestidigitador del cuadro de El Bosco: *muscades* [pequeñas bolitas de corcho], cubiletes, varillas; incluso el pequeño bolso apoyado sobre la mesa del Mago se asemeja a la canasta del prestidigitador, de la que asoma la cabeza de una lechuza.

El Juicio Final, detalle: los condenados en el infierno. Fresco de Giotto di Bondone, hacia 1303-1305, capilla de los Scrovegni, Padua. El cuerpo azul del diablo, así como la "boca" ventral por la cual excreta y da a luz a los condenados que ha devorado, se pueden encontrar en varios tarots de la tradición de Marsella.

Triunfo XV, **El Diablo**, Tarot de Jean Noblet (París, 1650-1659): la representación más antigua del Diablo del Tarot de Marsella que se haya catalogado hasta el momento ya presenta un rostro en el vientre. Los acólitos (diablitos o condenados) se representan desnudos, como en Giotto.

El Viejo, del tarot boloñés con palos italianos conocido como "Alla Torre" (1600-1700). Grabado en madera pintado con pincel (dimensiones: 10,4 x 4,3 cm); 57 cartas conservadas en la BnF. A diferencia del Ermitaño de los Tarots de Marsella, al Viejo o el Tiempo de los tarots italianos se lo representa alado y caminando con muletas.

Triunfo XVIII (**La Luna**) del tarot boloñés con palos italianos conocido como "Alla Torre" (1600-1700). Grabado en madera pintado con pincel (10,4 x 4,3 cm). El motivo de los astrónomos que observan la luna es típico de los tarots italianos.

Triunfo XVIII (**La Luna**) del Tarot de Jean Payen (Aviñón, 1743). Grabado en madera pintado con plantilla (12,2 x 6,3 cm); 52 cartas conservadas en la BnF.
El paisaje marítimo de La Luna, con el crustáceo de ocho patas y las dos torres, es característico de los Tarots de Marsella tipo 1 y tipo 2. Algunos comentadores han visto en este paisaje una representación del puerto de Marsella.

CCLXXXVI.

DELIE.

CCCCX.

D'elle puis dire, & ce sans rien mentir,
Qu'ell'a en soy ie ne sçay quoy de beau,
Qui remplit l'œil, & qui se fait sentir
Au fond du cœur par vn desir nouueau,
Troublant à tous le sens, & le cerueau,
Voire & qui l'ordre à la raison efface.
  Et tant plus plaiſt, que ſi attrayant face
Pour eſmouuoir ce grand Cenſeur Romain,
Nuyre ne peult à choſe qu'elle face,
Seure viuant de tout oultrage humain.

LE LACQZ

I'AY TENDU   OV IE

MEVRS

Emblemas tomados de dos ediciones sucesivas de *Délie: objet de la plus haute vertu* [Delia, objeto de la más alta virtud], de Maurice Scève.
  (1) *"En ma joie douleur"* [En mi alegría dolor], la Mariposa con el farol. Lyon, 1544.
  (2) *"J'ay tendu le lacqz ou je meurs"* [He tejido la red en la que muero], l'Yraigne (o Araña). París, 1564.

Emblemas tomados de *Atalanta Fugiens* [La fuga de Atalanta], de Michel Maier (1618).
  (3) "El sol necesita a la luna como el gallo a la gallina", emblema XXX.
  (4) "La naturaleza, la razón, la experiencia y la lectura deben servir de guía, de bastón, de anteojos y de lámpara a quien está versado en Química", emblema XLII.

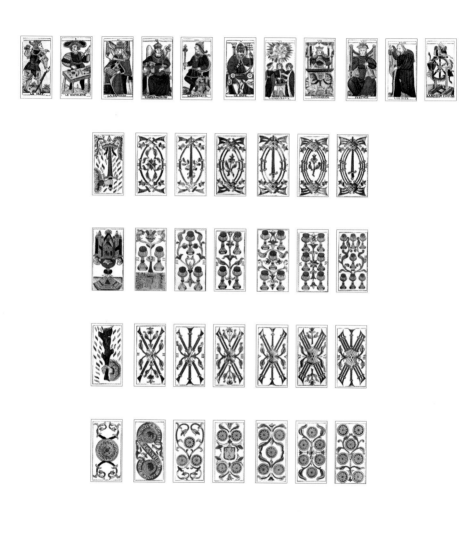

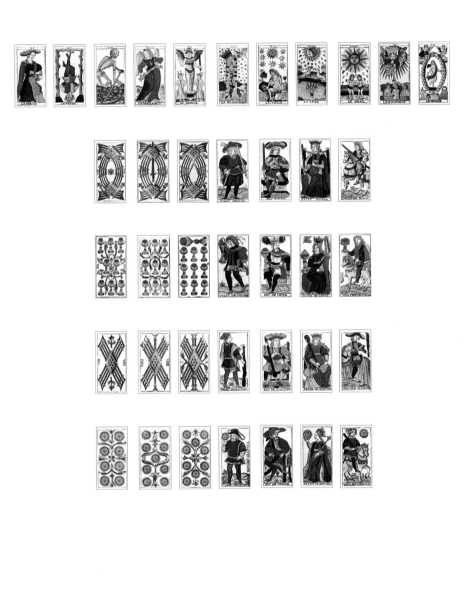

Triunfo XXI (**El Mundo**), de un tarot de tipo marsellés, y dos cartas numéricas: **6 de Espadas** y **6 de Oros**. Grabado en madera, pintado con pincel o con plantilla. Raccolta delle stampe Achille Bertarelli, Milán.

Estas cartas fueron encontradas a principios del siglo XX durante unos trabajos de renovación del patio del Castello Sforzesco en Milán. Datan del siglo XVI o XVII y, durante mucho tiempo, se consideró que formaban parte de una misma baraja, lo que avalaba la hipótesis de que el Tarot de Marsella tenía un origen milanés. En realidad, un examen atento revela que provienen de barajas diferentes, y el misterio de este Triunfo XXI (El Mundo) se mantiene: ¿fue impreso en Francia o en Italia? ¿Y en qué época exactamente? Ver los detalles de esta investigación en el anexo.

Triunfo XXI, **El Mundo**, del Tarot de Dodal (Lyon, 1701-1715): en este Tarot tipo 1, la representación de El Mundo es muy parecida a la del Cristo en Gloria y el Tetramorfo. Se constata la inversión del toro y el león, así como la mención "F. P. LE. TRANGE", que probablemente significa "hecho para el extranjero", es decir, destinado a la exportación.

Cristo en majestad con los símbolos de los cuatro Evangelistas (Tetramorfo: el Ángel, el Águila, el Toro y el León) en "Salmo de Westminster", Westminster (Inglaterra), hacia 1200. The British Library.

La **Prudencia** (1) y **Saturno** (2) del "Tarot de Mantegna" (1470-1485) que, en realidad, es una serie de grabados en cobre con función didáctica, de formato 17 x 9,2 cm. A estas dos cartas se las ha relacionado con El Ermitaño del tarot; a La Prudencia, por el rostro de anciano que lleva detrás de la cabeza, y a Saturno, por su semejanza con el motivo del "Tiempo" o del "Viejo" en los tarots italianos.

Triunfo II, **Juno**, y Triunfo V, **Júpiter**, procedentes de una baraja de tarot con palos italianos conocido como "de Besanzón" (1820-1845). Grabado en madera pintado con plantilla (12 x 5,6 cm); 78 cartas conservadas en la BnF.

En esta variante del Tarot de Marsella, destinada al público protestante, se reemplazaron La Papisa y El Papa por Juno y Júpiter. Probablemente, los primeros Tarots "de Besanzón" fueron diseñados en Alemania o en Suiza, pero Besanzón se convirtió en el principal centro productor en el siglo XIX, tras la Revolución francesa.

Tsakali (cartas iniciáticas) tibetanas, provenientes de tres conjuntos distintos. Siglo XIX, pintura en cartón y en tela. Colección privada del señor Dominique Lemaire.

El Buda primordial, **Samantabhadra**, en unión (Yab-Yum) con su paredra. El emparejamiento del principio masculino estático (la consciencia) y del principio femenino dinámico (la energía) simboliza la unidad.

Dakini blanca bailando, desnuda, con cuchilla y ofrenda.

Las dakinis son deidades femeninas del budismo vajrayāna (deidades mundanas subyugadas, formas femeninas de Budas y bodhisattvas, ascetas o parejas de ascetas legendarios). En el caso de estas dos dakinis, se observa la posición sobre un pie, con la otra pierna plegada, así como la mandorla, que acercan su simbolismo al de El Mundo del Tarot de Marsella tipo 2.

Dakini sonriente bailando en una nube.

Triunfo XVII del **Tarot Parisino Anónimo** (París, 1600-1650). Grabado en madera pintado con plantilla. Dimensiones: 12,8 x 6,8 cm. Conservado en la BnF, entero: 78 cartas. La Estrella está representada aquí con los rasgos de un astrónomo.

La Estrella, Triunfo XVII del Tarot de Madenié (1709).
Las versiones de la carta La Estrella variaron mucho en los tarots de los siglos XV al XVII. En el modelo marsellés, siempre se la presenta bajo la forma de una mujer desnuda que vierte agua en el río valiéndose de dos jarrones.

Tarot de Jacques Viéville (París, 1650). Grabado en madera pintado con plantilla. Dimensiones: 12,6 x 6,9 cm. Conservado en la BnF, entero: 78 cartas.
El Rayo (XVI): esta versión singular y aislada del Triunfo XVI (La Torre en el Tarot de Marsella) representa a un pastor con su rebaño. Los puntos en común con el Tarot de Marsella son las bolas de colores que ocupan el espacio del cielo y el astro resplandeciente.
El Colgado (XII): este Colgado se parece al de los Tarots de Marsella, pero está representado flotando, como en un estado de ingravidez. Se observa la presencia de los dedos que sobresalen por detrás de la espalda, como si fueran alas.

Caballero de Copas y **Reina de Copas**,
Tarot de Jean Noblet (París, 1650-1659).

Caballero de Copas y **Reina de Copas**, Tarot de Jean Payen (Aviñón, 1743).
El origen del "retrato" de las figuras del tarot aún no ha sido establecido ni estudiado con precisión. En estos dos Tarots de Marsella tipo 1, los Caballeros cabalgan sobre una tierra negra similar a la del Arcano XIII, símbolo de transformación dinámica y de intrepidez. Presentan un parecido con su Reina que remite a la tradición caballeresca, así como a la androginia fundamental del Caballero: en tanto principio de superación y de búsqueda de lo esencial, no es posible reducirlo al género masculino, sino que lleva en él las dos polaridades.

De arriba abajo:
Lamentación del Cristo muerto, Santa Maria della Vita, Boloña (Italia); **La Estrella**, obra de Niki de Saint Phalle, en el Jardín de los Tarots en Capalbio, Toscana (Italia); **Los jugadores de tarot**, fresco de Niccolò dell'Abbate, Museo del Palazzo Poggi, Boloña (Italia).

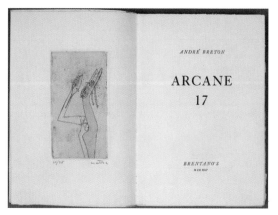

André Breton y el Tarot: Frontispicio y página de títulos de la edición original de *Arcano 17* de André Breton, con una ilustración de Roberto Matta (Brentano's, Nueva York, 1944).
Portada de la edición de bolsillo de *Arcano 17*, ediciones 10/18, París, 1972.

Portada de André Derain para la revista *Minotaure* N° 3-4, diciembre de 1933, con El Loco, El Mago, La Fuerza y El Colgado de un Tarot de Marsella (al estilo de Dodal y Payen). Breton hace referencia a esta portada cuando concibe el proyecto de *Arcano 17*.
Portada de la primera edición de *El castillo de los destinos cruzados* de Italo Calvino (Ediciones Einaudi, Turín, 1975).

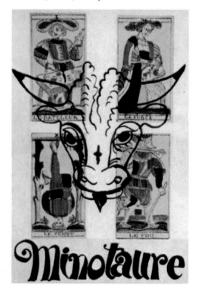

- *Preguntas a un Arcano Mayor*
  (con uno o varios Menores)

Esta consulta consiste simplemente en sacar un Arcano Mayor pensando en un tema y luego, mirando la carta, preguntarse: "¿Qué detalle o detalles solicitan mi atención, me plantean preguntas?". Ese detalle puede ser un color, un rasgo facial, un gesto, un objeto, un personaje o un animal, una forma en la carta que no identifiquen, etc.

A continuación, planteen al Arcano Mayor esta pregunta particular: "¿Cómo puedo entender ese detalle?". Y saquen un Arcano Menor (Valores y Figuras mezcladas) del paquete de 56 cartas para esclarecer ese detalle.

A veces, la respuesta será oscura, a veces, luminosa: ¡practiquen, practiquen! Así descubrirán los vínculos entre Arcanos Mayores y Menores.

EJEMPLO:

La consultante es una mujer, su tema es una disputa con una amiga de toda la vida.

Arcano Mayor: La Justicia. Evoca un corte (con la espada), pero también la necesidad de mantenerse muy centrada, de no dejarse llevar por la amargura o la crítica. Esa Justicia podría ser tanto la consultante como la amiga con la que está peleada. Por otra parte, en tanto símbolo materno, La Justicia remite a todos los aspectos de amor/odio implicados en la relación hija-madre: es posible que la relación de amistad, y también esta disputa, tengan su origen en la forma en la que ambas mujeres se posicionaron en la relación en función de antiguas heridas en sus respectivas relaciones con sus madres.

Preguntas a La Justicia:

- "¿Qué miras con esa mirada feroz?" (una carta para lo que mira): 5 de Espadas.

La comunicación (5 de Espadas) ha sido la fuente de los malentendidos, es posible incluso que haya agravado la situación. El diálogo se queda en el nivel de las opiniones e incluso de los juicios (el 5 sigue estando en el cuadrado Tierra, más centrado en la su-

pervivencia). Detalle visual: la espada del 5 recuerda a la de la Justicia, pero está ubicada en el centro y, por lo tanto, desequilibrada en comparación con la de la Justicia, que está a nuestra izquierda y solo representa uno de los elementos de la carta, no su eje. Por lo tanto, no es el momento para intentar retomar contacto: ninguna de las dos está lista.

- "¿Qué es lo que debe cortarse?" (para la espada): Reina de Oros.

Por el momento, no parece apropiado volver a ver a esta amiga: por su posición, la Reina de Oros da la espalda a la Justicia y se concentra en sus propias necesidades. Detalle visual: en el Tarot de Madenié, la Reina de Oros tiene el mismo cabello que la Justicia. Podría ser su hermana, o la propia Justicia en otra posición y con otros atributos. Eso confirma que ambas mujeres están en pie de igualdad en la disputa, que no hay una culpable y una víctima.

- "¿Qué puede salvarse en la relación?" (para la balanza): 3 de Copas.

Aquí, el detalle visual es lo más importante: el 3 de Copas puede verse como una representación esquemática de la carta de la Justicia, en la que la copa de arriba representa su cuerpo y las dos de abajo, los dos platos de la balanza. Se trata del mandato de no perder de vista el profundo afecto que une a ambas amigas, aunque el momento no sea apropiado para la comunicación (5 de Espadas) ni tampoco para frecuentar los mismos lugares (Reina de Oros).

Enriquecer las lecturas "clásicas" de los Arcanos Mayores con los Menores

Todas las estrategias de lectura que utilizan los Arcanos Mayores solos pueden enriquecerse o completarse agregando Figuras y/o Valores.

- *Variante del Tarot de la elección*

La estrategia es muy simple: consiste en elegir como carta central una Figura en lugar de un Arcano Mayor. Esa carta nos indica *quién* elige, *qué parte de nosotros* está actualmente en condiciones de tomar la decisión. Esta variante me parece particularmente útil cuando leemos el Tarot para nosotros mismos. En ese caso, en primer lugar, sacamos y damos vuelta la Figura y, según lo que nos inspire, decidimos ubicar cada una de las dos opciones a su derecha y a su izquierda.

EJEMPLO:

Consultante: "¿Qué hago este fin de semana? ¿Salgo o mejor me quedo en casa?".

Figura central: Rey de Copas. Esta carta reorienta la pregunta hacia el modo afectivo: ¿cuál es la opción más generosa para conmigo y para con los demás, la más justa emocionalmente? ¿Dónde voy a sentirme mejor rodeada? El Rey tiene una vibración hacia el exterior, y la tentación de la consultante va más en el sentido de quedarse en casa.

El Rey mira hacia nuestra derecha (al exterior de su palacio, hacia el reino), pero la consultante elige poner la opción "salir" a la izquierda y la opción "quedarme en casa" a la derecha.

La tirada se enriquece del siguiente modo:

- Quedarse: X-XXI, suma teosófica 4 (el hogar). Aunque esta opción se percibe primero como un bloqueo (con La Rueda de la Fortuna), parece rica en posibilidades: El Mundo representa un despliegue cualitativo. Es posible que la consultante pueda sacar verdadero provecho de ese descanso: ordenar, cuidarse, escuchar la música que le gusta, etc.

- Salir: IIII-I, suma teosófica 5 (el pasaje). Salir es ir hacia un mundo masculino, pero la serie de cartas es numéricamente decreciente, lo que indica más bien valores estancados para ambas cartas: Emperador testarudo o rutinario, Mago indeciso... ¿Hay realmente una invitación o una fiesta irresistible en vista?

• *La confirmación*

Esta estrategia consiste en confirmar la lectura de una "frase" de Arcanos Mayores agregando un Arcano Menor debajo de cada Mayor, para precisar su campo de aplicación. El procedimiento consiste en interpretar primero la lectura de los Arcanos Mayores, luego mezclar el mazo de los 40 Valores y sacar un Valor por cada Mayor.

EJEMPLO 1:

El consultante planea emprender obras de reforma en su apartamento, pero teme que le cueste mucho dinero y, a la vez, que le ocasione muchas molestias. Pregunta sobre este tema.

Tirada de Arcanos Mayores: I – XVIII – V.

El eje de la tirada está representado por La Luna, donde las dos torres y los dos perros remiten, de cada lado, a las dos opciones (emprender o no las obras). El factor de duda, de la incertidumbre representado por La Luna es, por el momento, central. A la izquierda, El Mago evoca una opción más reducida (la cocina del apartamento es minúscula) y, a la derecha, El Papa representa la toma de riesgo que consiste en hacer las obras necesarias para crear un espacio más acogedor.

El juego está "abierto" a la izquierda y a la derecha: no sabemos hacia dónde mira el Mago (a la izquierda) ni lo que indica el Papa (a la derecha). Por esa razón, agregamos dos Mayores: a la izquierda del Mago y a la derecha del Papa.

La tirada se convierte en la siguiente: XX – I – XVIII – V – XIIII.

El Juicio remite al consultante al hecho de que recibió el apartamento como está, lo heredó de sus padres. Por lo tanto, hay una circunstancia afectiva que puede influir en su inmovilismo. A la derecha del Papa, Templanza (de grado numerológico 4, pero numéricamente superior, por lo tanto, en armonía con El Papa) parece indicar que llevar a cabo las obras podría favorecer el equilibrio y la armonía de la casa.

Agregamos un Arcano Menor por cada Mayor: As de Copas – 10 de Bastos – 2 de Espadas – 4 de Bastos – 6 de Oros.

La interpretación afectiva de El Juicio + As de Copas se confirma. Bajo El Mago, el 10 de Bastos indica claramente que se termina un ciclo energético y que es tiempo de tener nuevas ideas para la casa (el 10 de Bastos se convierte en un As de Espadas). El 2 de Espadas confirma la incertidumbre de La Luna: todavía hay que reflexionar un poco, concebir el mejor plàn posible, estudiar todos los factores, calcular el presupuesto, evaluar la envergadura de las obras, etc. La Luna, cumbre receptiva, y el 2, energía de gestación, indican claramente que no hay que acelerar el proceso. Con respecto a la solución que consiste en llevar a cabo las obras, bajo El Papa encontramos el 4 de Bastos: tiene competencias sólidas, pero también la capacidad de manejar bien la energía. Bajo Templanza, carta que también incita a actuar con flexibilidad y sin precipitarse, el 6 de Oros podría sugerir que hay que buscar el momento apropiado para emprender las obras: tal vez sea necesario esperar a que la situación económica del consultante mejore, o incluso buscar el período más propicio para planificarlas...

EJEMPLO 2 (más desarrollado):

La consultante siente constantemente que no hace lo suficiente, aunque desarrolla una rica actividad profesional y artística. Padece ese sentimiento constante, que compara al hecho de flagelarse, y pregunta: "¿Qué hago?".

Tirada inicial: II – XIII – V.

Juntas, observamos que Papisa y Papa constituyen una pareja, pero que aquí están separados por el Arcano XIII, que actúa desde La Papisa hacia El Papa, como si un elemento más interno (la Papisa, capaz de no abrumarse, de tomarse su tiempo) intentara transformar (XIII) un elemento más externo y más activo (el Papa, que construye puentes y siempre ve más lejos). Desde un punto de vista visual, el Arcano XIII siega dos cabezas cortadas que pueden corresponderse con el desacuerdo existente entre la instancia contemplativa que evoca La Papisa y la instancia más activa que evoca El Papa.

Agregamos una carta en cada extremo para verificar lo que mira cada uno de los personajes: XV – II – XIII – V – XI.

Aparecen correspondencias numerológicas interesantes.

La Papisa busca en el Diablo (numerológicamente equivalente al Papa) su complemento ideal: el Diablo es activo, pero interiori-

zado, se inclina hacia las aspiraciones creativas de las profundidades y hacia el inconsciente.

El Papa mira hacia la Fuerza, que es de nivel numerológico 1,
pero cuya suma teosófica da 2: busca una interioridad que actúa,
como la de la Fuerza.

Esos añadidos nos confirman que la consultante se encuentra
frente a dos tendencias marcadamente distintas de su ser que tienen dificultad para reconciliarse.

El añadido de los Valores resulta esclarecedor: 5 de Bastos, 3 de
Bastos, 9 de Oros, 8 de Oros, 6 de Oros.

Por un lado, vemos que la tirada se divide claramente en dos
áreas: la de la Papisa, que concierne una aspiración creativa (los
Bastos), y la del Papa, que concierne la preocupación pragmática de "hacer lo correcto", incluso de ganar más dinero (los Oros).
La Papisa se sustenta en un deseo artístico que trae, quizás, de la
adolescencia (3 de Bastos) y busca en el Diablo la manifestación de
ese talento (5 de Bastos), mientras que bajo El Papa, el 8 de Oros
remite al ideal de una situación material "perfecta".

La consultante se emociona mucho, ya que esta lectura la remite
al fallecimiento de su padre, que ocurrió cuando era adolescente
y deseaba entrar en una prestigiosa escuela de teatro. En lugar de
hacer eso, tuvo que hacerse cargo de la actividad paterna y cubrir
las necesidades de toda su familia.

La observación de las dos cartas restantes le da la pista para reconciliar ese viejo conflicto: el 9 de Oros, bajo el Arcano XIII, anuncia un funcionamiento agotado. Cada vez que la consultante llora de agotamiento, es como si la Papisa enviara al Arcano XIII como emisario al Papa para decirle: "¡No puedo más!". La consultante se promete prestar más atención a esa voz. Por otra parte, el 6 de Oros bajo La Fuerza remite a la pregunta pragmática: "¿Qué puedo hacer ahora (La Fuerza) que esté dentro del límite agradable de mis posibilidades (6 de Oros)?". Al reemplazar el idealismo desmedido por una *intencionalidad* bien anclada en los medios que están *realmente a su disposición* en cada momento, puede atenuar el "¡todavía más!" del Papa, que, en realidad, no es sino la marca de una vieja herida.

Las siguientes son algunas indicaciones numerológicas que podemos observar:

- la suma de todos los Bastos da 8, que se relaciona con el 8 de Oros. La aspiración creativa hacia un "no hacer" viene a compensar la acción del Papa, basada en el ideal de "tenerlo todo";
- la suma de todos los Oros da 23, que se reduce a 5: el nivel del Papa y del Diablo, como un llamamiento al realismo a propósito de la cuestión; podemos dar lo mejor de nosotros, pero no más.

Esta estrategia de la confirmación puede aplicarse a todas las tiradas con los Arcanos Mayores que existen. Permite precisar de modo más fino el sentido de los Mayores, que suele ser muy vasto.

Llegado el caso, podemos agregarle dos Figuras más.

La primera Figura se ubica a la izquierda del juego: "¿Quién plantea la pregunta? ¿Qué parte de mí no sabe, no puede ver, se preocupa, duda, etc.?".

La segunda Figura se ubica a la derecha del juego: "¿Quién puede escuchar la respuesta o ya la tiene? ¿Quién puede realizar el cambio solicitado? ¿Qué parte de mí está lista para dar el próximo paso?".

En la lectura del segundo ejemplo, la consultante saca:

Figura 1: Paje de Bastos.

Figura 2: Reina de Copas.

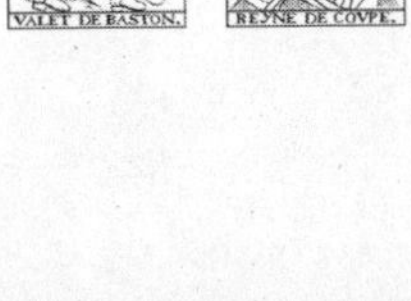

La pregunta se plantea en el nivel "principiante" (Paje) y remite a una duda creativa fundamental que proviene de la adolescencia y del período en el que falleció el padre de la consultante. También tiene un componente andrógino, como en la prepubertad, ya que de jovencita aspiraba a ser artista, pero tuvo que asumir la función del padre, del hombre de la casa.

La solución se encuentra en el nivel "adulto" (Reina) y femenino, pero sobre todo en el corazón: la confrontación con la herida, la sinceridad de la intención y el amor por sí misma son los ingredientes que le permitirán poner en práctica la respuesta.

4. Lecturas con los Tres Cuerpos del Tarot

Las estrategias que podemos implementar trabajando con los tres mazos del Tarot son innumerables. Mencionaré cuatro de ellas, pero ustedes pueden desarrollarlas. Recuerden que en el Tarot, como en todo arte, "menos es más"... Las lecturas que se realizan con pocas cartas son las que más nos enseñan. Por supuesto, durante una consulta larga, es posible que nos encontremos con unas quince cartas desplegadas sobre la mesa. Pero intenten trabajar siempre de manera minimalista, a modo de ejercicio. A veces, un único detalle en el que nunca habíamos reparado nos dice más que toda la serie de cartas añadidas para esclarecer la tirada.

Para todas estas lecturas, trabajamos con los tres mazos distintos: uno de 22 Arcanos Mayores, uno de 16 Figuras y uno de 40 Valores.

Por regla general, el método de lectura consiste en lo siguiente:

Elegir la estrategia de consulta adecuada: ¿se adapta a la pregunta? ¿Puede proporcionarnos fácilmente una orientación?

Leer cada carta primero en función de su sentido y del lugar que ocupa en la cosmogonía del Tarot, incluido su grado numerológico, y luego relacionar el sentido de las tres cartas para crear una síntesis.

Observar los detalles iconográficos y ver si confirman la lectura y/o si aportan datos adicionales.

- *Los Tres Cuerpos: lectura de base en triángulo*

Esta configuración es muy simple; nos sirve para definir una pregunta, delimitar un tema. A menudo, basta para esclarecernos. Es una excelente tirada para la consulta en solitario.

La regla del juego es la siguiente: una vez que se ha definido el tema o se ha planteado la pregunta, elegimos una carta de cada mazo y las ponemos en triángulo:
  - Arriba, el Arcano Mayor, que representa "aquello de lo que se trata, el sentido real de la pregunta".

- Abajo a la izquierda, el Valor: "¿A partir de qué nivel, de qué energía propia debo tratar este tema, resolver esta cuestión?".
- Abajo a la derecha, la Figura: "¿Qué soy realmente capaz de hacer? ¿Dónde estoy ubicado? ¿Cómo puedo hacer para posicionarme de modo realista?".

A veces, el Valor y la Figura estarán en perfecta sintonía y el pasaje a la acción será simple. A veces, estaremos obligados a reconocer: "Sé lo que debería hacer, pero en este momento soy incapaz de hacerlo". Y en ese caso, la lectura del Tarot cobra un gran valor: nos pone frente a nuestra impotencia momentánea para que nos enfoquemos en cómo volver a unificarnos con respecto a la situación antes de intentar actuar.

EJEMPLO:

El consultante pregunta: "¿Cómo puedo dar rienda suelta a mi creatividad?".

- Mayor: Arcano III, El Emperador.
- Valor: 6 de Bastos.
- Figura: Caballero de Copas.

Respuesta absoluta: El Emperador no es la carta más creativa del Tarot, pero, puesto que el consultante es un hombre, podemos atribuirle el sentido de una energía viril y estable a la vez, condición básica de la creatividad. Esa tranquilidad interior, esa estabilidad representa una ventaja importante para el consultante. Es posible que se trate de desarrollar una habilidad en un área particular: el arte se apoya en la técnica. Él asiente: justamente, acaba de empezar una formación sobre pintura de íconos.

El 6 de Bastos precede al 7 (la potente energía creativa a la que aspira el consultante). El 6 es menos activo, más contemplativo, pero cuenta con una inmensa ventaja: posee el sentido de lo bello, que conmueve al corazón, y aspira a expresar esa belleza. Esa aspiración debe vivirse como un fuego interior y no como una frustración: conviene realizarse en ella por completo, confiando en el hecho de que ese intenso deseo de belleza llevará naturalmente a una acción creativa.

El Caballero de Copas habla de un ciclo afectivo que hay que cerrar y de una realidad nueva, cuyas bases habrá que sentar (se transforma en Paje de Oros). El consultante confirma que su bloqueo creativo es de larga data: sus padres se oponían a que pintara o dibujara. Una reciente ruptura afectiva volvió a ponerlo en el camino del arte. Entonces, el consejo del Caballero de Copas es no evitar afrontar su corazón roto, pero a la vez preparar el terreno para el Paje de Oros: tal vez dedicar un lugar de la casa o un tiempo específico al ejercicio de la pintura.

Una vez que formulamos esta lectura, podemos profundizarla llevando nuestra atención a los *detalles visuales* que se repiten en las cartas:

- la copa del Caballero evoca la esfera sobre el cetro del Emperador: ese corazón agotado es un cetro, a su modo; un símbolo de nobleza y poder. Por otro lado, tanto el Emperador como el Caballero están "sentados sobre un animal": el caballo del Caballero y el águila bajo el trono del Emperador. El vehículo humano (el caballo) es el coraje de superar la herida afectiva, pero, en la adquisición técnica (El Emperador), está la promesa de poder despegar, cambiar de dimensión;
- las flores del 6 de Bastos también pueden hacernos pensar en el cetro del Emperador, como si el Emperador sostuviera la

flor del 6 en la mano y la transformara, de a poco, en un basto: el que falta para llegar al 7 de Bastos, es decir, a la manifestación creativa.

- *La pirámide*[127]

Se trata de la misma tirada, pero con tres Arcanos Mayores adicionales, dispuestos en la base de este triángulo, que la enriquecen y definen:
- ◆ el primer Arcano Mayor representa el obstáculo;
- ◆ el segundo, el aliado;
- ◆ el tercero, una propuesta inesperada que el Tarot nos regala.

EJEMPLO:
La consultante pregunta: "¿Es el momento adecuado para tener un tercer hijo?".

Triángulo inicial: El Colgado – 9 de Bastos – Reina de Espadas.

---

127. Esta estructura fue creada inicialmente (con los Ases únicamente y no con todo el mazo de los Valores) por mi colega y amiga Paulina Doniz. Se basa en la forma de las pirámides mexicanas y fue un elemento de inspiración importante para el desarrollo del trabajo sobre los Tres Cuerpos del Tarot.

La respuesta es muy ambigua, y eso nos llevará a sacar tres Arcanos Mayores adicionales. En efecto:

- El Colgado puede significar tanto un bebé en gestación (incluso es posible que ella ya esté embarazada sin saberlo...) como la orden de esperar;
- el 9 de Bastos, que señala una suspensión, un vacío, el final de un ciclo creativo, puede leerse también como un "Ermitaño de Bastos" o un "Sol de Bastos" (nivel 9 de los Arcanos Mayores), por lo que puede representar un período de latencia necesario, o bien el hecho de que el padre ya ha fecundado a la madre...;
- la Reina de Espadas muestra a una mujer en un profundo proceso de reflexión, de elaboración intelectual. O bien se impulsa a la consultante a reflexionar, en efecto, acerca de sus motivaciones, las condiciones de acogida del niño, etc., o bien el Tarot le responde de modo bromista: "No reflexiones, ¡ya estás embarazada! Tócate el vientre, como la Reina de Espadas, y siente la realidad".

Entonces, agregamos los tres Arcanos Mayores:
- ◆ trampa: La Papisa;
- ◆ aliado: El Mundo;
- ◆ sorpresa: El Carro.

De este modo, la respuesta se esclarece, en consonancia con la lectura de la consultante: una vez que se haya realizado la prueba de embarazo (¡hay que saber a qué atenerse!), no es el momento de quedarse encerrada reflexionando (La Papisa), sino, al contrario, de... irse de viaje, como lo desea la pareja desde hace tiempo. El Mundo y El Carro evocan enseguida esta posibilidad para la consultante, que sueña con recuperar el aliento y pasar quince días lejos de todo con su pareja. Sus dos hijos son lo suficientemente grandes como para quedarse con sus abuelos durante ese período.

- • *La trampa y el tesoro*

Esta estrategia de lectura es particularmente apropiada cuando buscamos una respuesta operativa, para poner en práctica. Si no hay una pregunta ni un tema, también puede servir como práctica reflexiva. La desarrollé durante un viaje a la India para unos amigos que buscaban una forma de consultar el Tarot a diario, tras su período de meditación matutino. En este caso, el Arcano Mayor da el *tema* de la reflexión sobre sí mismo. Las otras tres cartas se interpretan siempre del mismo modo, ya sea para una práctica en solitario o para una lectura propiamente dicha.

Elegimos un Arcano Mayor y una Figura, pero *dos* Valores. Sus funciones respectivas son las siguientes:
- ◆ Arcano Mayor:
  - – o bien da el tema de la meditación,
  - – o bien indica la respuesta absoluta del Tarot a la pregunta planteada, la solución por excelencia.
- ◆ Figura: ¿a quién en mí se dirige esta respuesta?
- ◆ Valor 1: ¿dónde está mi error, mi punto ciego, la energía en mí que debe disminuir para que pueda poner en práctica la respuesta?

• Valor 2: ¿cuál es el tesoro oculto, la energía a la que tengo que apostar para entender esta respuesta y ponerla en práctica?

EJEMPLO de lectura reflexiva:

El consultante saca las cartas sin hacer una pregunta, con la intención de que el Tarot le hable de su proceso de crecimiento y evolución posible.

Templanza – Rey de Bastos – 7 de Copas – 4 de Oros.

Entiende el tema propuesto por el Arcano Mayor del siguiente modo: "El Tarot quiere hablarme de mi lado angelical, excesivamente conciliador a veces, de mi tendencia a buscar siempre que las cosas sean fluidas y a evitar el conflicto".

Rey de Bastos: "Pero hay en mí una energía que quiere hacer, crear, manifestar su propio poder, y no necesariamente servir de mediadora".

7 de Copas: "Como trampa, energía que debe disminuirse, se trata de mi tendencia al sacrificio: me comporto como un salvador. No siempre es pertinente".

4 de Oros: "Como aliada, esta carta me incita al pragmatismo y me remite al hecho de que me gusta ganarme la vida correctamente. Me incita a volver a centrarme en mi actividad profesional, aunque eso implique que sea un poco menos conciliador o que esté un poco menos al servicio de los demás".

EJEMPLO de lectura con una pregunta:

La consultante pregunta: "¿Cómo puedo ayudar de la mejor forma posible a mi hija de 6 años para que se adapte a su nueva escuela?".

Saca: El Diablo (XV); el Paje de Copas; trampa: 5 de Bastos; aliado: 3 de Copas.

El Diablo indica que hay fuertes desafíos inconscientes en acción, tanto para la niña (tiene pesadillas, le cuesta soportar la mudanza) como para la madre (el sufrimiento de su hija la remite a
sus propios recuerdos de la infancia). El Diablo también es una
carta que representa una pareja, los dos diablitos: se trata de una
exhortación a que el padre de la niña también se haga presente
para ayudar.

El Paje de Copas confirma que, en esta situación, la consultante
debe reconocerse como "principiante", es decir, un poco desvalida.
A veces, resulta difícil aceptar que se carece de recursos cuando se
quiere ayudar a un hijo, pero la verdad es la mejor guía… En efecto, ella reconoce que se mudó mucho durante su infancia y que eso
le ha dejado muy malos recuerdos.

El 5 de Bastos, como trampa, indica claramente que no hay que
buscar resolver la situación. Su afinidad numerológica con El Diablo remite nuevamente al peligro de dejarse desbordar por las
emociones antiguas y a la necesidad de involucrar al padre.

El 3 de Copas viene a confirmar toda la lectura: tiene el mismo nivel que el Paje de Copas, que cubre los grados 1, 2 y 3, pero también evoca una representación de la tríada familiar, en la que el hijo descansa en la cima del triángulo, cuya base está formada por ambos padres.

En conclusión, la mejor manera de ayudar a su hija es que la madre reconozca que la situación reabre su propia herida y que pida ayuda al padre para crear un clima lo más estable posible desde el punto de vista afectivo, hasta que la niña se acostumbre a sus nuevas condiciones.

- *La visita al santuario*

Esta estrategia de lectura con seis cartas es más compleja; se inspira en diversas tradiciones en las que, para entrar en un lugar santo, hay que dejar los zapatos en la puerta o cubrirse ciertas partes del cuerpo, así como en la máxima que consiste en ofrecer algo a un principio superior para recibir una bendición.

Aunque esta lectura puede hacerse sin pregunta, también puede orientarse hacia un tema o una consulta particular.

De los tres mazos, elegimos en orden:

1. un Arcano Mayor: el templo. ¿Hacia dónde debo orientarme para encontrar una respuesta?;

2. una Figura: ¿quién entra en el templo? ¿Quién, en mí, plantea la pregunta?;

3. un Valor: ¿qué debe dejarse fuera del templo? ¿Qué energía, qué fijación o estrategia de protección, qué error debe expulsarse categóricamente?;

4. un Valor: ¿qué soy capaz de ofrecer para recibir la respuesta? ¿Qué debo destacar, dejar sobre el altar, reconocer como mi ofrenda?;

5. un Arcano Mayor: ¿qué bendición, qué mensaje me llega? ¿Cuál es la nueva información que recibo?;

6. una Figura: ¿qué emerge del templo? ¿Quién puede comprender este mensaje y cómo me transforma este mensaje? La transformación empieza a operar de aquí en más.

EJEMPLO:

Tras un largo período (varios años) de estricto celibato voluntario, que dedicó a profundizar su trabajo espiritual y su autoconocimiento, el consultante, un hombre de edad madura, dice estar listo para abrirse a la posibilidad de un encuentro amoroso. Pide que lo guíen.

1. (El templo): El Papa.
2. (¿Quién entra?): Rey de Espadas.
3. (Lo que se deja afuera): 8 de Oros.
4. (Ofrenda): 6 de Copas.
5. (La bendición): La Torre.
6. (¿Quién emerge del templo?): Paje de Bastos.

El Papa indica que el tipo de relación que desea el consultante no es cualquier encuentro de una noche, sino más bien una unión orientada hacia un ideal común. En la cartomancia tradicional, El Papa representa el matrimonio, ya que el 5 es la unión de los dos primeros números que aparecen después de la unidad: el 2 y el 3.[128] Entonces, el templo es el de las nupcias, y el consultante entra en él bajo el aspecto muy intelectual del Rey de Espadas: sin lugar a dudas, ha reflexionado mucho acerca de lo que quiere... ¿Demasiado, tal vez? En todo caso, se le aconseja que deje afuera el 8 de Oros: la prosperidad, es decir, la comodidad a la que, paradójicamente, lo acostumbró la soledad (el 8 de Oros tiene una cualidad muy maternal, y el consultante confirma que, durante esos años de soledad, aprendió a convertirse en su propia madre, cuidándose a diario). Sin ninguna duda, la pareja vendrá a cambiar por completo la vida cotidiana a la que está acostumbrado.

Se le aconseja dejar como ofrenda un 6 de Copas: la aspiración de enamorarse, de ver al otro tal y como es, como su alma gemela. Ha realizado un gran trabajo de apertura del corazón y ya está listo, no para prendarse de alguien, sino para ser alcanzado por el ser de una

---

128. Simbólicamente, si la unidad representa lo absoluto o lo divino, el 2 es el primer número par (divisible, abierto, femenino) y el 3, el primer impar (indivisible, masculino). La suma de ambos, el 5, representa entonces la unión de esa pareja fundamental, el matrimonio humano por excelencia.

mujer. Notemos que el Rey vibra numerológicamente en el mismo nivel que las tres cartas que se encuentran en el interior del templo (5, 6 y 16). Entonces, se le pide que ofrezca a su aspiración un aspecto más íntimo de sí mismo: reconocer el llamado del corazón (6 de Copas) y no solo calcular quién sería la compañera perfecta (algo que el Rey de Espadas sería muy capaz de hacer, especialmente en vibración 4-5).

La respuesta o la bendición que representa La Torre es un guiño: precisamente, se trata de salir del templo, como los personajes que emergen de la torre. Asumir riesgos, salir de lo conocido, invertir las perspectivas, simplemente animarse a divertirse y, tal vez, aceptar enamorarse de una mujer que no se interese por la espiritualidad… Con La Torre, toda alteración es bienvenida, ¡todo vuelco es un regalo del cielo! Constatamos que el 16 de La Torre puede entenderse como 2 × 8: al abandonar lo conocido, lo confortable, con el 8 de Oros afuera, el consultante acepta codearse con lo desconocido y con lo divino inesperado. La Torre también puede evocar una mudanza, incluso un cambio de país… ¡Todo es posible!

El consultante emerge del templo en forma de Paje de Bastos: principiante, movido por el deseo, tímido si hace falta, impulsivo tal vez, el consejo del Tarot es que vaya a explorar con frescura lo que la vida le depara.

5. Leer con el Tarot completo

El principio de la lectura "total" es muy simple: consiste en mezclar la totalidad del Tarot y sacar cinco cartas. De este modo, nos damos la posibilidad teórica de encontrar una carta por cada serie (un Arcano Mayor, una carta de Oros, una de Bastos, una de Copas y una de Espadas). Por supuesto, la probabilidad estadística de que eso suceda es bastante baja, pero uno de los criterios de la lectura será ver cuál es el equilibrio entre las diferentes instancias del Tarot en una tirada en particular.

Las posibilidades de resultados se multiplican: podemos tener tanto una carta de cada palo como únicamente Figuras, o cinco cartas del mismo palo, o cinco Arcanos Mayores, etc. Por ese motivo, se trata de una tirada imposible de ilustrar a partir de un único ejemplo, que da lugar a interpretaciones a veces complejas y requiere un buen conocimiento del juego.

No hay un "truco" para leer el Tarot integral con cinco cartas: las únicas certificaciones con las que cuentan son la experiencia que hayan adquirido, la familiaridad que tengan con la estructura del juego, el conocimiento que posean acerca de las relaciones visuales y simbólicas entre las cartas y de la numerología, así como sus propias cualidades humanas como intérpretes del Tarot.

La experiencia muestra que cuantas más lecturas diferenciadas se hayan hecho, resultará más fácil emprender una lectura del Tarot completo.

EJEMPLO:

Para ilustrar esta entrada, yo misma mezclé las 78 cartas preguntando: "¿Cómo explico a mis lectores, del mejor modo posible, lo que es una lectura del Tarot completo?".

Tirada: 3 de Espadas – La Torre – El Loco – 2 de Oros – La Justicia.

En el centro del juego está El Loco: la energía que describí en los capítulos anteriores como el flujo esencial del Tarot.

A su izquierda, el 3 de Espadas remite al entusiasmo intelectual y a una expresión un tanto lapidaria, la que necesité para resumir las estrategias de lectura y los ejemplos en este capítulo. Ese 3 de Espadas se transforma en un Arcano Mayor, La Torre, que presenta una estructura similar: así como la espada del 3 se sale del óvalo, una llama multicolor sobresale del techo de la torre y lo derriba. Leo allí el siguiente mensaje: "Ya has dado suficientes explicaciones, confía en los lectores, en su interés por el Tarot, en su inteligencia y en su creatividad: ¡lograrán salir adelante solos!".

Esta toma de conciencia desemboca en el Loco: la energía que nos une a todos, principiantes y expertos, en la pasión por el Tarot. El Loco se dirige hacia un 2 de Oros: primer paso en la materia, primeros intentos prácticos; ¡a lo nuestro, Tarot! La Justicia, que ya terminó su trabajo, puede replegarse en el no hacer y poner un punto final a sus explicaciones.

O también: podemos considerar que el 2 de Oros representa la unión del Loco (el no saber, la aventura, el impulso...) con la Justicia (las explicaciones precisas, la habilidad, el conocimiento de la numerología...) y que, por esa razón, ese 2 de Oros es la imagen misma de la práctica: combinar lo que ya sabemos con una buena dosis de locura, de entusiasmo, y ver qué surge de eso...

2

POR UN MARCO SANO Y SEGURO: DEONTOLOGÍA Y DETALLES PRÁCTICOS

Las siguientes recomendaciones podrán parecerles simplistas, absurdas o puntillosas: aplíquenlas si les transmiten algo, olvídenlas si no les dicen nada. Por mi parte, he experimentado su utilidad a lo largo de los años.

La persona que viene a consultarnos suele estar emocionada, perturbada, vulnerable, aunque no se note. El tema que la trae puede ser vital. A veces, el consultante se siente intimidado por el contacto con el propio Tarot, por miedo a recibir una respuesta nefasta, por el simple hecho de haberse atrevido a pedir ayuda.

Frente a su responsabilidad, el lector de Tarot debe estar anclado en su neutro, es decir, en el centro a partir del cual es posible moverse en todas las direcciones por igual. Ese centro no es el mismo para todos, ya que todos somos diferentes, y, en cada caso, varía según los días y las circunstancias. Pero la *búsqueda* del neutro permite ayudar al otro a situarse en su propio centro. Ahora bien, el estado en el que se encuentra una persona *en el momento de elegir las cartas* y de oír la respuesta influye en el nivel de profundidad de la lectura del Tarot. ¿Por qué no animarse a la profundidad?

1. Una práctica sobria, bienintencionada y centrada: las condiciones adecuadas

- *Ritualizar la relación con el Tarot*

Se trata de una disciplina indispensable: crear un espacio consagrado, que no tenga exceso de superstición, pero que no banalice jamás la lectura de las cartas.

Cuando uno lee para sí mismo, es deseable tomarse el tiempo, definir reglas, no tirar las cartas varias veces seguidas para una misma pregunta y obligarse a acomodar el Tarot en orden numérico después de haberlo consultado, como cuando se guarda un instrumento musical en su estuche. El respeto, la escucha y la presencia se consolidan de a poco, creando un santuario interior que nos dará calma y seguridad cuando propongamos una lectura a otra persona.

Si les resulta útil, pueden optar por hacer algo de lo que sigue: encender una vela, incienso, leer el Tarot sobre una tela de un color propicio para la concentración, formular una intención o una oración, en voz alta o internamente, antes de comenzar, y lo mismo después de la sesión, formular un breve agradecimiento, lavarse o perfumarse las manos, etc. Sin embargo, hay que tener cuidado de no caer en un ritual inútilmente decorativo. Lo esencial es mantener una disciplina y orientar el corazón: hacia la apertura, la atención, la dignidad y la sobriedad.

- *Poner al otro en el centro*

Para poner al otro en el centro, debemos borrarnos físicamente: un aliento fresco, sin olores corporales invasivos, un peinado prolijo, manos limpias con uñas pulcras, cierta neutralidad en la vestimenta y el vocabulario, la mesura razonada en los gestos, el tono de voz cuidado, todo contribuye a transmitir, a la persona que consulta, la información de que la sesión es *para ella* y *sobre ella*.

• *Acerca de la sobriedad*

Estoy absolutamente convencida de que no hay que mezclar la lectura del Tarot con estados de embriaguez o consumo de drogas. A aquellas personas que practican profesionalmente la lectura o la enseñanza del Tarot, les recomiendo incluso estudiar el tiempo de permanencia en su sistema de las sustancias que pudieran llegar a consumir (drogas, alcohol, etc.) y abstenerse de antemano si deben recibir consultantes o alumnos. A título indicativo, el alcohol puede detectarse en la sangre hasta 24 horas después de ingerido y el THC (principio activo del cannabis), hasta 7 días. Si les resulta muy difícil mantener la sobriedad, por la razón que sea, practiquen al menos una profunda honestidad: "Estoy bajo el efecto de tal substancia, ¿acepta que le lea el Tarot (que dé este taller)?". Imponer la energía de una substancia a terceros sin darles la opción es un abuso. Del mismo modo, evito las situaciones que me puedan llevar a leer el Tarot a personas en estado de ebriedad o bajo el efecto de drogas. Es una pérdida de tiempo y puede conducir a confusiones indeseables entre el "trance" de atención que permite la observación de las imágenes y otro tipo de ebriedad, inducida por substancias que, por otra parte, son legítimas en sí mismas. Para descubrir y honrar la ebriedad específica del Tarot, ¡evitemos las mezclas!

• *La menor cantidad posible de perturbaciones*

Los estados emocionales extremos no son propicios para la práctica del Tarot. No podemos evitar sentirnos conmocionados, pero podemos aprender a no precipitarnos sobre una lectura bajo el efecto de la irritación, el entusiasmo o la angustia. Es preferible tomarse un momento para experimentar las sensaciones físicas que provoca la emoción, permitirles calmarse un poco y retirarse a un segundo plano y, cuando estemos más calmos, empezar la lectura.

Nunca está de más repetirlo: la lectura del Tarot no es una operación de seducción. Ocupamos la posición de un traductor simultáneo en una conferencia, invisible y eficaz, y no la de un mago o una pitonisa. La persona que lee el Tarot debe evitar los excesos en cualquier sentido, no gesticular inútilmente ni hablar de modo desordenado: en definitiva, no debe invadir el campo de conciencia del otro, sino llevar a cabo su tarea de servidor.

Por último, no es deseable mezclar o intercalar la lectura del Tarot con otra actividad: si están en una cena y alguien les pide una lectura, ¿por qué no?, pero es preferible hacerla cuando la comida haya terminado.

- *No invertir las cartas: gestos para una lectura de a dos*

Si leen el Tarot a una persona y esta está ubicada frente a ustedes, eso supone pasarle el mazo de cartas en el sentido correcto, como si le dieran una foto o un libro para que lea: de modo tal que los pies de los personajes o la tierra de los paisajes estén orientados hacia ella. El gesto de dar vuelta a las cartas que la persona eligió y puso boca abajo sobre la mesa se realiza desde el "corazón" de la carta, como se dan vuelta las páginas de un libro: preferentemente, la tirada de Tarot debe ubicarse de modo tal que el o la consultante vea las cartas *en su propia orientación*. Si les resulta difícil leer las cartas sin verlas al derecho, ¡no tienen más que moverse! Es perfectamente posible leer el Tarot sentados junto a su consultante o en ángulo recto (por ejemplo, en una mesa redonda).

- *El respeto por el otro y el feedback*

Siempre podemos partir del principio de que la persona que viene a consultar el Tarot está en una posición de niño: vulnerable, abierta, maleable. Aunque no seamos psicólogos, todos hemos sido niños, y sabemos los daños que puede causar una palabra hiriente o un gesto brutal. *No perjudicar al otro* es incluso más importante que serle útil, ya que no tenemos ningún poder sobre nuestra supuesta utilidad, mientras que siempre podemos aprender a ser menos dañinos. Como todos, he llegado a ofender sin querer a una persona que me consultaba o que participaba en un seminario. Antes que nada, les aconsejo, entonces, desarrollar un *verdadero espacio de feedback*. En el momento de la lectura, pueden determinar que se le dediquen los últimos diez minutos y atenerse a ello: si están esperando elogios ostensiblemente, no dejan al otro la libertad de expresar sus reservas. Pero esta ética engloba también el momento posterior al curso o la consulta: podemos seguir estando disponibles, aunque solo fuera por correo electrónico, para recibir las observaciones del otro y, llegado el caso, responderle del modo más honesto posible, aunque eso implique decir: "Lo siento, me equivoqué". Si trabajan con tarifas, en algunos casos es factible devolver a la persona el dinero, pura y simplemente. Esta autodisciplina ofrece un campo de libertad y de crecimiento inestimable.

• *Acomodar el Tarot en orden*

Confieso que no siempre soy impecable en este aspecto... Mi profesor, Alejandro Jodorowsky, siempre ha recomendado a sus alumnos que acomoden su Tarot (o al menos el mazo de los Arcanos Mayores) en orden numérico: es decir, que honren el flujo que expresa la numerología, ese "Sí" fundamental para la vida.

Si no tienen tiempo, es indispensable, al menos, ordenar los Arcanos Mayores, ya sea de arriba a abajo (con El Loco arriba y El Mundo al final), o con El Mago abajo de todo, en orden numérico creciente. Este último orden es mi preferido, ya que permite cerrar El Mundo sobre El Juicio y ver esas dos cartas abiertas frente a nosotros cuando volvemos a agarrar el Tarot: un paisaje lleno de bendiciones. Las Figuras se pueden acomodar en el orden Paje-Reina-Rey-Caballero o Paje-Rey-Reina-Caballero, y los palos en el orden que corresponde a los niveles del cuerpo: Oros abajo (los pies), luego Bastos (la pelvis), después Copas (el pecho) y Espadas (la cabeza).

Pero cada quien es libre de determinar el orden que le resulte más armonioso.

Por mi parte, cuando tengo tiempo y si sé que no voy a usar el Tarot en las siguientes horas, ordeno los Valores del As al 10 en cada palo y guardo mi Tarot listo para usar, con sus "tres cuerpos" debidamente superpuestos.

El orden numérico de las cartas es un reflejo de la armonía original. Cada vez que una persona las mezcla, crea su propio "desorden", según su configuración, emocional, histórica, física... Planteamos una pregunta a partir de nuestro propio mundo y desde allí nos abrimos a la respuesta.

Como dice la monja budista estadounidense Pema Chödrön: el camino comienza donde estamos.[129]

- *¿Interrupción inoportuna o mensaje valioso?*
  Estar atentos a los "accidentes"

He constatado miles de veces que, durante una lectura del Tarot, pueden surgir perturbaciones externas inesperadas: un teléfono que suena, un bullicio repentino, un objeto que se rompe o cae, una persona que irrumpe en la habitación, etc. Cuanto más serenos y libres estén de toda perturbación previa, más claramente podrán apreciar la *sincronicidad* relacionada con el elemento aparentemente perturbador: la perturbación aparente suele traer un mensaje. Todo lo que sucede en una consulta de Tarot forma parte de la propia lectura. Si no nos enfadamos con la realidad y la vemos tal y como es, esta se manifiesta como un arcano adicional en la lectura. Un mensaje del pasado ("Algo se rompió", "Nunca pude tener un momento de tranquilidad", "Me invadieron", etc.) o un mensaje de la vida que desea despertar a la persona y hacerle saber que existe una posibilidad (de la casa de los vecinos, empieza a retumbar una canción de amor; una interrupción aporta una información pertinente, etc.). Si el lector de Tarot no está centrado, esas perturbaciones externas serán percibidas como simples interferencias, y su regalo oculto no podrá ser descubierto.

---

129. *Start Where You Are*, "comienza donde estás", es el título de uno de sus libros [trad. esp.: Chödrön, Pema, *Comienza donde estás. Guía para vivir compasivamente*, trad. de Miguel Iribarren Berrade, Madrid, Gaia Ediciones, 2011].

2. Todo lo que el lector de Tarot no es: para más simpleza y atención

Al momento de abordar la lectura para otra persona (incluso para nosotros mismos), se revelan nuestras "muecas" o rasgos particulares, ya sean físicos, psicológicos o cognitivos. Algunos tienden a hablar demasiado, otros demasiado poco. Uno va a gesticular excesivamente, otro pondrá cara de funeral sin darse cuenta. El exceso de interpretación y de consejos puede vivirse como una agresión, algunas afirmaciones categóricas resultan hirientes. O, al contrario, el lector de Tarot balbucea algunas propuestas tímidas y se encierra en el mutismo, creando un malestar aún mayor...

En cuanto pasa el miedo o los primeros intentos, la mueca se instala y se vuelve un estilo de lectura que el tarólogo "experimentado" va a reivindicar como su marca de fábrica. Para no olvidar nunca cómo se siente uno en el lugar del consultante, acostumbro exponerme directamente: pido a los alumnos, incluso a los principiantes, que me lean un Tarot, y sigo el juego planteando una pregunta verdaderamente importante. Se trata de un ejercicio muy instructivo que permite no encerrarse en su torre de marfil y volver a las bases: la lectura del Tarot es, antes que nada, un diálogo bienintencionado.

En todos los países del mundo, he encontrado lectores de Tarot que se estancan en su práctica por exceso de actividad intelectual. El miedo de no "leer como se debe", el uso sistemático de palabras clave o significados convencionales, la ambición de decir algo apropiado o inteligente pueden resultar trampas persistentes. La sesión de lectura se convierte en un curso teórico, árido y pesado, del que no se extrae ninguna solución para el propio recorrido.

En todos los países del mundo, también he encontrado "delirantes" que, con un estilo amigable o agresivo, concreto o aparentemente espiritual, hastiaban a sus consultantes con discursos categóricos e invasivos, sin dejar ningún lugar para la duda. Una lectura de ese tipo obliga al consultante a retraerse, como medida de protección, con la desagradable impresión de estar siendo invadido e ignorado a la vez.

Obsérvense y cuestionen sin cesar al personaje en ustedes que lee las cartas: cuanto menos le pido al Tarot que alimente mi ego inseguro, afligido, caricaturesco, más se revela en su transparencia como herramienta de conocimiento de lo humano. Esta investigación profunda no se hace en un día ni tampoco en un año: es un trabajo de larga duración.

La lectura de Tarot consiste en dejarse *inspirar* primero por la persona, por su pregunta, por las cartas, y luego *proponerle* una lectura, sin dejar de prestar atención a sus reacciones y aportes. Juntos, nos damos el tiempo de *profundizar* lo que la situación presente permite descubrir, sin desafíos excesivos, para finalmente *concluir* la lectura de común acuerdo, ni demasiado pronto, ni demasiado tarde. Nuestra intención es que la persona a la que dedicamos ese momento salga distendida, satisfecha, curiosa, inspirada, lista para actuar en el mejor sentido para ella. Luego, pasamos a otra cosa, con un ritual de corte o de purificación, de ser necesario (encender incienso, lavarse las manos, etc.).

• *No somos una autoridad infalible*

La lectura del Tarot es una serie de propuestas que hace el lector y que desembocan en una relación más o menos dialogada con el consultante. La idea no es adoptar el papel de guía todopoderoso, de psicoterapeuta, de vidente, de profesor... sino llegar a un acuerdo sobre el modo en que se podría resumir en unas pocas frases, por hoy, la relación entre la pregunta planteada, las cartas que salieron y la interpretación que se puede hacer de ellas.

• *No somos ni prestidigitadores ni profesores*

Cuidado con la dimensión y el sentido de sus gestos: si gesticulan frente a las cartas, interrumpirán la concentración de la persona que las sacó. Si las señalan con el índice, sugieren sutilmente la idea de autoridad intelectual. Si debo mostrar algún detalle de una carta, prefiero hacerlo con la mano abierta, con la palma hacia el cielo, en un gesto receptivo. Nuestras manos también son un resumen del juego de Tarot: el pulgar representa la esencia (los Arcanos Mayores); el índice, el intelecto (las Espadas); el mayor, el corazón (las Copas); el anular, el centro sexual-creativo y motor (los Bastos) y el meñique, prolongamiento de todo el brazo, simboliza el cuerpo entero (los Oros). Nuestras manos son la propia expresión de nuestra comprensión del Tarot.

* *No somos ni Papá Noel ni el hada madrina*

La vida tiene altibajos para todo el mundo. A veces, la lectura de Tarot indicará que hay que aguantar en un callejón sin salida, o que hay que borrar una tendencia que obstaculiza el recorrido, incluso que es necesario un duelo. No intenten pintar todo color de rosa. Si se dan cuenta de que están orientando la lectura de Tarot sistemáticamente hacia lo que ustedes consideran positivo, bendiciones, predicciones positivas, ¡deténganse de inmediato! Recuerden que el exceso de suavidad es tan tóxico como el exceso de firmeza.

* *No somos la voz de las profundidades*

En diversos países, he escuchado a mis colegas y alumnos usar fórmulas de este tipo:
 * "Lo que percibo en esta carta es...".
 * "Siento esta lectura de tal modo".
 * "Lo que me viene a la mente al ver estas cartas...".

Esas formulaciones parecen desprovistas de agresividad, pero tienen un inconveniente: remiten a nuestra *subjetividad profunda*, y el consultante escucha el siguiente mensaje: "Desde lo más profundo de mi ser, te entrego mis sensaciones, mi valioso tesoro de interpretación sobre tus cartas...".

¿Cómo responder "No, ¡no me parece!" frente a semejante alarde de intimidad? Esas formulaciones crean una especie de chantaje afectivo inconsciente: el otro ya no puede cuestionar la interpretación que ustedes formulan.

Ahora bien, como sabemos, *el consultante es el centro de nuestro universo* y no al revés. Resulta vital dejarle el lugar para responder: "No estoy de acuerdo, esa interpretación no me dice nada, y no la acepto".

Entonces, en lugar de poner nuestra subjetividad sobre la mesa, utilicemos fórmulas neutras:

- "Esta carta podría tener tal sentido".
- "Es posible interpretar la lectura de tal modo".
- "Esto es lo que entiendo al observar esta tirada...".
- Etc.

- *¿Somos la persona que va a digerir esta lectura para ponerla en práctica?*

A fin de cuentas, la lectura del Tarot va a tener un impacto en la vida del consultante. Él es, por lo tanto, la máxima autoridad. Si leen para otra persona y descubren en las cartas una respuesta que les resulta evidente... e incluso si la pareja o la hermana del consultante asiste a la lectura y asiente con la cabeza, con los ojos muy abiertos, como diciendo: "¡Claro! ¡Es eso! ¡Hágaselo entender, por el amor de Dios!", pero el consultante sigue hermético frente a las propuestas... ¡déjenlo estar!

Nunca se sabe cuál es el momento adecuado para la toma de conciencia. Si la persona debe perseverar en lo que, para nosotros, es un error, será que tiene razones para hacerlo. Lo más importante es comportarse con respeto y bondad, no tener la razón.

3. ¿Lecturas pagadas o gratuitas? ¿Públicas o privadas? ¿Rápidas o exhaustivas?

- *¿Con tarifa o gratuita?*

Leer el Tarot es jugar con él. Desde el momento en que una lectura tiene un precio, la apuesta cambia, al igual que en una partida de cartas en la que hay dinero de por medio. Si hay dinero en juego, por más mínima que sea la suma, se activa toda nuestra relación con el dinero y los condicionamientos psíquicos, individuales y familiares que tienen que ver con ella. En definitiva, todo lo que se relaciona con una ganancia material nos remite intensamente a nuestras estrategias de supervivencia.

Por esta razón, para mí, una práctica pura de la lectura del Tarot debe incluir siempre al menos **una parte de gratuidad** y el Tarot no debe convertirse en el medio de subsistencia principal. Hay una extraordinaria libertad en el hecho de practicar este arte sabiendo que, si debemos interrumpir la relación con él por un tiempo o para siempre, no moriremos, literalmente, es decir, que la pérdida financiera no será una amenaza para nuestra supervivencia.

Mi regla es que la lectura y la enseñanza del Tarot nunca representen más de un tercio de mis ingresos totales. Evidentemente, cada quien es libre de elegir sus propios parámetros.

Según la sensibilidad de cada quien, la práctica no arancelada puede tener diversos aspectos:

- establecer una consulta gratuita, por ejemplo, en un lugar público, como lo hizo durante mucho tiempo Alejandro Jodorowsky yendo una tarde por semana a un café. Pero cuidado: esas sesiones no deben convertirse en un "producto para atraer gente" hacia una práctica profesional, porque en ese caso la gratuidad no tendría sentido;
- leer el Tarot sobre la base de un trueque o donación, como lo hacen algunos maestros de meditación en la tradición budista;
- gracias al desarrollo de las nuevas tecnologías, también es posible ofrecer clases o lecturas en línea, pero siempre con la misma intención: que no sea un anzuelo publicitario.

En definitiva, gratuidad y anonimato (o, al menos, discreción) van de la mano.

Por otra parte, es indispensable poder **estimar con precisión el precio de nuestro conocimiento** y del tiempo que dedicamos, por ejemplo, en una sesión de una hora, a iluminar a otra persona en la medida de nuestras posibilidades. Si nuestra práctica tiene un precio claro y realista para nosotros mismos, cuando regalemos una lectura, ese regalo tendrá un valor.

• *La lectura-demostración: ventajas e inconvenientes*

Cuando leemos el Tarot en público (durante una reunión, un curso o en un café), la naturaleza de la consulta cambia. Efectivamente, la persona que recibe la lectura se convierte, en el mejor de los casos, en un elemento de un dispositivo pedagógico y, en el peor de los casos, en un figurante o un títere destinado a demostrar las cualidades de la persona que va a interpretar las cartas.

Creo firmemente en el valor del trabajo colectivo alrededor de la lectura del Tarot, pero bajo ciertas condiciones:

• el destinatario de la lectura *nunca* debe pagar una tarifa adicional o un precio cualquiera, además del precio eventual de entrada general al evento o curso en cuestión. Su disponibilidad para prestarse al juego tiene un valor en sí;

• la lectura debe incluir un momento íntimo, durante el cual consultante y tarólogo pueden intercambiar algunos instantes, si es necesario, a espaldas del resto de los participantes;

• la lectura debería estar sujeta a una cláusula moral de confidencialidad, salvo que esté expresamente destinada a difusión pública (audiovisual, por ejemplo);

• si varias personas expresan sus impresiones y su interpretación sobre la lectura, en el caso de un grupo de estudio, debe haber un moderador o una moderadora, con más experiencia que el resto de los participantes, que enmiende eventualmente formulaciones agresivas, incorrectas, y que pueda sintetizar las propuestas.

El principal valor de una lectura colectiva es pedagógico: nos confirma que el Tarot es un lenguaje, que efectivamente los valores simbólicos y numerológicos de las cartas crean un marco semántico en el cual se inserta un conjunto de interpretaciones coherentes entre sí. En ese espacio, pueden desenmascararse con delicadeza ciertas falsas intuiciones, pueden ponerse en evidencia tranquilamente ciertos rasgos de agresividad inconsciente (verbal, gestual...) en los tarólogos principiantes para que se suavicen. En el caso de las personas más tímidas, también se trata del lugar ideal para confirmar sus intuiciones: alguien que no se anima a hablar, pero que se da cuenta al final de la lectura que su interpretación inicial era adecuada, podrá salir de allí sintiéndose valorizado y más confiado para comenzar su propia práctica.

• *El manejo del tiempo: un marco indispensable*

Cuando la lectura se desarrolla cara a cara, tiene todas las cualidades requeridas para convertirse en una circunstancia de autobservación de parte del tarólogo.

El Tarot pone en juego dimensiones de la conciencia que tienden a conducirnos hacia un trance liviano, como el que todos hemos experimentado de niños cuando nos concentrábamos intensamente en un juego o un acto creativo. En mis primeros años de lectura de Tarot, me sucedía que me "despertaba" al cabo de dos horas de lectura sin haber sentido el paso del tiempo.

En el marco de un ejercicio con pares, puede ser útil e interesante permitir que ese trance tenga lugar, aunque más no fuera para ver lo que surge de él, en qué estado terminamos y cuál es el valor de la lectura resultante. Pero, como entrenamiento, recomiendo trabajar, al contrario, sobre la gestión precisa del tiempo. Todo tarólogo que se precie debe ser capaz de resumir una lectura en diez minutos, pero también de estructurar una sesión de una hora o de una hora y media al ritmo más apropiado, ofreciendo toda su atención a la interacción con el consultante, pero sin perder la noción del tiempo.

3

VIVIR EL TAROT
EN TODAS SUS DIMENSIONES

El Tarot no se limita a la lectura. Sus imágenes en dos dimensiones tienen el poder de animar un mundo vivo, en relieve, que se mueve en el tiempo y en el espacio... Reducirlo a una serie de imágenes que interpretamos es privarse de una relación rica y creativa con él. Reducir el Tarot a la segunda dimensión, a imágenes con leyendas y a unas pocas explicaciones verbales es privarse de su capacidad de resonancia: achatarlo.

Vamos a ver de qué modo se puede interactuar con el Tarot en dos, tres, cuatro e incluso cinco dimensiones.

1. Dimensiones del Tarot y dimensiones de lo real: el aporte de los taoístas

Es evidente que los juegos de Tarot son objetos de dos dimensiones, ya que se trata de una serie de imágenes, pero en realidad, toda imagen comienza primero por un trazo, una línea que se convierte en una forma. Entonces, podemos considerar el Tarot según diversas dimensiones.

• *La primera dimensión*

Es la dimensión que los grabadores de los tarots históricos imprimían en sus moldes de madera de peral, la del trazo. Encontrar el sentido de la línea y volver a dibujar en blanco y negro, reproduciéndolo, el esqueleto de cada una de las cartas, despojadas de sus colores, observar la expresión de los rostros, la forma de las manos... Todo eso permite volver a las bases del Tarot, nos ayuda a limpiar la mirada.

• *La segunda dimensión*

Se trata de la imagen con sus formas, sus colores, sus proporciones. Es el aspecto con el cual nos llega el Tarot, pero veremos que se puede modificar significativamente nuestra relación con dicha imagen jugando con los efectos de la escala: mini-Tarot o Tarot gigante, los cambios de tamaño desacostumbran nuestra mirada. También es la dimensión de las comparaciones visuales: ir al museo con un Tarot en mano para descubrir obras de diversas épocas, hacerlo dialogar con su propio contexto iconográfico, pero también con las creaciones más contemporáneas, incluso con fotografías, paisajes... Una cascada o un géiser puede evocar La Estrella, una noche de verano sobre el océano Pacífico trae a colación el paisaje de La Luna, un mitin de un político particularmente carismático carga la carta de El Emperador con una vibración poderosa, etc. Despertar la imagen, darle el sentido de aquello que busca representar.

• *La tercera dimensión*

Es la dimensión que sugiere la imagen, la del volumen. El Tarot adquiere esa tercera dimensión cuando dejamos de convertirlo en un objeto intelectual para vivirlo con todo nuestro cuerpo, en el espacio interno y externo. Entonces, empezamos a sentir el peso de las coronas y las tiaras que llevan los personajes, a acariciar el material de las telas que los visten, a sentir el viento que sopla y el aroma de las plantas, el clima que reina en cada carta, etc. La imaginación y la comprensión de las cartas se adornan con nociones concretas que enriquecerán nuestras lecturas. En la tercera dimensión también podemos recibir las sensaciones intuitivas que actúan en una lectura de Tarot: la sensación de que se cierra o se abre la garganta o el pecho, de un nudo en el estómago o de potencia calma en las entrañas; todas esas percepciones nos permiten no imponer una lectura puramente verbal, sino estar en contacto con lo que sucede realmente en el espacio del instante.

• *La cuarta dimensión*

Es la dimensión del tiempo y, por lo tanto, del ritmo. Si el corazón del Tarot late, si su flujo se mueve, lo hace en la cuarta dimensión. Hemos visto que la numerología del Tarot evoca la noción de flujo y de impermanencia, que, o bien se acepta en la fluidez, o bien, al contrario, se rechaza y crea espacios de estancamiento. Este aspecto de la cuarta dimensión también es el de la planificación de la lectura: ¿cuánto tiempo voy a decidir dedicar a ese momento? ¿A qué ritmo se desarrolla mi lectura? Jugar con el tempo y con el tiempo nos permite abordar mejor esta cuestión fundamental del flujo. Practiquen realizar lecturas muy rápidas (en menos de cinco minutos), pero regálense también sesiones de lectura que puedan durar hasta dos o tres horas. Para un tarólogo experimentado, el ejercicio de instalarse en un lugar público y hacer una veintena de lecturas gratuitas muy breves, una tras otra, resulta increíblemente formador: en ese flujo, bajamos la guardia, y se revelan cualidades de claridad, intuición e ingenio.

En nuestra concepción habitual, estas son todas las dimensiones de la realidad, aunque las actuales teorías especulativas de la física, como la teoría de las cuerdas, contemplan hasta once dimensiones del universo. La antigua sabiduría de los taoístas también sugiere que existen en realidad nueve dimensiones,[130] de las que conocemos las primeras cuatro.

---

130. Como no soy especialista en estos temas, agradezco al doctor Fabrice Jordan, director del centro taoísta Ming Shan en Bullet (Suiza),

• *La quinta dimensión*

Según los taoístas, esta dimensión también concierne nuestra práctica del Tarot. Sigue formando parte de lo manifiesto, aunque en una forma menos tangible. Esta dimensión, que corresponde a la inspiración creativa y el sentimiento del despertar, está relacionada con esos estados intuitivos de unión (con la simbología del Tarot que, de pronto, se vuelve límpida, con la persona involucrada en la lectura y con la situación en su conjunto) que podríamos calificar como estados de gracia y que caracterizan, para mí, el nivel más alto de nuestra práctica. La noción del tiempo puede estar distorsionada (trance) y la relación con el Tarot se vive en la novedad constante.

• *La sexta dimensión*

Es la de los fantasmas en la tradición china (*Gui*, 鬼). Describe una realidad energética *yin* que el ser humano suele experimentar de forma negativa por incompatibilidad. No es negativa en sí. Es un espacio de pesadilla, que corresponde a lo que se llama "sombra" en la terminología junguiana. Algunos casos de psicosis pueden interpretarse como una entrada accidental en esta dimensión, de la cual el paciente no puede salir. No resulta relevante para el Tarot, es más bien el objeto de ciertas tradiciones de la magia o del chamanismo (posesión, comunicación con los muertos, etc.). También es la transición de la cual dan cuenta las grandes figuras de la espiritualidad universal, esa travesía por los infiernos que conduce a la siguiente dimensión.

• *La séptima dimensión*

Para los taoístas, es la dimensión de los inmortales, que trasciende la noción de vida y de muerte, y que podríamos vincular

---

quien me hizo conocer este aspecto de la vía taoísta, muy esclarecedor para nuestra práctica del Tarot.

con los grandes maestros espirituales establecidos en la dimensión del despertar y liberados en vida. De este modo, su influencia se desliga de la presencia del cuerpo físico. Es una realidad energética *yang* con la misma esencia que nuestra semilla alquímica interna.

Incluso los especialistas se abstienen de disertar detalladamente sobre las dimensiones octava y novena. Señalemos simplemente que la octava se puede verbalizar como "cada vez más cerca de la fuente" y que la novena corresponde al "cielo anterior" de los chinos o, dicho de otro modo, el fuera del tiempo, la información primordial, el misterio de los misterios, lo insondable, Dios, etc.

Recordemos simplemente que el Tarot puede considerarse como un vehículo que nos permite recorrer una parte de ese universo, y que constituye, sobre todo, un desafío para nosotros: el de *trasladar su mensaje de una dimensión a otra.*

2. El Tarot encarnado: de la práctica corporal a la creatividad

Nuestra mirada tiende a banalizar la imagen impresa en dos dimensiones. Para hacer que el Tarot resuene como volumen, y luego desplegarlo hacia una comprensión vivida en el espacio, una comunicación dinámica que tome en cuenta el ritmo y el tiempo de la lectura, y hasta un trance de inspiración intuitiva, es posible tomar técnicas del mundo del arte y del de la práctica espiritual.

Les propongo algunas ideas, que provienen de experimentaciones que he llevado adelante con diversos grupos desde hace una década. Estas acciones pueden constituir un paso previo a la lectura del Tarot o su prolongación, o también explorarse sin ninguna intención de consultar el Tarot, simplemente para honrarlo como obra de arte. Lúdicas, creativas, comprometen todo el cuerpo y no exigen necesariamente que antes se planteen preguntas, aunque se articulan de maravilla con el ejercicio de la lectura. Algunas propuestas tienen que ver con un verdadero gesto artístico y pueden constituir el inicio de una búsqueda formal relacionada, no con la tarología propiamente dicha, sino con el universo del Tarot en sentido amplio.[131]

El Tarot en la segunda dimensión: volver a aprender a mirar

El Tarot es un lenguaje principalmente visual y se remonta a una época en la que las imágenes no se contemplaban según las mismas modalidades que hoy. Estamos viviendo una multiplicación inédita de las representaciones visuales, bombardeados por un torrente constante de imágenes banalizadas por su propia abundancia. Esas imágenes son estáticas o están en movimiento, acompañadas de sonidos, y muy a menudo las recibimos en estado de pasividad y de distracción, mientras tecleamos maquinalmente en una computadora o cómodamente instalados frente a la pantalla de un televisor.

Desde el punto de vista neurológico, nos corresponde **hacernos cargo de la responsabilidad de nuestra atención** y crear estrategias para desacostumbrar la mirada, permitir que las imágenes del Tarot vuelvan a ejercer sobre nosotros la influencia que los cuadros de una iglesia podían ejercer sobre los fieles reunidos en la misa... o sobre un esteta como Stendhal, desbordado por la belleza de una iglesia florentina: "Había alcanzado ese punto de emoción en el que se encuentran las sensaciones celestes que ofrecen las bellas artes y los sentimientos apasionados. Saliendo de Santa Croce, el corazón me latía fuerte, la vida en mí estaba agotada, caminaba con miedo de caerme".[132] Por ese testimonio, el nombre de Stendhal quedó asociado a ese síndrome, que proviene tanto del agotamiento como del éxtasis visual. Sin necesidad de llegar a las

---

131. Desde hace más de diez años, he tenido la suerte de recibir en mis clases a aficionados al Tarot que tenían, por otra parte, una práctica artística sólida: cuentistas, poetas, escritores y escritoras, músicos y músicas, bailarines y bailarinas, artistas plásticos, gente de teatro... A lo largo de los años, lo que llamábamos "labo-tarot" se transformó en "laboratorio psicopoético", donde se generan diversas improvisaciones con vocación artística y experimental. En ese marco, desarrollé las propuestas que presento aquí.

132. Stendhal, *Rome, Naples et Florence*, tomo II, París, Ediciones Delaunay, 1826, p. 102 [trad. esp.: *Roma, Nápoles y Florencia*, trad. de Jorge Bergua Cavero, Valencia, Pre-Textos, 2006].

palpitaciones cardíacas, podemos dejar que nuestra mirada vuelva a fascinarse frente al Tarot...

• *Cambios de escala*

Una de las experiencias más fuertes que he tenido la oportunidad de vivir gracias a la enseñanza del Tarot se remonta a la primavera de 2012. Un joven artista peruano y su pareja, que apreciaban mi trabajo, me invitaron al norte de Perú, adonde llegué tras un viaje de casi veinte horas, cansada pero fascinada por lo agradable del clima aquella tarde. Tras los saludos habituales, me llevaron a la inmensa sala de un edificio en construcción, que daba al océano, donde dos paredes de doce metros de largo estaban adornadas con Arcanos Mayores del Tarot, despojados de sus colores originales y ampliados hasta alcanzar las proporciones de un cuerpo humano: dos metros de altura por un metro de ancho. Esas cartas, que conocía tan bien, se me aparecieron como si las estuviera viendo por primera vez. Al igual que las catedrales góticas, que en sus orígenes eran polícromas pero que nos hemos acostumbrado a contemplar como monumentos de piedra blanca, el Tarot irradiaba una majestuosidad y una simpleza extraordinarias. El joven artista responsable de aquella instalación se había atrevido a decolorar los Arcanos, le había parecido bien quitarles el número y las letras (había suprimido los cartuchos) y agrandarlos desmesuradamente. Ese gesto, que en teoría me habría parecido iconoclasta, era, en realidad, un fabuloso homenaje al Tarot. Con una sonrisa triunfante, me dijo: "Mi sueño sería hacer proyecciones aún más grandes de las cartas, en un formato inmenso, para que la gente pudiera mirarlas por horas".

Luego, me regaló ese juego gigante, un tanto difícil de transportar, pero cuya belleza y dignidad bastan para cambiar la atmósfera de una sala (nunca encontré en Europa una sala tan grande como para colgarlo entero, pero una sola carta es suficiente).

Esa experiencia me impulsó a jugar con más intensidad con los cambios de escala, que tienen un gran impacto sobre las dimensiones afectiva y psicológica.

Un día, una amiga actriz me confesó: "La verdadera diferencia entre el cine y la televisión es que en el cine te ven más grande que en la realidad y, en la tele, más pequeña que en la realidad". En el mismo orden de ideas, el trabajo del escultor Ron Mueck, que crea figuras hiperrealistas gigantes o enanas, nos remite a la mirada infantil que ve a los adultos como "más grandes" o, inversamente, al sentimiento de seguridad y de alegre superioridad que nos provocan las miniaturas, percibidas como menos peligrosas o más vulnerables que su modelo. Basta con citar el gusto que tienen los niños por las casas de muñecas o los autos de juguete. Sin intención de simplificar al extremo, podríamos decir que un Tarot en formato pequeño nos da más fácilmente la impresión de poder dominar sus usos y misterios, lo que nos permite distendernos y dejar que nuestra inteligencia y nuestra intuición funcionen, mientras que un Tarot en gran formato despierta en nosotros el sentido de lo vasto, una actitud de respeto devocional a partir de la cual pueden revelarse nuevas dimensiones. Ambas direcciones me parecen favorables para una profundización del estudio.

Existen varios Tarots de Marsella en formato pequeño, como los de Grimaud, Jodorowsky-Camoin, así como una variación del Tarot de Madenié que fue pintado nuevamente por una artista japonesa. Asimismo, es bastante fácil conseguir reproducciones de las cartas del Tarot en formato A4 o A3. Fabricarse un juego minúsculo también puede ser interesante, en particular para abarcar con la mirada ciertas configuraciones complejas o ciertas lecturas con gran cantidad de cartas.

• *El trazo y el color: esqueleto y carne*

Despojar al Tarot de sus colores para estudiarlo es una técnica interesante y también apropiada para nuestra época. Por un lado, es una forma de volver a la hoja impresa de los antiguos maestros fabricantes de cartas. Con un poco de paciencia, resulta completamente posible obtener un dibujo manteniendo únicamente los trazos (calcado a mano o con la ayuda de una persona experta en grafismo) y dejar que la mirada descanse en ese dibujo en blanco y negro. Pero también es una forma de despojar momentáneamente al Tarot de la información de color para abordarlo mejor luego. Entonces, el trazo se nos aparece en toda su potencia, y empezamos a percibir ciertos detalles que el color nos ocultaba. Por otro lado, el color conduce a cierto estado de ánimo. Un ejercicio muy interesante consiste en reproducir en varios ejemplares una carta dibujada con trazos y colorearla de diferentes maneras. He propuesto ese ejercicio a diversos grupos. Para algunas personas que estudian el Tarot desde hace mucho tiempo, se trata de un gesto extremadamente liberador: una forma de reapropiarse de la carta, pero también de comprobar que el color transforma nuestra percepción emocional de una imagen. También podemos jugar con el color del fondo: en lugar de que sea blanco o marfil, puede ser de otro color, oscuro, o incluso dorado, como el de un ícono.[133]

Si advierten que una carta les inspira una antipatía que persiste, resulta particularmente provechoso jugar con sus colores. Tal vez eso los inspire a cambiar el tipo de relación que tienen con esta, ya no temerán verla aparecer en las tiradas ni la interpretarán sistemáticamente de forma negativa o desfavorable.

- *Esculpir o volver a dibujar las cartas*

Para quienes tengan el deseo y la paciencia, volver a dibujar las cartas del Tarot como son, ya sea a mano alzada, ya sea de un modo más minucioso, es un medio privilegiado para memorizarlas, pero también para aprender a mirarlas de otro modo. Asimismo, pueden intentar dibujarlas de memoria, para ver qué detalles recuerdan y cuáles se les escapan, o incluso dibujar una versión propia de una o de varias cartas, como lo han hecho tantos artistas a lo largo del siglo XX. Además del dibujo y la pintura, el vitral

---

133. Esas variaciones cromáticas existen desde el origen del Tarot: los juegos principescos del siglo XV estaban ilustrados sobre un fondo de oro o de plata, y en el British Museum existe un juego incompleto de 48 *minchiate* del siglo XVIII (tarot florentino que, en principio, cuenta con 97 cartas) provenientes de tres mazos diferentes. Dichas cartas son grabados en madera ilustrados, enmarcados con un hilo dorado y donde los colores resaltan intensamente sobre el fondo negro.

también es un medio que se presta a la reproducción del Tarot de Marsella.

Algunos de mis alumnos, escultores, ceramistas o que simplemente tienen talento para el trabajo en volumen (uno de ellos era protesista dental), han emprendido una transcripción en tres dimensiones de los Arcanos del Tarot, modelados en arcilla, esculpidos o en bajorrelieve. El resultado es siempre apasionante, ya que revela más que nada la visión individual del artista, que debe imaginar la espalda de un personaje presente en una carta o prolongar un detalle que el marco interrumpe. También allí, la representación literal puede ceder el paso a la creación individual.

- *La novela-tarot u oráculo individual*

A las personas muy involucradas en la relación con el Tarot de Marsella, les aconsejo diseñar, a través de un collage o de cualquier otro modo gráfico, su propio oráculo individual. Esta tarea, que llamo "novela-tarot", consiste en objetivar por medio de imágenes el propio mundo alegórico interior. Se trata de una forma de honrar y expulsar a la vez la dimensión egocéntrica, de la que ninguno de nosotros está exento, que existe en la propia relación con las cartas del Tarot tradicional: "mi versión" de tal o cual Arcano, y del Tarot en general, viene a teñir, inevitablemente, mi mirada sobre las cartas. Fabricar un juego propio, sin ninguna ambición de imponérselo al mundo como una obra de arte o una revelación iniciática, permite conocerse mejor. La mayoría de los oráculos son obras subjetivas, reflejo de una persona en particular. Pueden divertirnos, inspirarnos, conmovernos, distendernos. Generar uno mismo un oráculo o un tarot individual permite apreciar más aún la grandeza del Tarot tradicional. Esa colección de imágenes familiares, que provienen de nuestro inconsciente personal y de nuestra historia, podrá servirnos como recurso incluso cuando, por una u otra razón, no logramos consultar el Tarot de Marsella.

El Tarot en tres dimensiones: respirar, moverse, jugar, bailar...

Para realizar prácticas corporales con el Tarot, aconsejo agrandar las cartas como mínimo en formato A3 y colgarlas en un espacio amplio y vacío: eso nos permitirá que empiecen a resonar en nosotros y en el espacio gracias a la mirada, la respiración y la sensación corporal.

Para las personas que tienen experiencia en artes escénicas (danza, teatro...), esta práctica resulta evidente; para aquellas que están empezando, es necesario un tiempo de adaptación para superar la timidez. Por el momento, no se trata de expresar algo, sino más bien de *dar cuerpo* al Tarot.

- *Meditación encarnada en el espacio: respirar el "sí" y el "no"*

Elijan dos cartas: una que les inspire una simpatía inmediata ("sí") y otra que les desagrade o los incomode ("no").

Como hemos visto, esos efectos de simpatía y de antipatía son universales, inevitables. Nuestras preferencias personales desempeñan un papel importante: por ejemplo, una persona en conflicto con la figura materna puede sentir aversión por el Arcano VIII (La Justicia), mientras que la antipatía por el Arcano IIII (El Emperador) suele provenir de un malestar frente a la autoridad paterna. Pero una parte importante le corresponde también al grabador o al dibujante de la carta.

En el Arcano VI (El Enamorado), por ejemplo, los rostros de los tres personajes terrestres son más o menos agraciados dependiendo de si el creador quiso poner el foco en la belleza de la embriaguez del amor y del cariño o, al contrario, en la mezquindad fundamental de los afectos humanos. El Tarot de Madenié es muy sorprendente en ese sentido: el ángel tiene una belleza pura y radiante y los tres personajes terrestres tienen rostros poco agraciados.

Al cabo de cinco o seis años de práctica del Tarot, es deseable que esos efectos de simpatía y de antipatía se hayan atenuado, sin lo cual nuestras lecturas siempre serán sesgadas. Este es un ejercicio que les permitirá vivirlas plenamente:

1. De pie frente a las dos cartas, inspirar mirando la carta "sí" y exhalar hacia la carta "no". Poco a poco, permitir que los gestos que expresan ese "sí" y ese "no" aparezcan libremente.

2. Luego, inspirar la carta "sí" y visualizar que se descompone en innumerables pequeños hologramas, que penetran en nuestros pulmones durante la inspiración. Al exhalar, esos pequeños hologramas se propagan por todo el cuerpo, como el *prana* en la tradición yóguica. La carta "no" no está involucrada en esta segunda parte el ejercicio, pero seguimos conscientes de su presencia.

3. Cuando estamos completamente llenos del aliento de la carta "sí", deambular por la habitación sintiendo que cargamos su energía y aproximarse de a poco a la carta "no". Ver si es posible empezar a inspirar con calma la imagen de esta carta "no". Si no es posible, simplemente quedarse frente a ella sintiendo la energía de la carta "sí". Si es posible, inspirar la carta "no" y, al exhalar, dejar que parta lo que no queremos conservar de ella en absoluto. Pero, interiormente, la energía de la carta preferida puede ayudarnos a transmutar y a recibir *algo* de la carta "no". Concluir la práctica con una caminata silenciosa, en la habitación o bien en la naturaleza.

• *Dialogar con una carta*

Ubicar delante de uno una carta elegida al azar o deliberadamente (por ejemplo, una carta que nos cuesta comprender). Centrar la atención en el pecho, al nivel del corazón. Dejar que el peso y la respiración desciendan hasta el bajo vientre. Dirigirse a la carta como si fuera una persona, decirle lo que nos pesa o plantearle las preguntas que deseemos. Luego, respirar pausadamente mirándola y permitirse oír o formular lo que la carta responde. El tiempo del cuerpo es más lento que el de la mente: resulta normal pasar por un período de silencio o de confusión. Si se inicia un diálogo, continuarlo hasta que encuentre su resolución natural, como una conversación entre amigos.

- *Hacer que una carta monologue o cante*

Como propusimos en *La vía del Tarot*, es posible dar una voz a las cartas. Es más fácil con los Arcanos Mayores y las Figuras, pero ¿por qué no intentarlo con los Menores? Para mí, los Menores responden bien al ritmo, a la melodía, pero cada uno hará su propia experiencia...

Tomen la carta con la mano o ubíquense frente a una representación de la carta en formato grande. Pueden mirarla fijamente con atención o, al contrario, cerrar los ojos y memorizar sus trazos. Respiren profundamente, inspiren la carta, déjense inspirar por ella... Sientan cómo se imprime en sus cuerpos, cómo viaja en su sangre y en su respiración... Pueden comenzar con la fórmula: "Yo soy (+ el nombre de la carta)...". Repítanla varias veces si es necesario, y dejen salir lo que sigue: palabras o sonidos, movimientos, dibujos...

Tengan papel y lápices al alcance de la mano, pero también herramientas para grabarse: para mucha gente, es más cómodo soltarse oralmente. Atrévanse a improvisar, ¡siempre saldrá algo útil para su estudio! El privilegio de hablar en nombre de una carta no pertenece a nadie en particular, es patrimonio de todos los apasionados por el Tarot.

- *La lectura narrativa, Tarot y cuento*

El Tarot es un libro que nunca cuenta dos veces la misma historia. Varios de mis alumnos cuentistas-tarólogos juegan con la integración de ambas prácticas, por ejemplo, proponiendo ofrecer la narración de un cuento como complemento o conclusión de una tirada.

En la sección precedente, hemos visto también que, para enriquecer o desbloquear una lectura, es posible considerar una tirada de Tarot como un libro ilustrado e improvisar un cuento acerca de ella. El Tarot es esencialmente un arte de la narración y de la interpretación. El objetivo de una lectura no es tener razón, sino que dos personas (consultante y tarólogo) salgan de ella *inspiradas*...

El Tarot y la cuarta dimensión: espacio, tiempo, ritmo

El Tarot se prolonga en el tiempo y en el espacio en forma de ritmo: el ritmo de la lectura propiamente dicha, pero también nuestra capacidad para detectar, en una tirada de varias cartas, la temporalidad implícita hacia la que nos orienta el Tarot. Hay lecturas de Tarot que digerimos durante meses y otras que tienen un efecto relámpago y cuya respuesta vale en el momento. El tiempo es una dimensión transformadora y el ritmo (por ejemplo, el de los tambores chamánicos), una puerta de entrada al trance. Con grupos de estudiantes muy racionales, me ha sucedido usar el ritmo de un tambor para activar su intuición e imaginación creadora.

• *Tarot pulsátil*

La facilidad de uso de las herramientas de grafismo actuales permite trabajar con cuestiones de ritmo y pulso mediante la creación de GIFs animados que presentan, por ejemplo, el desarrollo de una serie de Arcanos Menores del 1 al 10 con cierta cadencia. Esas secuencias visuales pueden estar acompañadas de un trabajo de percusión, que también da cuenta de una percepción respiratoria, pulsátil y rítmica de las cartas entendidas como flujo. Igualmente, es posible traducir una tirada de cartas como una secuencia rítmica interpretada por percusiones, que permita que la persona que ha elegido las cartas escuche, varias veces seguidas y de forma no verbal, una interpretación puramente percutiva de su tirada. Esta experiencia, que llevamos a cabo con un grupo pequeño y dos percusionistas, resultó muy pertinente tanto en el plano pedagógico como en el emocional para las personas involucradas.

• *Tarot bailado*

No es necesario ser un bailarín experimentado para partir del decorado o del gesto de una carta en particular y desarrollar, con o sin música, el movimiento inherente a la respiración, al espacio, al humor y a la simbología de la carta. Durante un ejercicio en grupo, esta danza del Tarot produce encuentros, configuraciones de a dos o de a varios que se convierten en verdaderas coreografías. También podemos bailar el recorrido de una carta a otra, expresando con el cuerpo algunas progresiones inherentes al Tarot: por ejemplo, el recorrido de los Arcanos Mayores en orden numérico creciente.

A título personal, desde hace algunos años sueño con hacer un taller de Tarot-Tango, donde personas experimentadas en ambas prácticas puedan explorar el vínculo de las parejas del Tarot en relación con los estilos tradicionales del baile del tango...

• *Teatralización del Tarot*

Recordemos que las cartas de los juegos principescos italianos del siglo XIV tenían un agujero en la parte superior, como si hubieran servido como elementos de decoración, incluso de disfraz. Es posible que, desde sus orígenes, el Tarot haya estado relacionado con formas teatrales o similares. Una vía de teatralización del Tarot consiste en usar las cartas, que los actores o espectadores sacan al azar, para llevar a cabo un esquema de improvisación.

Como ejercicio de profundización, la teatralización comienza con el ejercicio de encarnación del Tarot (movimiento y respiración). Este, si se desarrolla en los tiempos adecuados, desemboca en la construcción de un personaje que se apoya en la energía de la carta. Entonces, se invita a los participantes a interactuar para establecer una relación juntos (juego, conflicto, colaboración...). Los *tiempos* son muy importantes para saber cuándo y cómo integrar una verbalización del mensaje sin volver a pasar por la mente. Estos ejercicios conducen a la *constelación tarológica*.

• *La constelación tarológica,*
  la lectura en el tiempo y en el espacio

Este tipo de lectura se hace en grupo, con personas que ya tengan nociones completas de lo que es la anatomía del juego, la numerología y organización (aunque estén empezando), y que tengan ganas de implicarse físicamente.

En primer lugar, el principio consiste en hacer un calentamiento durante el cual colgamos las cartas de un hilo o en una pared (Mayores, Figuras y, si hay lugar, también los Valores) y todos los participantes experimentan el Tarot en cuerpo, respiración, movimiento, voz... Luego, procedemos a una tirada de cartas clásica (una persona plantea una pregunta y elige cierto número de cartas), pero en lugar de interpretar la tirada verbalmente, dejamos que el consultante haga su *casting* y elija uno o más intérpretes para cada carta (incluso accesorios u objetos, si hay Valores implicados en la tirada). Esta forma exige *tiempo*, pero también un sentido de la *urgencia* puesta en práctica en el momento adecuado, para dejar que la configuración obtenida evolucione en el tiempo y el espacio. En un primer momento, la mímica es preferible a la improvisación de discursos. Al final, en cambio, podemos proponer tanto a los actores como a los espectadores que verbalicen la experiencia. En la constelación tarológica, es posible incorporar nuevas cartas (interpretadas por nuevos actores). El objetivo es que la energía espaciotemporal presente en la escena llegue a un punto de resolución, que tanto los actores como los espectadores experimenten.

La persona que planteó la pregunta puede estar incluida o no en la representación teatral de la tirada. A veces, esta persona entra provista de un aliado (una carta) elegida deliberadamente, no al azar, para hacer que una situación estancada se mueva o para resolver un conflicto que se prolonga en el tiempo.

Tras una constelación tarológica, siempre resulta útil retomar las cartas y traducir, con el modo de la lectura clásica, las grandes líneas de lo que se ha vivido y simbolizado en el tiempo y el espacio.

La quinta dimensión o el arte de la transparencia: presencia y observación de sí

El ámbito de aplicación del Tarot es amplio y confuso: desde la cartomancia hasta el ocultismo, pasando por el *coaching* o la canalización, reúne prácticas diametralmente opuestas entre sí. Además, a lo largo de los siglos, ha ido recogiendo asociaciones con todo tipo de religiones, creencias, filosofías o disciplinas que pueden suscitar tanto desconfianza como fascinación. Circulan innumerables supersticiones sobre el tema. Creo que es importante plantearse regularmente ciertas preguntas básicas: "Cuando interpreto el Tarot, ¿qué estoy haciendo en realidad? ¿Con qué objetivo y con qué intención lo consulto?".

Cada quien es libre de responder según sus convicciones. Por mi parte, he elegido considerar el Tarot como un afluente de la vía espiritual. Y poco a poco, he llegado a considerar que nos invita al gran arte del borramiento de sí.

En diversos momentos críticos de mi existencia, el Tarot se ha revelado como una fuente de bendiciones y de regalos movilizadores. He adquirido la convicción de que lo atraviesa un potente impulso universal, y que ese impulso debe ser respetado y honrado. Si servimos al Tarot de manera *principalmente desinteresada*, con lucidez y cuidado, generosidad y delicadeza, nos devuelve la atención y el amor que le dedicamos multiplicados por cien, y se comporta como una influencia benévola en nuestras vidas. ¿Por qué? No lo sé. He intentado explorar algunos aspectos de esta pregunta en el capítulo histórico al principio de este libro.

• *Postura sentada, respiración, visión: Tarot y presencia*

Leer el Tarot es leer el presente.

Por esa razón, parece evidente que debemos profundizar nuestra propia calidad de presencia. Los grandes ejercicios espirituales se basan en funciones de una simpleza radical: la postura zen, "shikantaza", significa "solo sentarse". El acto de respirar está en el centro de todas las prácticas, como los *pranayamas* del yoga o las prácticas de respiración en el islam místico: "Cuando inspiro, Dios exhala; cuando exhalo, Dios inspira". La noción de aprender a ver es central tanto en la mística cristiana como en el vedanta hindú o en las búsquedas de visión chamánicas.

Todas esas funciones esenciales actúan en el estudio y la práctica del Tarot: sentados, presentes en la respiración, intentamos ver, para nosotros mismos o para otra persona, lo que las cartas nos presentan.

Por eso, las instrucciones que valen en la meditación pueden resultarnos útiles: buscar una postura sentada estable y firme, distendida y agradable; dejar que las energías pesadas desciendan al suelo, tomar conciencia de la parte trasera del cuerpo (atrás de la cabeza, nuca, espalda); relajar la piel del cráneo y de la espalda; prestar una atención calma a la respiración, a los sonidos que nos rodean, a la presencia del otro, si estamos acompañados...

Ese tiempo de silencio e inmovilidad debe ser ligero, sin ostentación, y cuanto más lo practiquen solos, más natural se volverá. Antes de formular la pregunta y de elegir las cartas, permitirá crear una atmósfera interior propicia: respetuosa y atenta. Cuando leemos para nosotros mismos, tendemos a dejarnos llevar por nuestras actitudes más habituales y cómodas: impaciencia o excesiva meticulosidad, por ejemplo. Y cuando leemos para otra persona, ese reto despierta con más intensidad nuestros tics, inseguridades y estrategias defensivas. Al instaurar un tiempo de "nada" (un tiempo intensamente vivo, en realidad) como condición previa a la lectura del Tarot, consolidamos una calidad de presencia que nos ayuda a deconstruir poco a poco ciertos aspectos de la personalidad histórica que no tienen cabida en el proceso de estudio y de interpretación de las cartas, y menos aún desde la perspectiva de una relación transparente con el otro.

- *La observación de sí mismo*

Estar presentes en nosotros mismos constituye una condición previa para ser capaces de estar verdaderamente presentes en el otro. Eso exige dejar de lado la fascinación y la excitación que las imágenes ejercen sobre nosotros y volver a los principios fundamentales a los que nos invita el Tarot.

Si honramos el Tarot, no podemos dejar de ejercer nuestra presencia atenta en las cinco dimensiones que describe:

- **presencia en los Oros**: la sensación corporal, el afianzamiento en la postura sentada, orientar la atención hacia nosotros mismos y, simultáneamente, hacia el otro, el espacio, la temperatura, los ruidos, todos los elementos concretos que constituyen el marco de nuestra consulta. Las palabras no tienen el mismo ritmo cuando nos situamos en el intelecto que cuando estamos en contacto con las sensaciones, ya que el anclaje en la sensación voluntaria activa un mayor número de zonas diferentes del cerebro. El ritmo y el tono de la voz estarán influenciados por ese anclaje corporal: si se sorprenden balbuceando, es porque han perdido el anclaje;

- **presencia en los Bastos**: reconocer que la energía del deseo nos acompaña constantemente. Deseo de obtener una respuesta, deseo de "leer bien el Tarot", de brillar o de acabar lo más pronto posible con una sesión ardua… e incluso la tonalidad sutil de atracción o repulsión que nos inspira la persona que vino a consultarnos. La atención a la respiración es un excelente punto de apoyo para mantenerse en contacto con esas modificaciones fisiológicas sin que nos manipulen;

- **presencia en las Copas**: reconocer nuestros afectos del momento, nuestra tonalidad emocional y no hacer toda una historia a partir de eso: cuanto menos nos dominen nuestras emociones, menos prisioneros seremos del pasado, del que ellas provienen (infancia, familia, traumas, etc.). Desde el momento en que el pasado ya no nos convence, somos libres de entrar en el presente, la riqueza misma de la vida. Asimismo, estar presente en las Copas equivale a centrar la atención en el pecho: entre las entrañas, el centro de gravedad del cuerpo del que parten las intuiciones viscerales, y la cabeza, donde están almacenadas las informaciones racionales. El corazón está a medio camino. Es el lugar en el que la lectura del Tarot reúne intuición y conocimiento. Vuelvan regularmente a ese punto de anclaje a lo largo de la lectura, ya sea que estén solos o acompañados;

- **presencia en las Espadas**: observar el parloteo interior, las creencias, los juicios que nos atraviesan, y elegir lo que vamos a decir apoyándonos en una lucidez de buena fe. También se trata de conocer la o las preguntas que nos preocupan y dejarles un lugarcito cuando leemos para otra persona, ya que, si mi pregunta es reprimida, aparecerá sin ser invitada, como proyección, en la interpretación de las cartas. En cambio, si la reconozco, puede recibir una respuesta discreta, al tiempo

que me centro en el interés de la persona para quien estoy
leyendo las cartas;

- **presencia, finalmente, para lo que simbolizan los Arcanos Mayores**: el camino de evolución posible del ser humano. Según la ética y la orientación de cada uno, eso puede suponer diversos ejercicios que van en contra de nuestro confort habitual: ofrecer consultas realmente gratuitas (sin hacerse publicidad), aceptar el *feedback*, incluso cuando no sea agradable, comprometerse con honestidad en una práctica entre pares, etc.; pero, sobre todo, comprometerse a considerar todo lo que hacemos en nombre del Tarot como un ejercicio de observación de sí, destinado a dejar caer las máscaras.

Esta observación no tardará en desmantelar la creencia que tenemos en nuestra identidad fija y nos permitirá ver qué aspectos de nosotros mismos están en primer plano, demasiado empleados, y cuáles están relegados, vulnerables. Entonces, podremos trabajar voluntariamente en esos extremos para volver a centrarnos.

La paciencia, la honestidad total y el no-juicio que desarrollemos con respecto a nosotros mismos repercutirán en la relación con el otro en la lectura del Tarot. Cuando un consultante o una consultante se presente, podremos ver la realidad con serenidad: ¿qué reacción provoca en mí esta persona? ¿La perspectiva de leerle el Tarot causa más bien que mi cuerpo se dilate y se relaje (traducción: me resulta simpática, me siento cómodo o cómoda) o, al contrario, me siento tenso o tensa, con una tendencia a juzgar a la persona?, ¿o más bien en el banquillo, con el deseo de impresionarla, el miedo de hacer las cosas mal, etc.? Si se han preparado, tendrán la libertad de abrir su corazón a la tonalidad del momento, decirle "sí" y distinguir entre sinceridad y falsedad. Podrán aceptar el estado del otro, sin dejar de mantenerse presentes en su propio estado. Si la lectura no les inspira nada, tendrán la suficiente libertad interior para confesar: "No veo nada en las cartas"; e incluso para proponer al consultante devolverle el dinero de la sesión, llegado el caso. Esos son los beneficios de la presencia consciente. Implica renunciar al encanto de la ganancia (el Tarot no es mi sustento) y a la grandilocuencia de la vanidad (el Tarot no es un accesorio, una armadura o una prótesis para mi ego).

◆ *El tarólogo como mentor: una tarea sobrehumana*

Con diversas variantes, la consulta del Tarot suele tratar sobre los siguientes puntos:

- conocer el **futuro** (¿este proyecto funcionará? ¿Mi esposo se va a curar?...);
- **adivinar** lo que no podemos saber (o no por el momento) por medios racionales (¿ella responde a mi interés amoroso? ¿Soy víctima de una posesión, de un hechizo?...);
- resolver un conflicto, encontrar **soluciones** para un problema (¿qué hago para que mi hijo acepte hablarme? ¿Cómo hago para lograr vender esta casa?);
- **confirmar** o invalidar una decisión ya tomada o que se está tomando (¿hice bien en cambiar de trabajo? ¿Debo separarme de esta persona?...);
- **elegir** entre varias opciones (¿debo irme a Estados Unidos o quedarme en mi país? ¿Debo dejar a mi marido o a mi amante?...);
- superar un obstáculo o un **enemigo interior** (¿cómo salgo de esta depresión, venzo mi timidez, acabo con este bloqueo?...);
- encontrar los medios para **cumplir un sueño** (¿dónde encuentro los medios para montar mi empresa? ¿Qué hago para que mi música tenga éxito?...);
- pedir un **consejo** (¿qué debo mejorar en mí? Quisiera que el Tarot me hable...).

Esta búsqueda de felicidad, esta huida del sufrimiento, esta sed de predicción, de orientación y de confirmación es común a toda la humanidad. Se arraiga en el miedo, en las heridas y los traumas antiguos, pero también en la inseguridad fundamental que todos podemos sentir frente a la fragilidad de nuestra condición. Entonces, acudimos a otra persona para recibir una respuesta, aceptando volvernos vulnerables frente a sus palabras.

Por lo tanto, se le confiere al tarólogo o a la taróloga una responsabilidad colosal. Para atenuarla, nuestro reflejo es recurrir a dos estrategias principales:

- conferir al Tarot o a nuestros supuestos dones una **autoridad infalible** ("Mi intuición/el Tarot no se equivoca nunca...", "El significado de tal carta es formal...", "Ya he visto esto cientos de veces, sé qué responder...");
- al contrario, **fingir liviandad** ("En el fondo, no es más que un juego, unos papeles impresos...").

Ambos extremos son igualmente tóxicos: en realidad, la situación siempre es seria, incluso vital, y nunca estamos seguros de saber.

Cualquiera sea la pregunta o la manera en que se la haya planteado, corresponde a una profunda aspiración hacia la sabiduría: un nivel de ser que está virtualmente presente en cada uno de nosotros y que la tradición india llama *prajña*. Todos sabemos, de manera más o menos confusa, que existe una respuesta adecuada, específica para este instante, para nuestras preguntas y nuestras necesidades. Pero no tenemos los medios para acceder a ella solos: ni el consultante es capaz de hacerlo, ni el lector de Tarot.

La figura del guía, consejero sabio y experimentado a la vez, que puede recibir a cualquiera y orientarlo de manera adecuada, existe en diversas tradiciones religiosas (director espiritual, sheij, rabino, gurú, etc.). También constituye un elemento fundamental de las ficciones de tipo iniciático, ya sean antiguas o contemporáneas: Mentor, el preceptor de Telémaco, dio su nombre a muchas figuras, entre las cuales podemos citar al mago Merlín, al hada madrina de los cuentos tradicionales o, más cerca de nosotros, al Maestro Yoda en *La guerra de las galaxias*, Gandalf en *El señor de los anillos* o Dumbledore en *Harry Potter*.

Debido a la cultura patriarcal, los mentores se presentan, en general, como figuras masculinas. Por esa razón, y por fidelidad a la igualdad esencial entre lo femenino y lo masculino en el Tarot, he elegido, en las siguientes líneas, alternar el género atribuido al mentor de una frase a otra.

El guía está dotado de una especie de presciencia, porque está en consonancia con las grandes leyes de la vida. *Ella* ve más allá de la punta de su nariz y puede, entonces, hacer predicciones que se desprenden de su compasión y su lucidez. Él puede aconsejarnos de manera justa, porque ve en lo profundo de nuestro corazón, mide nuestras fortalezas y nuestras debilidades y no nos pedirá nunca algo de lo que no somos capaces, pero también sabe incitarnos a hacer lo que debe hacerse en la medida de nuestras capacidades. *Ella* tiene la experiencia de las relaciones y acciones humanas, y puede darnos la clave para solucionar un conflicto, una artimaña para esquivar un obstáculo, un consejo para acompañar a quienes nos necesitan. Él sabe exactamente en qué momento poner un bálsamo sobre nuestro corazón, confirmar nuestras elecciones y tratarnos con bondad, y en qué momento hacernos notar fríamente que nos hemos perdido y que es tiempo de dar marcha atrás.

Las capacidades del mentor corresponden a las de un horizonte de sabiduría que no es nuestra condición actual. En otros términos, el nivel de ser que exige la lectura del Tarot, ya sea para nosotros mismos o para otra persona, está por encima de nuestras capacidades. Pero podemos encaminarnos en esa dirección. El Tarot se convierte entonces en un elemento de nuestra visión filosófica o de nuestra práctica espiritual.

En una lectura de Tarot no hay que cumplir con nada. Pueden confesar su incapacidad en cualquier momento: "No sé cómo interpretar esta tirada". En ese espacio de no-saber, puede empezar a crecer un saber de otro tipo. Y el consultante también tiene lugar para desplegarse, llegar a un acuerdo o no, atreverse a interpretar a su modo, iniciar el diálogo en vez de soportar boquiabierto nuestras interpretaciones. Cada uno de nosotros puede encontrar su propia forma de estar a gusto frente al fracaso, la ignorancia, y honrarla como una valiosa aliada.

Entonces, la orientación es triple:

- intentamos responder, con toda la honestidad posible;
- escuchamos al consultante: "¿Esto tiene sentido para ti/usted?", dejándole realmente el lugar para decir "no", si fuera el caso. Cuando leemos para nosotros mismos, el *feedback* lo da

el cuerpo: formulamos la interpretación, la dejamos retumbar en silencio y recibimos luego el sentimiento de "sí", "no" o, a veces (a menudo), "tal vez";

- consagramos el resultado de la lectura a un nivel de conciencia más vasto. Si tienen una vena mística, puede ser la figura de un maestro espiritual, Dios, Buda, Jesucristo... Si son agnósticos, puede ser la vida, la verdad, la inteligencia universal, o cualquier otro concepto que represente una dimensión más vasta que el propio saber.

También pueden pedir al Tarot que los ayude a anclar la lectura en un nivel de ser más elevado que el propio. Para hacerlo, elijan una carta (al azar del mazo, o mentalmente si conocen bien el Tarot) y pídanle que sea su aliada durante la lectura. Probablemente, un Arcano Mayor o una Figura resulten más elocuentes al principio. Sientan que están *apoyando* su corazón, su inteligencia, su confianza en la energía de esa carta: ¿cómo me ve? ¿Cuál es su consejo fundamental para mí y/o para la persona a quien leo? ¿Cómo entiende la pregunta del consultante? ¿Qué respondería si estuviera en mi lugar? Etc.

• El desarrollo de los "poderes": la sensibilidad intuitiva

La consulta del Tarot puede llevar a desarrollar capacidades paranormales, que la tradición india llama *siddhi*, literalmente "logros" o "poderes". Se trata de posibilidades latentes en el ser humano, que la práctica anima a despertar. En general, el Tarot desarrolla las diversas ramas de la intuición: visiones, recepción de información por telepatía, clarividencia o clariaudiencia... Esos desarrollos pueden considerarse aliados, en la medida en que nos ayudan a romper el molde del pensamiento racional, pero también constituyen obstáculos, en la medida en que podemos apegarnos a ellos, presumir de ellos, incluso llegar a fingirlos. Todas las tradiciones espirituales presentan estos poderes como una etapa destinada a ser superada.[134]

---

134. Arnaud Desjardins cuenta que a su maestro, Swami Prajñanpad, un día lo interrogó una niña en estos términos: "¿Usted tiene *siddhi*?". Su

Así como una persona que medita o reza no se deja fascinar por los carismas o las gracias que se le ofrecen puntualmente, nosotros podemos acercarnos a la intuición o el resto de las percepciones extrasensoriales que derivan de la práctica como si fueran elementos secundarios, y arraigarnos en la intención de cultivar una cualidad más simple y más exigente: la transparencia, que solo puede provenir de un esfuerzo renovado de amor y de paciencia con respecto a nosotros mismos y a lo que se presente.

La intuición no es más que la inteligencia sensible, encarnada. Por medio de guiños lúdicos, nos revela la dimensión milagrosa de la existencia, lo que los surrealistas llamaban "el azar objetivo", o que también podríamos denominar "coincidencias": esa manera que tiene la vida, cuando se la acepta plenamente, de revelarse como fundamentalmente generosa, bienintencionada y en orden. Sin inclinarse hacia una mística particular, cada quien puede, a elección, considerar que el Tarot nos orienta hacia esa fascinación o ese terror sagrado frente a lo real. No somos nosotros los que tenemos "poderes". Es la realidad, que es todopoderosa.

A medida que practiquemos el Tarot, iremos descubriendo su función de acumulador de sincronicidades: alienta la multiplicación de esos "azares", cuya coherencia desafía las leyes de la estadística. Por ejemplo, suelo hacer lecturas comentadas en público: tres de cada cuatro veces, el Tarot nos juega una broma y varias personas seguidas sacan la misma carta, incluso las mismas tres cartas, pese a que cada uno de los consultantes las saca de un mazo distinto, que él mismo mezcló, y plantea su propia pregunta.

Como todos mis colegas, hace más de veinte años que observo esas burlas tarológicas que desafían los límites de lo racional. Una vez que el asombro del novato ha pasado, podemos reflexionar, de modo no científico y no racional, acerca de la razón de ser de esas coincidencias. He llegado a pensar que el Tarot lleva en sí la función de maravillarnos, de propulsarnos hacia ese espacio don-

primera respuesta fue: "Swami tuvo *siddhi*, ya no los tiene". Pero, al ver la decepción de la niña, se corrigió: "Le quedaron dos: Amor infinito y Paciencia infinita".

de todo es posible y que es vital recordar cuando, agobiados por un destino desfavorable o una adversidad prolongada, tendemos a ver todo negro y a encerrarnos en nuestro papel de víctima. Esa misma fuerza que hace que la Tierra gire o que las rosas florezcan se expresa humildemente en el Tarot en forma de cadencias improbables, de esos juegos de números y letras que golpean la imaginación y despiertan la apertura del corazón, la capacidad de recibir lo desconocido.

¿Cómo nos permitimos expandirnos gracias a este acercamiento sin perder la cabeza? ¿Cómo nos convertimos, no en maestros del Tarot, sino en discípulos de su loca sabiduría, sin caer en la agitación o la manipulación? ¿Cómo abordamos el ejercicio supremo, que consiste en leer para otra persona, manteniéndonos, según la fórmula del maestro zen Jacques Castermane, "libres del miedo a fracasar y del deseo de tener éxito"? ¿Cómo logramos estar cada vez más listos para jugar el juego, ofrecer al otro una tentativa de traducción y celebrar juntos el misterio que emana de esos rectángulos de papel?

El Tarot tiene una generosidad inagotable. Nos responderá según la manera en que lo abordemos: simple entretenimiento para quien lo tome a la ligera o herramienta de poder para aquellos que, ebrios de sí mismos, se arroguen su seducción y el ascendiente que les confiere, el Tarot tiene el profundo objetivo de ser un afluente de la Vía, un vehículo de crecimiento y de borramiento de sí, un juego sagrado. Todo depende de nosotros.

Por mi parte, puedo afirmar que lo que más me ha hecho progresar ha sido el intento constante de leer realmente para el otro y de enseñar a tanta gente el modo de perfeccionar su propio enfoque: por medio de prueba y error, en el límite entre omnipotencia e incompetencia, en esa sutil mezcla de escucha y de afirmación que es la lectura de Tarot.

4

LA CAJA DE HERRAMIENTAS: VADEMÉCUM DEL TAROT INTEGRAL

1. El Tarot integral consiste en no dejar nada de lado

Siempre estamos preparados para leer con los Tres Cuerpos del Tarot y no relegamos ninguna de nuestras energías existenciales. Conscientes de nuestra sensación corporal, de nuestra energía creativa, sexual y motriz, de nuestra tonalidad emocional y de los pensamientos que nos atraviesan, nos mantenemos centrados y en el eje. Las nociones de fluido y estancado que hemos visto en numerología también se aplican a la situación, a nuestra postura de tarólogo, a la relación tarólogo-consultante. El conocimiento encarnado modera constantemente el saber intelectual.

Para desarrollar nuevas estrategias de lectura, sigan algunas pautas:

Definir de antemano las reglas del juego: una vez que hayan comprendido la pregunta del consultante (o formulado de modo satisfactorio una pregunta propia), decidan cuántas cartas elegir de cada mazo y cuál será la función de cada una de esas cartas.

Considerar si es pertinente o no disponer las cartas en línea: pueden elegir libremente la configuración que utilizarán para disponer las cartas, o incluso proponer al consultante que las ubique como prefiera.

Una vez que han dado vuelta a las cartas, su orden no es necesariamente fijo: si los detalles materiales se repiten, si algunas cartas se dan la espalda, tienen toda la libertad de proponer al consultante reorganizarlas de forma satisfactoria.

Si la persona que sacó las cartas elige cómo disponerlas, la persona encargada de leer el Tarot debe leer primero la disposición propuesta por el consultante, incluso si parece poco armoniosa. Luego, es posible eventualmente proponer otra.

2. La colaboración entre el lado derecho y el lado izquierdo del cerebro

Nuestras capacidades racionales y nuestra fantasía intuitiva son las dos alas de un mismo pájaro y proceden de los dos hemisferios de un mismo cerebro. ¡Unámoslas!

• *Lado izquierdo del cerebro: metódico y racional*

Integren el Tarot a su vida cotidiana: memoricen las cartas, vinculen su sentido teórico con experiencias concretas, aprendan a visualizarlas...

La numerología, siempre ella: tómense siempre el tiempo para ver cuál es el grado numerológico de cada carta, cómo se estructura la tirada desde ese punto de vista. No olviden los valores numerológicos de las Figuras ni la regla de la transformación del diez en As y del Caballero en Paje. Detrás de cada tirada, hay una coherencia matemática que constituye su esqueleto.

Propongan sin imponer, sugieran sin aconsejar: entre los "deberías" y las afirmaciones incisivas, por un lado, y, por otro, las lecturas demasiado tímidas de las que nada sale, ¿cómo encontramos el punto medio? Intenten siempre lograr proponer una interpretación que se sostenga en una o dos frases. Resumirse es develarse.

Eviten las fórmulas negativas: el inconsciente entiende las palabras que efectivamente se pronunciaron y no toma en cuenta la negación. En "no está mal", la palabra que se conserva es "mal". Destierren ese lenguaje y, en la medida de lo posible, lean el Tarot con palabras simples y sinceras. Anímense a perfeccionar el vocabulario: si retomamos el ejemplo de "no está mal", consideren todas las formas en que podría haberse expresado lo mismo de forma directa y sientan la diferencia con respecto a "está bien", "es afortunado", "es favorable", "es deseable", "es maravilloso", etc.

Siempre partan de la visión de la persona que plantea la pregunta: para descubrir otros horizontes, hay que partir del lugar donde uno está. Para hacer que una persona viaje, primero hay que encontrarse con ella. De lo contrario, la lectura de Tarot se convierte en un ejercicio de hipnosis, una lección impuesta o un discurso que no llega a ningún sitio. Por esa razón, es útil aceptar la disposición de las cartas que el consultante ha elegido, escuchar sus reticencias ("No me gusta tal carta, me provoca miedo"), así como sus propias interpretaciones, y partir de allí para, eventualmente, proponer otra cosa.

Intenten leer en diversos niveles diferentes: concreto, energético, psicológico, intelectual y alegórico/espiritual.

Nuestra existencia se desarrolla en varios planos a la vez: nuestra vida material y *pragmática* nos preocupa, con sus contratiempos, las facturas que hay que pagar, los diversos problemas de salud, etc. Pero también estamos atentos a movimientos *energéticos* que recorren las situaciones: ¿es realmente el momento de actuar? ¿Hay una fuerza creativa, un impulso que recorre tal o cual situación? ¿Cómo mido el deseo, la atracción que tal o cual persona experimenta, no solo en el plano sexual, sino simplemente con respecto a un proyecto, un objeto, un modo de trabajar, etc.? El tercer plano es el *afectivo*: es la dimensión psicológica de la lectura, que dependerá de su experiencia en el terreno de las emociones y de las relaciones humanas, pero también del conocimiento que tengan acerca de sus propias profundidades psíquicas; no se puede ser un gran psicólogo si se vive en la superficie de uno mismo, ¡pero eso no impide leer el Tarot! Simplemente, hay que advertir al consultante: "La psicología no es mi fuerte", o también remitirlo a otra persona para la lectura. El cuarto plano es puramente intelectual: a veces, una lectura de Tarot sirve para *esclarecer* la situación, para encontrar ideas nuevas, desmitificar un error o una creencia. Y, por último, una persona puede pedir directamente al Tarot que la guíe en el plano simbólico, alegórico, incluso en su recorrido *espiritual*: en este caso también, obsérvense y vean en qué áreas están más o menos calificados.

Practiquen e intenten encontrar, al menos, una formulación simple para cada uno de esos cinco aspectos cuando lean el Tarot.

• *Lado derecho del cerebro: creatividad, trance y pensamiento mágico*

La dirección de los gestos y las miradas, el Tarot relacional: intenten sentir realmente de qué modo una carta mira a otra, cuál es la calidad, el clima que evoca un gesto, o incluso la repetición de los elementos de una carta a otra. El Tarot es un juego: embebido en ese influjo lúdico, nos tiende la mano, nos guiña el ojo, para que penetremos cada vez un poco más en la contemplación de sus formas. No duden en agregar otra carta para entender de qué modo se prolonga una dinámica relacional que un gesto o una mirada han establecido.

El espacio entre las cartas: uno de los consejos que suelo dar a mis alumnos es disponer las cartas sobre una superficie de color liso o neutro (violeta o azul oscuro, blanco, beige, marrón...) y concentrarse en el espacio entre ellas. Ese espacio es, al mismo tiempo, espacial (una distancia física que debe llenarse) y temporal (¿cuál es el ritmo que une las cartas? ¿Evocan procesos simultáneos o sucesivos?).

La transformación de los objetos y las formas, el Tarot como una película: cada imagen fija evoca un proceso dinámico en el tiempo y el espacio, y los objetos, formas, personajes que aparecen en una carta pueden transformarse, desaparecer, generar nuevas formas en la carta siguiente. Esa mirada dinámica es subjetiva, por supuesto, pero a veces da excelentes resultados... si el consultante está de acuerdo con la interpretación que han brindado.

Del vacío, las formas y los colores, el Tarot como arte abstracto: observen la tirada, no como una frase, sino como un collage o un cuadro: ¿cómo es su composición? ¿Qué colores, formas, detalles se destacan de forma singular hoy? Formulen la lectura como una especie de "reseña de museo" que describe esa obra de arte. Resulta particularmente útil cuando están en juego los Arcanos Menores: son menos cinematográficos que los Mayores, pero están más cerca del arte abstracto o geométrico.

Darse la posibilidad de agregar una carta en una tirada: el Tarot no es un oráculo cruel e implacable que nos condena al estancamiento. Es una herramienta que nos invita a encontrar el camino más fluido teniendo en cuenta la situación y nuestras posibilidades. Entonces, podemos reorganizar las cartas y agregar una carta a la lectura, no solo eligiéndola al azar, sino incluso fijándonos en el mazo, con las cartas boca arriba, cuál *necesitamos* para responder a la pregunta. ¿Por qué no pedir a la vida, a uno mismo, un recurso metafórico, lo que parece faltar en una situación dada?

3. Reglas del Arte

- *El arte de plantear la pregunta adecuada*

  - Una pregunta que empieza por "cómo" es más fácil de abordar que una que comienza por "por qué".
  - No acepten leer el futuro, pero transformen ese pedido en una pregunta en la que el consultante tenga un margen posible de acción.
  - Si el consultante expone en detalle el tema que le preocupa (por ejemplo, su situación laboral), ayúdenlo a encontrar una pregunta que le sea verdaderamente útil (por ejemplo: "¿Cómo actúo...?", o "¿Cómo encaro tal conflicto...?", o también "¿Qué elijo entre dos opciones...?"). La estrategia de lectura que adopten dependerá siempre de la pregunta.
  - Privilegien las lecturas minimalistas: a menudo, es posible descomponer una pregunta compleja en varias preguntas simples.
  - Cuando leemos para otra persona, también tenemos una pregunta o un tema que palpita en nuestra propia historia. Incluso es posible que la lectura del Tarot para otro nos permita aclarar un aspecto de esa pregunta. Pero no mezclemos proyección e intuición.

- Si se trata de hacer una elección, privilegien el Tarot de la elección.
- Para un Tarot sin pregunta, privilegien el viaje del héroe y el autorretrato.

- *El Tarot psicológico: el arte del sentido común*

  - El tarólogo no puede, en ningún caso, sustituir a un psicólogo. Sus deberes básicos: conocer sus propios límites, trabajar en sus mecanismos de proyección, nunca imponer una lectura psicologizante si el consultante no quiere.
  - Los Arcanos Mayores o las Figuras pueden considerarse como personas del entorno afectivo o familiar del consultante, si este está de acuerdo con que el Tarot se oriente hacia una lectura psicológica.
  - En el ámbito psicológico en particular, hay dos reglas de oro: no afirmar nada categóricamente y no aconsejar, sino dejar que el consultante elabore su elección.
  - Proyección e intuición: resulta imposible hacer la diferencia si no estamos listos para equivocarnos... Propongan interpretaciones proyectivas, pero permitan que el consultante las confirme o las rechace.
  - Frente a situaciones críticas (enfermedades, angustias, adicciones), el posicionamiento adecuado del tarólogo es el de un traductor: intenta esclarecer el mensaje de las cartas.
  - Es indispensable tener una libreta de contactos para remitir al consultante a profesionales competentes, llegado el caso.

- *El Tarot viviente: el arte de crear mundos*

  - El Tarot puede verse en 3D como un templo, un mundo, un paisaje... Exploren ese espacio fantástico, siempre en colaboración con el intelecto y la razón.
  - El Tarot es una mina de aliados: utilícenlos, intégrenlos, hónrenlos. No duden en agregar un toque luminoso a una tirada deprimente, si eso les hace bien.

- Los cambios de escala (mini-tarot o tarot gigante) desacostumbran la mirada y revelan nuevas dimensiones.
- Toda tirada es una obra de arte: es posible volver a combinar las cartas para crear un cuadro más satisfactorio, como un collage artístico, figurativo o no figurativo.
- La constelación tarológica permite ampliar todas las formas de lectura que se realizan en la mesa a la dimensión de una representación teatral. El consultante elige sus "actores" para representar las cartas.

- *El arte de la relación con el otro*

  - La postura del tarólogo: cuanto más sobria y simple sea, más lugar tendrá el consultante para existir, relajarse, sentir que está verdaderamente en el centro de la situación. Encontrar el neutro para incitar al otro a centrarse.
  - Ampliamos constantemente nuestra capacidad para recibir *feedback*.
  - Toda escucha es proyectiva. No hay ni "buenas preguntas" ni "buenas respuestas", solo un acuerdo para dialogar, para recibir una pregunta a la cual es *posible* responder *ahora* y proponer una respuesta que al otro le resulte aceptable.
  - El consultante tiene la libertad de manipular el juego de Tarot, pero, por respeto a la situación, resultan indispensables algunas reglas: las cartas se mantienen en su orientación original, no se las mezcla sobre la mesa, no se realizan gestos violentos.
  - Prestamos atención a nuestra postura y a nuestros gestos para no invadir el espacio del otro ni intimidarlo con una actitud demasiado solemne o demasiado reservada.
  - Idealmente, el tiempo que se le concede a la lectura debería decidirse de común acuerdo y respetarse. Eso contribuye a crear un marco que dé seguridad y, de ese modo, favorece la integración de la sesión tanto por parte del consultante como del tarólogo.
  - El arte de concluir: traten de resumir la consulta en algunas frases de conclusión.

- *El arte del borramiento de sí: hacia la transparencia*

  - Espíritu del principiante: renovar siempre la mirada. Cada lectura es un intento, la oportunidad para aprender algo nuevo, nunca una demostración de nuestro conocimiento.
  - Nos observamos a nosotros mismos recordando que el Tarot tiene la estructura de nuestra propia existencia: atentos en las cuatro energías.
  - La responsabilidad del tarólogo activa el sistema nervioso simpático (sentimiento de urgencia, de necesidad de cumplir una tarea) y debe ser equilibrada por medio de una activación parasimpática (respiración, sensaciones del cuerpo, anclaje en la escucha...), para que la lectura no se transforme en una lección o una discusión, sino que, muy al contrario, favorezca la calma y la paz.
  - Nuestro horizonte: recibir al otro y su pregunta sin laxismo ni rigidez. Contener y calmar la urgencia, la confusión, la incertidumbre, etc., sin dejar de escucharnos plenamente a nosotros mismos. De ese modo, el proceso de lectura puede convertirse en un *trance lúcido*. Sabremos qué decir, cómo decirlo y en qué momento callarnos.
  - Siempre agradezcan internamente después de una sesión, especialmente cuando nos hemos encontrado en dificultades.

IV

Gran memorándum

Para leer los 78 arcanos del Tarot apoyándose en la numerología

En esta parte se encontrará un resumen de los posibles sentidos de cada carta según su nivel numerológico.

Las viñetas ayudan a identificar cada carta, en caso de que el lector todavía no las conozca. También es posible referirse al resumen carta por carta que se encuentra en la segunda parte del libro. Aunque nuestro objetivo es llegar a leer o estudiar el Tarot sin tener que referirnos a ningún texto y sin acudir a ninguna explicación exterior, es útil contar con una referencia que nos permita complementar nuestros conocimientos o refrescarlos. Recordemos que es imposible agotar todos los significados de una carta a través de un texto descriptivo, y que el corazón de la lectura yace en la relación que tienen las cartas entre sí, con la pregunta de la lectura o con la persona que hace la pregunta.

Hemos agrupado los Arcanos Mayores, los Valores y las Figuras en once sub-capítulos:

- El Loco y El Mundo, los dos arcanos que enmarcan la totalidad del Tarot.
- Nivel 1: El Mago y La Fuerza, los cuatro Ases, y los Pajes como nivel de "potencial, potencia"

- Nivel 2: La Papisa y El Colgado, los Doses y los Pajes como nivel de "acumulación, espera"
- Nivel 3: La Emperatriz y el Arcano Sin Nombre, los Treses y los Pajes como nivel de "primera acción, explosión"
- Nivel 4: El Emperador y Templanza, los Cuatros y los Reyes y Reinas como nivel de "autonomía, seguridad"
- Nivel 5: El Papa y El Diablo, los Cincos y los Reyes y Reinas como nivel de "toma de riesgo, travesía"
- Nivel 6: El Enamorado y La Torre, los Seises y los Reyes y Reinas como nivel de "florecer, relación con el otro"
- Nivel 7: El Carro y La Estrella, los Sietes y los Reyes y Reinas como nivel de "servicio, acción en el mundo"
- Nivel 8: La Justicia y La Luna, los Ochos y los Caballeros como nivel de "equilibrio, perfección"
- Nivel 9: El Ermitaño y El Sol, los Nueves y los Caballeros como nivel de "crisis, transición"
- Nivel 10: La Rueda de la Fortuna y El Juicio, los Dieces y los Caballeros como nivel de "fin de ciclo, mutación hacia el ciclo siguiente".

Las nociones de fluido o estancado (en lugar de "favorable o desfavorable" o "positivo y negativo") que desarrollamos en los capítulos anteriores se encuentran detalladas aquí, carta por carta.

Algunas recomendaciones adicionales:

- Siempre practicar interpretando la carta o la tirada en al menos tres niveles: concreto, psicológico/energético y espiritual/simbólico. Estos tres aspectos se encuentran en juego en cualquier instante de nuestra vida, aún cuando uno o dos de estos aspectos prevalezcan sobre los otros en una lectura en particular.
- Las indicaciones que se encuentran en estas páginas no son definitivas. Se trata de un marco que nos permite interpretar las cartas libremente, sin desviarse del núcleo de su sentido.
- Recordemos que los Arcanos Mayores nunca se limitan a su nivel numerológico, el cual tan solo es una resonancia adicional a los significados simbólicos y alegóricos.

- Recordemos que las Figuras pueden representar a una persona ligada a la pregunta que motiva la tirada, o pueden remitirnos a la influencia de una persona (en el plan psicológico: viejas ideas o emociones heredadas del padre, de la madre, etc.).

El marco de la numerología: El Loco y El Mundo

- *El impulso de El Loco hacia El Mundo*

Estos dos arcanos enmarcan y abrazan toda la numerología del Tarot, de la cual son a la vez resumen y guardián. El Loco encarna *el flujo* que atraviesa la numerología recordándonos el número cero, el cual según su posición, multiplica o divide el número al que se encuentra adjunto. En el plano numerológico, El Mundo, con su nivel 21, es la carta más alta de todos los Arcanos Mayores, y también es aquella en la cual toda la realidad se encuentra reunida como en un *mandala*. Esta unidad es el sentido más elevado del nivel 1. La interacción entre las dos cartas podría compararse a aquella que existe entre el espermatozoide (El Loco) que se lanza a través del laberinto de la interioridad femenina hacia el óvulo (El Mundo) que lo llama y lo espera. El encuentro entre ambos es una fecundación. Simbólicamente, El Loco también es un peregrino o un buscador espiritual que atraviesa todas las etapas del camino para unirse con la Totalidad.

El Loco: No tiene número en el cartucho superior. La tradición exegésica del Tarot intentó asociarle un número, y en ocasiones se le quiso relacionar con el XXII. Pero si este número le correspondiera realmente, ¿Por qué no lo llevaría sencillamente inscrito? No podemos admitir esta teoría. Otra actitud común consiste en asociar al Loco con el número 0. Aunque este no existe en la numeración romana, fue conocido y ampliamente utilizado en matemáticas a mediados del siglo XV (época de aparición del Tarot) y de manera más

395

amplia en 1709 cuando Pierre Madenié publicó su juego de Tarot. Desde el punto de vista de la energía que brinda a una tirada, El Loco tiene puntos en común con el "0" en el sentido que puede fraccionar y disminuir considerablemente la fuerza de las cartas que lo preceden si se encuentra a su derecha (está entonces en una situación de fuga, de retirada, tal vez llevándose consigo una parte del potencial de las cartas que lo preceden). Y al contrario, cuando se dirige hacia una o varias cartas, representa una enorme aportación de energía, un impulso vital y esencial de gran fuerza.

Recordemos que en el juego del tarot, El Loco sirve de excusa. Es decir que se coloca sobre la mesa para evitar entrar en competición al momento de la baza: el Loco, ni más ni menos, aparece y permanece en posesión del jugador que lo mantiene con sus bazas. Sin implicarse, libre, e invicto. Es una carta que se sitúa por encima y por debajo del valor de las demás. Entonces, podemos decir que El Loco está simultáneamente fuera de la numerología, y que la atraviesa como flujo esencial, como un caminante inagotable, con la mirada volteada no hacia la tierra sino hacia el cielo, encarnando la dinámica que consiste en ir hacia adelante, en el sentido de la Vida.

Palabras clave: recorrido, peregrinaje, aportación de energía, caminata, viaje, búsqueda de un objetivo. Vagabundeo o dirección. Flujo, aportar o quitar (según su lugar en la tirada). Poder del inconsciente, loco, irracional, desconocido, libertad, marginalidad, extravagancia.

• *Otros significados posibles*

Fluido: Inmensa aportación de energía, caminar en el sentido de la Vía. Ausencia de definiciones limitantes. Personaje atípico, sabio o perspicaz, buen entendimiento con el reino animal (o con su propia animalidad), irse de viaje, música y diversión (cascabeles), solo llevarse lo esencial (su pequeño hato)...

Estancado: Fuga y esquivo, abandono, ruptura, mendigo, vagabundo, errar, locura, consecuencia, actitud bufonesca, incapacidad para fijarse, falta de objetivo, agitación, rechazo del recogimiento y de la tranquilidad...

El Mundo: Al ser el Arcano XXI, tiene el valor numérico más elevado y es la cima de todos los Arcanos Mayores (y de los Triunfos, en el juego). Paradójicamente, también es una carta de nivel 1, como lo son los cuatro Ases, El Mago y La Fuerza: nos indica que la serie de Arcanos Mayores podría seguir hasta el infinito, que todo coronamiento es un comienzo, y que la elección de 22 Triunfos es un reflejo de nuestras posibilidades humanas, las cuales son necesariamente finitas y están determinadas por una medida. Es necesario detenerse en algún punto, y en la progresión numérica, el Tarot se detiene en el 21: el tiempo que le toma a un huevo de gallina para desarrollarse y eclosionar, el tiempo necesario para que el ser nuevo rompa con el único mundo que conoce y nazca en un nuevo mundo. Esta combinación del más alto valor numérico (21) y del más humilde nivel numerológico (nivel 1) le confiere al Mundo una doble cualidad de majestad y de humildad que nos remite a la auténtica realización espiritual: el "espíritu de principiante" de la tradición Zen o la "pobreza" en el vocabulario cristiano.

En el juego de tarot, las dos cartas que conviene "llevar al final" para ganar puntos adicionales (es decir que el jugador tiene que intentar guardarlas en su mano hasta la última baza, para ganar con ella las demás cartas presentes sobre la mesa) son los Triunfos 1 y 21: el más pequeño y el más alto valor numérico, ambos con un valor numerológico de "1". En este aspecto, el juego competitivo se une al juego esencial: "los primeros serán los últimos."

Palabras clave: logro, plenitud, despliegue, éxito. Encierro o idealismo, comienzo difícil (estancado). Feminidad sagrada o realizada, útero fecundo, armonía, equilibrio dinámico, coronamiento. Danza de la creación, *anima mundi*, la cuatro energías y la esencia, círculo chamánico o representación cósmica.

- *Otros significados posibles*

Fluido: Coronamiento, esplendor, realización. Feminidad realizada, la Dama, la cara femenina de Dios (Sophia, la Sabiduría encarnada). El equilibrio entre los medios y el fin, entre las cuatro energías (material, creativa, afectiva e intelectual) y la Esencia. Una gestación real o simbólica, un éxtasis físico o espiritual. Estar a gusto en "territorio extranjero". Viaje, exploración.

Estancado: Querer emprender de más y no llegar a nada. Modelos insuperables, idealismo. Desvalorización de sí, inseguridad profunda. Problemas ligados al nacimiento: memoria intrauterina o de nacimiento que interfiere con el presente, obstáculos concretos que impiden el nacimiento de un proyecto. Encierro. Incapacidad de ir hacia el mundo, de viajar, de salir de un espacio estrecho.

Nivel 1. Una semilla que busca ser plantada

Palabras clave: Potencial, potencia, poder, iniciación, punto de partida, principiante, comienzo, condiciones de existencia, todo está por hacerse, unidad.

Energía: El 1 es la condición de la vida, como la bellota es un roble en potencia, como un punto es el origen del Big Bang. Cuenta con un potencial ilimitado pero aún no tiene ninguna experiencia. Necesita ponerse en marcha para realizarse en la acción.

Edad, etapa vital: El animal, dotado de una inmensa energía vital. El feto en desarrollo y el bebé recién nacido, los cuales representan todo el potencial del ser humano que serán.

El nivel 1 en los Arcanos Mayores: El Mago y La Fuerza

- *Puntos en común entre los dos arcanos*

El sombrero en forma de lemniscata los asemeja. Sin embargo, El Mago "trabaja" de su mesa para arriba, mientras que La Fuerza actúa hacia abajo, con sus manos sobre la mandíbula del león. Tal vez callándolo, tal vez ayudándolo a rugir, o quizás simplemente acariciando su hocico. Debajo de la mesa, la forma contenida entre las piernas del Mago podría representar las caderas y el sexo desnudo de La Fuerza. El rectángulo que aparece en el cuello de La Fuerza, formado por la línea que marca la base de su cuello y el escote cuadrado de su vestido, podría recordarnos la mesa de El Mago.

- *Algunos significados posibles*

El Mago
Fluido: Punto de partida, inicio de una actividad, habilidad y destreza. La juventud y sus múltiples posibilidades. Tener todas las herramientas necesarias para poder actuar. Defender o presentar un proyecto. Saber empezar y elegir. Un joven talentoso, que puede ser un hijo, hermano o novio. Comienzo de una iniciación,

educación del corazón y del espíritu. Inocencia, espíritu del principiante.

Estancado: No sabe elegir y se queda atrapado en la red de la ilusión. Inmaduro, indeciso, tiene miedo a comprometerse. Mentiroso, estafador, charlatán. Falta de contacto con la realidad concreta, inestabilidad (la mesa tiene tres patas). Debilidad disfrazada de bellos discursos. Para una mujer puede representar lo masculino como modelo inaccesible: "Tendría que haber sido hombre...".

La Fuerza

Fluida: Es el inicio de una aventura interior o de un nuevo período en el que la intuición se manifiesta. Estar en contacto con los recursos profundos (inconsciente, sexualidad, creatividad). Alianza lograda con la naturaleza salvaje. Valentía y profundidad.

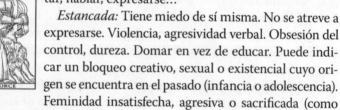

Maestría de uno mismo, fuerza del alma. Mujer joven o energía femenina que surge. Encontrar su voz, cantar, hablar, expresarse...

Estancada: Tiene miedo de sí misma. No se atreve a expresarse. Violencia, agresividad verbal. Obsesión del control, dureza. Domar en vez de educar. Puede indicar un bloqueo creativo, sexual o existencial cuyo origen se encuentra en el pasado (infancia o adolescencia). Feminidad insatisfecha, agresiva o sacrificada (como Santa Blandina, uno de los modelos iconográficos de esa carta)...

El As en los cuatro palos

En los juegos de cartas contemporáneos, el As es una potente carta que triunfa incluso por encima de las Figuras. Es una paradoja de esta carta, la cual representa a la vez el más pequeño valor numérico y todo el potencial de cada palo. En general, el As en una lectura evoca el potencial de un centro en particular, y dirige la atención hacia un recurso que pide ser explotado, un aspecto de uno mismo que ha sido descuidado.

As de Oros: Planeta, semilla, célula o moneda de oro, el As de Oros contiene todo el potencial de la vida material. Nos remite a la encarnación, condición de base de nuestra existencia. Si juntamos los puntos que aparecen en el centro de la flor, obtenemos un dibujo con forma de piedra tallada, diamante o joya: la conciencia al interior de la célula. Volver al sentir, a lo concreto: ¡Ahí está la respuesta!

As de Bastos: Sostenido por una mano derecha que muestra su palma, y rodeado de pavesas, el As de Bastos manifiesta toda la potencia y toda la vulnerabilidad de nuestro centro motor, sexual y creativo. Es un elemento natural y no manufacturado, un basto fálico y uterino (hueco) a la vez, el cual nos recuerda que los procesos de atracción y de repulsión están constantemente actuando en nuestra existencia. El aliento mismo es la manifestación de esta energía creativa fundamental. Así que: ¡Respiremos!

As de Copas: Imponente como una obra de arte, esta copa labrada con majestuosidad se presenta cerrada: el potencial del corazón está ahí, cómo un tesoro escondido y cercano, pero permanece inaccesible a no ser por su esplendor. La copa está posada sobre una base azul claro, que podría ser el océano de la impermanencia, y está recubierta por una construcción similar a un edificio, templo o castillo (que nos recuerda la expresión de Meister Eckhart "el pequeño castillo del alma"[135]). Cada uno de nosotros nace con el potencial de amar absolutamente, de abrirse. El centro del corazón nos llama al orden. En varios Tarots tradicionales, el As de Copas también es la carta en la que el grabador deja su firma, cuando este no es el maestro cartero.

---

135. Meister Eckhart, 2do Sermon, "*Intravit Jesus in quoddam castellum*".

As de Espadas: Este As, como el de Bastos, está sostenido por una mano derecha (la cual nos muestra esta vez su dorso) y está rodeado de pavesas coloridas. La corona reúne una palma y una rama de olivo (o de muérdago "dorado" por el tiempo) símbolos cristianos de la paz, que ya existían en la tradición druídica. Podemos considerarlas un homenaje a la gobernanza real que promueve la paz, aunque en el plano simbólico esta corona atravesada por la Espada simboliza la capacidad de sabiduría del centro intelectual, una vez más, en un estado potencial.

El Paje como nivel 1

Fluido: Encarna el espíritu del principiante, con una curiosidad y una disponibilidad sin límites y con una buena fe a prueba de todo. Está dispuesto a equivocarse y a aprender de sus errores, y se adentra con valentía en una práctica o territorio aún desconocido. Lleno de entusiasmo y candor, no tiene ningún prejuicio.

Estancado: Es incapaz de avanzar y se reduce a su potencial, es decir: a nada. Sueña con todo lo que podría emprender, lo que le da una ilusión de potencia, y exhibe su símbolo con vanidad, de manera superficial. Está encerrado en la infantilidad.

Del 1 al 2: Se trata de pasar de lo virtual a lo real, de entrar en la realidad. La potencialidad se encarna, se ancla en un contexto, renuncia a las infinitas posibilidades para tomar forma en un contexto particular. Por una parte, se *pierde* la ilusión del "todo es posible", y se *gana* la oportunidad real de introducirse en la manifestación, de participar en la existencia. La próxima etapa será necesariamente un tiempo de pausa y de construcción interior.

Nivel 2. La semilla crece secretamente en la tierra. Proceso alquímico y escondido, en un contexto favorable

Palabras clave: Actualización, espera, contexto, gestación, preparación, aprendizaje, acumulación, protegido o enfermo, no actuar, crecimiento invisible.

Energía: Inmóvil, escondida, alquimia interior. Esta alquimia, como un bollo que se cuece dentro del horno o un polluelo que se desarrolla en el huevo, requiere de un contexto favorable y no puede precipitarse hacia el exterior, ya que si lo hace podría interrumpirse y fracasar.

Edad, etapa vital: Infancia, etapa de aprendizaje, de preparación, de estudio. Proceso de germinación de una semilla que se planta en la tierra. Trabajo subterráneo. Aceptar crecer a través de lo que nos impide actuar (una enfermedad, una meditación, una situación de pausa...)

El nivel 2 en los Arcanos Mayores: La Papisa y El Colgado

- *Puntos en común entre los dos arcanos*

La Papisa escribe o estudia un libro, y se encuentra resguardada entre los muros de un convento o de un palacio. El colgado, con la cabeza hacia abajo, se encuentra entre dos árboles con las ramas cortadas y nos recuerda a un fruto que está madurando, a una crisálida colgando de una rama, o a un bebé en el vientre materno que se prepara para nacer. En los dos casos hay, simultáneamente, un contexto propicio para el desarrollo, el cual es protector y restrictivo a la vez, y una inmovilidad voluntaria o involuntaria del personaje. En el Tarot de Pierre Madenié (1709) y en el de Jean-Pierre Payen (1715) el número XII está escrito al revés, IIX: si volteamos la carta, nos encontramos al XII con un colgado que parece flotar, y con el nombre de la carta escrito boca abajo. Esta astucia visual refuerza la idea de inversión voluntaria y momentánea, de suspensión (de los gestos, del juicio) y es lo que la tradición Zen llama "el silencio del cuerpo".

- *Algunos significados posibles*

La Papisa

Fluida: Pureza, integridad, paciencia, elevación espiritual, humildad, espera fecunda. Germinación secreta y segura, proceso alquímico, aprendizaje en curso, escritura o gestación de un proyecto. Una actriz memorizando su rol, una abuela sabia y dulce. Autoridad espiritual, sabiduría tácita, clarividencia, recogimiento, rezo del corazón. Inocencia inmaculada y disciplina impecable.

Estancada: Frialdad, frustración, encierro, espera estéril. Secretos, rigor excesivo, angustia de ser abandonada, hipocresía. La ley en contra del amor, la letra en contra del espíritu, obediencia ciega de la tradición. Mujer glacial y severa, frigidez, dureza, intolerancia, insensibilidad...

El Colgado

Fluido: Meditación, ver las cosas desde otro ángulo, disolver las nociones de derecha/izquierda, arriba y abajo. Acróbata, virtuoso de lo desconocido, yogi. Espera llena de confianza, no es el momento de elegir. Tomarse el tiempo, no intervenir. Sacrificio voluntario a favor de un beneficio aún invisible. Escuchar, neutralidad benévola. La neutralidad del péndulo: lugar calmado al centro de todos los excesos. Proceso silencioso de curación, reposo necesario. Hijo o proyecto en gestación, confianza y tranquilidad...

Estancado: Prisionero de la situación, se le impide actuar. Paro, imposibilidad, rechazo categórico y definitivo, callejón sin salida. Enfermo, encerrado, sacrificado. Castigo, impotencia, indecisión. Holgazán, soñador, constantemente indeciso, pasivo, incapaz de pasar a la acción. Proyectos irrealistas o que nunca se realizan. Veleidoso. Traición anunciada, castigo (como en las pinturas de infamia del Renacimiento italiano).

El 2 en los cuatro palos

Es una espera indispensable, la confianza en un crecimiento invisible.

2 de Oros: Un enlace, un abrazo. El encuentro entre dos células o la división celular: surgirá una vida de ese encuentro. Un contrato (hecho o por hacer). Adentrarse en un contexto: realidad financiera, clima, restricciones de espacio o de tiempo. La relación de fusión entre un bebé y la madre que lo amamanta. El niño que depende económicamente de sus padres. Empezar a sentir lo que uno hace. Realizar un esfuerzo para concretizar algo.

2 de Bastos: Un estado prepubertal, con todas las experiencias intensas e invisibles que implica (períodos de latencia y períodos de experimentación). Tiempo de acumulación de una creatividad que todavía no se ha manifestado. Energía que se reúne, se repliega en sí misma para prepararse a avanzar. La intuición que precede la creación artística, en la cual todavía no llega la inspiración.

2 de Copas: El modelo fundamental de la relación: la pareja parental. Primera concepción de "yo y el otro": idealización del amor, conflicto, ¿arte de la relación? Generalmente, se refiere a la manera en la cual el concepto de duo o de pareja se formó durante nuestra educación. Pareja ideal o idealización de la pareja. Aprender a amarse.

2 de Espadas: Ensueño silencioso (y confuso) que precede cualquier expresión. El mundo interior. Producción de imágenes individuales y también recepción de imágenes provenientes del mundo. Escuchar un nuevo idioma que no entendemos por completo.

Germinación del aprendizaje, fase de latencia. La cabeza está llena pero los pensamientos todavía no son claros. Tomar una pausa para releer las notas tomadas o para corregir un manuscrito.

El Paje como nivel 2

Fluido: Sigue desarrollando su potencial, y se prepara a eclosionar. Es atento y tímido a la vez, pero se entrega decididamente al crecimiento que se lleva a cabo dentro de él. Tal vez no se exprese, tal vez parezca que no actúa, pero lo hace para prepararse mejor. Es modesto y prudente, y acoge lo que le toca recibir, sin saltarse ningún paso. Esta prudencia y receptividad son el germen de su futura riqueza.

Estancado: Se identifica con la etapa en la que se encuentra y vive la espera como si fuera una frustración eterna. Se pierde en las dudas, no está consciente de su potencial y se cierra ante todas las aportaciones. Es incapaz de expresarse, y se encuentra bloqueado e invadido por creencias limitantes. Se come las uñas para evitar crecer y corre el riesgo de quedarse bloqueado en su pequeñez. En este estancamiento, se pueden manifestar angustias invisibles y profundas.

Del 2 al 3: La semilla germina, el huevo se abre, lo que estaba escondido se vuelve manifiesto. Se *pierde* una seguridad matricial y se *gana* una individualidad que se afirma e intenta explorar el mundo. La próxima etapa será aquella de la acción explosiva, sin experiencia previa, e impulsada por un entusiasmo vital: empezar a existir fuera de sí mismo.

Nivel 3. La germinación: un nuevo brote, frágil y tierno, hace que explote la estructura antigua

Palabras clave: Estallido, crecida, eclosión, destrucción de lo antiguo, borrón y cuenta nueva, germinación, creatividad expansiva, embriaguez e intensidad de las primeras veces.

Energía: Explosiva, impulsada por un estallido intenso. Vulnerable, ya que no tiene raíces o experiencia.

Edad, etapa vital: Eclosión, adolescencia. El 3 tiene que romper con su mundo reconfortante para crear su propia realidad o asociarse con lo que se le asemeja (como en las "bandas" de adolescentes). Descubre las grandes realidades existenciales, el amor, la muerte, y en su ingenuidad cree que puede controlarlas, cosa que puede llegar a desilusionarlo. Sin embargo, su energía es impresionante.

El nivel 3 en los Arcanos Mayores:
La Emperatriz y el Arcano XIII (o Arcano Sin Nombre)

- *Puntos en común entre los dos arcanos*

La fertilidad de La Emperatriz hace eco a la acción de cosecha y de limpieza radical del Arcano XIII. No existe una correspondencia pictórica directa entre las dos imágenes, más allá de la inclinación del cetro de La Emperatriz que corresponde al mango de la guadaña del Arcano XIII. Tienen en común una dinámica de la potencia y de la impotencia: el hombre no es nada ante la muerte, todo poderosa; un imperio no es nada sin una Emperatriz que engendre descendientes, aún cuando esta sea impotente en el ámbito político. También podemos notar que varias tradiciones representan la feminidad cósmica con esta doble cara: una seductora y dulce y otra implacable e iracunda (Parvati y Kali en India, La Virgen de Guadalupe y la Santa Muerte o Coatlicue en México, Eva y Lilith...).

- *Algunos significados posibles*

La Emperatriz

Fluida: Fértil, fecunda, primaveral. Eterna juventud, creatividad, inteligencia viva. Potencia de la belleza, elegancia irradiante.

La naturaleza que engendra, la madre sexuada o joven doncella. Capacidad de maravillarse como si fuera la primera vez. Energía juvenil al servicio de una nueva etapa de vida. Nobleza y frescura. Inspiración, musa del poeta...

Estancada: Superficial e imprudente. Víctima de la seducción (propia o de otra persona). Caprichosa, impone su voluntad. Vanidad, coquetería, pretensión, abuso de poder. Una madre frívola e irresponsable, una mujer narcisista y sin corazón. Entusiasmo juvenil que carece de profundidad...

El Arcano Sin Nombre

Fluido: Transformación necesaria. Estructura esencial (como el esqueleto) que es revelada por la acción. Impermanencia fecunda. Revolución, cambio. Expresión justa de una emoción fuerte. Borrar todo para empezar de nuevo. Enojo saludable. Trabajo de duelo. Cambiar de registro. Limpiar, deshacerse de lo superfluo. Encontrar su centro, su esqueleto, su fuerza esencial. Enfrentarse cara a cara con lo inevitable: la enfermedad, la muerte, el duelo, el cambio...

Estancado: Dificultad para realizar el duelo. Auto-destrucción, violencia sufrida o impuesta a los demás. Miedo a la muerte, terrores irracionales, pesadillas. Rabia, emociones negativas sin control. Enojo reprimido, agresión que se expresa contra uno mismo. Transformación radical y dolorosa, ruptura que se vive mal: demasiado precoz, demasiado brutal, injustificada...

El 3 en los cuatro palos

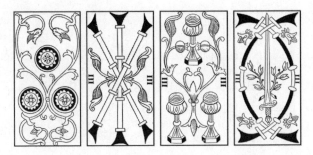

Es un momento de estallido que produce un primer resultado. Se trata de una acción impulsiva y tímida que, sin embargo, cuenta con la fuerza de las primeras veces.

3 de Oros: Primera inversión o primera ganancia. Primer paso fuera de un nido reconfortante. Descubrimiento de un nuevo país, de una nueva comida... Impulsión de gastar el dinero, gesto impulsivo, donación espontánea y sin reflexión que no garantiza un rendimiento. Descubrimiento de un territorio desconocido.

3 de Bastos: Pubertad, descubrimiento de la sexualidad, explosión del deseo, primeros orgasmos. Aparición concreta de una posibilidad creativa. Inspiración potente e involuntaria. Energía bruta (y a veces brutal), respiración jadeante. Deseo nuevo e imperioso. Ausencia total de habilidad, pero con un fuerte impulso.

3 de Copas: Primer amor, con la referencia implícita de la tríada (mamá-papá-hija/hijo). Romanticismo descabellado, entusiasmo amoroso que no ve más allá de un impulso inicial que cree ser "de vida o muerte". Jugarse el todo por el todo, corriendo el riesgo de acabar con el corazón roto. Actitud jovial y generosa, buen humor. Afección sin intenciones ocultas, entera.

3 de Espadas: Afirmación de ideas personales. Opinión decidida, palabra franca. Osar expresarse, hablar abiertamente, a veces de manera torpe. Riesgo de agresión verbal. Confundir la opinión propia con la verdad: riesgo de fanatismo.

El Paje como nivel 3

Fluido: Encarna una eclosión tímida y entusiasta a la vez. Consciente de su fragilidad, se deja llevar por la corriente de la Vida y se abre a la acción por primera vez. Es un principiante de sonrisa alegre que compensa las imperfecciones de su falta de experiencia con su incansable buena gracia. Encarna la energía de la juventud, fresca y un poco torpe, llena de promesas.

Estancado: Se lanza cabizbajo, arrogante o inconsciente, teniendo como máxima "hacerlo o romperlo". Es incapaz de reconocer el horizonte estable y pacífico de la vida adulta, y se reduce a una energía ardiente y desordenada la cual cree ser lo más fino que haya, causando daños en su camino. Es mejor no tener que lidiar con él y con su puerilidad inconsciente. Sin embargo, algunas personas son sensibles a su carisma.

Del 3 al 4: Al entrar en contacto con la realidad, la energía explosiva del 3 se estabiliza, y adquiere una mayor profundidad, para volverse autónoma. Se *pierde* la potencia de la acción entusiasta e ingenua y se *gana* una estructura más sólida. La próxima etapa será un tiempo de consolidación, de obediencia a las leyes naturales, de descubrimiento de los procesos universales sobre los cuales reposa la seguridad individual.

Nivel 4. El brote gana solidez y se vuelve tallo: crecimiento hacia arriba y arraigo hacia abajo

Palabras clave: Arraigarse, estabilizar, seguridad, *dharma* (ley justa), circulación fluida, obediencia, solidez, autonomía, construcción, compromiso, constancia.

Energía: Potencia estable, anclada entre el cielo y la tierra, que rige la realidad de acuerdo con leyes superiores.

Edad, etapa vital: El principio de la edad adulta: determinar su territorio, comprometerse en nombre de valores seguros, apoyarse en su propia fuerza. Encontrar el equilibrio y asegurar las condiciones de la supervivencia propia. Construir un nido en el que pueda desarrollarse una familia, un proyecto.

El nivel 4 en los Arcanos Mayores: El Emperador y Templanza

• *Puntos en común entre los dos arcanos*

A su manera, cada uno se ubica entre la tierra y el cielo y sintetiza las dos dimensiones. La estabilidad y la seguridad dependen de esta capacidad de vivir en una dimensión tanto celeste como terrestre. El Emperador encarna el poder en el mundo. Está sólidamente sentado en su trono, con las piernas cruzadas, en una postura de autoridad. Pero, si miramos más de cerca, el cetro que parece sostener atraviesa su mano o está flotando detrás de ella, como si fuera un atributo inmaterial, una luz, un poder recibido del cielo. Templanza es un ángel que encarna la potencia celeste y vertical de las leyes divinas. Pero su pie está posado en el suelo y el forro de su vestido es color carne, como si significara un anclaje en el ámbito humano: aquí, en esta encarnación, se manifiesta la potencia celeste.

411

- *Algunos significados posibles*

El Emperador

Fluido: Equilibrio, estabilidad, seguridad. Masculinidad bien asumida. Padre justo y bueno. Un amigo o compañero seguro. Virilidad sana y tranquilizante. Poder benévolo, gobierno respetuoso de las leyes naturales. Solidez material o financiera. Arquitecto o constructor. Edificio o construcción sólida. Cálculo exacto, proporción justa, capacidad de poner orden en su propia vida y en la de los demás. Fuerza de voluntad. *Dharma*, disciplina y rigor...

Estancado: Abuso de poder, deriva disciplinaria, tiranía, absolutismo. Hombre rígido, postura paternal hueca, falta de ternura. Espíritu obtuso y racional, incapaz de fantasía o de percibir diferentes matices. Exceso de materialismo, que hace caso omiso de todo diálogo. Ver para creer, ceguera ante los procesos sutiles. Obsesión por el poder y el dinero. Machismo, patriarcado, y todas sus consecuencias tóxicas...

Templanza

Fluida: Acción de equilibrar, de curar, de reunir elementos dispersos en una harmonía común. Protección concreta o sobrenatural. El inconsciente como "ángel guardián" (inconsciente positivo, recursos interiores). Dulzura, diplomacia, paciencia. Templanza y sobriedad. Volver a poner orden en sus asuntos o en su salud. Tiempo de curación, de integración, de regeneración. Hacer que circulen las energías para regenerarlas: circulación sana, oxigenación, mezclas de buena calidad...

Estancada: Dudas, retraso, tergiversación. Angelismo, infantilidad. Bloqueo sexual/creativo. Idealización de una persona muerta. Evaluar constantemente los pros y los contras. Tendencia a dejarse llevar por la corriente, no expresarse y dejarse influenciar. Docilidad excesiva, síndrome del "buen niño" o de la "buena niña", refugiarse en la indiferencia al ser incapaz de decidir...

El 4 en los cuatro palos

Representa las condiciones de base en las cuales cada energía puede subsistir y desarrollarse.

4 de Oros: Condiciones de una construcción sólida: financiamiento adecuado, cimientos de una casa... Hogar estable, que permite asegurar la supervivencia. Los cuatro pilares del templo, las cuatro patas de la mesa. Fortificar, curarse, retomar fuerzas. Sentirse en seguridad y en casa. Verificar que tenemos los medios suficientes, las bases necesarias para realizar algo.

4 de Bastos: Se estabiliza una habilidad: la artesanía como técnica universal, proporciones justas, gestos adquiridos. Conocer su arte, dominar su instrumento. Condiciones de base para expresar un talento. En la sexualidad: buen entendimiento consigo mismo o con su pareja, apetito sexual sólido, haber adquirido las bases necesarias para gozar de una sexualidad agradable, aunque esta puede caer en la rutina.

4 de Copas: Seguridad afectiva fundamental: el clan, la familia, el círculo de amistades. No hay enemigos a la vista, no hay peligros mayores. Tener el corazón tranquilo y seguro. Un mundo balizado en el cual hay aliados y amigos en cada horizonte. Sin embargo, hay que tener cuidado de no encerrarse en sí mismo, en el clan, en lo conocido.

4 de Espadas: Un pensamiento pausado y claro. El sentido exacto de las palabras. Capacidad de explicar al otro lo que conocemos. Tendencia a racionalizar, a querer explicar. Ideas concretas, que podemos aplicar en la materia. Razonamiento bien organizado, espíritu "cuadrado" que no debería creerse dueño de la verdad última.

413

Reinas y Reyes como nivel 4

Reina fluida: Se establece en el interior de su símbolo, y aprende a conocerlo: ¿Cómo siento mi cuerpo (Oros)? ¿Cuál es la energía de mi centro sexual (Bastos) en este momento? ¿Cuál es el clima de mi corazón (Copas) en este instante? ¿Qué pienso de eso (Espadas)? Es el primer paso para no mentirse a sí mismo.

Rey fluido: Encarna su símbolo con honestidad y rectitud: una palabra clara, un corazón franco, una energía dominada, finanzas sanas. Podemos confiar en su acción, y apoyarnos en él. No hay un doble discurso, no hay estafa. Es franco y sincero.

Reina estancada: Se vuelve avara, ombliguista, obsesionada. Fascinada por su símbolo, es incapaz de tomar el mínimo riesgo hacia el exterior, y se encierra en sí misma, embriagada por sus virtudes ilusorias.

Rey estancado: Se cree El Emperador y pretende regir todo a partir de su símbolo. Rey de Espadas, tratará con el mundo desde las alturas de su intelecto racional. Rey de Copas, jugará hipócritamente el papel de gran señor. Rey de Bastos, su voracidad de poder lo volverá seductor o agresivo. Rey de Oros, será un comerciante sin escrúpulos que compra muy barato para vender muy caro.

Del 4 al 5: Así como una planta bien arraigada y capaz de extraer agua de las profundidades de la tierra se arriesga a desplegar su follaje, el 4, una vez asegurada su autonomía, puede desplegarse hacia nuevos territorios. El paso puede hacerse hacia arriba (un ideal, la certeza de las cosas invisibles), o hacia abajo (el descubrimiento de las profundidades de sí mismo o del mundo), o de manera horizontal, hacia tierras desconocidas, como lo hacen los grandes exploradores. Pero la toma de riesgo también es el inicio del encuentro con el otro: del 4 al 5, pasamos de la autarquía a la jerarquía, primera condición de organización de la vida en comunidad. El adulto egocéntrico se vuelve un adulto social. Innegablemente, se *pierde* una comodidad. Pero se *gana* una nueva dirección que puede llevarnos más allá de la pura supervivencia egoísta.

Nivel 5. Cambio de orientación, toma de riesgo: aparecen hojas sobre el tallo, respiran y se despliegan

Palabras clave: Pasaje, puente, ideal, tentación, toma de riesgo, descubrimiento, exploración, expansión horizontal, transmisión, descubrimiento de una nueva dimensión, jerarquía, yo y el otro, lanzarse a la aventura.

Energía: Transmisión, puente, aprendizaje, orientación hacia un más allá. Es indispensable tener una visión general de la situación para poder tomar riesgos calculados. Concentración y valentía para adentrarse en lo desconocido.

Edad, etapa vital: Adulto responsable, que forma parte de la sociedad y es capaz de tomar riesgos. Vigilancia necesaria para la utilización justa de la jerarquía: tener la capacidad de ponerse en el lugar de cualquiera de los niveles, del más humilde al más elevado, condición sin la cual la jerarquía se estanca y se corrompe.

El nivel 5 en los Arcanos Mayores: El Papa y El Diablo

• *Puntos en común entre los dos arcanos*

Los dos surgen de la cultura católica en la cual el Papa es el jefe supremo y el Diablo el enemigo público número uno. El Tarot de Marsella, de forma impertinente, coloca estos dos extremos en el mismo plano numerológico, como si quisiera recordarnos que nuestro progreso espiritual debe abrazar la totalidad de los elementos presentes: las alturas y los bajos fondos, lo ideal y lo profundo. El grafismo nos remite a una organización jerárquica: un personaje central, más grande, rige a dos personajes más pequeños dispuestos a su izquierda y a su derecha. Aparece la comunidad después de cuatro etapas solitarias. No obstante, la aparición del otro es un evento importante, que debe ser regulado por una estructura jerárquica: todavía no estamos en la comunión, la cual será el horizonte del 6.

- *Algunos significados posibles*

El Papa

Fluido: Prelado, pontífice, maestro, padre o abuelo capaz de amar equitativamente a una hermandad numerosa, y de unir a los hermanos y hermanas entre sí con su ejemplo. Encarna la capacidad de guiar y de comunicar en una jerarquía necesaria y justa. A veces representa un matrimonio, una unión, o incluso los medios que tenemos para comunicar. Puede ser un guía espiritual o un maestro dotado de habilidades de gran calidad. En un gesto de bendición muestra un más allá ubicado a nuestra derecha, hacia el cual nos incita a ponernos en marcha...

Estancado: Se aprovecha desvergonzadamente de su posición en la cima de la jerarquía: no practica lo que predica. Falta de coherencia y de integridad. Hipócrita, seductor espiritual, persona que abusa de su autoridad moral. Escuela o religión fundada sobre la hipocresía y la mentira. Preocupación excesiva del "qué dirán". Idealismo. Postura vacía, discurso repetitivo sin fin...

El Diablo

Fluido: Embriaguez de las profundidades, origen de los deseos (confesables o no). Magma interior, oscuridad fecunda que genera sueños y proyectos. "Tenemos miedo de lo que deseamos" y viceversa. Descender en uno mismo y verse sin máscaras. Nudo profundo, pasional, inexplicable. Punto de anclaje de las pulsiones, de las preferencias y de las memorias individuales. El Diablo representa el inconsciente bajo todos sus aspectos: ese fondo humano universal, así como las profundidades individuales de cada uno de dónde emerge la riqueza de nuestro ser en el mundo. Es la fuente del talento y tiene el poder de hacerlo emerger.

Estancado: Miedo de verse de frente, rechazo de lo profundo. Angustias metafísicas, vergüenza. Apego a los bienes materiales, avidez por el dinero. Complacencia, pereza, infantilidad persistente. Falsas promesas, contrato engañoso. Enredo o caos sin bene-

ficio creativo real. Charlatanismo, extorsión, seducción y crueldad. Perversiones de todo tipo. Mentira individual o institucional.
Complacencia con uno mismo...

El 5 en los cuatro palos

Marca la última etapa de un mundo antiguo y la llamada de
un mundo nuevo, el cual todavía es intocable. Sea un ideal o una
tentación, se requiere de un impulso y de una toma de riesgo para
atravesar lo que se presenta como un océano o un abismo...

5 de Oros: Si el 4 de Oros se enfocaba en la ganancia individual
y en la rentabilidad, el 5 descubre nuevas razones para vivir, invertir y existir. Puede ser un empresario industrial que opta por
adentrarse en la ecología, o en la economía social y solidaria. También es el descubrimiento de una nueva dimensión (psicosomáti-
ca, energética...) al interior de los procesos del cuerpo. El riesgo
principal es ilusionarse, dejarse engañar por un placebo.

5 de Bastos: Surge un nuevo eje, más allá de la satisfacción tran-
quila e inmediata. Puede ser un artesano que se atreve a innovar,
o un(a) amante que revela un deseo escondido. También puede ser
una nueva energía, insospechada, que atraviesa nuestra acción y
la empuja sin que sepamos de dónde viene. ¿Qué hay atrás de ese
evento? ¿De qué mundo desconocido es el umbral? En este nivel,
la pregunta se mantiene abierta. Podría ser un diablo como podría
ser un ángel o un aliado.

5 de Copas: El corazón estalla, nos lleva a realizar un acto de
generosidad espontáneo, a recibir al extranjero como si fuera uno

417

de los nuestros, a sentir una emoción única (y dificultada por la incertitud y la torpeza) por tal actividad o tal maestro. El corazón toma un riesgo: amar más allá del clan. Se presentan emociones sublimes: devoción, gratitud, compasión, que pueden estar manchadas por una gran sentimentalidad.

5 de Espadas: Una espada atraviesa el entrelazado de los pensamientos seguros y, al hacerlo, se descubre una nueva visión. Puede ser una opinión que aún no había sido considerada o, al contrario, una manera innovadora de presentar las cosas que permite convencer finalmente a los demás. La comunicación cambia de forma, lo verdadero y lo falso ya no están condicionados a pruebas tangibles e inmediatas. Puede ser una nueva teoría científica como el descubrimiento de la geometría no euclidiana, o el hallazgo de un hueso minúsculo que pone en tela de juicio toda la paleontología. ¿Pero dónde diablos está la verdad?

Reinas y Reyes como nivel 5

Reina fluida: Se voltea hacia su propio interior y se abre a lo desconocido... Sensación que dilata el cuerpo más allá de sus fronteras, torrentes de amor que hacen que lata el corazón, deseos invisibles con potentes inspiraciones, ideas fascinantes que se expresan en palabras o en imágenes: se manifiesta un llamado interior y nos muestra que nuestros límites son ilusorios. La reina prueba la embriaguez, atravesada por un eje de sobriedad.

Rey fluido: Comunica, crea puentes, hace pasar su mensaje, construye nuevos monumentos, escribe nuevas leyes... Es un monarca inventivo, un padre inspirado. También puede representar la capacidad de tomar riesgos bien calculados, de manifestar en el exterior una intención de evolucionar, de profundizar y de unirse.

Esta acción puede llevarse a cabo gracias a un sentido desarrollado de las prioridades: jerarquizamos de manera justa, y calculamos el presupuesto con realismo.

Reina estancada: Se vuelve rígida: tiene miedo al riesgo, se tiene miedo a sí misma. Sofocándose en su propia grandeza que no acaba de descubrir, ilustra perfectamente esta cita de Marianne Williamson: "Nuestro mayor miedo no es ser insuficientes. Nuestro mayor miedo es ser capaces más allá de cualquier medida. Lo que nos asusta por encima de todo, es nuestra luz y no nuestra oscuridad". Cuando se encuentra estancada, la reina se queda presa en este miedo.

Rey estancado: Toma riesgos mal calculados. O no alcanza su meta, o logra obtener lo que quiere a cuestas de los demás. Es un conductor desconsiderado que excede los límites de velocidad, un glotón que se atraca de comida y se emborracha, un seductor compulsivo que hace sufrir a su familia, un hablador incansable que monopoliza todas las conversaciones... Profundamente desvalorizado, se aferra a una posición de superioridad ilusoria, en la cual intenta establecerse sobrepasando los límites.

Del 5 al 6: Esta mutación representa un salto y no una transición, como ocurría entre los números anteriores. Como Cristóbal Colón embarcándose para las Indias y descubriendo América, como una planta desconocida de hojas humildes que florece en una explosión de colores y perfumes, como la revolución Copernicana que coloca el Sol en vez de la Tierra al centro del universo, el paso del 5 al 6, del cuadrado tierra al cuadrado cielo es toda una mudanza... y puede vivirse como un exilio. Se *pierde* el mundo al alcance del ego, el cual se puede explicar y reducir a nuestros propios criterios, se *pierde* la ilusión de la permanencia, y se *pierde*, sobre todo, el yo como centro. En el 5 podemos jugar a ser generosos desde el egoísmo, mientras que en el 6 el egoísmo tiene que morir. En contraparte, se *gana* un horizonte sin límites, una dignidad fundamental de ser humano, y el sutil perfume de lo infinito.

Nivel 6. Florecer y plenitud:
una belleza efímera revela la identidad de la planta

Palabras clave: Nuevo mundo, el otro y yo, ¿amor o conflicto?, belleza, florecer, desarrollo feliz, salir de lo conocido, el ser humano en el cosmos, encontrar su propio estilo.

Energía: Dulce y de una intensidad colosal a la vez. Como una flor que brota, como un amor que nace, como un secreto que finalmente se revela. El 6 aparece como una evidencia: lo que está ahí, aunque sea nuevo, parecer pertenecernos desde la eternidad.

Edad, etapa vital: Es el momento de reencuentro real con el otro y con uno mismo el que nos permite acceder realmente al estatus de adulto. Este encuentro puede suceder en diferentes momentos de la vida: el 6 es un florecer que se renueva a menudo, y que llega siempre como una sorpresa y como una revelación. Su nivel de conciencia es transpersonal, acepta la igualdad fundamental entre todos los seres humanos.

El nivel 6 en los Arcanos Mayores:
El Enamorado y La Torre

• *Puntos en común entre los dos arcanos*

En ambas cartas, la evolución con respecto al 5 es de una misma naturaleza: varios personajes (dos en La Torre, y tres a los cuales se suma el ángel en El Enamorado). Esta vez, ningún personaje tiene un tamaño superior al de los demás: desembocamos en un espacio en el que la alteridad se puede considerar sin tener que recurrir a la jerarquía. Idealmente, este espacio fraternal se realiza en comunión. En el peor de los casos, genera conflictos. También es la etapa en la que el cielo se abre: por primera vez en la serie, la parte superior de la carta ya no está ocupada por la cabeza de un personaje humano sino por una manifestación cósmica: *Eros* que vuela frente al sol, y la emanación colorada que sostiene el techo almenado de La Torre para unirse, en la parte superior derecha de la carta, con un astro del que solo vemos una pequeña parte.

- *Algunos significados posibles*

El Enamorado

Fluido: Relaciones afectivas y sociales, la hermandad, una comunidad. Hacer lo que nos gusta, en buena compañía. Tener don de gente. Huellas de las relaciones que tuvimos en la infancia, ingenuidad. El deslumbramiento amoroso como mensaje del amor divino. Solidaridad, hacer una buena elección o unir las opciones presentes. La ley del corazón. Compasión y comunicación real, aún cuando estas solo sean momentáneas...

Estancado: Dificultades emocionales de todo tipo. Triángulo amoroso, intromisión de la familia en la pareja, conflictos afectivos, preferencias hirientes o exageradas. Degradación de un lazo de corazón, prostitución, chantaje afectivo. Duda, incertidumbre, incapacidad para elegir, para comprometerse. Tentación y confusión afectiva...

La Torre

Fluida: Apertura, emergencia, liberación: salir de la rutina, mudarse, revelar un secreto, expresarse, salir de su torre de marfil.

Sobrepasar el pensamiento racional, entusiasmo, despertar a otra realidad. Curación de una enfermedad, redescubrir el mundo exterior. Herbolaria. Acróbatas, escena de teatro, ver las cosas desde otro punto de vista. Eyaculación, orgasmo, festividad. Nacimiento (de gemelos o de dos hijos sucesivos). Nacimiento de un proyecto, generar dos opciones simultáneas. Faro en la tormenta, *ashram*, hospital, lugar que permite curarse.

Estancada: Perturbación, expulsión, ser proyectado fuera de un espacio. Ruptura, separación, caída, demolición, exilio. Los planes que estaban en el aire se caen. Edificio fulminado o destruido, ilusiones rotas. Desacuerdo. Eyaculación precoz. Dificultad para abrirse, para expresarse: miedo a la catástrofe. Nacimiento traumático, de gemelos, preferencia de un hijo por encima del otro...

El 6 en los cuatro palos

Es un florecimiento, la emergencia de una belleza y de las cualidades propias que se van a expresar de forma particular en cada energía.

6 de Oros: Al centro, encontramos el mundo "estable" de los cuatro oros, enmarcado por la vegetación que emana del centro. Aparecen dos nuevos oros, uno arriba y otro abajo, sin ataduras, los cuales podrían representar lo infinitamente grande y lo infinitamente pequeño. La Tierra, nuestra "tierra firme", ha encontrado su lugar en el cosmos, y de ahí surge un placer por la vida, una salud ligada a las leyes universales, la conciencia de ser un átomo del gran Todo. El "carpe diem" de los epicurianos podría ser el lema del 6 de Oros.

6 de Bastos: Mientras que, en las cartas anteriores, las hojas que surgían en el cruce de los bastos eran azules y redondeadas, el 6 de Bastos inaugura un nuevo estilo, con hojas puntiagudas y enroscadas, con puntas amarillas similares a las de la flor superior. Esta floritura representa la realización del talento personal, "encontrar su estilo", afirmar su propia estética y gozar de ella, así como una rosa disfruta de ser una rosa con un perfume único.

6 de Copas: La geometría de las cartas de Copas se distingue por primera vez de la de los Oros: Alrededor de un rico eje ornamentado, se hacen frente tres copas a la derecha y tres a la izquierda. Similares a una pareja de gemelos, como en la fórmula Maya tradicional *"In Lak'Ech"* que significa "Yo soy otro tú". Puede ser el flechazo y la embriaguez de haber encontrado el alma gemela, así como el reconocimiento más sobrio y duradero que, esencialmente, el otro no es diferente de mí. Es el primer paso en el reino del amor verdadero.

6 de Espadas: La flor central se distingue por su ornamentación particular, un poco más discreta que la del 6 de Bastos. Aquí, el pensamiento sale del ámbito racional para adentrarse en la lógica de la belleza y de la poesía, tal vez el tono en el que se pronuncian las palabras se vuelve más importante que las palabras mismas. Es el primer paso fuera de la tiranía de la opinión, hacia una verdad cada vez más vasta. También es una metáfora que nos conmueve, una imagen elocuente, la fina flor de la palabra.

Reinas y Reyes como nivel 6

Reina fluida: Encarna y siente la belleza de su símbolo, y se convierte en su generadora, humilde y atenta. Sumergida en las profundidades de la sensación, podría ser una herbolaria que escucha el lenguaje de las flores (Oros). Consciente de la naturaleza sexual y creativa que llega hasta el fondo de sus células, irradia belleza y potencia (Bastos). La Reina de Copas escucha latir su propio corazón, y ese ritmo se vuelve su templo. La Reina de Espadas inventa un idioma que le permite comunicarse con las plantas, los pájaros o los recién nacidos.

Rey fluido: Generoso y astuto, las fundaciones de su reino son la belleza, el placer y la comodidad. Entiende que la relajación es la condición de la acción justa, que un ornamento no es un gasto inútil, sabe pronunciar palabras que consuelan y acoger a los corazones dolidos. Su presencia es dulce como una brisa primaveral, y simple y potente como un árbol centenario.

Reina estancada: Está envenenada por el narcisismo inherente al nivel 6 estancado: amanerada, gastadora, inútilmente coqueta... Puede pasar horas enteras mirándose en el espejo, o desesperar a los demás con su ombliguismo ingenuo y sin límites. Es una madre egocéntrica que relega a sus hijos a un rol decorativo o los convierte en su público. Puede que aún parezca carismática y seductora si uno cae en su juego.

Rey estancado: Se repite eternamente, como un artista sin inspiración que repite la misma pintura en docenas de ejemplares, como un escritor que cuenta la misma historia en cada una de sus novelas, como un monstruo sagrado, en el cine o en el teatro, que siempre vocifera en la misma tonalidad. Ha encontrado un truco que gusta, y ocupa el terreno con obstinación, tan solo preocupado por que nadie le robe su puesto estelar. La ridiculez no le hace nada, esta demasiado preocupado de sí mismo para darse cuenta de ella.

Del 6 al 7: La flor solo dura poco tiempo, su extraordinario brillo no es más que el anuncio de un proceso más duradero, con efectos a largo plazo: la fructificación. El 6 es receptor de un efímero esplendor, y opera una transformación radical en el 7: se va a poner en acción, al servicio del mundo. Se *pierde* la ligereza, la satisfacción centrada en sí mismo y la harmonía que parece venir del cielo, pero se *gana* la posibilidad de actuar en el mundo, de ampliar su visión tomando en cuenta todos los elementos presentes, de servir en una situación y entre sus semejantes.

Nivel 7. El objetivo del florecimiento aparece: es la fructificación. La planta se vuelve alimento para todos los seres

Palabras clave: Acción en el mundo, trabajar para el bien común, servicio, triunfo, éxito, acción brillante, nómada/sedentario, viajar, fructificar, armonía con el planeta, ecología, intención y atención, generosidad, espíritu aventurero...

Energía: Es una energía individual muy aguda, la cual tiene que dominarse de manera de estar en pleno acuerdo con la energía universal. Nos recuerda a un esquiador olímpico que desciende por una pista nevada o a un piloto de carreras. La atención y la intención están al máximo: el mínimo error podría hacer que la acción derrape, y provocar consecuencias catastróficas.

Edad, etapa vital: El 7 es el adulto integrado a su entorno: está consciente de sus semejantes y del animal, vegetal, mineral. Es el ser humano capaz de realizar una acción verdadera. La naturaleza de esta acción va a depender del sistema de valores que se elija: la estrella de Hollywood o el servidor de la humanidad, según cada quién.

El nivel 7 en los Arcanos Mayores: El Carro y La Estrella

- *Puntos en común entre los dos arcanos*

En el Tarot de Pierre Madenié y en todos los tarots de la tradición "de Marsella", La Estrella y El Carro tienen una estructura geométrica en común: observamos un triángulo inscrito en un cuadrado, el cual representa de manera simbólica al espíritu que actúa en el corazón de la materia. En La Estrella, está formado por las tres estrellas azules en medio de las cuatro estrellas amarillas, y por el movimiento de las jarras que forman un triángulo hacia la tierra y el agua. En El Carro, la estructura misma del cuerpo es un triángulo, inscrito al interior del cuadrado que forma el habitáculo. Cada uno tiene su territorio, La Estrella es sedentaria y El Carro es nómada. La Estrella materializa el Espíritu: lo que viene del cielo se vuelca en la tierra. El Carro espiritualiza la materia: similar al cochero del mito platónico, el príncipe reina sobre su carroza de la misma manera en que el espíritu atento reina sobre los movimientos conscientes.

- *Algunos significados posibles*

El Carro

Fluido: Príncipe, amante, conquistador: un hombre energético y capaz. Dirección competente, acción decidida. Triunfar, conquistar. Ecuanimidad (la cara neutra entre las dos caras afectadas de las hombreras.) Visión de conjunto. Acción adecuada, éxito profesional, realización concreta. Conducir un coche o un proyecto. Viaje, exploración, descubrir nuevos horizontes. La acción como Servicio (actuar por los demás, a favor de una situación), presencia del espíritu en la materia: atención, concentración, exactitud...

Estancado: Dificultad para actuar, desvalorización (a menudo, de una mujer con respecto a los hombres de la familia). Riesgo de accidente, loco al volante. Jactancia, morgue, presunción. Equivocarse de camino. Invasión, conquista injusta. Todos los excesos destructores de la acción profesional: oportunismo, incompetencia, inflar el ego, liberalismo salvaje, destrucción del medio ambiente...

La Estrella

Fluida: Acción generosa, inspirada, potente. Humildad, dignidad. Embellecer un lugar, tomar en cuenta todos los elementos: cielo y tierra, agua y fuego... Encontrar su lugar. El femenino realizado, fecundo y maduro a la vez. Pureza, harmonía con el medio ambiente. Inspiración (a veces nocturna, en sueños), fecundidad. Fluidez. Paraíso terrestre. Amamantar, nutrir. Verdad, bondad, confianza, autenticidad (es el primer personaje que aparece desnudo en los Arcanos Mayores.) Esperanza, conexión con lo que nos supera, bendición...

Estancada: Complejo de cenicienta, neurosis del sacrificio. Despilfarro. Gastadora o invasiva. Generosidad mal colocada, gasto inútil de energía. Ingenuidad, acción impulsiva y sin medida. Preocupación excesiva por asuntos del pasado, no lograr volver al presente. Exhibicionista, seductora, histérica, toma todo el lugar. Contaminación, envenenamiento, descarga de productos o acciones tóxicas...

El 7 en los cuatro palos

El 7 nos aporta los medios necesarios para la acción individual, la cual depende de nuestra voluntad y de la armonía que tengamos con nuestro medio y entorno.

7 de Oros: Una acción concreta y deslumbrante para la cual las circunstancias están ahí. Vigilancia en el corazón de la materia: el ojo del arquitecto sobre la obra, la conciencia corporal, vigilar sus cuentas correctamente... El 7 de Oros recupera la estructura del triángulo dentro de un cuadrado (formado por los oros en las esquinas), y sugiere que el momento de actuar ha llegado, que tenemos los medios para lograrlo.

7 de Bastos: El expresivo follaje amarillo de la carta nos remite a una acción individual deslumbrante, la cual puede (o no) ser de orden artístico. Como tal, lleva la firma hecha y derecha del que la realiza. Es un triunfo flagrante, la posibilidad de influenciar el curso de las cosas, un golpe de maestro: es el más alto grado de la acción personal, una obra de la que podemos estar orgullosos, un deseo compartido que se realiza.

7 de Copas: Al centro de la carta, una copa, como si fuera un individuo que intenta actuar conforme a la ley del amor. Está rodeado por tres copas en el cielo y tres copas en la tierra. Puede ser un bienhechor, o simplemente una persona cuyas acciones son motivadas por razones no egoístas. Esta carta nos recuerda que, si la acción que se realiza por amor no está a nuestro alcance, siempre podemos actuar de acuerdo con lo que manda el amor. Aún cuando, en nuestro interior, haya una parte que dude, tiemble o recrimine.

7 de Espadas: La espada (roja en el Tarot de Madenié, se volverá azul en el Tarot Grimaud de Paul Marteau de 1930) atraviesa un entrelazado que dibuja cuatro pequeños cuadrados rojos, como si el pensamiento finalmente se elevara más allá de la materia, es decir, más allá de la opinión basada en la necesidad de supervivencia. Es un pensamiento libre de condicionamientos individuales, una palabra verdadera, que toma al otro en cuenta y que no está manipulada por la necesidad visceral de tener razón. En este nivel, todavía no se alcanza la Sabiduría, más bien se llega a una lucidez objetiva que está hecha para convencer, o a la transparencia de un razonamiento matemático. Alrededor de los siete años, un niño que crece en un entorno de amor y de respeto manifiesta espontáneamente una cualidad de inteligencia objetiva y clara: es lo que llamamos "la edad de la razón".

Reinas y Reyes como nivel 7

Este nivel es el del adulto verdadero, el cual ha realizado su camino partiendo de la adquisición de la autonomía hasta alcanzar la capacidad de servir, pasando por períodos de pruebas y de florecimiento. Esta cualidad de madurez y de altruismo es la que nos hubiera gustado encontrar en nuestros padres... Puede que esta no haya estado ahí, ¡así que nos toca a nosotros conquistarla!

Reina fluida: Ha llegado a la cima de su reino, y manifiesta todo lo que se ha gestado en ella bajo la forma de una donación espontánea que fluye como un manantial. Nodriza, inspirada e inspiradora, generosa y acogedora, tiene una inteligencia cristalina en la cual la intuición juega un rol importante. Encarna la realización de lo femenino: una interioridad que irradia sin esfuerzo, una potencia infinitamente tierna.

Rey fluido: Encarna el esplendor de la acción justa. Su reino es justo y está marcado por la medida. Tiene la potencia de un guerrero pacífico. Su afecto y su generosidad se traducen por actos y su inteligencia está al servicio de los demás. Sea cual sea su símbolo, representa una masculinidad que alimenta, un guía iluminado y afectivo, con una bondad inquebrantable. Tiene una estructura tal que puede permitirse ser vulnerable.

Reina estancada: Se vuelve tiránica a fuerza de querer hacer las cosas a su manera. Normativa y tajante, impone su visión como si fuera una verdad suprema (Espadas). Está llena de emociones que confunde con el amor, y cree tener el monopolio del corazón (Copas). Seductora e hiperactiva, su energía sexual se gasta sin derecho ni revés (Bastos). Avara y calculadora, enriquece su fortuna a costa de los demás (Oros). Podría ser la esposa complaciente y aprovechada de un tirano.

Rey estancado: "El Estado, soy yo": tal podría ser su lema. Está convencido de que actúa por el bien común cuando en realidad está completamente encerrado en sus propios límites e impone su mundo a los demás. Si es arquitecto, no duda en desfigurar el paisaje para dejar su marca (Oros). Como artista, crea intrigas sin fin para ocupar todo el lugar en su entorno (Bastos). Aún siendo rico y famoso, nunca es suficiente. Si es patriarca, llega a perpetrar abusos y los racionaliza en nombre del amor, siguiendo el lema: "quien ama bien, castiga bien" al pie de la letra (Copas). Como Rey de Espadas, no duda en robarle a los demás para atribuirse sus teorías, como lo hicieron los enciclopedistas del siglo XVIII. Lo único que le importa es existir y dejar su firma en el mundo.

Del 7 al 8: Se ha alcanzado el grado más alto de la acción. ¿Qué queda por hacer? Justamente: nada. Como el fruto que se deja madurar bajo el sol, en un momento dado el 7 tiene que renunciar a la acción individual y aceptar ser un instrumento entre las manos de la Vida. El 8 será esta etapa del "no hacer", en la cual se *pierde* el sentimiento de ser importante, pero se *gana* una madurez y una dulzura incomparables.

Nivel 8. El fruto se deja madurar, y acoge las condiciones climáticas para volverse dulce y nutritivo

Palabras clave: Arquetipo femenino maternal, no hacer, receptividad, reflejar, reflexionar, acoger, recoger, madurez, fruto maduro, dulzura y sabor, acción inmóvil, dejar hacer, equilibrio, fijo/mutable, perfección, perfeccionarse.

Energía: Es la potencia del no hacer: el recogimiento extremo que no se mueve, que elimina todo lo superfluo y se abre y se ofrece a lo esencial.

Edad, etapa vital: El 8 representa la madurez ligada a la función maternal y la capacidad de soportar cierta incomodidad para llegar a un proceso de perfeccionamiento. Es como una mujer embarazada de 8 meses que deja que el bebé se desarrolle en su vientre, o como el meditador que se impone el silencio y la inmovilidad para observar mejor el movimiento de la existencia.

El nivel 8 en los Arcanos Mayores: La Justicia y La Luna

• *Puntos en común entre los dos arcanos*

La Justicia está sentada de frente y sostiene una espada y una báscula, de una manera aparentemente sólida. Pero podemos observar que su codo inclina la balanza hacia un lado, y que la espada no está totalmente alineada con el borde de su trono. Estas dos imperfecciones pueden ser interpretadas ya sea como una "trampa" o como la acción moderadora de la jurisprudencia: bajo una apariencia rígida e inflexible, la Justicia es, en realidad, mutable. De la misma manera, La Luna es invariable dado que gira sin parar alrededor de la Tierra y nos alumbra en la noche, pero tiene diferentes fases y no muestra la misma cara ni emite la misma luz dos días seguidos. Por otra parte, la postura sentada y la autoridad de la Justicia nos remiten a la función maternal, mientras que el paisaje marítimo y el crustáceo que surge del agua en la carta de La Luna evocan la gestación, el misterio nocturno.

• *Algunos significados posibles*

La Justicia

Fluida: Darse lo que uno merece, deshacerse de lo inútil. Justicia y justeza, medida exacta, equilibrio, probidad. El orden y la paz. Madre sólida, equilibrada, paciente, presente. Pesar el por y el contra. Juicio, decisiones justas. Imparcialidad, integridad. Inteligencia iluminada. Capacidad de crear equilibrio, de restaurar el orden de manera sutil. Base estable, meditación, contemplación. Estar en posesión de su "sí" (la báscula) y de su "no" (la espada)

Estancada: Perfeccionismo rígido. Madre abusiva o fría, normativa, injusta. Rechazo u odio a la madre. Angustia de la maternidad. Feminidad castrante y dominante. Autoridad tramposa y cortante. Espíritu crítico excesivo, juicio impulsivo. Parodia de la justicia, legislación abusiva.

La Luna

Fluida: Luz en las tinieblas, inspiración, intuición. Poesía, imaginación, mensaje o regalo de las profundidades. Paisaje marítimo, puerto, punto de partida. El océano. La noche (oscura o luminosa). Gestación, potencia de lo que está escondido. Atracción, magnetismo, variaciones de intensidad (las fases de la luna). Esperanza que encuentra una respuesta, sentirse amado o amada por la Vida. Reflejo, espejo, transmitir la luz. Gran arquetipo de la Madre. Paciencia, escucha interior, llegar a las profundidades de uno mismo.

Estancada: Madre fría o loca, ausente. Madre excesiva o invasora. Angustia, miedos nocturnos. Problemas psiquiátricos, pesadillas, desequilibrio interior. Cáncer, enfermedad escondida. Conflictos sin salida. Situación oscura que genera inquietudes o complicaciones. Inseguridad, decepciones. Sueños irrealistas, sentimiento de separación o de abandono, desesperación. Pérdida de confianza en la Vida, llamada sin respuesta, noche oscura del alma...

El 8 en los cuatro palos

Si es fluido, representa la perfección y el mayor grado de realización de cada símbolo. Al contrario, si se encuentra estancado, representa el perfeccionismo y el bloqueo.

8 de Oros: Los ocho oros están repartidos de manera equilibrada en toda la carta y forman dos cuadrados superpuestos: hay un equilibrio perfecto entre la tierra y el cielo, entre el cuerpo cósmico y el cuerpo individual. Es la economía justa, la salud que brinda la prosperidad, el equilibrio entre sobriedad y abundancia. Es un espacio bien ordenado, un cuerpo que manifiesta su vitalidad de manera adecuada: corriendo si es joven y vigoroso, caminando despacio si es de edad avanzada o si cojea.

8 de Bastos: En esta carta desaparecen las hojas que decoraban el entrelazado de los bastos, así como los frutos maduran y los árboles se deshojan durante el otoño. En la parte superior e inferior de la carta, dos flores aún son testigos de una acción, que esta vez no tiene autor: es el arte sagrado, "objetivo" como decía Gurdjieff, o el gesto impersonal de un arquero Zen que deja que el aliento impulse su flecha. Es la perfección suprema de la acción: el "no hacer".

8 de Copas: Al centro de la carta, dos copas están en relación una con otra y están rodeadas por un paisaje saturado de amor (tres copas en el cielo y tres en la tierra). La plenitud del corazón se manifiesta en la relación, en la proximidad y la distancia justas, en el hecho de ver y de aceptar a los demás y a nosotros mismos tal y como somos. El amor no está en mí ni en ti, sino en nosotros. Esta carta ilustra el propósito de Yvan Amar: "Dios no está en el cielo, está en las miradas de los que se aman". El corazón está en paz y hace aquello para lo que fue creado desde la eternidad: dar.

8 de Espadas: Una minúscula flor sin ornamentos, al centro de un cuádruple oval, parece concentrarse en sí misma: la inteligencia alcanza su fuente no verbal en el silencio esencial de la meditación, en el espacio en el que nacen las palabras y los pensamientos, aquel que genera todos los idiomas. Silencio esencial del meditador, inspiración del genio, este grado consiste simplemente en... callarse. Es un espacio sin definición en el que florece el misterio y una matriz fecunda como el blanco del que surgen todos los demás colores.

El Caballero como nivel 8

Fluido: Descubre su postura sobre el caballo y su capacidad para dirigirlo con gestos sutiles que emanan de su propia voluntad. En este primer grado, confirma el estatus al cual ha sido elevado: sí, realmente tiene la dignidad para servir y representar a su símbolo. Es un emisario humilde que lleva en sí la dignidad de su misión y se esfuerza por distinguir entre apetito y gula, entre inspiración y proyección, entre amar y mendigar amor y entre los momentos en los que conviene hablar y en los que es mejor callarse. Su maestro es el camino que tiene por delante.

Estancado: Este caballero recién armado está tan orgulloso de llevar el mensaje de su reino... Tan orgulloso que se pavonea y busca deslumbrar a los demás, y al hacerlo corre el riesgo de perder el equilibrio... Perfeccionista o presumido, si se olvida de controlar

a su montura un solo instante o si busca controlarla con demasia-
da severidad, una coz del caballo podría enviarlo volando al piso.
En este nivel del Caballero, la trampa recae en el perfeccionismo
rígido que nos lleva a desvalorizarnos permanentemente, o por el
contrario, a divinizarnos, o a alternar entre las dos actitudes.

Del 8 al 9: La "no acción" no es la inacción. Se trata de soltar la
ilusión de que "yo soy el que hace". El proceso que se encuentra en
marcha en el 8 invita a la escucha y a la aceptación total, y depende
de las fuerzas profundas de la vida. Va a encontrar su desenlace en
el 9: una mutación, un nacimiento, un soltar similar al instante
preciso y misterioso en el que el fruto se desprende del árbol.

Nivel 9. Desapego, nacimiento, crisis de la transición

Palabras clave: Paternidad, figura paterna, acto de nacer, transición, crisis, travesía, soltar, desapego.

Energía: Activo (impar) y receptivo (divisible por 3) a la vez, el 9 representa el esfuerzo de no intervenir, la calidad de acción pasiva, que no solo exige una firmeza interior a prueba de todo, sino también una gran flexibilidad.

Edad, etapa vital: Es la dimensión luminosa de la vejez, representada por el proverbio: "La lengua resiste porque es suave, los dientes caen porque son duros". Sin embargo, en el 9 también está presente toda la fuerza y la fragilidad de un niño que está naciendo, y que realiza un acto heroico con todo su pequeño ser. Los grandes sabios encarnan este doble principio: una vejez realizada en la que irradia la inocencia y la maravillada malicia de la infancia.

El nivel 9 en los Arcanos Mayores: El Ermitaño y El Sol

- *Puntos en común entre los dos arcanos*

Ambos representan una fuente de luz y una situación de transición. Sin embargo, sus situaciones son opuestas. El Ermitaño, en una soledad total, sostiene modestamente su pequeña linterna, la cual, no obstante, se puede ver desde lejos durante la noche. En el Sol, la luz deslumbrante del astro en su cenit brilla sobre un gesto de solidaridad fraternal entre dos personajes. Los dos astros son complementarios: la soledad del Ermitaño es alumbrada desde el interior por una certeza solitaria, por su fe en el Padre. Y si se retira del mundo es para interceder en favor de sus hermanos a través del rezo. De la misma manera que el padre, idealmente, recibe a su hijo y lo conoce después de la transición del parto, estos dos arquetipos nos remiten a un proceso en tres etapas: soltar el mundo antiguo, tener la valentía de realizar el gesto (a veces heroico) de la transición, y tener confianza en una fuerza aún invisible que está esperando para recibirnos del otro lado.

- *Algunos significados posibles*

El Ermitaño

Fluido: Hombre sabio, de edad avanzada, acogedor. Terapeuta, médico o maestro espiritual. Padre o abuelo. Alumbrar y ver el pasado con completa lucidez. Dejar el mundo. Recibir con confianza lo

que está por venir. Edad avanzada. El fin de una época y el gesto de desprenderse. Una soledad fecunda, generosa. Ermitaño, soledad, silencio lleno de presencia. Sabiduría, capacidad de guiar al otro hacia la luz...

Estancado: Crisis que no termina. Padre o modelo masculino ausente, incapaz de afecto, disfuncional (alcohólico, fóbico). Frialdad. Complacencia en la crisis, en la queja, en el abandono. Misantropía, rechazo de los demás. Miedo y retroceso ante la vida. Soledad que se vive mal. Recogimiento en sí mismo...

El Sol

Fluido: Luz que brilla para todos: el Padre solar ama a todos sus hijos sin discriminación. Claridad, vigilancia, discernimiento. Protección, abundancia, éxito. Transición lograda hacia una nueva dimensión: el final del túnel. Guía espiritual. Generosidad, ayuda mutua, confianza, harmonía. Buena compañía (en un sentido amistoso o espiritual). Dimensión del amor auténtico, colaboración que trae frutos. Punto de referencia confiable (el sol indica la hora). Gemelaridad, fraternidad. Vacaciones, empresa entusiasta, espíritu de la infancia, alegría del corazón. Un lugar bajo el sol...

Estancado: Actitud infantil, inmadura. Espera de un guía que

nunca llega. Homosexualidad escondida. Desierto, sequía, objetivo que no se puede alcanzar. Deslumbramiento, idealización (del padre, de una relación, de un maestro, de un proyecto...). Ombliguismo, exceso de amor propio, tendencia a acaparar toda la atención. Padre defectuoso: ya sea aplastante, que maltrata o, al contrario, ausente e irresponsable. Crueldad implacable del principio supremo: es el astro despiadado que quema los ojos de quienes osan mirarlo de frente, o funde las alas de Ícaro que quiso elevarse a su nivel...

El 9 en los cuatro palos

Es el momento en el que algo se quiebra, se acaba, se prepara para cambiar de dimensión. Será una crisis o un alivio, según el contexto.

9 de Oros: La carta nos presenta un dibujo que evoca un nacimiento, como si en el medio de los ocho oros alineados, en el óvalo creado por los ornamentos florales, surgiera la cabeza de un bebé. Es un parto (agradable o doloroso), la manifestación de una nueva realidad, el paso a un nuevo territorio, un nuevo trabajo, un nuevo estado de salud.

9 de Bastos: La carta solo muestra los bastos entrecruzados, sin ornamentos florales ni hojas. Es el despoje total, como sucede en pleno invierno, cuando la energía creativa se repliega en sus profundidades. Es un período de latencia post-coital, el "vacío" del artista cuya obra ha sido lanzada al mundo, el silencio tras el aplauso. El 9 de Bastos tiene que aceptar el retiro momentáneo de la energía y replegarse en la nada de manera heroica, confiando en los procesos de regeneración que lo superan.

9 de Copas: Seis copas, rodeadas por un follaje seco, sostienen tres copas en la parte superior, las cuales están rodeadas de hojas vivas. Es el duelo del corazón, la aceptación de dejar ir lo que se tiene que ir, con la certeza de que los lazos pasan y se transforman en el Amor, el cual no muere nunca. Los hijos dejan la casa familiar, se termina una amistad o una relación amorosa. La tristeza forma parte del camino, pero si se torna en desesperación es una señal de que estamos equivocados, descaminados.

9 de Espadas: La hoja de la espada atraviesa un entrelazado de nueve rombos en la parte superior de la carta: la incertitud alegre ha vencido a la duda. En esta etapa ya no hay opiniones sólidas, solo queda la certeza de lo incierto. Aceptamos equivocarnos, aceptamos ver cómo se pulverizan nuestras antiguas creencias. En un estado estancado puede prevalecer la duda y comernos. Pero en su estado fluido representa un pensamiento maduro y bien anclado que reconoce sus propios límites.

El Caballero como nivel 9

Fluido: Está completamente de acuerdo con el cambio. Deja lo que tiene que dejar y se lanza hacia la próxima etapa sin conocer aún cuál es el objetivo de su viaje. Tal vez sepa intuitivamente que tendrá que abandonar su vieja identidad (recordemos que cada Caballero muta para volverse Paje en otro centro). Por ahora, su movimiento es un abandono total ante la voluntad de la Vida: me voy, sin saber a dónde me dirijo, impulsado por una confianza sin límites. Este nivel del caballero nos presenta el duelo como recurso: ya supe dejar situaciones, aceptar la partida de alguien, pasar a otra etapa. Llevo en mí la dulzura infinita de la impermanencia.

Estancado: Está huyendo y no buscando. Es imposible volver hacia atrás y no tiene ninguna perspectiva en la mira: su camino es una larga serie de pruebas y deambula sin saber a dónde ir. Sin fe y sin misión, solo está consciente del encierro del que intenta escapar o del paraíso del que fue expulsado. Puede ser la situación de una persona moribunda que entra en pánico ante el umbral que se presenta frente a ella, o que se aferra y niega la situación. La crisis puede tomar forma de una parálisis o al contrario de un paroxismo de dolor sin salida. En este nivel del Caballero, la trampa es la desesperación. Puede identificarse a la crisis y olvidar que se trata únicamente de una transición, como un bebé atrapado en el vientre de la madre que lucha por nacer y que siente que muere.

Del 9 al 10: Es a la vez "dirigirse hacia…" y "ser recibido o recibida". Tal como el bebé que conoce finalmente a su padre, la salida de la crisis revela, al final del ciclo, un principio que regía nuestro movimiento desde sus inicios: el encuentro con el Misterio al momento de la muerte, o en el caso de una transición a una nueva etapa de vida, el encuentro con un aspecto de nosotros mismos que quería manifestarse. La única voluntariedad del 9 es la de la confianza total: la certeza de ser amado/a por lo que viene.

Nivel 10. El fruto cae, es cosechado, es comido o no... ¿En qué se convertirán sus semillas? Un ciclo se cierra, otro se abre

Palabras clave: Final de un ciclo, bloqueo, empezar de nuevo, final y comienzo, enigma existencial y emocional, nueva etapa, pedir ayuda/recibir ayuda, el destino, muerte y nacimiento, impermanencia, las vías imprevisibles de la Providencia, el Final de los tiempos.

Energía: Este nivel está lleno de experiencia, pero necesita un impulso vital para moverse de nuevo: en el 10, todo está desplegado, todo es conocido, todo ha sido vivido. Solo un nuevo comienzo puede ponerlo nuevamente en movimiento.

Edad, etapa vital: Es una vejez avanzada y un umbral desconocido: la etapa en la que por fin es posible reconocer: "no sé", ya sea porque hemos llegado a la sabiduría o porque se presenta ante nosotros un universo nuevo y desconocido. También es la situación del recién nacido que emerge de un mundo que se ha vuelto demasiado pequeño para él, y que se encuentra sumergido en un universo con medidas descomunales con respecto a su universo anterior.

El nivel 10 en los Arcanos Mayores: La Rueda de la Fortuna y El Juicio

• *Puntos en común entre los dos arcanos*

No hay suelo en ninguna de las dos cartas: la Rueda se sostiene sobre el agua, y los personajes del Juicio están de pie en un paisaje en el cual las profundidades se abren, no sabemos dónde se apoyan sus pies. Esta ausencia de suelo firme es una de las metáforas espirituales de la impermanencia. Los dos arcanos nos remiten a la condición humana sometida a los decretos de la Providencia, y al misterio de las leyes que nos gobiernan. Si en La Rueda de la Fortuna la palanca simboliza la espera o la esperanza de una mano que la haga girar (contrariamente a los tarots italianos en los cuales la diosa Fortuna estaba presente detrás de la rueda), en El Juicio el motor está presente en la persona del ángel. Una carta representa animales vestidos (¿Nuestro "yo" social?) y la otra, cuerpos humanos desnudos. El color azul de la esfinge sentada encima de la rueda, color tradicional en el Tarot de Marsella, nos remite al azul del "cuerpo de gloria" que nace o emerge de la tumba.

- *Algunos significados posibles*

La Rueda de la Fortuna

Fluido: Un ciclo se acaba y otro va a comenzar: ¡Uf! Se acabó. El *timing* es adecuado, se aprovecha una oportunidad. La fortuna nos sonríe, la suerte va a cambiar. Es el momento. Ingreso de dinero, ganancia imprevista. Todo lo que está en relación con el hecho de girar: rodaje de una película, alfarería... "Esto también pasará": incertidumbre alegre, aceptación del cambio. Encontrar el eje. Hacer que coexistan momentáneamente situaciones que no tienen nada en común, para acabar con una y empezar con otra. Rueda del karma; evolución posible gracias a encarnaciones sucesivas...

Estancado: Un bloqueo, una espera que se eterniza. Enigma emocional del pasado que nos impide avanzar. La comedia humana: animales disfrazados. Falta de dinero. Miedo a la inestabilidad. Dificultad para encarnarse. Imposibilidad de ascender. Vuelco regresivo, destino aparentemente injusto. Espera infantil de "ganarse la lotería", en un sentido propio o figurado. Rezo sin respuesta...

El Juicio

Fluido: Deseo irresistible, renacer de las cenizas. Liberación, llamado, vocación. Encontrar su voz o su vía. Buena reputación, renombre. Nacimiento de un ser o de un proyecto. Pareja unida y en armonía espiritual. Ser elegido, llamado, encontrar su público. Milagro: renacimiento de la energía o salida de una situación desesperada, curación inesperada... Desenlace favorable de un juicio. *Deus ex machina*, solución inesperada, intervención de la Providencia. Hacer o escuchar música...

Estancado: Ha llegado el momento de rendir cuentas. Gestación o nacimiento difícil, que deja marcas duraderas. Dificultad para emerger, para nacer, para encontrar su objetivo en la vida. Idealización de la pareja. Juzgar sin piedad, tener miedo de la mirada de los demás...

El 10 en los cuatro palos

Este grado representa a la vez la culminación de un proceso, y la intuición o el llamado de una nueva etapa. El símbolo se prepara para mutar.

10 de Oros: El 10 de Oros, como un cuerpo que llegó a su tamaño adulto y en el cual se despierta la energía sexual, como un edificio en el que se coloca la última piedra y se prepara a albergar una actividad nueva, como una tela extendida sobre el bastidor que espera la primera pincelada, representa una realidad que se cumple al servicio de una nueva creatividad. Si muta para volverse As de Bastos, pondrá esa creatividad a la obra.

10 de Bastos: El entrelazado de bastos se ve atravesado por primera vez por un doble eje: las polaridades de lo masculino y femenino ya no son distintas sino que están unidas, ya sea en un enlace amoroso o porque la creatividad realizada sobrepasó los límites del género. Es el andrógino perfecto, la obra que reúne la dualidad. Pertenece a aquellos y aquellas que quieran utilizarla. Como todas las grandes creaciones de la humanidad, va a convertirse en idea, en teoría: el 10 de Bastos está destinado a mutar en As de Espadas, tal como un deseo satisfecho puede provocar una mutación hacia un nuevo pensamiento.

10 de Copas: Todo está realizado: ya no hay motivos florales, adornos individuales o calificaciones. Solo quedan nueve pequeñas copas coronadas por una gran copa volteada. Estamos más allá de lo favorable o lo desfavorable, en la aceptación honesta de lo que es. El 10 de Copas no pide nada, sea al término de un duelo o en lo más profundo de un gran amor, va a verter su energía en la vía concreta. En todas las tradiciones espirituales, los grandes santos crearon escuelas, orfanatos, hospitales… El amor realizado se manifiesta de manera concreta, en la realidad material. El As de Oros que sucede al 10 de Copas coloca la primera piedra de una realidad surgida del Amor total.

10 de Espadas: Así como se duplica el eje de los bastos, aquí observamos dos espadas entrelazadas. "Mi" pensamiento y el del otro se unen en la escucha, en el presentimiento de la inteligencia del corazón. Ya no es posible la discusión, ya no hay oposición. Existe un entendimiento más allá de las palabras, como lo manifiestan aquellos momentos de complicidad hilarante entre dos personas que no hablan el mismo idioma. El 10 de Espadas está destinado a volverse As de Copas, para caminar como principiante sobre la vía del amor.

El Caballero como nivel 10

Fluido: Deja de una vez por todas el terreno en el que se formó, en el que ha vivido todas las fases sucesivas y se dirige de un salto hacia nuevos lares, hacia un nuevo símbolo, hacia nuevas enseñanzas. La maestría de su caballo le permite tener la aceleración que calificaríamos hoy de "salto cuántico". Su símbolo, el cual le fue confiado como testimonio de su territorio de origen, ya no le

443

pertenece. Lo ofrecerá a lo que venga, y si es necesario retomará humildemente el lugar del principiante para emprender un nuevo aprendizaje en terrenos desconocidos. Podría manifestarse como Paje y cambiar de símbolo en su siguiente encarnación. Este nivel del Caballero nos presenta la noción de culminación como recurso: lo que terminó está listo para ser utilizado, para nacer en otra vida. Es la articulación de la muerte hacia el nacimiento, la inmensa esperanza del cierre de un ciclo.

Estancado: Se aferra a su símbolo como un niño a las faldas de su madre y es incapaz de ver el horizonte que se extiende frente a él. Ya nada está abierto, ya nada es posible. Incapaz de dirigir su cabalgadura, da vueltas en círculo o se paraliza. ¿Pero dónde diablos está la salida? Él es quien inventa las teorías más oscuras, el que genera profecías trágicas y eleva el cinismo al grado de arte. Es similar a un bebé que fue maltratado cuando nació, al que le pegaron o sumergieron bruscamente en agua y que grita en vano su desamparo y su negación de lo que es. En este nivel, la trampa del Caballero es olvidarse que la Vida es más amplia y potente que nuestra vida. Todo cambia, ¿para qué aferrarse?

Y después del 10...

El 10, así como el fruto que se desprendió del árbol será comido o se pudrirá solo sobre la tierra y cuyas semillas podrán germinar o no en una nueva vida, nos deja en un estado de incertidumbre: este podría ser el fin, o podría ser el principio de una nueva era. Cuando el nivel 10 desemboca en el nivel 1 (como en las series entre X y XI, entre XX y XXI, y como en la mutación entre los palos de los Caballeros), *pierde* el mundo conocido, en el cual se desarrolló y toda la experiencia que tiene, pero *gana* la posibilidad de una nueva existencia. Hace falta visualizar, en el nivel 10, la coexistencia de estos dos mundos tan diferentes uno de otro, como un recién nacido que aún está ligado a su madre por el cordón umbilical o como la mariposa con alas aún pegadas que emerge de la crisálida.

Para concluir…

"Todos nuestros defectos provienen del hecho de que seguimos apegados y encorvados sobre nosotros mismos. Eso es por el *yo*, que quiere disponer de las virtudes a su antojo para su propio uso. Renuncie, pues, sin dudarlo nunca, a ese miserable yo, incluso en las cosas más ínfimas en las que el espíritu de gracia le haga sentir que aún lo está buscando".

FÉNELON, *Carta a la señora de Maintenon*

¿El Tarot es obra de un santo sufí, como afirma Idries Shah, de una hermandad de sabios provenientes de las tres religiones del Libro, como sostiene Jodorowsky basándose en Paul Foster Case? ¿Es el resultado de un capricho personal de los Visconti o de la fusión de un juego árabe con la imaginería moral y filosófica del Renacimiento? ¿Se organizó alrededor de una visión de la nobleza heredada de la caballería y del amor cortés? ¿Recibió, a partir del siglo XVII, conocimientos especulativos externos, provenientes de la alquimia y de las mismas corrientes que nutrieron la francmasonería o el movimiento Rosacruz? ¿Qué le debe a la tradición artesanal de los constructores de catedrales, carpinteros, iluminadores o escultores? ¿Hasta qué punto fue reinventado por los ocultistas del siglo XIX?

Como hemos visto, aunque las investigaciones han progresado mucho en los últimos años, no hay una verdad histórica definitiva, sino más bien un conjunto significativo de elementos que permiten aventurar la siguiente hipótesis: es posible que la dimensión iniciática o, al menos, filosófica del juego de Tarot no sea un invento del ocultismo del siglo XIX, sino un valor presente desde su origen y que, como una llanura aluvial, continúa enriqueciéndose con el paso del tiempo.

La mayoría de los comentaristas del Tarot, cuando analizan el surgimiento del juego, se interesan, ante todo, por su origen definitivo: unos en aras de exactitud histórica, otros porque todavía sueñan con poseer el Tarot fundamental, el más puro y más auténtico, y con descifrar sus secretos. Hay algo vano en buscar a toda costa ese "origen absoluto". La frecuentación del Tarot nos sugiere, al contrario, que se fue constituyendo por estratos sucesivos, integrando, uno tras otro, elementos simbólicos que provenían de diversos contextos.

Para que un juego seduzca al público, es necesario que sea apasionante desde el punto de vista estratégico, pero también que esté dotado de una simbología universal que lo conecte con todos los niveles de la realidad, sin que los jugadores sean necesariamente conscientes de ello. La mayoría de los juegos que han sobrevivido a transformaciones culturales sucesivas, que han conocido una perennidad y un éxito importantes, tienen en común el hecho de que constituyen una representación del mundo visible e invisible. Por ejemplo, las primeras canchas de los juegos de pelota mesoamericanos eran un espacio ritual, destinado a celebrar una cosmogonía fundada en el doble destino, diurno y nocturno, del sol.

Una rama completa de la antropología de los juegos, a partir de Edward Burnett Tylor,[136] afirma que los juegos de azar tienen un origen simbólico, adivinatorio y cosmográfico. Del mismo modo, Marie-Louise von Franz, apoyándose particularmente en los tra-

---

136. Tylor, Edward Burnett, *Primitive Culture*, Londres, John Murray, 1871 [trad. esp.: *Cultura primitiva*, Madrid, Editorial Ayuso, 1977].

bajos de Adolf Portmann, desarrolló la idea de que todo juego es una expresión de la búsqueda fundamental del sentido:

"Si estudiamos la historia de los juegos que aún existen en las sociedades tradicionales, como los dados, el lanzamiento de anillos a una estaca clavada en el suelo, o todos los juegos de pelota, etc., constatamos que se desarrollan como un ritual y como un entretenimiento a la vez. Esto parece plantear un enigma a muchos etnólogos modernos y da lugar a largos debates, mientras que a mí no me parece para nada desconcertante. Los investigadores más razonables reconocen que no se puede hacer una distinción entre ambos. En otras palabras, cuando el hombre no está ocupado cazando, comiendo, haciendo el amor o durmiendo, si todavía le queda energía (usaremos la expresión de los zoólogos), entra en acción y hace cosas que, para él, expresan el sentido de su existencia, y sus actos son generalmente juegos rituales o rituales jugados. Según los materiales que he podido estudiar, al menos el 90% de esos juegos ritualizados, sino todos, rondan aquello que podemos llamar un símbolo de Sí-mismo. En esos juegos tradicionales, suele haber, de una forma u otra, una estructura en forma de mandala. Los anillos deben lanzarse alrededor de un centro; o hay un cuenco redondo al que hay que lanzar guijarros; o se alcanza o se falla un objetivo. En todos los casos, podemos encontrar, en mayor o menor medida, estructuras de mandala —por ejemplo, los dibujos de la rayuela, del juego de la oca, etc.—, así como en las piezas que se utilizan, como los dados. Ocurre lo mismo en todo el mundo, ya sea en América del Norte, en las Indias, en China o donde los aborígenes australianos. Esos juegos y esas acciones rituales son las formas más antiguas de la vida religiosa de la que hemos podido encontrar una huella histórica, y eso coincide, en cierta medida, con lo que se está descubriendo actualmente en el campo de la zoología. Los animales tienen juegos rituales; en el hombre, están mucho más desarrollados".[137]

Este punto de vista permite superar la antigua disputa entre los partidarios de un Tarot ocultista o esotérico, concebido desde su

---

137. Von Franz, Marie-Louise, *Alchimie et imagination active*, París, Jacqueline Richard, 1989, p. 94.

origen como la representación codificada de una sabiduría fundamental, y aquellos que solo quieren ver en él un "simple juego", sin
ninguna dimensión filosófica o espiritual.

El hecho de que un juego sea un instrumento de distracción,
de competencia, incluso de ganancia material, no entra en contradicción con las cualidades de profundidad que este manifiesta
en su representación del mundo, en la complejidad de sus estructuras internas o en la fuerza evocadora de sus imágenes. Por el
contrario: el "juego del ser" y el "juego del tener" son dos lados de
un mismo camino. En la Edad Media, y hasta la época clásica, la
mayor realización posible (por encima del poder de los reyes o de
los mercaderes) era la realización espiritual, y la legitimidad del
poder temporal se basaba en el "derecho divino". Inversamente,
son numerosas las vías místicas que animan al aspirante a practicar la integración de lo divino en la vida cotidiana, sin refugiarse
en la soledad monástica o en el silencio. Los artesanos sufíes en su
tienda, los mendigos ascetas de la India que duermen en el suelo,
los innumerables actores de la caridad en acción son ejemplos de
esa espiritualidad que se vive en estrecho contacto con la realidad
concreta.

Por esta razón, podemos estudiar el Tarot como un afluente de
la vía espiritual y, como tal, cuestionarlo de forma práctica, psicológica, espiritual o poética, como lo haríamos ante un instructor
espiritual, con cierta reverencia, concediéndole el beneficio de la
duda: ¿y si fuera capaz, incluso, de enseñarnos a morir? ¿El camino
de crecimiento que nos propone podría llevarnos, a fin de cuentas,
hasta el borramiento del yo?

En todo caso, espero haberlos convencido de que posee todas
las cualidades necesarias para acompañar un recorrido de tipo
transpersonal.

Ahora les toca jugar a ustedes...

Anexo

Discusión detallada sobre el origen del Tarot de Marsella

Recordemos, con lujo de detalle, como es que se clasifican las tres ramas de los Tarots italianos:

1. El Tarot en uso en Bolonia (orden "A")

No es el ancestro directo del Tarot de Marsella. El orden de los Triunfos y sus características tienen diferencias clave:

- 1 *Bagatto* (Mago)
- 2, 3, 4, 5: *I 4 mori* (cuatro moros: Emperadores y Papas)
- 6 *Amore* (el Amor)
- 7 *Carro* (el Carro)
- 8 *Temperanza* (Templanza)
- 9 *Giustizia* (Justicia)
- 10 *Forza* (Fuerza)
- 11 *Roda/Ruota* (Rueda de la Fortuna)
- 12 *Vecchio* (Viejo/Ermitaño)
- 13 *Traditore/Impicchiato* (Traidor/Colgado)
- 14 *Morte* (Muerte)
- 15 *Diavolo* (Diablo)
- 16 *Saetta/Fuoco* (Relámpago/Fuego/Torre)

- 17 *Stella* (Estrella)
- 18 *Luna* (Luna)
- 19 *Sole* (Sol)
- 20 *Mondo* (Mundo)
- 21 *Angelo* (Ángel/Juicio)

Esta lista de Triunfos corresponde más o menos a la de los *tarocchini*, un juego reducido de 62 cartas que aparece desde el siglo XVII. También es cercano del juego de *minchiate*, un tarot extendido de 97 cartas con la adjunción de 18 Triunfos adicionales (virtudes teologales, signos zodiacales...) Los *tarocchini* provendrían del siglo XV y los *minchiate* del XVI, pero se han conservado muy pocas cartas. El documento más antiguo de referencia son *Las instrucciones necesarias* de Carlo Pisarri, unas reglas del *tarocchino* con fecha de 1754.

Estos juegos tienen la particularidad de reunir a la Papisa, al Papa, a la Emperatriz y al Emperador bajo el nombre genérico de "cuatro moros" (*quattro mori*) o "cuatro papas" (*quattro papi*).

Las virtudes cardinales, Templanza, Justicia y Fuerza, se siguen numéricamente y el Juicio, llamado "el Ángel" es superior a la carta del Mundo.

Dos hojas sueltas nos confirman este orden: la más antigua, llamada "hoja Rothschild", es de fines del siglo XV y se encuentra conservada en la colección Rothschild del Louvre y en la Escuela Nacional Superior de Bellas Artes de París.

La hoja llamada "Rosenwald" también puede considerarse como parte de esta tradición.[138] Podría provenir de Florencia y representar el estado del Tarot florentino hacia finales del siglo XV, antes de que se desarrollara bajo la forma de *minchiate*. Tiene la particularidad de tener cartas parcialmente numeradas: el Ermitaño (o el Viejo) lleva el número XII, el Carro el X, Fuerza y Justicia ambas llevan el número VII, el Enamorado el VI, el Papa el V, el Emperador el IIII, la Emperatriz el III, la Papisa provista de una gran llave

---

138. Existen dos ejemplares de esta hoja: uno en la National Gallery of Art de Washington, y otro en el Deutches Spielkartenmuseum.

el II y el Mago el I (vemos que el orden difiere ligeramente de aquel establecido por Dummett).

Los Triunfos de la hoja Rothschild no están numerados, pero los 12 Triunfos visibles muestran una iconografía casi idéntica a la del tarot boloñés "Alla Torre", un juego que se encuentra en la Biblioteca Nacional de Francia, datado entre 1600 y 1700.

Algunos detalles gráficos son típicos del estándar de Bolonia:

- el Ermitaño es "el Viejo" o "el Anciano" (*il vecchio*), nos remite simbólicamente al tiempo, portador de un reloj de arena, o a un anciano alado caminando con muletas;
- las cartas "astrológicas" o cósmicas, Estrella, Luna y Sol, están representadas en relación con uno o varios personajes que aparecerán en diversos juegos de este linaje: astrónomos equipados con un compás, hilandera con su madeja de lana, mujer sentada en un trono;
- la Fuerza se representa sosteniendo una columna rota, topos de la iconografía del Renacimiento;
- la muerte anda a caballo, y el Loco se representa de cara, bailando, sin animal de compañía;
- el Mundo es una figura (ángel o dios antiguo) que se mantiene de pie sobre un globo celeste.

Los tarots de la tradición boloñesa y florentina tuvieron cierta posteridad a la vez en el plano del juego como en el de la cartomancia. Encontramos en este linaje algunos juegos muy bellos del siglo XVIII, como el juego Alla Torre de la Biblioteca Nacional de Francia o los juegos de *minchiate*, con su fondo negro con borde dorado, que se encuentran en las colecciones del British Museum. El orden "A" también tiene una orientación iconográfica, de la cual encontraremos rastros en un tarot francés de alrededor de 1650, también conservado en la Biblioteca Nacional de Francia. Este juego es obra de Jacques Viéville, cartero activo en París entre 1643 y 1664, y cuenta con Triunfos poéticos e híbridos, que incluyen elementos de la tradición boloñesa mezclados con ciertas características del Tarot de Marsella. Fue objeto de reediciones y de especulaciones sobre las cuales no nos extenderemos aquí, pero que son testimonio de la fascinación que puede inspirar este estándar de origen boloñés.

Como vemos, se trata de un linaje con una antigüedad incontestable, pero que no es el origen del Tarot de Marsella.

2. El orden "B", surgido de la región de Ferrara

Parece haber desaparecido con cierta rapidez, y no tuvo ninguna posteridad que conozcamos. Nos quedan tres pruebas principales de su existencia:

- el sermón de un monje que vitupera los juegos de azar, *Sermo perutilis de ludo cum aliis* ("Muy útil sermón de los juegos con los demás"), el cual fue descubierto y publicado en 1900 por el investigador Robert Steele. Constituye un vestigio interesante de la interpretación de las cartas.
- 16 cartas de un juego principesco, el Tarot d'Este originario de Ferrara y con fecha del siglo XVI. Se parece a los Tarots Visconti tanto por su iconografía como por su tratamiento. Es una serie de cartas ilustradas de las cuales se conservan ocho Triunfos. El Loco tiene una especie de mancha oscura o de hoyo vacío al nivel del vientre, al cual prestan una atención minuciosa tres acólitos. El Mago está acompañado por un público, como en el tarot boloñés. El Papa y la Templanza están representados de un modo bastante clásico. Mientras que las cartas cósmicas (Estrella, Luna, Sol, Mundo) se parecen a las del tarot boloñés: con astrónomos observando la Estrella, un erudito con un compás bajo la Luna, una especie de Diógenes sentado en un tonel y recibiendo a un alumno bajo los rayos del Sol, y finalmente el globo del Mundo montado por un ángel y sostenido por un águila. Los Triunfos no están nombrados ni numerados;
- La hoja llamada "de Budapest" que es de finales del siglo XV o principios del siglo XVI. Dos ejemplares de esta hoja impresa se conservan por separado, uno en el Metropolitan Museum de Nueva York y el otro en el Museo de Budapest. Los Triunfos están numerados, y además de la inversión del VII y del VIII (respectiva-

mente el Carro y el Enamorado en ese tarot), el orden corresponde a aquel mencionado por Dummett para los tarots de tipo B. La lista de Triunfos es la siguiente:

- 1 *Bagatto* (Mago)
- 2 *Imperatrice* (Emperatriz)
- 3 *Imperatore* (Emperador)
- 4 *Papessa* (Papisa)
- 5 *Papa* (Papa)
- 6 *Temperanza* (Templanza)
- 7 *Amore* (Enamorado)
- 8 *Carro* (Carro)
- 9 *Forza* (Fuerza)
- 10 *Ruota della Fortuna* (Rueda de la Fortuna)
- 11 *Eremita* (Ermitaño)
- 12 *Appeso* (Colgado)
- 13 *Morte* (Muerte)
- 14 *Diavolo* (Diablo)
- 15 *Torre ou Sagitta* (Torre o Flecha)
- 16 *Stella* (Estrella)
- 17 *Luna* (Luna)
- 18 *Sole* (Sol)
- 19 *Angelo/Giudizio* (Ángel/Juicio)
- 20 *Giustizia* (Justicia)
- 21 *Mondo* (Mundo)

Estos dos estándares se reconocen como verdaderos, y existen tarots que corresponden a su linaje. A pesar de que la clasificación en tipo A o tipo B se sigue afinando (en particular en lo que se refiere al desarrollo del tarot en Venecia y en Florencia), esta sigue siendo un referente sólido.[139] Sin embargo, parece necesario cues-

---

139. Para aquellos que se interesan en estas dos ramas de los tarots italianos, es útil referirse al trabajo de Sullivan Hismans, un cartero contemporáneo que se dedicó a reeditar las hojas Rosenwald y Budapest bajo la forma de dos pequeños tarots que se pueden consultar, de manera similar al Tarot de Marsella: https://www.tarotsheetrevival.com/en/home/.

tionar la teoría de Dummett sobre el orden clasificado "C", que sería el de la región de Milán.

3. El inencontrable tarot milanés y la hipótesis del orden "C"

El orden clasificado "C" por Michael Dummett corresponde a un hipotético tarot en vigor en la región de Milán, tal vez incluso en Lombardía, que habría engendrado, *in fine*, al estándar "de Marsella".

Esta hipótesis se basa en tres documentos principales: documentos de archivo que mencionan la lista de los Triunfos del Tarot, una hoja impresa, y cartas que se encontraron durante la remodelación del Castello Sforzesco en Milán en 1905. Sin embargo, un examen minucioso revela que ninguna de estas fuentes tiene valor probatorio.

En un artículo reciente dedicado al Tarot de Marsella,[140] Thierry Depaulis retoma la hipótesis de Dummett, la cual defiende parcialmente, recordando el documento principal que la justifica: el poema *Motti alle signore di Pavia sotto i titoli dei Tarocchi* ("Sentencias a las damas de Pavia bajo los títulos de los Tarots"), cuyo autor es Giambattista Susio, un médico y filósofo originario de Emilia-Romaña. Nació en Mirandola en 1519 y murió en Mantua en 1583.

Estas "Sentencias" tienen una fecha aproximada de 1540 y Susio hace referencia a los Triunfos del Tarot para halagar, o fustigar de manera jocosa, a veintiún damas de la alta sociedad de Pavia. Cada dama es el objeto de un terceto galante, que corresponde a la lista de Triunfos en orden decreciente. Esta lista se asemeja, con ciertas diferencias notables, al orden propuesto por Dummett: Justicia, Carro, Fuerza, Rueda y Ermitaño son respectivamente el 7, 8, 9, 10 y 11, el cual no corresponde al orden del Tarot de Marsella.

La lista de Triunfos tal y como la establecen las Sentencias de Susio es la siguiente:

---

140. Depaulis, Thierry, "The Tarot de Marseille, Facts and Falalcies", partes I y II, *The Playing Card*, vol. II, n° 1 y n° 12, 2013.

- I. Il Mondo - Alla consorte del sig. Gentil Beccaria. - El Mundo (21)
- II. L'Angelo. - Alla contessa Paola Beccaria. - El Ángel (20)
- III. Il Sole. - Alla consorte del sig. Giulio Delfino mantovano. - El Sol (19)
- IV. La Luna. - Alla sig.ra Alda Lonata. - La Luna (18)
- V. La Stella. - Alla S.a Paola Rippa. - La Estrella (17)
- VI. Il Fuoco. - Alla Sig.a Lebba. - El Fuego (La Torre) (16)
- VII. Il Diavolo. - Alla moglie de sig. Girardo Maggio. - El Diablo (15)
- VIII, La Temperanza. - Alla S.ra Mezzabarba. - La Templanza (14)
- IX. La Morte. - Alla consorte del sig.r Cesare Ferraro. - La Muerte (13)
- X. Il Traditore. - Alla S.ra Capharella. - El Traidor (El Colgado) (12)
- XI. Il Vecchio. - Alla S.ra Barbara Beccaria. - El Anciano (El Ermitaño) (11)
- XII. La Ruota. - Alla S.ra Orba Beccaria. - La Rueda (10)
- XIII. La Fortezza. - Alla moglie del S.r Matteo Girgio. - La Fuerza (9)
- XIV. Il Carro. - Il nome manca. - El Carro (8)
- XV. La Giustizia. - Alla S.a Scipiona. - La Justicia (7)
- XVI. L'Amore. - Alla S.ra A. G. Astolfina. - El Amor (6)
- XVII. Il Papa. - Alla S.ra Bianca Bottigella. - El Papa (5)
- XVIII. L'Imperatore. - Alla S.ra Ottavia B. - El Emperador (4)
- XIX. La Papessa. - Alla S.ra comissaria Lonata. - La Papisa (3)
- XX. L'Imperatrice. - Alla contessa di S. Polo. - La Emperatriz (2)
- XXI. Il Bagatella. - Alla S.ra R. T. - El Mago (1)

Finalmente, Le Mat (El Loco) es el objeto de un terceto en el que Susio se burla de sí mismo.

Por mi parte, sigo escéptica ante el valor que tenga esta referencia para sustentar el origen milanés del tarot francés. Sin embargo, los Motti nos confirman con su modo alegre que la referencia a una escala de valores espirituales existía y obraba a escondidas, detrás del juego social y del entretenimiento.

El terceto que evoca al Carro tiene una inspiración claramente petrarquista:

Di castità, d'amore e di beltade
triunfa sì costei, ch'unqua non vide
nè vedrà simil mai la nostra etade.
"En castidad, en amor y en belleza
Esta triunfa de tal manera
que no veremos otra igual en nuestra época."

En cuanto al terceto inspirado por El Diablo, estigmatiza a una dama que quiere parecer más joven de lo que es:

Alli capei d'argento, al viso d'oro
l'abito giovenil troppo sconvienti
ch'esser si mostra dell'infernal coro.
"Con cabello plateado y con rostro de oro
El hábito juvenil no es propio
y muestra que pertenece al coro infernal."

El otro documento, al que Thierry Depaulis hace referencia en un artículo[141] que apoya a la teoría *dummettiana*, es una lista publicada en latín por el jurisconsulto Andrea Alciato en 1547 en Lyon. Esta lista se asemeja a la de los poemas de Susio, aunque los nombres de algunos Triunfos difieren, y tampoco coincide con el orden que encontraremos a partir del siglo XVII en los tarots franceses.

Esta es la lista en cuestión:
- Stultus (el idiota), sin número.
- 1. Caupo (el posadero)
- 2. Flaminica (la esposa de un sacerdote Flamen, devoto a un solo dios)
- 3. Regina (la reina)

---

141. Depaulis, Thierry, "The Tarot de Marseille, Facts and Fallacies", *op. cit.*

- 4. Rex (el rey)
- 5. Sacerdos (el monje)
- 6. Amor (el amor)
- 7. Justus (el justo)
- 8. Fortis (el fuerte)
- 9. Quadriga (cuadriga, carro con cuatro caballos)
- 10. Fortuna (la fortuna)
- 11. Senex (el anciano)
- 12. Crux (la cruz)
- 13. Nex (el deceso)
- 14. Fama (la fama)
- 15. Daemon (el demonio)
- 16. Fulmen (el rayo)
- 17. Stellae (las estrellas)
- 18. Luna (la luna)
- 19. Phoebus (Apolo/Febo "el brillante", es decir, el sol)
- 20. Angelus (el ángel)
- 21. Mundus (el mundo)

Por el momento, estos dos documentos son los únicos que apoyan la teoría de un orden "C". Establecemos que no son nada convincentes, aunque Depaulis proponga ligarlos al Tarot de Viéville, el cual según yo, parece tener tanta influencia boloñesa o florentina como de este hipotético "orden milanés".

4. Análisis de los documentos materiales que apoyan la tesis del origen milanés del Tarot de Marsella

La hoja Cary

El primer y más importante testimonio de una iconografía específica del Tarot de Marsella es una hoja impresa, conservada en la biblioteca de libros raros y manuscritos Beinecke de la Universidad de Yale (New Haven, Connecticut, Estados Unidos).

La llamamos la "hoja Cary", debido al nombre de su dueño original, el coleccionista Melbert Cary, artista y editor que coleccionaba juegos de cartas y libros sobre imprenta y encuadernación. Tras su muerte, su esposa Mary Flagler Cary donó toda la colección, la cual es de un tamaño considerable, a la Universidad de Yale en 1967.

El interés iconográfico de esta hoja es incontestable: su formato es de 304 x 217 mm y muestra 6 Triunfos completamente visibles, 10 fragmentos de cartas de Triunfos y dos cartas de Bastos, que podemos identificar como el 7 y el 8 o el 9 (es más probable que se trate de dos cartas consecutivas, es decir, el 7 y el 8).

Cada carta mide 98 x 57 mm. Los Triunfos no tienen nombre ni número.

Estos son los que están representados en su totalidad:

(Los elementos en cursiva son aquellos que difieren de los tarots principescos italianos y del linaje de Bolonia, y que encontraremos en los tarots del linaje de Marsella.)

- la Papisa (con una cruz y acompañada de un monaguillo);
- el Emperador y la Emperatriz con un cetro y un escudo con el blasón del Santo Imperio;
- el Mago cubierto con un sombrero cónico y *solo frente a su mesa, delante de un público que no está representado*;
- la Luna, de frente, reluciente por encima del mar, en *un paisaje* sin seres humanos, *acompañada por dos torres* y donde solamente hay *un cangrejo de río de gran tamaño que está en o encima del agua*;
- la Estrella representada como *una mujer desnuda que vierte dos jarras en el agua del río* que fluye hacia su derecha, bajo un cielo estrellado, con una estrella posada sobre su hombro.

Entre las cartas parcialmente representadas, reconocemos sin lugar a dudas los fragmentos de las siguientes:

- la Rueda de la Fortuna;
- el Carro (con *dos caballos*);
- la Fuerza (con cara *de mujer encima de un león, del cual detiene el hocico con su manos*);
- el Sol (un varón joven desnudo está parcialmente representa-

do, volteado hacia la izquierda, en dónde tal vez se encuentra dibujado su gemelo;
- el Diablo (gigante, de pie, portando sobre su espalda una cesta llena de condenados y plantando su tridente en cuerpos humanos desnudos);
- la Templanza (representada de perfil y sentada sobre un trono);
- la Torre (una torre a la derecha de la cual podemos distinguir un toro).

El resto de las cartas se encuentran en fragmentos, pero podríamos reconocer los siguientes Triunfos:
- el Enamorado: una pareja de la que solo vemos los pies;
- la Justicia;
- el Colgado;
- el Papa;
- el Loco;
- la Rueda de la Fortuna, posada sobre un suelo en el que crecen matas de hierba.

En la segunda parte de su artículo,[142] Thierry Depaulis acepta que la fecha de la hoja Cary no es certera (¿principios o mediados del siglo XVI?) y que su origen lo es aún menos. El historiador reconoce la posibilidad de un origen en Italia del Norte (Milán, tal vez Mantua), pero agrega: "Del otro lado de los Alpes, se han evocado dos ciudades: Lyon y Aviñón, ambas importantes centros de producción de juegos de cartas. Según lo que se sabe de las cartas producidas en Lyon entre 1480 y 1520, podemos afirmar que la hoja Cary tiene un estilo diferente, le falta el 'carisma' y la elegancia de las primeras cartas francesas (que son principalmente originarias de Lyon). Pero no debemos sacar conclusiones definitivas de esto".[143] Finalmente, nos recuerda que existen muy

---

142. Depaulis, Thierry, "The Tarot de Marseille, Facts and Fallacies", *op. cit.*
143. *Ibid.* Cita original en inglés: "On the other side of the Alps, two cities have to be taken into consideration, Lyon, and Avignon, both active in the card-making trade. From what we know of the playing cards produced

pocas referencias directas a los juegos de cartas milaneses del siglo XVI, aun cuando se sabe de tres carteros activos en esa ciudad en ese período.

De esta manera vemos que es dudoso atribuirle a la hoja Cary el estatus de eslabón perdido entre los tarots principescos italianos y los tarots producidos en Francia a partir del siglo XVII. Podría representar sencillamente una iconografía francesa de los Triunfos (incluso de las Figuras) que habría migrado hacia Italia. Además, el estilo gráfico es bastante lejano del trazo que será mas tarde el de los tarots "marselleses". Sería entonces incierto considerarla como "un ancestro milanés del Tarot de Marsella". Esta nos muestra únicamente que a partir del siglo XVI, existía una representación simbólica que pudo haber llevado a ese estándar de representación.

Las cartas numerales y el Triunfo XXI de la Raccolta Bertarelli

El mayor argumento a favor del orden "C" y del origen milanés del Tarot de Marsella está formado por una serie de cartas encontradas durante la renovación del Castello Sforzesco de Milán y conservadas en la Raccolta delle estampe Achille Bertarelli.

Desafortunadamente, el conservador que en un inicio había publicado este descubrimiento, Alberto Milano, ya no se encuentra en este mundo, y desde los años ochenta no ha habido publicaciones significativas sobre este tema. Así que fui a Milán para examinar de cerca estos documentos, con la ayuda de dos expertos.

Algunos datos sobre el Castello Sforzesco: fue construido en el siglo XV por Francisco Sforza para servir de morada a los duques de Milán. Dañado primero por los ataques de las tropas francesas, y luego por las tropas milanesas y alemanas a principios del siglo XVI, se volvió una ciudadela bajo dominio español a partir de 1535 y funcionó como cuartel para las tropas de Napoleón, y

---

in Lyon between 1480 and 1520, we can say the Cary Sheet is of a different style, it lacks the 'charm' and elegance of early French cards (most being from Lyon). But this should not be taken as a definitive conclusion".

posteriormente para las tropas austriacas. En 1860, con la unidad de Italia, fue invadido y saqueado por el pueblo. Estuvo abandonado durante veinte años, y empezó a ser renovado a finales del siglo XIX. La restauración se terminó en 1905. En esta fecha ocurrió el descubrimiento que nos interesa: en las cisternas y los pozos de la plaza de armas se hallaron una cantidad de objetos diversos entre los cuales hay juegos de cartas antiguos. Algunos de los objetos encontrados durante estas excavaciones son del siglo XVII y XVIII, pero al menos un juego de cartas es de finales del siglo XV, y estaban con otros objetos del siglo XVI (zuecos, fragmentos de cerámica), lo que dio lugar a afirmaciones tan entusiastas como inexactas, del estilo: "Eran los juegos de cartas de la corte de Ludovico el Moro".

Estas cartas fueron objeto de una publicación de Alberto Milano en 1980[144] y se reunieron en tres series, ya que su tamaño es distinto. Una serie, de gran formato, parece formar los restos de un juego de tarot: esta es la que Michael Dummett consideró como prueba del origen milanés del Tarot de Marsella.

Si examinamos atentamente los tres paquetes que fueron descubiertos, nos damos cuenta de que estas **en realidad tienen orígenes diferentes**: su grafismo es distinto y la variedad en la ornamentación del revés de las cartas lo confirma. Podría tratarse de una colección que se constituyó tardíamente, o bien de cartas usadas que se juntaron indistintamente. El punto común entre todas las cartas numerales, incluyendo aquellas de mayor tamaño que fueron atribuidas a un juego de Tarot, es que tienen un revés con solapa típico ornamentado de grabados que representan diversas alegorías de las divinidades (la Verdad, Marte, Venus...). Las cartas de gran formato llevan todas un grabado de Orlando Furioso que permitió a Thierry Depaulis fecharlas, como muy temprano, en la segunda mitad del siglo XVI.[145]

Entre las cartas de tamaño pequeño se encuentra un Dos de

---

144. Milano, Alberto, *Carte da gioco milanesi dal XV al XX secolo, storia, fabbricanti, curiosità*, Milán, Il Meneghello-Solleone, 1980.

145. Depaulis, Thierry, "The Tarot de Marseille, Facts and Fallacies", *op. cit.*

Oros, con fecha de 1499 y firmado por el cartero Paolino da Castelletto, cuya actividad en Milán está demostrada.

Algo es seguro: las cartas numerales confirman que en esa época existían juegos de cartas sencillos (sin Triunfos) en Milán y en Piemonte, cuyos dibujos son exactamente iguales a los de los Arcanos Menores del Tarot de Marsella. Además del Dos de Oros de Paolino da Castelletto, existe una hoja de una colección privada, fechada en 1534 a más tardar, que cuenta con cartas de Espadas y de Oros similares a las de los futuros Tarots de Marsella (las copas son un tanto diferentes). Esto nos indica que las cartas llamadas "de bastos" o "de insignias italianas" que se encontraban en Francia en aquella época son similares a las de Lombardía o de Piemonte.

Sin embargo, las Figuras de estas cartas milanesas no tienen nada que ver con las que se encuentran en el estándar de Marsella.

En cuanto a las seis cartas de mayores dimensiones, las cuales serían vestigios de un tarot milanés de la segunda mitad del siglo XVI, también merecen ser examinadas con atención:

El conjunto está compuesto por cinco cartas numerales, las cuales ya mencionamos, y por un Triunfo, el Mundo, que corresponde exactamente al canon del Tarot de Marsella tipo 1.

Se documentó que todas estas cartas tenían las mismas dimensiones (139 x 68 mm), lo que no es completamente correcto.

El conjunto está compuesto por:

- 6, 7, 9 de Espadas;
- 6 de Oros;
- 8 de Bastos;
- un Triunfo: el Mundo.

Las cinco cartas numerales provienen indudablemente del mismo juego, aunque el estado de conservación de cada una sea diferente. Su ejecución es refinada, y están coloreadas en amarillo y tal vez en rojo. Ya que se han desteñido con el tiempo, hoy se observan dos tonos de amarillo, uno más oscuro que el otro. **Varios hechos confirman que la carta del Triunfo proviene de otro juego:**

- Si su formato es más o menos el mismo que el de las cartas numerales (aunque al medirlo noté que su largo es de 135 mm y no de 139), el cuadro interior de la carta es de dimensiones claramente diferentes: 127 x 59 mm, mientras que el de las cartas numerales es de 130 x 55 mm;

- A diferencia de todas las demás cartas, el Triunfo no se encontró acompañado del revés con solapa típico de las cartas italianas. Además, el número XXI se encuentra en el cuadro exterior, mientras que en las cartas italianas este cuadro se encuentra cubierto por la solapa. No es concebible que un cartero italiano haya grabado una carta con un número destinado a ser cubierto;
- La trama de papel es la misma para todas las cartas numerales, y deja entrever unas finas rayas horizontales bajo la tinta negra, mientras que la calidad del papel del Triunfo es diferente, más compacta;
- Finalmente, la mandorla del Mundo tiene un color azul claro que perdura hasta hoy en día, a pesar de la importante degradación de la carta, mientras que este color no se encuentra en ninguna de las otras cinco otras cartas, aún en aquellas mejor conservadas. No obstante, en los primeros Tarots de Marsella que se han encontrado, las cartas numerales en cuestión junto con el Mundo cuentan todas con detalles azules (en los entramados de los Bastos y de las Espadas, sobre las hojas del 6 de Oros, y sobre la mandorla del Mundo).

Por lo tanto, es imposible afirmar que esta carta que representa al Mundo de la misma manera que los juegos franceses del siglo XVII haya formado parte originalmente del mismo juego de cartas numerales que la acompañan, ni que se haya fabricado en Milán.

Los únicos hechos verosímiles son los siguientes:

- las cartas numerales de gran formato pertenecen al mismo juego, con o sin Triunfos;
- el dorso doblado hacia el frente podría ser posterior a las cartas en sí, y sea como sea, el Triunfo nunca tuvo una;
- el Triunfo, cuya fecha es imposible afirmar con precisión, podría ser del siglo XVI o XVII, y no es necesariamente una car-

ta fabricada en Italia: nada impide considerar que haya sido impresa y grabada en Francia.

Por otra parte, también es válido pensar que estos juegos puedan ser de la ocupación francesa o española y hayan servido al entretenimiento de los soldados del cuartel, más que a la corte del duque.

Todos estos elementos permiten cuestionar la hipótesis elaborada por Michael Dummett, y privilegiar la contra-hipótesis según la cual los artesanos franceses (tal vez lioneses) hayan empezado a producir un estándar original a partir de finales del siglo XV, el cual se convertiría en el Tarot de Marsella.

Agradecimientos

A los especialistas que me han iluminado cordialmente en temas que no domino demasiado:

Sharana Laksham, directora de Vigraha International, y Adeline Vigor, gerente de Vigraha France, por iluminarme con respecto a los *tsakli* tibetanos. Dominique Lemaire, que me confió los *tsakli* de su colección para ilustrar esta obra.

Fabrice Jordan, director del centro taoísta Ming Shan en Bullet (Suiza).

Laurent Bastard, director del Museo del Compagnonnage de Tours.

Thierry Depaulis, cuyos trabajos son una referencia en la investigación actual sobre los tarots franceses.

Con respecto a las investigaciones realizadas en el Castello Sforzesco de Milán:

Dottoressa Giovanna Mori, curadora de la Raccolta Bertarelli.

Alessandra Furlotti, restauradora y especialista en papeles antiguos.

Matteo Crespi, anticuario y especialista en grabados antiguos.

A Alejandro Jodorowsky, fundador de esta línea de estudios. Su pasión por el Tarot, su genio inventivo y su infatigable creatividad han inspirado a miles de personas en el mundo.

A Marc de Smedt, por la confianza que me otorgó cuando este libro todavía no era más que un proyecto.

A Anne-Sophie Monglon y a Fabrice Costa, que se sumergieron generosamente en la relectura de mi manuscrito y reavivaron mi perseverancia cuando decaía.

A los alumnos, amigos y colegas tarólogos, por la inspiración que nos mueve, nuestros ataques de risa, nuestros errores, nuestros hallazgos... Muy especialmente:

A Paulina Jade Doniz, Anouk Azar, Marie-Michelle Leandri, Elena Valzania, Gisele Diana Cornejo, Javi Moreno, Cristina Meseguer Sousa, Dalia Fernández Walker y sus compañeres tarólogues en Buenos Aires: Isa Di Campello, Lu Potenza, Víctor Leni, Jimena Outeiro...

A los amigos y aliados que, durante los últimos diez años, han prestado su apoyo artístico, amistoso y logístico a la caravana psicopoética y al labo-Tarot itinerante:

Sandra Guida, Maribel Capafons, Ohad Nachmani, Cynthia Mitchell y Nathan Brown, Christina Rosmini, Karine Delmas, Stéphanie Mazrou, Celia Coido, Silvia Marhuenda, Antoinette Hawayek de Ezcurdia, Galo Vilches-Cabrera, Elizabeth Chenchian, Claudia España y Toby Ramírez, Shawnna Sawyer, Griselda Zepeda, y Lorenzo Ferreyros, el inventor del Tarot gigante.

Gracias, de todo corazón, a Fabio Albertini, que acompañó mis investigaciones en Italia, releyó una parte de los textos y sostuvo, con su amistad y su conocimiento del Tarot, el largo proceso de elaboración y de investigación que dio vida a este libro.

Gracias al Dr. Yann Rougier y a la Fundación WHealth, que permitieron el desarrollo del Proyecto Del Tarot,[146] una reinterpretación digital en blanco y negro de los moldes de tarots antiguos; en este caso, se trata del Tarot de Pierre Madenié grabado por Claude Pater (Dijon, 1709). La dirección artística del proyec-

---

146. El Proyecto Del Tarot está protegido por una licencia *Creative Commons* (CC-BY-NC-ND).

to fue asumida por Marianne Costa y Javi Moreno y los dibujos fueron realizados por Eric Carpe Lomas. El Proyecto Del Tarot está dedicado a la memoria de Goulven Quentel (1976-2018).

Índice

III
CONSULTAR EL TAROT: EL ARTE DE LA RELACIÓN

El Tarot paso a paso de Marianne Costa
se terminó de imprimir en enero de 2023
en los talleres de
Impresora Tauro, S.A. de C.V.
Av. Año de Juárez 343, col. Granjas San Antonio,
Ciudad de México